A Study on the Mandarin Factive Predicates

张新华 著

汉语叙实谓词研究

复旦大学出版社

国家社会科学规划基金资助项目
项目批准号：14BYY124

目　　录

第一章　叙实谓词的语法机制——兼论"知道"的非叙实性 ………… 1
　第一节　关于叙实谓词原理的几种观点 …………………………… 1
　　一、预设 ……………………………………………………………… 2
　　二、断言 ……………………………………………………………… 4
　　三、指称 ……………………………………………………………… 7
　　四、时制——兼论"假装 pretend"并非反叙实动词 …………… 9
　　五、情景、保真性 ………………………………………………… 14
　　六、叙实谓词补足语的句法复杂性 ……………………………… 16
　　七、本节结论 ……………………………………………………… 20
　第二节　"事件"与"事实"的分别 ……………………………… 21
　　一、"事实"的一般原理 ………………………………………… 22
　　二、对"命题、真值"概念的批驳 ……………………………… 28
　　三、强事实的语义机制 …………………………………………… 34
　　四、不同层次的"事实"对应于不同类型的认知动词 ………… 41
　　五、本节结论 ……………………………………………………… 45
　第三节　"知道"的半叙实性、非叙实性 ………………………… 45
　　一、学界关于"know、知道"叙实性的讨论 ………………… 46
　　二、"知道"的认知间接性 ……………………………………… 50
　　三、"知道"宾句的概括性 ……………………………………… 52
　　四、"知道"宾句的语力性 ……………………………………… 56
　　五、"知道"句形成预设现象的语义动因 ……………………… 62
　　六、本节结论 ……………………………………………………… 63
　本章结论 ……………………………………………………………… 64

第二章　强叙实动词 65
第一节　基于事实性强弱的谓词系统 65
一、强事实动词 66
二、不典型事实动词 73
三、弱事实动词 75
四、谓词系统总结 78
五、"原初事件" 79
六、本节结论 83
第二节　强直接感知动词的叙实性："盯、注视" 83
一、强感知动词所引小句是方式短语 84
二、"盯、注视"宾动词的情状及体貌特征 90
三、"盯、注视"宾动词的体貌限制 95
四、宾句的非语力性 102
五、"盯、注视"的宾句表示设置 109
六、本节结论 114
第三节　无定主语句的现实性与直接感知性 115
一、如何定义"无定主语"？ 115
二、一量名的指称情况及其赋义规律 117
三、特指一量名主语句的时制性、话题性及其"原初事件" 120
四、无定 NP 对谓词的选择：存现性 124
五、无定主语句的直接感知性 129
六、无定主语句的依赖性 131
七、无定主语句的多焦点性 136
八、本节结论 137
本章结论 139

第三章　"看着、看到"等半叙实动词 140
第一节　"看着"：从直接感知到判断 141
一、"看着₁"的直接感知动词用法 141
二、"看着"短语的分词状语用法 143

三、"看着₂"指[亲证] ……………………………………… 145
　　　四、"看着₃"指[判断] ……………………………………… 150
　　　五、本节结论 ……………………………………………… 151
　第二节　"看见、看到、发现"构成由直接感知到抽象认识的连续统
　　　　　　……………………………………………………… 152
　　　一、"看见、看到、发现"授予名词宾语[存在]义 ………… 152
　　　二、"看见、看到、发现"宾句的个体性 …………………… 156
　　　三、情态动词在"看见、看到、发现"宾句指现实态 ……… 161
　　　四、宾句的语力性 ………………………………………… 166
　　　五、主动词后带标句词 …………………………………… 175
　　　六、本节结论 ……………………………………………… 178
　本章结论 ……………………………………………………… 179

第四章　情感类叙实谓词 ………………………………………… 180
　　　一、情感谓词研究评述 …………………………………… 180
　　　二、情感谓词的语义特征 ………………………………… 184
　　　三、情感形容词和情感动词 ……………………………… 188
　本章结论 ……………………………………………………… 195

第五章　情感形容词的半叙实性 ………………………………… 196
　第一节　情感形容词的一般语法功能 ………………………… 196
　　　一、情感形容词构成感叹句 ……………………………… 197
　　　二、事因与情绪编码为复句、单句 ………………………… 201
　　　三、情感形容词＋的是 …………………………………… 207
　　　四、本节结论 ……………………………………………… 211
　第二节　情感形容词带小句宾语 ……………………………… 212
　　　一、不能带宾句的情感形容词：特殊体验性 …………… 212
　　　二、情感形容词带宾句的语义机制：认知性 …………… 214
　　　三、本节结论 ……………………………………………… 219
　第三节　"后悔"的半叙实性 …………………………………… 219

一、宾句的现实性与非现实性 …………………………………… 220

　　二、宾句的语力性 ……………………………………………… 225

　　三、宾句宾语的话题性/焦点性——倒话题结构 ……………… 229

　　四、本节结论 …………………………………………………… 233

第四节　"高兴"的半叙实性 ……………………………………… 233

　　一、伊藤（2007） ……………………………………………… 233

　　二、对话性、私人性 …………………………………………… 235

　　三、宾句的倒话题结构 ………………………………………… 236

　　四、宾句指难事实现 …………………………………………… 240

　　五、"不高兴" ………………………………………………… 246

　　六、本节结论 …………………………………………………… 247

本章结论 …………………………………………………………… 248

第六章　态度动词的半叙实性——预指结构与话题标记 …… 249

第一节　现代汉语的预指结构 ……………………………………… 250

　　一、学界关于"我喜欢他老实"类句式的争论 ……………… 250

　　二、一些语言的预指结构 ……………………………………… 251

　　三、预指结构的语法机制 ……………………………………… 256

　　四、预指成分的话题性 ………………………………………… 263

　　五、预指成分的表述性 ………………………………………… 271

　　六、宾动词的个体性、主观性 ………………………………… 273

　　七、本节结论 …………………………………………………… 284

第二节　情感形容词向情感动词的演化 …………………………… 285

　　一、带主谓小句宾语 …………………………………………… 286

　　二、带"NP 之 VP"宾语 ……………………………………… 287

　　三、带 NP 宾语 ………………………………………………… 291

　　四、本节结论 …………………………………………………… 298

第三节　"可-情感谓词"的话题标记功能 ……………………… 299

　　一、"情感谓词＋NP，VP"的话题结构 …………………… 299

　　二、"可-情感谓词"演化为话题标记 ……………………… 302

三、"可X"演化为话题标记的功能动因 ………………… 305
　　四、"可X"句话题与评述之间的一致关系 ………………… 309
　　五、"可X"句的双话题现象 ………………………………… 319
　　六、"可X"的话题标记和副词功能之间的联系 …………… 321
　　七、本节结论 ………………………………………………… 324
　本章结论 ………………………………………………………… 325

第七章　全书结论 ……………………………………………… 327
　一、关于绪论(第一章) ……………………………………… 327
　二、关于感知动词(第二、三章) …………………………… 328
　三、关于态度动词(第四、五、六章) ……………………… 329

参考文献 ………………………………………………………… 331
后记 ……………………………………………………………… 354

第一章

叙实谓词的语法机制
——兼论"知道"的非叙实性

叙实谓词是以自身语义内涵而内在要求引出一个指［事实］的宾语或主语小句（概称补足语，complement）的谓词，以宾句为主。本章的目的有三个：一、评述学界关于叙实谓词语义机制的几种主要观点，如预设、保真性等；二、通过对指事件的抽象名词"事件"、"事实"等的辨析，指出叙实谓词所引宾句语法意义的核心是指一个现实态的事件，主动词叙实性的强弱，体现为所允准宾句指事实的强弱；三、论证动词"知道"的非叙实性。无论汉语界还是其他语言（以英语为代表），都普遍认为"知道"、know 是典型叙实动词，本章通过论证二者并非典型叙实动词，有助于理解叙实谓词的一般原理。

第一节 关于叙实谓词原理的几种观点

叙实现象最早由 Kiparsky, Paul & Carol Kiparsky(1968)提出，并引发了学界的持续关注，但一些基础问题仍有待探讨。在本文看来，叙实问题的基本语法内涵就体现在称谓上的两个字："叙"和"实"。"叙"指：这种谓词要求搭配一种指事实的补足语的语法机制是什么？"实"指：［事实］（本书对语义范畴、语义特征都加方括号，以区别加于语句的引号）的语义特征及形式体现是什么？这两个问题是叙实问题研究工作的指导方针。不同叙实谓词的区别就在于："叙"的方面，不同叙实谓词以不同的语义内涵与事实形成关联；"实"的方面，不同叙实谓词所引补足语指事实的典型性存在差异，因此也就形成叙实典型性上的差异。

学界对叙实谓词之"叙"和"实"的认识很不一致，因此各家所理解的实际叙实谓词及其所指向的语法现象也差别很大，可概括为下面五种观点。

一、预设

在对叙实谓词的定义中,预设的观点最为流行,K & K 的经典论文即是如此,其他有 Leech(1983)、Kallulli(2006)、Haegeman(2006)等。对预设的经典测试手段是:小句的真值在否定、疑问、条件句等语境仍然保持。实际上,在下面讨论的其他几种观点中,学者也往往会用到预设,但另有侧重,所以分开讨论。具体词项上,K & K 对叙实动词未列 know,Leech 则把 know 视为"纯叙实动词",相对的是"有条件的叙实词",如 see、hear。Leech 对叙实动词预设原理的解释是:叙实性标记在运用于命题时意味着"可以认为是真实的"。他对"实"的方面也有所说明:"当事实与现实相对应时,事实与事件更接近,而并不是与命题更接近。的确,事实可以看作是具有绝对叙实性的命题。"(pp.449-450)这个表述指出了事实在语法范畴上具体表现为[事件],但"事件"本身如何定义,与"命题"的区别是什么,则缺乏深入探讨。在叙实谓词的文献中,"命题、真值、事件、事实"是常出现的术语,后文将专题讨论。

[预设]的解释最具诱惑力,但也最难精准控制,因为人们可对"预设"作极宽泛的解读。以"知道"为例:

(1) 他(不)知道她来了/她明天可能(必定、准、会、大概、也许、应该)来。

就这个句子而言,确实可认为"知道"预设诸宾句事件的存在,且可通过否定测试。具体来看,"知道"的宾句是"她来了"时,后者所指事件确实在外部世界中现实存在。但从哪个意义上说"她可能(必定、准、大概、也许)来"为真?自然是在"可能性"的意义上,即把"可能性"本身视为一种现实存在,即"存在她来的可能性"。实际上,若追溯 Frege(1892)、Strawson(1950)等关于预设的经典阐述,它确实指向[现实]这一范畴,不过他们的着眼点是限定名词。Frege 认为,对任何事物进行断定时,总有一个明显的预设,即所用的简单的或复合的专名具有一个指称。如"开普勒死于贫困之中"预设"开普勒"现实存在。Frege 还指出,一个句子与其对应的否定句具有相同的预设。

若仅以"预设"为标准,而不考虑宾句的语义特征,就必然导致对叙实谓词的定义极为宽泛,以致取消。预设是一种高位范畴,包含两个语义要素:[主观相信]、一般性的[存在],前者属语力范畴,后者属轻动词,二者的内涵都可以涵盖、但远大于事实。把一个较低层面的语法范畴,笼统概括为一个较高层面的范畴,必然抹杀或掩盖其自身的特质。预设的内容既可以是现实态事件,也可以是可能态事件。可以说"我知道明天<u>可能</u>下雨","可能"作为一种情态,本身也具有[存在性],且主句主语相信这一点,这就表现为预设。同样,只有"我"知道存在"她来"的可能性,才会说"我(不)希望她来",这样就可以说"希望"是预设"她可能来"的,但没有人把"希望"处理为叙实词。一般的,主动词采取否定形式时,会比肯定式更预设补足语,如"他不相信她贪污了",强烈预设"有人认为她贪污了"。根据Frege,该句中的"有人"指现实存在,是典型的预设成分。实际上,Kallulli(2006)就据此认为情态短语是叙实谓词,他认为Can you believe that John left?(你能相信约翰已经离开了吗?)中"能相信"是叙实性的。其所举宾句John left确实指已发生的现实事件,但John will leave也可充当Can believe的宾语,要说后者也指[事实],显然就偏离了[事实]范畴的本意。给事实以严格定义,是研究叙实谓词的前提。

"怀疑"的预设特征更有趣:无论宾句的现实性如何,只要宾句是确定的,则不表现预设的特征。"他怀疑她醉了/要醉"指宾句只是具有存在的可能性,但不能确定;而"不怀疑她醉了/要醉"则指宾句是很确定的。即"怀疑"在肯定、否定形式上,宾句的真值情况不一样,这样看,"怀疑"是非预设性的,是非叙实谓词。相反,如果宾句本身即是不确定性的,那么"怀疑"就表现为预设的特征:"他(不)怀疑她可能醉了",加"不"与否,宾句在"可能性"的特征上保持不变。据此就要说宾动词带情态词"可能"时,"怀疑"是叙实动词,这对[事实]范畴的扭曲未免太严重了。

进一步看,对一些叙实动词而言,预设不但不能说明问题,反而是矛盾的。典型有下面3种句法环境:① 宾句指全新事实,即整句焦点;② 宾句中有窄焦点;③ 宾句虽指旧信息,但主句主语——特别是第一人称,对之是最新了解。在①、②,宾句指新信息,而预设内在是指已知信息的,因此矛盾;在③,既然是话主首次了解的信息,也就不可能是预设的。如(黑体表示重读,焦点化):

(2) 他正想回到自己房里,突然发现<u>一个人影奇怪地贴在墙上</u>。

(3) 她知道他昨天去**南京**出差了。

(4) 刚才哥哥打来电话,我才知道父亲已经出院了。

例(2)宾语属典型的无定主语句,整个小句都指全新信息,若把这种宾语分析为"预设",就与"全新信息"形成直接的矛盾。(3)特别强调所知道的是宾句中的局部成分"南京",并且是最新获知,即:并非整个宾句都是预设的。

在(4),由于话主"我"是一切信息内容的起点,所以"我才知道"的情况不可能是预设的。共同的是:这些宾句一定指事实,却又不可能是预设,足见叙实谓词的功能动因来自别处,预设的概括提示不出多少内涵。

Hegarty(1992:6)对上述现象已有阐述。该文指出,下面(5)a、b 两句都指事实,但二者在信息结构上有重要区别:

(5) I was talking to our agents in Russia yesterday …
    a. … and they noticed that Max went to Moscow last week.
    b. … and they noticed it that Max went to Moscow last week.

a 的宾句指全新信息(out of the blue),有惊奇义,非预设;b 则具有预设性。

张家骅(2009)认为"知道"是叙实动词。该文一方面用传统的预设论进行解释,另一方面又采取现实存在的描述:"对于言语行为主体(我),命题 p 的所指在现实世界里是有的。"按照该标准,[可能性]在现实世界也是"有"的——"有可能"本身就词汇化了,因此就要把"我知道她明天也许来"的宾句,解释为[可能性]意义上的[现实性]。这实际也就取消了[可能]与[现实]的对立,最终也就无所谓现实世界。预设属于信息传达的层面,现实存在属于客观事件层面,前者并不直接等同于后者。李新良、袁毓林(2017)对叙实动词也从预设定义,但作者注意到"知道"可带非现实的宾句,处理方式是"置信度变异"。"置信"属认知情态,这种情况下,仍把"知道"定义为叙实,就牵强了。实际上,确实有人认为压根儿不存在叙实谓词,如 De Cuba(2007)。

有点奇怪的是,自 K & K 提出叙实谓词至今,国内外涌现了大量研究成果,但学者往往仅描述为"预设",而缺乏对其具体语法机制的揭示。根本上,预设只是一种前句法学的工作性描述,并不是一种特定的句法现象。预设的原理是语法组合的层次性,即低层次成分所编码的语义内容被高层次的结构体所继承。因此,诸多(甚至一切)语法成分或句式都存在预设现象,但预设绝不直接构成任何一种语法现象自身的内涵:不存在一种语言现象纯表预设,而无自身特定语法意义。"请坐"预设之前站着,此描述对认识该句式的功能也有用,但其自身的语法内涵仍须另外刻画;同样,"谁想去?"预设有人想去,但特指问的内涵仍须揭示。纯从否定测试看,"请坐"、"别坐"都预设"站着"为真,那祈使句就应视为叙实句了。还没人这么做。

二、断言

如 Hooper & Thompson(1973)、Hooper(1975)、Zubizaretta(2001)、

Gelderen(2004)、Sheehan & Hinzen(2011)等。

Hooper & Thompson 以"叙实性"和"断言性"这两个语义参数为根据,把带 that 小句补足语的谓词分为两大类五小类,第一级分类的根据是[±叙实性],第二级根据[±断言性](包括强弱)。其中断言性的叙实动词是弱形式,即"半叙实","描述认知或获知的过程",如 realize、learn、find out、discover、know、see、recognize 等,其补足语允许多种主句层面的句法行为,如整个补足语前置、宾句的主语话题化等。非断言性的叙实动词是强形式,表示对补足语的主观态度,如 resent、regret、be sorry、be surprised、bother、be odd、be strange、be interesting 等,补足语一般不允许主句层面的句法行为。

该文的主要目的在于证明,主动词具有断言性,是其补足语可以具备主句层面句法行为的根据,但又把补足语的现实性作为另外一个重要的语义参数。而作者对[断言]和[事实]二范畴的内涵,都缺乏具体分析,因此难以找到二者关联的根据。从作者的分类可以看到,断言与事实小句和非事实小句之间是交叉关系:两种小句都可接受断言要素的操作。断言指主观态度,属语力现象,事实指客观事件自身的存在,属语义信息;前者的范畴层面高于后者。断言的根据是话主对所述事态的外位立场,也即间接性的认知行为。这在叙实动词句就表现为:主动词的认知直接性越强,则越不允许补足语使用断言要素,反之则允许。Hooper & Thompson 在讨论主动词的断言性、叙实性时,没有考虑该动词在认知[±直接性]上的差异,因此造成上述纠结。

Lyons(1977)以 know 为例阐述叙实性,认为 X know that p 的内涵有两方面:一是"暗示 X 相信 that p",二是表示"话主承诺 p 为真"。这两方面的解读实际都归结为主观态度:"相信"属认知态度,"承诺"属认知情态判断,二者都指对宾句事态的直接断定,与前述学者讨论的[预设]正相反。另外,Lyons 也未分析宾句事态"为真"的具体内涵是什么。

Zubizaretta(2001:201)一方面认为坚持预设的观点,另一方面又认为,叙实动词的补足语带有断言算子,而命题态度谓词的补足语则缺乏断言算子。断言算子编码为标句词,因此叙实动词的补足语要强制出现 that,如:John regrets *(that) Mary is bald。命题态度谓词则否,如 John thinks (that) Mary is bald。

把预设还原为断言,这在语法事实上和理论上都值得商榷。语法事实上,在英语界已成共识的是:对直接感知动词而言,感知的直接性越强,则宾句的现实性越强,就越采取动名词、不带标句词的轻形式;而指间接感知、主观判断的认知动词,宾句的现实性很差,更倾向于采取完整小句、带标句词的重形式。这与Zubizaretta所述叙实动词的补足语带断言算子的说法,恰恰是矛盾的。从理论上说,断言指主观承诺,其所承诺的内容则并不限于[事实],而也完全可以是虚拟或一般事件。以汉语典型指强断言的"是……的"为例,既可以说"小李是昨天来的",也可以说"小李是肯定不会同意的"。

De Cuba(2006)、Haegeman(2006)、Wiegand(2015)认为,预设并不是因为宾句中包含一个额外的断言算子,而恰恰是因为缺乏该算子。Haegeman指出,预设的补足语指"未基于话主定位的命题"。这个观点指出了强事实宾句的非语力性,但有点矫枉过正。话主的坐标原点包含[时间]、[空间]、[价值]三个要素(张新华2007),断言属于其中的价值的维度,这在强事实句确实未出现。但如果补足语完全不基于话主定位,则直接感知就无从进行了;只有与外部事态处于同一个时空域,直接感知才能进行。

Sheehan & Hinzen(2011)的观点颇为复杂——该文同时用指称、预设、断言进行解释。他们首先认为一切短语的功能实质都是指称,指称是通过左缘成分实现的,所带左缘成分越强,则该短语的指称性就越强。该句法操作的具体机制是指示,即根据话主坐标进行定位,然后把小句的语法意义由低到高分为[命题]、[事实]、[真值]三种,并认为根据限定性程度的差异,它们整齐对应于名词短语上的无定、限定、专名。就[事实]而言,作者认为其语法机制是预设,与DP预设所指事物相同,进而又认为"断言性的主句"才指"真值",因此是最高限定性的。

这种做法存在逻辑矛盾。在名词短语方面,DP固然预设所指事物的存在,而强限定性的专名,就更是预设性的,因此,把限定性更强的[真值]处理为断言,就造成矛盾。另外,把say, claim, think等典型断言动词的补足语处理为非限定短语,而叙实动词的补足语为限定短语,也与自然语颇有差距。如point out与say可引出同样的宾句,很难说前者是限定,后者就是非限定的。最后,把所有语法结构的功能都归结为指称,也失之简单化,如强调、疑问等语力短语就很难说是指称性的。

作者还认为,补足语的断言性越强,则越允许主句层面的句法行为,这一点与前述Hooper & Thompson(1973)相同。不同的是,Sheehan & Hinzen把[±断言性]作为分类的上位语义参数,二者中都包含叙实动词。断言性叙实动词的补足语是限定性的,有两种:"交际性半叙实",如

disclose, divulge, confess, point out, reveal；"认知性半叙实"，如 know, discover, find out, forget, realise, grasp, see。断言性非叙实动词的补足语是非限定性的，如 say, claim, think, believe。非断言叙实动词是情感性的，如 regret, deplore, resent, detest, hate, be glad, be surprised, be aware, care, mind。

另外一个颇为独特的地方是：一般认为，"命题"的所指内容就是"事实"，"事实"的特征则是具有"真值"，该文则把三者分别作为一种独立的语法范畴。以英语 John left 为例，作者认为该句有三重歧义——可同时指"命题"、"事实"、"真值"。这种解读恐怕很难得到普通母语者的语感支持。

总之，[断言]指话主对小句事态真值情况的承诺，属语力范畴，真值则指客观事物自身的实际存在；断言并不等于真值：前者的句法层级高于后者。既可对现实事态进行断言，也可以对虚拟事态进行断言。归根到底，1. "真值"本身的语义机制如何，仍是要具体阐述的问题；2. 本来指客观事态的陈述句，加上断言语力后，小句的真值程度反而降低。因此，把事实归结为断言，实在是一种曲解。

三、指称

不少学者把叙实动词的补足语处理为指称，具体则为限定性的名词短语，即 DP，如 Rouveret(1980)、Zubizarreta(1982)、Melvold(1991)、Roussou(1992)、De Cuba & Ürögdi(2010)、Haegeman & Ürögdi(2010)等。

De Cuba & Ürögdi(2010)的观点较为激烈。该文认为[现实性]只是一种"词汇—语义概念"，并无直接的句法体现，所以应该从句法中排除出去。作者把小句分为 CP 和 cP 两种，前者是指称性的，表示"没有语力的命题"，叙实谓词和非叙实谓词都可带这种补足语；后者是非指称性的，表示一种言语行为，即"一个未确定的命题或开放的问题"，非预设性，"真正的叙实动词"不能带这种补足语。

该文的核心观点是小句的"指称性"，认为"小句只是由于指称性而在句法上形成差异"，但作者并未指出"小句的指称"的具体内涵。语法事实上，把一切小句都概括为指称，与一般人的语感也相差甚远。语法意义上，"没有语力的命题"也并不等同于"指称性"。其次，作者是把"命题"视为初始概念，但后者本身就是一个大可推敲的概念。另外，[语力]与"未确定的命题"之间也并无对应关系，确定的命题也可带语力。总体看，该文的几个核心概念都可商榷。

Melvold(1991)、Roussou(1992)认为,叙实谓词的补足语属于DP,带有[限定]的特征,指旧信息。Roussou的研究对象是希腊语,认为:叙实谓词的补足语带有标句词pu,区别于非叙实谓词的标句词oti,pu在语法意义上平行于名词性限定短语DP中的限定成分D。另外,这种补足语之前还带有一个空算子,该算子占据CP指示语的位置(即Spec,CP),该算子与pu形成一致关系。这个空算子的作用有两个,一是约束补足语中的个体事件,二是阻止补足语中的Wh-移位。

指称化的处理策略更多是基于所谓理论内部的设计,即系统性地把名词短语的句法行为与小句相对应,在叙实小句缺乏名词短语the那样的限定要素的地方,就人为地设置某种空算子。这种做法已经受到一些学者的批评(如Oshima 2006)。对叙实谓词补足语指称化的处理来自K & K(1968)。该文的证据是,这种补足语往往可前加the fact,并可用so、it回指。但这就在本性上改变了语法现象的初始状态——由直接性的当下描述,改变为转述性的间接形式,类似于把一个直接宣泄的感叹句改变为转述式的陈述句。很多学者指出,这种句法行为并不适用于一切叙实动词。

以汉语为例,评价类叙实动词的宾句容易后加"的事情"这个同位语,如:"她一直跟我<u>抱怨她跟小贩吵架的事情</u>。"而直接感知动词就不允许:*"他静静看着<u>她跟小贩吵架的事情</u>。"把叙实动词的补足语解释为限定性、回指性的名词短语,指旧信息,也缺乏说服力,因为这种补足语也允许无定名词作主语,整个宾句指全新事态,如:"我睡不着,从帐篷天窗里看着<u>一弯新月越升越高</u>。"画线部分指首次引入语篇的事态,难以解释为旧信息。

从语法事实看,纵览叙实谓词研究的相关文献,基本都是随意提出几个实例,然后就很快得出一个理论概括,而这些实例往往既缺乏系统性,也无代表性——并非叙实谓词的典型成员,有吕叔湘先生所说"小本钱做大生意"之嫌。当然,不少学者都力图穷尽性地列举叙实谓词的全部个体,并做次类划分,但他们对这些词项的认定大多根据语感,而未在实际语料中对其句法行为加以验证。

最早提出名词短语与小句在结构上具有平行性的是Abney(1987)。该文立论的着眼点是:名词短语的核心是功能成分D,平行于小句的屈折成分Inflection。英语屈折成分的核心是时制和一致,在与名词短语的平行上,更主要的体现是前者。语义上,小句的时制要素与名词短语的限定成分确实都是指示性的,即基于话主设定的坐标原点,对所指对象进行定位,前者是对事件做时间的定位,后者是对事物做空间的定位。现代语法理论则认为,在小句的屈折要素之上,还存在语力层级,即 CP,后者的要素是名词短语一般不具有的,二者之间自然不宜完全比附。

例如,Abney 所讨论的重要语法现象是英语所有格动名词,如 John's building a spaceship("约翰的制造一个宇宙飞船")其中就很难出现语力成分。同样,Campbell(1996)指出,由普通名词构成的 DP,其指示语位置(Spec,DP)带有一个特指算子(Specificity Operators),内部则包含一个由普通名词充当谓语加抽象主语构成的"小句"(Small Clause),后者在语力上是不完备的。可见,名词短语的"指称性"与主句并不存在完全的对应关系。

也有研究表明,名词短语内部是否允许主句层面的语法现象,如话题化、语力成分等,在不同语言中是存在差异的。就汉语而言,名词短语看来是排斥语力成分的。朱德熙(1982:197-198)的研究提示了这一点。该书指出,"'好'和'真'修饰形容词,总是充任独立的感叹句的谓语",而不能充当定语;下面的说法不成立:"*买了一件好漂亮的衣服、*真听话的孩子"。"好、真"加形容词只能用在独立的感叹句,表明它们内在带有强语力要素,而这种短语不能出现在名词短语内部,也就说明后者是非语力性的。仔细看,名词短语内部是否允准语力成分,与现实语境也有一定的关联。如"太/忒+形容词+NP"不允许出现在现实语境,但可出现在非现实语境。直接陈述[现实事件]的语境称为"现实语境",由自身语义而内在要求组合指现实事件的短语的词语,称为叙实词。"好/真/太/忒+形容词+NP"直接构成现实语境,但并不是叙实词。

(6) a. *他用着一部太/忒贵的手机。b. 别给孩子买太/忒贵的手机。

"用着"指现实态,排斥宾语用"太、忒","别"指非现实态,就允许它们。而"好、真"在非现实语境仍然不被允准:"*别给孩子买好/真贵的手机",可见"好、真"的语力性确实很强,也表明汉语名词短语对语力要素是比较排斥的。

四、时制——兼论"假装 pretend"并非反叙实动词

对叙实谓词预设、断言的解释,可以概括为语用的策略,本小节"时制"及下小节"情景"的解释,则是语义的策略。指称的解释因为缺乏具体的语

义内涵，所以较为模糊。

Givón(1973)、Rosenberg(1975)、Davidse(2003)、Schulz(1999、2003)、Rau(2011)等用时(tense)解释叙实谓词的原理。Davidse 认为,叙实谓词所述事件在其所参与的事件之前存在。Givón 认为预设难以抓住实质,应还原为补足语所述事态时间上在主动词之前,时制上表现为过去时,情态上指确定性或必然性。据此,Givón 把带补足语动词分为"认知动词"、"情态动词"两大类,其中"认知动词"又分三种：

A. 叙实(Factive)：知道 know、记得 remember、听到 hear,等等；

B. 反叙实(Neg-Factive)：假装 pretend；

C. 非叙实(Non-Factive)：决定 decide、相信 believe,等等。

何兆熊(2000：290)采用了 Givón 关于叙实谓词的定义：叙实动词指"宾语或宾语从句反映的是已经发生的事实",如 know、regret 等。

Schulz 把叙实谓词所带补足语的标句词处理为一种特定的约束性算子,记为 δ-binder。他认为,该算子的功能类似名词短语中的限定成分,后者产生一种对个体的确定描述,前者则产生一种对事件的确定描述。所谓确定描述,就是内嵌事件所包含的变元都受到约束。

值得注意的是,Schulz 认为学界所讨论的叙实谓词,其叙实功能都不是绝对的,即,并不严格表现为叙实性,而是可以取消的；因此作者对一切叙实谓词都加上 p(potent)的前缀。具体而言,学界一般视为叙实谓词的"know 知道、see 看到、discover 发现、regret 遗憾、后悔"之类,叙实性都不强,而表现为半叙实性,但强直接感知动词"盯、注视",则确实表现为严格的叙实性。Schulz 的证据是,学界关于叙实谓词区别于非叙实谓词的众多句法行为,如长距离副词性 wh-成分移位、否定提升、不定式补足语的例外格、主语到主语的提升、主句后置等,都没有强制性,且并非叙实谓词所独有,也都不构成叙实谓词的定义特征。这里仅以学界关注较多的 wh-移位为例略作观察。Schulz 指出,叙实谓词和很多其他谓词均不允许这种移位,如：

(7) a. Why$_{i/j}$ did Sue forget t_i PRO to buy champagne * t_j?

b. Why$_{i/j}$ was it likely/possible t_i that John loves only his mother * t_j?

前句主动词 forget 是叙实谓词,不允许 why 移位,后句主动词是 likely、possible,都是典型的非叙实谓词,同样不允许 why 移位。对现代汉语而言,无论是补足语还是主句,一般都不存在 wh-移位(焦点化及有标记的语境除外),所以本文不多作讨论。

语言现象上,Schulz 所讨论的叙实谓词较为有限,基本直接引自传统文献,且缺乏分类。包括:be aware 意识到、find out 发现、forget 忘记、ignore 忽略、know 知道、make clear 弄清、be odd 奇怪、regret 遗憾、remember 记得、resent 怨恨、be pleased 高兴、be significant 有意义、be surprised 惊讶,等等。作者对认知动词未区分直接感知与间接认知,对态度动词未区分情感与评价。

相比预设、断言、指称的做法,事件约束、时制的研究策略,为事实范畴找到了具体的语法载体,也指出了叙实谓词自身的具体语义机制,是一种很大的进步,值得借鉴;但仍存在三个不足:

1. 过去时的限定失之狭窄,因为现在时同样可指事实;
2. 时制是对事件的外部定位,尚需对现实态事件自身的情状特征做具体分析;
3. 叙实谓词引出一个指现实事件补足语的具体语义机制是什么,尚待深入揭示。

语法事实上,把"假装 pretend"处理为反叙实动词并不准确:"假装"虽然字面上带有"假"的语素,实际语义重点却在"装"字上,即,指以假象的形式把所引动词[实际执行]出来,这就表现为叙实性。并且"假装"的句法行为并不支持对叙实谓词原理做过去时的解释,下面略作讨论。具体而言,"假装"的语法机制在于:

A. 行为本身的复杂构造性,即整体与部分的关系。一种行为总是包含众多动作片段,这是"假装"的基础:动作越复杂,即所包含的动作片段越多,可假装的空间也就越大;衍推关系上就越倾向于由"假装 V"推出 ⌐V,反之则难以假装,也不能由"假装 V"推出 ⌐V。

B. 意志上的控制性、动作的不完备性。有意控制性地执行出动作所含全部片段中的多数物理部分,使人看上去貌似该动作;未执行的是动作所含的不易直观的抽象部分,所谓真相。

C. 掩饰性。通过实际执行该动作,而希望达到别的目的。

上述三点,前两点更为关键,直接编码在小句之内,第三点一般编码为复句关系。不同动词所包含的具体片段构成不同,所假装的具体环节也就不同,但无论对何种动词,"假装"一定指已经实际执行出其所含的大部分动作片段,就后者自身而言,就表现为典型的现实性、殊指性。如:

(8) a. 翠英一边假装哭求着,一边出来开门。

　　b. 老大爷板起脸来,假装生气地说:……

　　c. 小姚假装走错包厢,走进去发现唯独陈非不在场。

(9) a. 他们表面上假装要废除种族隔离,实际是再次伪装后重新推行这种政策。

　　b. 一个名叫摩希的犹太人,假装是瑞士游客,领了一伙人占住了一家旅馆。

在(8)的一组小句,"假装"所引出的动词"哭求、说、走"都指强阶段性的动作,这些动作所包含的绝大部分物质片段,都已由其施事当下实际执行着,即,时制上并非 Givón 所说的过去时。具体看,在(8)a 的"哭求"中,"哭"和"求"这两个动作所包含的绝大多数物理片段都已在实际执行中,"假"的部分只是二者中很少部分的抽象动作片段,即,"哭"缺乏[真情]的要素,"求"缺乏[真实目的]的要素。(8)b 的"说"已完全实际执行,方式部分"生气"的多数片段也已执行,"假"的只是"生气"中的一部分行为片段:有生气的外部表情,缺乏的只是内心真情。(8)c 的"走"已完全实际执行,结果部分"错"所包含的物理片段也实际执行,只是缺乏[无意]的语义要素。

相比(9)的一组小句,(8)"假装"所引动词的复杂度都低得多,动作所包含的物质片段不多,所以可"假装"的空间也就不大。而(9)"假装"所引动词"要废除、是"都非常笼统,动作复杂度极高,因此所可"假装"的空间也就很大。但"假装"的语义机制是相同的:只要实际执行动作所包含物质片段中的一定部分,以使人看上去表面上确实"像"该动作,"假装"即告成功。

时间上,"假装"所引动词与主动词"假装"本身,是严格同步进行的:在"假装"过程中,所引动词才实际存在;而也只有当所引动词实际存在时,"假装"这个行为本身,才实际存在。这在体貌标记"着"有显著的体现:"着"既可用于主动词,也可用于宾动词,还可同时使用,如"翠英假装着哭求着"。可见,在所引事件的[现实存在性]上,"假装"恰恰是典型的叙实动词。认为"假装"是反叙实动词,主要是着眼于日常经验的"假象",语义环节上过于强调对所引动词未执行的那些少数的抽象片段。

英语动词 pretend 的语法特征与汉语"假装"基本相同。《朗文》(Langman)的解释是：to behave as if something is true when in fact you know it is not, in order to deceive people or for fun. 其中的 behave 是关键，指对所引动词的实际执行。《维基词典》(*Wiktionary*)的解释是：To make oneself appear to do or be doing something, appear to do 是关键，"表面上做"，即做了动词所包含片段中的物理部分。如（引自 https://www.english-corpora.org/now/）：

(10) a. They pretend to be touting for passengers.
（他们假装在招揽乘客。）

b. When I'm trying to present myself, I've tried a tactic where I pretend I'm describing a friend instead.
（我在试着做自我介绍时，曾经使用过一种技巧，就是假装我在描述一个朋友而不是我自己。）（该汉译由徐晶凝教授提供）

(11) They pretend to be a newly married couple, with Rashmi wearing sindoor and a mangalsutra.
（他俩假装是一对新婚夫妇——拉施米发髻上抹着粉红色的铅粉，脖子上戴着新婚项链。）

例(10)的一组句子与上述汉语(8)大致平行：pretend 所引动词是强阶段性的，touting、describing 都指当下现实进行着的动作。(11)pretend 所引动词是系动词 be 带名词宾语构成的短语，即强个体谓词，但这种等同关系是具体通过 wearing 的现实动作体现出来的。

Givón 之所以把 pretend 处理为反叙实谓词，一个重要根据是可由"假装 V"推出"⌐V"，如：

(12) John pretended that she was hurt. ＞ She wasn't hurt.（Givón 1973 例 9）
约翰假装受伤了。＞ 约翰没有受伤。

这个衍推关系只对复杂度高的行为有效，即，是个程度的问题：对动词所含物理片段实际执行的幅度越大，则"假装 V"与"真 V"之间的等同度越高，反之则低。也就是，全部构件具备到多大程度，就会认为整体是现实存在的。如，虽然容易由"他们假装是新婚夫妇"推出"他们不是新婚夫妇"，但不能由"他们假装在招揽乘客"推出"他们没有招揽乘客"。

语义动因是:"是新婚夫妇"指一种高度抽象的性质,很难准确追溯为具体的物理动作,所以可由"假装"所实际执行出来的物理片段就很少。但这也只是个程度的问题:在印度文化中,"抹着粉红色的铅粉,脖子上戴着新婚项链",就是"是新婚夫妇"所包含的非常重要的物质方面,所以如此假装,也就在很大程度上表现为"是新婚夫妇"了,从量上刻画,可以说是"假象"10%等于"真相"。而对"招揽乘客"来说,其所包含的物质片段就很少,且非常明确,所以可"假装"的空间就很小,因此,"假装在招揽乘客"时,实际就只能把"招揽乘客"所包含的大部分动作片段执行出来,即,"假象"90%等于"真相"。

进一步看,对只包含一个单一动作片段的单动动词:

(13)他假装敲了一下门。

实际上就只能把"敲门"的动作完整执行出来,即"假象"100%等于"真相"。对这个小句,显然不能由"假装V"推出"⁻V"。在这种情况下,"假装"所包含的第三个语义环节,即"通过实际执行该动作,而希望达到别的目的",其语法效应就很突显:"他假装敲了一下门"就是实际真的敲了一下门,只不过目的不是"敲门"行为本身,而是转移他人的注意力之类。

可以看到,Givón 所说的 John pretended that she was hurt. > She wasn't hurt. 衍推关系是不成立的:除非像演员那样打扮,一般情况下,"约翰假装受伤"实际就是"真的受伤"——起码在很多情况下,是做后者的解读的。如战场上,约翰为了被准许回家,或为了碰瓷赚钱等,这些都是前述第三个环节的要素。

共同的是,时间上,在"假装V"中,"假装"和"V"这两个动作都必然是同步进行的。在这一点上,"假装"即为典型叙实谓词。很明显,"假装"的核心语义就是"做","假装V"无非指以欺骗为目的把"V"很大程度上实际做出来。动词"装"带名词宾语也是这样:"装孙子"也就是把"孙子"的样子实际做出来。

五、情景、保真性

Walsh(1943)、Montague(1969)、Giannakidou(2006)等从情景、保真性(veridicality)的角度讨论叙实性。Walsh 对[事实]这一范畴做了专题阐述。他指出,人们日常多用两个形容词对事实进行描述,即 brute 残酷的、hard 确凿的,着眼于其客观性、确定性,所谓板上钉钉。内涵上,事实即[情况],也就是所有的"发生的情况"、"实际的事件"。Walsh 对事实也常采取"现实化"、"实现"的表述。他还从认知的角度指出,"事实是概念化知识的'原材料'"。Walsh 对[事实]范畴的上述刻画并无叙实动词的理论背景,可称为朴素的经验认识。

Barwise & Perry(1981)提出"情景"的概念。Barwise & Perry(1983)发展了"情景语义学"的理论,以"情景"为基础概念,这具体是针对"可能世界语义学"及传统哲学的"命题"概念而提出的。情景指事物在特定时空域中所表现出的属性或关系,是构成世界的基本存在单元。情景对应于感知行为,感知动词具有保真性,即:

(14) "如果 x 看到 Φ,那么 Φ";Φ 指一个情景、场景,而非命题。

相似的,Higginbotham(1983)认为强叙实动词带指"个体事件"的补足语。前述 Roussou(1992)一方面认为叙实谓词的补足语相当于限定性的名词短语,但另一方面也认为,这种补足语指一个"具体的事件",受到存在量化的约束。Montague 指出,保真的根据在于"直接的经验感知"。同样,Vlach(1983)也把"情景"视为感知活动的核心要素。

Giannakidou(2006、2015)一系列文章把[保真性]作为重要概念,刻画为:设 F 是一元句子算子,当且仅当 Fp 蕴涵 p,则 F 是保真性的;作者还区别了客观、主观保真性。这种表述与传统所谓预设并无区别,其贡献是对保真的具体体现做了阐述,即"现实化",也就是"在现实世界的物理实现"。不过,既然主观保真指话主承诺,就是认知情态范畴了,而非保真。作者在文章有时也指出"情节"句、过去时小句本身即具有强保真性,这就把小句自身的语义内涵与保真算子混为一谈了。具体词项上,Montague、Barwise & Perry 都认为 see 是叙实动词的典型成员,而 Giannakidou 把 know 视为典型叙实动词。总体看,Giannakidou 对"保真"的内涵,一方面是着眼于预设、断言,另一方面又力求还原为现实事件自身的语义特征,但对二者之间的关系,还缺乏明确的阐述。

Aboh(2010)认为,叙实谓词的补足语带有一种"事件算子",该算子的句法位置低于 TP。该文的兴趣主要在于研究这种算子对移位操作的影响,而并未阐述其具体内涵。从语法意义上看,TP 是以时制要素为核心的动词短语,TP 之下的动词短语则主要是体貌短语 AspP,指客观行为自身的进行。

这样看来，Aboh 对叙实谓词所引补足语语法意义的理解，也可归入情景、保真性的范畴。

Karttunen & Zaenen(2005)的观点有点矛盾。作者一方面认为，叙实性的核心在于"情景的现实性"；另一方面又把叙实性定位于话主对所述现实情景的真值承诺，认为叙实性是断言和规约蕴涵的综合。实际上，作为理论前的语感，正如 Sauri & Pustejovsky(2009)的表述，恐怕没有人会不承认，"事件的现实性、真实性"，其具体形式也就是存在于"世界上的实际情景"。因此问题的关键就是：这种现实事件的具体构造机制如何？叙实谓词引出这种补足语的根据是什么？相应的句法表现是什么？

总体看，预设和断言的观点在于叙实动词对补足语之"叙"的机制，时制和情景的观点则指出了所叙之"实"的具体内涵，这些都是富有启发性的。但学者却往往未关注主动词的叙实性，与补足语所述事态的现实性，这两种现象之间的内在关联。情景、保真的策略指出了叙实谓词所带补足语的[现实性]特征，但仍失之笼统，特别是未系统性地落实在谓词的具体情状及体貌特征上。

六、叙实谓词补足语的句法复杂性

这个问题与前述关于语义机制的讨论具有相关性，不过主要着眼于句法形式的方面，这里专门梳理一下。所谓叙实谓词的补足语结构复杂、简单，是相对于非叙实谓词的宾句而言的。学者对这个问题仍有很大的争论。一种观点认为叙实动词的补足语比非叙实动词更复杂，即在常规小句之上具有某种额外的语法要素，如 K & K(1968)、Roussou(1992)、Kallulli(2006、2009)等；另一种观点恰恰相反，认为叙实动词的宾语在结构上是不完善的，即缺乏常规小句的某种语法要素，如 Rizzi(2000)、McCloskey(2005)、Haegeman(2006)、De Cuba(2007)、Basse(2008)等。两派学者内部都存在较大的差异。

认为叙实谓词补足语句法上更复杂的学者主要是两种做法，一是认为该补足语之上具有一个限定性的指称要素（可以是零形式算子、显性名词等），另一种是认为有一个断言要素，二者都为非叙实谓词所不具备，所以前者更复杂。指称化的处理以 K & K 为代表，后来持类似观点的学者多受其影响。K & K 认为这种补足语带有 fact 这个同位语性质的成分，如 I regret the fact that John is ill；而非叙实动词没有。

Haegeman & Ürögdi(2010)认为,在小句的断言、叙实性等要素之上,还存在一种更高的语法范畴,即指称。叙实谓词的补足语是一种指称小句,来源于对事件的关系化(relativization)。这种关系化表现为一种事件算子,该算子移位至 CP 指示语的位置,即 Spec,CP。句法上,指称小句内嵌于一个零形式的 DP 之内,因此,这种叙实性的指称小句本质上是名词性的。非叙实谓词的补足语则是非指称小句,具有左缘成分,构成主句,但其左缘位置是"相对透明的",因为没有指称小句那样的算子移位。作者认为下面的句子体现了这个原理:

(15) a. Mary resents (the fact) that she is pregnant.
　　　b. Mary asserted (*the fact) that she is pregnant.

resents 是叙实谓词,允许宾句前加 the fact,后者的功能类似关系小句的核心语;asserted 是非叙实谓词,宾句前不允许加这种核心语。

Kallulli(2006)认为,叙实谓词补足语的[预设]特征必须得到句法表达,具体手段有两种:一是类似填充词的成分,如附缀、代词、情态成分等;二是韵律上的弱化。非叙实谓词的补足语则缺乏这种成分,所以前者更复杂。类似的,Zubizaretta(2001)也认为叙实谓词补足语带有一个断言算子。

认为叙实谓词补足语句法上简单的学者,主要根据是:该补足语缺乏非叙实谓词补足语那样的断言要素。如,Rizzi(2000:191)认为,感知动词的补足语是一种"缩减的结构"(reduced structures),不如普通小句补足语完备。

de Cuba(2006)认为,非叙实动词选择一个额外的功能投射,cP,该 cP 的指示语位置有一个阻止话主承诺的算子,该算子是一种"定位器"(anchor),指话主的态度、评价等;并接受 wh-移位。叙实谓词则缺乏这种额外的结构。

(16) Factive：　　　　　　Nonfactive：

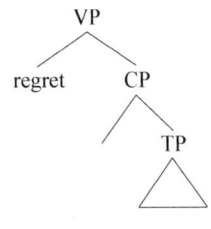
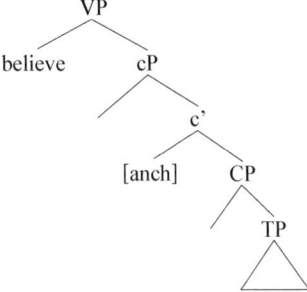

Haegeman(2006)认为叙实动词的补足语指事件,句法上是一种"缩减的限定结构",属 IP 层,缺乏"话语相关"成分,如话题化、语力等。Haegeman 的观点是有所转变的。前述 Haegeman & Ürögdi(2010)是认为叙实谓词补足语的语法意义是指称,并带有一个额外的"事件算子",为非叙实谓词所不具备,Haegeman(2006)则并未采取小句表示指称的做法,未提事件算子。

Basse(2008)认为,叙实谓词补足语所缺乏的是断言语力,因此是一种"不完全的短语"。具体而言,"由于补足语事件不能定位于主句主语的断言,因此被解读为话主的预设"。Basse 还用断言语力的缺乏解释补足语不允许话题化,而非叙实谓词带有断言语力,所以允许补足语话题化,如:John * regrets/believes that this book Mary read.

断言语力的解释是有价值的,即补足语的语力性越强,则主动词作为叙实谓词的典型性就越低,而补足语自身所可具备的主句特征就越强,如允许话题化等操作。这在不同语言是有差异的,如,虽然英语动词 regret 不允许宾句做话题化的操作,而汉语"遗憾、后悔"却都允许。但断言的解释过于绝对化,并不是所有补足语都存在断言与否的问题,也并非补足语无断言语力,就属于预设。如,强直接感知动词的补足语就无断言语力,但这种补足语并非预设,而恰恰表示原初获取的全新认识。

实际上,在上述争论中,两派学者所关注的并非同一问题:认为叙实谓词补足语结构更复杂的学者,关注的是补足语前可加表示指称或断言的某种事实算子;认为其结构简单的学者,关注的则是该补足语自身在句法层面上低。其实如果对叙实谓词做更全面的观察,就容易发现,并非所有叙实谓词的补足语都可前加 fact。H & T(1973:481)很早就发现,see 的补足语前就不能加 fact:

(17) * I see the fact that the Bruins lost.

这个规律在汉语也成立:越是指纯物理事件的强叙实动词,其宾语小句越不接受后加"的事情、情况"之类的名词,比较:

(18) a. 我慢慢放下电话,盯着一只蝴蝶飞出窗外(*的事情/情况)。
　　 b. 我们从画面上可以看到火灾发生时的情况。
　　 c. 我们很遗憾出现了新的航班的坠毁的事情。
　　 d. 大家都知道孙长虹被免职的事情/情况。

"盯着"是最典型的指直接感知的动词,引出一个强动态性、强殊指性的宾句,其宾句后不允许加"的事情/情况"之类的核心语;而感知直接性较弱的"看到"就允许这种操作,非感知性的"知道、遗憾"同样允许,二者分别是间接认知动词、情感形容词。

下面一组小句可以证明,宾句是否可加"的事/事实"而关系化,与主动词是否具有叙实性,并无联系:

(19) a. 她已经预先给她谈的对象说了<u>要/可能卖身</u>的事。
　　 b. 不能忽视帝国主义国家<u>可能侵犯我国</u>的事实。
　　 c. 蔚湘不会不知道耿雄谦<u>将</u>在今晚北上的事实。

"说"绝非叙实动词,其宾句同样可后加"的事",宾句中的"要/可能卖身"显然是非现实态。一般认为"忽视、知道"是叙实动词,其宾句也可加"的事实",但宾动词中却允许使用情态词"可能、将",显然并不指现实事件。

与宾句复杂性相关的一个流行观点是,叙实谓词的宾句不允许话题化。这个问题的一般理论背景是,话题成分在多大程度上及什么条件下可用于内嵌的语境。学者对此有不同的解释。Watanabe 认为,该补足语属于一种较低的 CP,该 CP 的指示语位置带有一个专门的"事实算子",该算子阻止补足语内进行话题化的操作。学者认为下面的英语句子不成立,因为宾句中 that film 是话题化的(引自 Haegeman & Ürögdi 2010):

(20) *John regretted that <u>that film</u> he went to see.
　　 [约翰遗憾那部电影他去看了。]

从语法事实看,就汉语相应的情感动词"遗憾"而言,所谓叙实谓词宾句不允许话题化的限制并不存在,例如:

(21) 我就有点遗憾<u>这么好的戏</u>怎么没有人看呢。
(22) 很遗憾<u>你们 7 号的婚礼</u>,我不能来到现场。
(23) 我们遗憾<u>第一份公告</u>,这么说吧,没有尽力做好。

例(22)"你们 7 号的婚礼"的话题身份是非常显著的:形式上,其后有停顿,这是典型的话题标记;语义上,"婚礼"与其后 VP"到现场"的关系很松散。(23)话题后有停顿,且有插入语"这么说吧",整个宾句的语力性是很强烈的。

Bianchi & Frascarelli(2010)指出,英语叙实形容词 glad 也允许宾句话

题化:

(24) I am glad that this unrewarding job, she has finally decided to give up.

〔我很高兴这个无报酬的工作,她最终决定放弃了。〕

Bianchi & Frascarelli(2010)把话题分为三种:关涉、对比、熟知,作者认为关涉话题的语力性最强,也最难用于内嵌语境。而在上面的(24),画线部分恰恰是这种"关涉"话题。

与叙实谓词补足语的事实性(factivity)相关的一个重要问题是孤岛效应,即该补足语对移位——特别是wh-成分移位构成限制。一般规律是:论元性成分(如who)容易移位,状语性成分(如how、why)难以移位。Oshima(2006)排列为如下次序:who > when, where > how > why。总体上,相比其他"孤岛",如复杂名词短语,叙实补足语是一种"弱岛"。

话题的实质是语力性、主句性。说叙实谓词不允许宾句采取话题化的操作,也就是认为该宾句是高度内嵌、非主句性的,不允许带有较多的语力要素。本文认为,这种限制是个程度的问题,要根据不同类型的叙实谓词分别讨论。表现为如下的连续统:强直接感知动词所引宾句指典型的纯客观事实自身,对宾句之非主句性、非语力性的限制最严;间接感知动词、情感动词、评价动词等,由于带有主观判断的语义要素,就容易允许宾句带多种语力要素。也就是,宾句的语义要素、语法特征都是主句授予的,要想弄清宾句的行为特征,就必须深入揭示主动词的内涵。

最后值得一提的是,除了叙实动词,还有叙实副词、连词、语气词等,合称叙实词,与叙实词相对的是非叙实、反叙实。非叙实指对所组合成分的现实性不敏感,如"认为、相信"等。反叙实则貌似指事实的反面,其实恰恰直接以一个现实事件为根据,这一点正表现为叙实性。如:"早知道这么险,就不来了。"只是表示开始不知道"这么险",而"这么险"本身则是已经实际存在的情况。同样,"当初步子再大些就好了。"蕴涵"当初步子不大"的现实情况。"要不是搭上你的车,这会我还在山路上挨雨淋呢!"蕴涵"已经搭上了你的车"的现实情况。

七、本节结论

自 Kiparsky & Kiparsky(1968)以来,学界对叙实谓词形成广泛关注,但至今仍然争议很大,表现在三方面:叙实谓词的语法语义机制、补足语的句法复杂性、叙实谓词的具体成员及系统。关于叙实机制的观点有"预设、断言、指称、时制、情景/保真性"等。"预设、断言"都强调了补足语中的语力要素,这恰恰是纯客观事实自身并不具备的。本文赞同时制、情景的研究思路,但认为这种概括尚嫌粗疏,不能充分揭示叙实谓词句的结构原理,而需要进一步对宾动词做情状特征的还原。

一个值得深思的现象是,采取其他研究策略的学者,于其理论解释之外,在对叙实谓词补足语做经验性描述的时候,也往往会不自觉地用到"特定的事件、具体的情景"之类的措辞。这其实在提示:所引补足语事态自身的具体现实性,构成了叙实谓词现象最基本的经验事实。后者应该被视为研究工作的基本立足点,也是理论解释的最终目标。

叙实谓词补足语的复杂性是相对于非叙实谓词而言的,这里存在完全相反的两种观点。双方争议的聚焦点其实并不相同:认为叙实谓词补足语更复杂的学者,关注的是补足语中带有一个额外的"事实"算子;认为该补足语结构简单的学者,关注的是其中缺乏非叙实动词补足语那样的语力成分。本文倾向于后者的观点。语义上,强叙实谓词的补足语指一个现实态事件,尚未做语力、情态的操作,因此所处的句法层面要低于非叙实谓词的补足语。

本文将叙实谓词的具体成员分为三类:直接感知动词、情感动词、评价动词。只有第一种引出一个指强事实的宾句,是典型的叙实谓词,即强叙实谓词。后两者的宾句所指事态都允许带有很大的概括性、语力性,因此都是半叙实性的。

从语法事实看,多数文献对叙实谓词所举实例都很少,缺乏对个体词项用法的全面调查。对某特定的叙实谓词而言,它自身往往就包括众多不同的功能,表现为一个很大的功能空间。这种情况下,随机举到的某个实例,很可能并不代表其典型功能,更不可能完整体现其语法功能。一切语法规律都只能来自语言现实,方法论上,要想真正认识叙实谓词的本质,只有系统、全面地考察其所出现的实际语境,才能做到。

第二节 "事件"与"事实"的分别

本小节的方法论考虑是:不同的抽象名词是对特定小句、动词短语之语法意义的指称,这样,通过对指事实的抽象名词语义特征的认识,可以反过来了解其所指称的小句、动词短语的范畴特征。

一、"事实"的一般原理

(一)抽象名词"事件"与"事实"在日常语言中的用法

叙实谓词是一种以自身词汇概念结构而内在蕴涵一个[事实]的动词,这是研究工作的出发点。但在相关研究中,学者往往把"事实"视为一种自明的现象,缺乏对其内涵的具体阐述,也缺乏对指"事实"短语的严格鉴定。K & K(1968)对叙实动词用的称谓是 Fact,但只描述为预设,并未具体指出 Fact 这个范畴自身的内涵。

日常语言中"事实"类名词很多,如"事实、现实、现象、情况、情景、问题、事情、事儿、事件"等。以"事情、事实、现实"为例,《现代汉语词典》(下称《现汉》)分别解释为:"人类生活中的一切活动和所遇到的一切社会现象"、"事情的真实情况"、"客观存在的事物"。在各种指事实的抽象名词中,"事实"恰恰最缺乏客观性。"事件"侧重指客观物理现象本身,动态性强,时空要素显著;"事实"则具有更多的概括性、主观性,缺乏时空要素,其同义词是"真相"。

"事件"有个专用量词"起","事实"不能用该量词,如"这起事件/*事实"。另外,量词"件"也主要用于"事件、事情、事",而不大用于"事实"。可以说"澄清事实",却不能说"澄清事情、情况";反过来,可以说"做事情、解决问题",却不能说"做事实、解决事实"(方清明 2018)。"事情、情况"指纯客观性、时空当下存在的事件,因此不存在"澄清"的问题。"做事情"指把"事情"自身所包含的物理要素具体执行起来,这就使之成为存在于当下时空域中的客观现实。"事实上"相当于情态副词"其实",指主观判断,如"问题事实上/其实也很简单",英语类似的有 in fact;而"事情上、情况上"都不成立。

"事件"可带指具体时间、地点、参与者的定语,"事实"不允许。这表明,"事件"是对一个实际发生的个体动作行为本身的直接指称。如:

(1) a. "9·11"恐怖袭击事件/*事实

　　b. "9·11"事件/*事实

(2) a. 西双版纳边境上发生的袭警事件/*事实

　　b. 西双版纳边境事件/*事实

(3) a. 1917年6月的张勋复辟事件/*事实
　　 b. 张勋事件/*事实

反过来,"事实"接受指抽象事物行为的VP定语,可充当系动词"是"的宾语,"事件"无此功能,如:

(4) 3+3=6这个事实/*事件
(5) 1983年1月25日,你挥手打了继母两巴掌,是不是事实/*事件?

从与叙实动词的组合看,"事件"构成的NP可做叙实动词"遇到"的宾语,"事实"构成的NP无此功能;但它们都可做半叙实动词"知道"的宾语:

(6) a. 当了20年村医的龙学江,最近遇到了一个麻烦的事情/情况/问题/*事实。
　　 b. 他知道许多私营营造厂偷工减料的事情/情况/违法事实。

"遇到"强调主体对客观事件本身的物理触及关系,所以更容易接受"事情、问题",而排斥"事实"。"知道"包含主观评判的语义参数,因此容易接受"事实",同时也接受"事情"。

(二)英语中"事实"与"事件"的分别

英语指事实的名词除fact外还有reality、actuality、situation,其间的分别与汉语"事实"与"事件、情况"具有很大的平行性。《牛津词典》的解释是:fact: A thing that is known or proved to be true(被认为或证明为真的事物);reality: The state of things as they actually exist, as opposed to an idealistic or notional idea of them(按照自身实际存在的事物状态,相对于理想或观念式的存在);actuality: The state of existing in reality(在现实中存在的状态)。可以看到,fact强调"认为、证明",带有主观内涵,更接近汉语"事实";reality、actuality强调"事物状态",侧重客观性,接近汉语"现实、现状"。

"事情"与"事实"的分别在英语感知动词补足语上有显著的形式分别:光杆不定式、分词补足语指直接的物理感知,不含主观判断,如(7)a、b;限定小句、完整不定式补足语指间接认识,带有主观判断(Dretske 1969、Palmer 1987、Felser 1999等),如(7)c、d。指间接认识时,补足语允许抽象属性谓词,如(7)d;而指直接物理感知时,补足语不允许抽象谓词,因此,典型指直接感知的动词如watch,就不允许完整不定式补足语,如(7)e(引自Felser

1999)。

(7) a. We saw Mary leave.

b. We saw Mary leaving.

c. We saw that John was drawing a circle.

d. We saw John to be a good student.

e. * We watched John to be intelligent.

上述句式体现了语义和形式间的相似性原理：在直接感知行为中，主体与外部事态时空上在一起，距离近，所以主动词与宾动词在形式上的距离也近；在间接认知中，主体与外部事态时空上分离，因此主动词与宾动词形式上也远，即被 that, to 隔开。Higginbotham(1983)、Parsons(1990)等把直接感知补足语所述事件称为"赤裸的个体事件"。Felser(1999)概括为：感知动词的分词补足语指进行中的事件，光杆不定式补足语指完成性的事件，完全不定式补足语指状态，限定小句补足语则指一般性的命题，即"事实"。

学者对"现实"的定义一般兼顾体貌和时制两种范畴。Comrie(1985：45)认为："现实指已经实际发生或正在实际发生的情景"，非现实指虚拟情景，包括推断性的概括、预测等。Chafe(1995：350)则同时指出谓词的情状特征，现实包括：过去时状态，如 I had a toothache；过去完成的事件，如 I got the car fixed；现在状态，如 I've got a toothache；现在非完成的事件，如 The car's getting fixed。

(三) 哲学界关于"事实"与"事件"的讨论

"事实"与"事件"之间的区别与联系问题，在西方哲学界具有悠久的传统，引起了持续的关注。维特根斯坦在《逻辑哲学论》通过"事情、事态"来定义"事实"，把后者视为前者的概括形式："发生的事情，即事实，是诸事态的存在"，"世界是所有发生的事情"，"世界是事实的总和，而非事物的总和"。这些阐述与汉语"事情、事实"相一致：前者具有原初性，后者则是概括性的。对应于理论语言学的语法范畴，"事情、事态"即 event、state of affair，汉语学界一般概称"事件"。维氏常用的术语是 fact，有时也用 state of affair，Armstrong(1997)则很明确地用 state of affair。

Vendler(1967)认为，"事件"与"过程、行为"是同类范畴，它们都是"时间性的存在"，"都是在世界中发生的"；"事实""则根本就不处于时空之中，它们也不会在任何意义上出现、发生或持续"。Vendler 的做法包括两方面首先对比动词短语转换为名动词(nominals)时的差异,分为"完全名动词"和"不完全名动词",前者包含动词的要素,包括 that-从句和动名词(gerund)结构,如 that John sang the Marseillaise,John's singing the Marseillaise;后者则完全转变为名词,如 John's death。然后看这些名动词与其他带有验证作用的词语的组合情况,分为两类,一类容纳能力强,同时接受完全名动词和不完全名动词,如"让我吃惊、是不可能的、造成麻烦";另一类容纳能力弱,只接受不完全名动词,如"看见、听到","发生、举行、结束"等,如"我听到了马赛曲的演唱","跑步比赛在贝尔蒙特举行"。

De Rijk(1979)以物质、意识的区别为线索,把"现象"分为四种:A."现象$_1$",即"物理实体$_1$",特征是具体性、具有空间所处。B."现象$_2$",即"物理实体$_2$",指主动或被动的事件,特征是具有时间-空间的特征。C."现象$_3$",即"物理实体$_3$",特征是在发生的过程中,即"事件"。D."意识实体",即"事实",关于前三种现象的认识,是非时空性的。

Mellor(1998)对"事件"与"事实"的区别比较复杂。他对事实的定义首先是基于对时间、空间的二分:A-时间、B-时间,A-空间、B-空间。A-时间/空间是以现在-这里为坐标原点而定义的,是相对性的,B-时间/空间则指绝对的时间、空间位置。A/B-时间/空间对应于 A/B-事实。"休谟死了"是 A-时间的表述方式,其所述事件属于 A-事实,因为"休谟死了"只是就现在而言是正确的;但如果[现在]是 1775 年,而事实上休谟是 1776 年死的,所以"休谟死了"就不是事实。类似的,"休谟出生在离这里一千公里的地方"是 A-空间的表述方式,属于 A-事实;"休谟出生在苏格兰"是 B-空间的表述方式,属于 B-事实。

Mellor 所谓的 A-时间、空间,无非是语言中的指示成分,以话主当下所处的时空位置为坐标原点,如"去年、将来"。其 B-时间、空间则是绝对性,这种绝对性的根据是两种情况:一是公历,如"2020 年 3 月 10 日 13 点 25 分";二是客观的时空距离,如"休谟跑了 5 公里/3 个小时"。如果仅从这个意义上区别 A、B 事实,并不构成多么重大的意义。关于语言系统中的指示成分与非指示成分的关系,在哲学界,弗雷格(1918)、Bühler(1934)、Peirce(1958)都有论述——Bühler 称 deixis,Peirce 称 index。二者的关系并不是绝对的,如弗雷格所指出:"即使是永恒的东西,假如对于我们来说应该是某种东西,也就必定以某种方式与时间性紧密结合在一起。"(p.136)

Mellor 对 A、B 两种事实的区分,更多地着眼于传统哲学偶然性与绝对性或殊相与共相的二分。A-事实指一种当下性、偶然性的个别事实,实存于时空语境;B-事实则指超出特定时空位置的一般事实,不依赖于语境。如"休谟死了"是 A-事实,"2+2=4"是 B-事实。Mellor 还认为,真理就是从大量偶然性的 A-事实中探寻 B-事实的过程,这个表述可以说就是对"由个别/殊相到一般/共相"关系的直接转写了。Mellor 对两种事实之真实性的验证,最终也仍然是传统的"为真",即与客观世界的符合关系。Mellor 还把事实与信念联系起来,"真"是"我的信念"的一种特质,"真陈述"引出的"真信念"。这也来自苏-柏-亚的传统,即,如果你信以为真,相信某物是其所是,或相信某物不是其所不是,那么这就是真的,而这种过于真的信念来自事实的确定性。

Austin(1999)从词源学上考察了 fact 一词的变化。最初,即 16 和 17 世纪,事实指一种行为(a deed or action),尤其指一种犯罪行为。18 世纪,它指一种实际发生的事件。后来,它可以指已经实际发生的事件,也可以指通过观察或实证得到的一种个别的真理,以区别于通过推测或虚构而得来的东西。

这方面的文献很多,无须详述,共同的是,学者都认为:[事件]侧重指客观物理现象,具有个别性、时空当下性;[事实]则侧重指主观认识、判断,具有抽象性、概括性。进一步地,由客观事实自身,会伴随引出主体对事实的态度,后者即[信念]。认识方式上,[事件]以直接感知为载体,[事实]以理性思维为载体。基于上述区别,可以肯定,叙实谓词所引小句指的是客观的"事件、事情、问题、情况",及英语 actuality,而非主观的"事实"及英语 fact。

这里存在一个言说上的悖论:在描述的时候,我们总是会使用"事实"的称谓,所谓"客观事实",但真正的[事实]的表现形式却是动作行为自身的具体发生,即"现实态的事件"。这是语词的编码规律造成的:客观事物自身的存在总是一种内部视角,从外面概括为一个抽象名词,就必然添加外部视角、主观认定的要素。叙实谓词所引宾句指的是"现实态的事件"意义上的事实,而不是添加了外部视角、主观认定意义上的事实。

上述"事件"的内涵与沈家煊(1995)的表述有一定区别,后者"把有内在终止点的有界动作称作'事件',把没有内在终止点的无界动作称作'活动'"。"有内在终止点"着眼于谓词的情状、体貌现象,根本上则是量化、殊指化,这是事件现实存在的方式之一,但并非唯一方式。本书对"事件"做广义理解,既包括动态性强的行为,也包括静态性强的状态;有时也概称为"事态"。"事件、事态"都是概括性的称谓,还不具体关注其体貌、时制的特征。另外,也确实存在[事件]和[活动]这样两种不同的语法现象,但它们主要是表现为参与者的结构差异,即:事件＝执行者＋活动。

(四)现实与其他语法范畴的关系

Palmer(2001)把"非情态"、"情态"的对立,与"现实"、"非现实"的对立联系起来。我们认为,在讨论现实与情态的关系时,要首先区别认知情态和根情态:前者的内涵是主观判断,是高位范畴,CP;现实则指客观事件自身,是低位范畴,TP,因此,认知情态明显是非现实性的,如"莉莉肯定/大概在家"。根情态包括动力、道义情态,它们都指事物存在的[潜在性],与[现实性]属同一范畴层面,且构成直接的对立。"小王应该/会修电脑","修电脑"的行为是潜在性的,非现实态,"小王正在修电脑"则指现实态。但作为叙实谓词的宾句时,根情态往往可以指现实事件。

与[现实]直接相对的范畴是[潜能],也称"潜在",这个观点是亚里士多德反复论证的。亚氏的观点包括四方面的内涵:1.潜能来源于事物自身的物质属性;2.潜能引起并转化为运动;3.运动才是现实性的;4.无规定者只是潜在地存在,现实则是有规定的。如,"最初潜能的主要定义,是在他物中或作为自身中的他物的变化的本原"(p.124),指潜能的根据在于事物自身,事物有什么潜能,就形成什么运动。"实现这个词连同现实,最主要来自运动"(p.212),"实现"和"现实"是同等程度的范畴,所谓"来自运动"实际指"以运动的形式体现出来",或"表现在运动中","运动"即语法上说的[动作]、[行为]。"所有东西的活动,都是潜能的现实"(p.461),指潜能通过活动转化为现实。"潜能作为质料是普遍的和无规定的,属于普通和无规定的事物,实现则是规定的并属于规定的事物,作为这个,它属于某一这个。"(p.337)"普遍的、无规定"即类、非限定性(二者都包括名词和动词)、无界,是潜在性的;相反则是特定的个体、限定性、量化、有界,是现实性的。亚氏的上述论断,至今似乎并未被超越,本书也完全赞同。

不少学者认为否定、疑问是非现实态。Bybee等(1994:237)指出,"否定、可能性、虚拟、祈使的共同之处是非现实"。否定是对事物某种存在方式的去除,但其作用对象仍然是事物自身的存在,所以仍属现实态的范畴;如"小刘不胖/没来"都指一种现实存在,否定副词"没、不"都是TP、VP层面的要素。疑问则是语力性的,属于高位范畴,所以不直接陈述事件的存在情况,其操作对象既可以是现实态事件:"谁来了?"也可以是非现实态:"谁要去？"

　　从句类的角度看，陈述句的内涵最为宽泛，并不直接对应于现实态，因为各种情态范畴都采取陈述句的形式。而感叹句就必然指现实态，如："多好的姑娘！"感叹句指一种情感宣泄，而情感范畴则是叙实性的；感叹句与情感谓词句具有内在关联。祈使句是句类的提法，所述事件实际是道义情态，所以自然是非现实态。如"请进！"实际指"你可以进来"。石毓智（2001：129）把"陈述句、陈述语气"和"虚拟句、虚拟语气"作为对立的范畴，虚拟句包括祈使、疑问、可能、条件、假设、意愿、否定。我们则认为，虚拟句与陈述句并不处于同一范畴层面，虚拟句中的假设、可能、意愿、否定都可采取陈述句的形式。陈述属语气层面，CP，其功能核心是断言、语力，语义根据则是［相信］。显然，可能性、意愿等都可作为相信的对象。

　　假设貌似直接是现实的反面，实则不然。首先，假设是在主观意识中设想一种事件的存在，所以所设想的事件自身恰恰直接采取现实态的形式。如，"要是他正在做作业……"。其次，假设句往往可以表示类指事件，后者则是现实性的，如："我们常常看到，只要城管出来，小贩就会四散跑开。"

　　Pietrandrea（2012：186）认为，相对于现实态，非现实的特征之一是，"未具体指出其在现实世界中的时-空参照点的事态，包括非时间性的类指或惯常事态"。Pietrandrea具体指出了现实态的"时-空参照点"要素，而把类指或惯常事态视为非现实态。对前者我们完全赞同，但对后者则持保留态度：类指、惯常事态仍属现实，不过是其中的非典型成员；非典型性的语义根据是：动态性、殊指性差，不占据特定的时空位置，如"西红柿营养丰富、太阳从东方升起"都指现实。

　　概而言之，现实态的直接对立面是根情态、虚拟，但双方之间却可转化；现实的典型形式是动态个别事件，类指事件与之是同一个连续统的两端；否定是事件的内部操作。祈使句在语义内涵上属根情态范畴，感叹句属情感范畴。疑问和认知情态都是对各种事件的高位操作，与现实态无直接对应关系。

二、对"命题、真值"概念的批驳

　　在叙实谓词的研究中，学者往往把"命题、真值、为真"等作为立论的根据，为了明确本文的立场，有必要对这些概念稍做阐述。这方面的文献自然不计其数，所以本小节只能属于管窥。

"命题"这个概念来自柏拉图、亚里士多德以来的传统哲学、逻辑学,核心内涵是人类通过语言形式(具体是小句)对外部世界存在方式的范畴化。关于"命题"的定义可以说成千上万,但基本理解还是基于亚里士多德的表述:"每一个句子不都是一个命题;只有那些在其中或有正确或有错误存在句子,才是命题。"亚氏的论述来自柏拉图,后者也是直接从小句(clause)上理解的,即,命题、陈述(λόγος)是"名词和动词的结合"。亚氏甚至已经很明确地指出了小句谓语动词的限定性:"每一个命题必须包含一个动词或一个动词的时式。用来定义'人'这个属的短句,如果没有现在时的、过去时的或将来时的动词加上去,就不是一个命题。"("范畴篇"、"解释篇"p.58)

后世关于命题的认识基本不超出柏、亚的框架。罗素认为,"一个命题就是一个在陈述的句子,一个在断言某事物,而不是在询问或祈使或期望的句子。""一个句子(或一个命题)是一个事实的专门符号。"(p.225)"一个命题可以定义为:当我们正确地相信或错误地相信时,我们所相信的东西。"(p.345)核心内涵是三点:命题对应于小句,命题带有真值,命题往往带有命题态度。命题态度是罗素非常感兴趣的问题,语法上也就是情态、语力之类的成分。Soames(2012:209)把传统关于命题的理解概括为"所断言、相信、知道的作为真、假载体的事物","断言、相信、知道"都是主观性、情态性的,与罗素所谓命题态度思路一致。维特根斯坦(1922,*Tractatus*)有所不同,他更强调命题的客观内涵:"命题是现实的图像,因为我理解命题,也就是知道了它所陈述的事件","命题是对事实的描述","命题告诉我们事件",这里维氏使用的称谓是 reality、fact、state of affairs,基本视为同义词。

无论哲学界还是语法学界,不少学者希望把"命题"和"事件"处理为两个分别成立的范畴,本书则认为这种分别都是站不住的。就具体内涵而言,多数学者是把命题限定为指一种抽象概括的认识,事件则是对命题的例示(exemplization)。另外一种影响较大的做法是把命题理解为可能事件,现实事件是其中的一个成员。情态范畴与类事件是有相通之处的(参看下一章),上述两种区分实际都是在讨论类指事件和个别事件这两种具体语法范畴的分别,类对个别是概括、体现的关系,并不存在"命题"作为一个范畴,与"事件"构成分别。Strawson(1959)认为,共相的意义在于它能被事例化,即体现在具体事例中。同样,Kim(1979)认为,事件指命题的具体发生。个别在谓词方面表现为两个语义参数:[动态]、[殊指];类指事件则体现为两种语法现象:参与者的通指化、谓词的个体化、去时间化。"小李正在打乒乓球"指个别事件,"小李往往下午打乒乓球"指类指事件,"中国人爱打乒乓球"指更高概括的类指事件——所谓命题;前面的事件对后一个都是例示的关系。

关于命题、可能事件、现实事件的关系,其背后的理论根据是可能世界的提法。这个表述来自莱布尼茨,他认为只要一个事物、情况不包含逻辑矛盾,就是可能的,无穷多的可能事物的组合就构成一个可能世界。本书则认为,所谓可能世界的实质无非情态范畴(哲学界多称模态逻辑语义学),可能世界并不构成任何世界,也不在任何时空域中具体存在。因为只要事件具体[存在],就一定是现实世界,可能这个范畴本身是不可能存在的。当然,"事物有可能不同于它们现有的这个样子"(刘易斯),这其实是常识:事物总是会发展变化的,不存在一成不变的事物。但当一种事物采取不同于它现有的存在样子时,无非进入另一种具体的现实存在状态,而绝非作为可能性本身的存在,更不构成另外一个世界。对可能性这个范畴本身,只有在亚里士多德所述[潜在性]的意义上理解,才是可能性,否则就成了现实性,而当它是可能性、潜在性的状态时,也必然可以不可能,即得不到实现。其实"世界"的提法本身也很含糊,实际存在只是一个个的具体事件,事件的总和称为世界。

直到最近,语法学界仍有很多学者把"命题"处理为一个独立的语法范畴。如 Zucchi(1993)以专著阐述"命题"和"事件"的区别,认为命题指间接认识,英语采取 that 从句的形式,如(8)a;事件指直接认识,多用动名词、名词化的形式,如(8)b:

(8) a. John noticed/saw that Marry arrived.
　　 b. John noticed/saw the arrival of Mary.

Zucchi 认为,在上述 a 句,Mary arrived 可指别人告知的情况,John 并没看见;b 句则相反。Zucchi 还借鉴 Vendler 的观点,认为事件名词接受 is slow, is sudden, took a long time 的陈述,命题名词则否,如,下面的(9)a、b 指事件,c 指命题:

(9) a. the performance of the song　　b. the performing of the song
　　 c. his performing the song

Zucchi 对命题与事件的区分,关键点是:前者侧重主观性,后者则指客观事

第一章　叙实谓词的语法机制

实自身，但这完全可以概括为具体的语法范畴，不存在"命题"本身这种语法范畴。恐怕母语者很难对(9)的 b、c 做"事件"、"命题"的分别。

Peterson(1997)把带补足语谓词划分为三种："事实、命题、事件"。"事实谓词"预设一个事实的获得，如 discovers-发现，realizes-意识到。"命题谓词"指向命题，如-seems 似乎，believes-相信，-likely 可能。"事件谓词"预设一个事件的发生，如-occurs 发生，-take place，-causes-引起/造成。很明显，其中"命题谓词"的内涵最为模糊，但大致指带有主观信念的谓词。语言事实上，作者认为 discover"发现"是属事实谓词的，但如果说其所引出的宾句不指命题，则恐怕很多人难以接受，如 We also discover that much of what we experience in a relationship is happening in our imagination only."我们同样发现，许多我们在人际关系里所经历的种种，都只发生在我们的想象里。"实际上，更多学者的观点是：that 引出的补足语，主观性更强。也就是，不存在引出的补足语能明确无疑地称为"命题"的主动词。

还有不少学者从句法层面上定义命题。Fillmore(1968)把小句的语义内涵分为命题和情态两大板块，后者是广义的，包括诸如否定、时、式和体等范畴，即后来生成语法所说的 IP、CP。Fillmore 实际是把命题理解为构成客观事件的最核心的要素，即动作及其论元，也就是 VP。Carlson(2002)的做法与 Fillmore 正相反：认为 VP 指事件，IP 指命题——Carlson 未谈及二者与 CP 的关系。Carlson 认为，事件是核心部分，向命题投射。命题的基本特征是语境，主要表现为限定性、语篇回指等信息。在向 IP 投射之前，VP 不具有真值、时间。Carlson 的关注点主要是名词，认为强限定名词都提升到 IP 层面去解读，弱无定成分(weak indefinite)则在 VP 内解读，对动词的关系是融合性的。

Carlson 所说的"命题"是限定性、现实性的，与一般学者理解的概括、可能事态有质的分别。但 IP 的语法内涵显然并不都是现实事态，而也可以指可能、将来时的事件。如，根情态是属于 IP 的，就并无限定性、现实性的特征，如"明天会下雨"。反过来说，即便把 IP 的语法意义统一概括为命题，那么，该命题的具体内容就复杂多样，需要做进一步的分类。这就必然回到各种事态类型上去，所谓命题也就成为一个缺乏实质内涵的空洞称谓。

Hengeveld(1988)分为下面四层：

| 层面 Layer | 语义范畴 Semantic category |
| 1. 谓词 predicate (frame) | 特征/关系 property/relation |

2. 述谓 predication　　　　事态 state of affairs
3. 命题 proposition　　　　可能的事实 possible fact
4. 小句 clause　　　　　　 言语行为 speech act

显然,这个区分借鉴了哲学界的认识:事态指具体存在,命题指概括、可能的情况,前者是对后者的例示。用前述 Fillmore 的体系来看的话,命题所述可能的事实,同样是由特定的动作及其论元构成的,与第二个层面的事态并无实质分别。

可以看到,各家用"命题"的名目可以指各种各样的对象,甚至完全相反,如 VP 或 IP。而从大的历史背景看,学界对命题的讨论已有一千多年,但也"似乎从未弄得清楚而无歧义"(Tarski 1944:342)。这个事实本身已经表明,命题只是一种工作性的描述,并无确定的内涵,即没有任何一种语法范畴、语法形式就是指"命题"本身,而没有其自身专门的语义内涵。说到底,"命题"无非是人类认识的早期,对语言编码外部世界之方式的一种粗略认识,实际就是[事件]:即语言所截取的外部世界一个相对完整的存在单位,对应于一个小句。随着语言学对各种具体事件类型认识的深化,命题的提法已经显得非常粗疏,必然被逐渐淘汰。事物的不同存在方式,也就范畴化为不同情状类型的事件;事件的不同进行情况,也就编码为不同的体貌、时制范畴,即 VP、AspP、TP,添加情态及断言语力要素的语法单位则是各种形式的 CP。

哲学家关于命题"真、假"的判断,主要是"符合论"和"同一论"两种说法:"真之符合论指的是一个命题是真的,当且仅当它符合一个事实;真之同一论指的是一个命题是真的,当且仅当它是一个事实"(M.大卫 2001/2015)。Elliott(2000:66-67)的分析则更为具体,也更接近语法意义的分析:"典型的,一个现实命题断言一个事件或状态是实现了的现实","非现实命题则属于想象或虚拟的领域"。这些认识大致也都来自柏、亚。柏氏认为,真实的命题说的是存在的事物,"假"就是把非存在说为存在,或把存在说为非存在("克拉底鲁篇"、"智者篇")。亚氏认为:"并不是由于我们真的认为你是白的,你便白,而是由于你是白的,我们这样说了,从而得真。"(苗力田编 2000:225)。

需要追问的是:为何不直接刻画事实本身,即事物的具体存在方式,而要拐弯抹角地增加一个"命题"及"为真"的中间站?一个常举的例子是,"雪是白的"为真,仅当外部世界存在雪白的事实。戴维森还举到带有指示成分的例子:"由 p 在时间 t 说出的'我疲倦'是真的,当且仅当 p 在时间 t 是疲倦的。"在这里,无论用什么技术进行推导,都无法回避循环论证的问题;Putnam(1985)把这种论证讽刺为简单的"去引号",其实是很中肯的。

从语言原理上看,把一个语词或句子的内容联系到外部世界,这并不构成任何证明关系,而只是语言符号编码外部世界的本职工作之所在,即能指(语言符号)与所指(外部世界)的关系。因此,上述分析之所以形成循环论证的原因就是:对"雪是白的、我疲倦"的句子,需要解释的问题正是:为什么这些词语以如此方式组织起来,就可以编码外部世界的一种具体存在方式,而并非外部世界上是不是存在其所指的事实——后者是自然科学的工作;而该证明工作的逻辑恰恰是:把需要解释的问题本身,视作已经当然成立的前提。根本上,自然语言就是编码人类一切认识内容的最终形式手段。一切人工语言、元语言,最终都只有通过还原为自然语言才能获得语义解释,而不是相反;也不存在这样的情形:语言系统中有一套专门的语义/语法范畴,语言之外(如在哲学、逻辑学)还有另外一套意义范畴。

在语法界,也有不少学者把"为真"视为解释事件进行情况(包括体、时)的初始概念,或所谓元语言。这种阐释学的后退是不成立的。一般做法是:首先,把[时间]范畴分析为下一级或再下一级的片段,称为[时刻](interval)、"次时刻"(subinterval);然后,把事件的存在情况归结为在某些特定时刻上"为真"。如 Montague(1968)对英语完成体的解释是(以 *John has walked* 为例,下画线是我们加的):

(10) *John has walked* is true at time p if and only if there exists a time t such that $t < p$ and *John walks* is true at t.
"约翰散过步了"在时间 p 为真,仅当存在一个时间 t,且 $t < p$,"约翰散步"在 t 为真。

进行体、将来时的解释可以类推:其他表述不变,把 t 和 p 的顺序调整一下即可。不过,Montague 是直接用经验层的[时间]概念,尚未分析为下级的[时刻],后来学者是这么分析的。如 Bennett & Partee(1978)对进行体的解释是:

(11) *John is walking* is true at time p if and only if there exists an open interval of moments of time, I, such that p is a member of

I and for all times t in I, John walks is true at t.

"约翰正在散步"在时间 p 为真,仅当存在一个开放的时间中的众多时刻 I,p 是 I 的一个成员,对 I 中所有的时间 t 而言,"约翰正在散步"在 t 为真。

Bennett & Partee 还把这种策略推广到各种时间状语,如:

(12) John walked to Rome two times last year is true if John walks to Rome two times is true at the interval of time which is last year.

"约翰去年步行去过罗马两次"为真,仅当"约翰步行去过罗马两次"在去年的时间中的时刻为真。

很明显,"为真"本身的内涵既贫乏也模糊,并不构成任何解释。换言之,如果要定义[为真]的内涵,就只能重新回到"动作实际进行、状态持续"之类的日常表述,形成自我重复;如 Davidson(1969)所言,说存在一个事件,也就是说该事件实际发生。具体看,上述逻辑式也无法区别不同情状类型的谓词。如,按照这个解释,"约翰去年去过罗马两次"将与"约翰去年很胖"指同样的事件,因为后者也可描述为:"约翰去年很胖"为真,仅当"约翰很胖"在去年的开放时间中的时刻为真。——不过,像(10)那样的刻画,也提示了"原初事件"的观念,即:过去时指一种回顾的视角,而在当时,其所述事件自身只是以直接进行的方式存在。另外,把[时间]进一步分析为[时刻],以时刻对应动作的片段,当然也有很大理论价值,这无须赘谈。

总之,在任何一级语法单位上都不存在"命题"、"为真"这样的范畴。同样,在各种具体的语义内涵之外,也不另外存在一种专门的"逻辑"意义,如,对任何一种语言现象,不存在这样的功能分类:因果关系、时间关系、逻辑关系。

三、强事实的语义机制

(一) 语义要素的殊指性、时-空位置的当下性

维特根斯坦指出,世界是事实的总和,而不是事物的总和。卡尔纳普(Carnap 1958)有类似的表述:事件是一个时空局域,世界是瞬间事件的总和。本文赞同这个论断,但认为尚需具体阐述。该论断的真正内涵是:1. 纯粹的"事物"自身(所谓"物自体")并不存在,事物必然以特定的存在方式存在着;2. 事物的存在方式即[事件],"事件"是人所截取的世界存在的一个

相对完整的基本语义单元。语法形式上,"事件"的基本编码手段是一个主谓结构的小句。谓词从语法意义上分为四大类:"活动、状态、样貌、属性"(参看第二章第一节),统一概括为"存在方式"。指事件的其他形式如动名词、"N 的 V"之类,最终都须还原为主谓小句。

叙实谓词的强弱表现为其所选择的客观事件的典型性。典型事实("强事实")即构成世界存在的最小、最基本、最原初的片段,其他事件都是以它们为材料、在它们的基础上,经概括、抽象两种语义操作派生形成的。强事实分解为下面三个特征:

1. 谓词情状上的强动态性、殊指性,相对的一极是静态、笼统、概括;前者指客观事实的典型性强,后者则弱。
2. 时空上的当下性。空间上表现为特定的位置,时间性表现为一个瞬间。空间位置来自动作参与者自身的物理躯体:所指物理躯体越精准,空间性越具体;空间性越差,则指现实事态的典型性越差。时间的瞬时性来自动作的片段性:一个最小的动作片段,即形成一个时间上的最小瞬间;瞬时性越差,则指客观现实的典型性越差。
3. 模态上的非语力性,即不带主观要素;反之,带主观要素越多,指客观事实的典型性越差。

上述三方面中,动态、瞬时、语力已成学界常识,此不赘述。从语法范畴看,[当下性]则表现在体貌(AspP)和时制(TP)这两个句法层面。对现代汉语而言,体貌与时制之间往往具有过渡性,如"在、过"都兼具体、时的特征。从指事实的典型性看,存在下面的连续统:

延续体 > 进行体 > 经验体;现在时 > 过去时

合起来看,现在时的延续体、进行体是指事实的典型形式;经验体、过去时则是派生形式,例如,"他吃过榴莲"的原初事件形式是"他正在吃榴莲",后者指现实事件的典型性更高。将来时则指可能性,不指事实。

相比进行体,延续体是更强的内部视角,也更加细致地刻画动作内部的进行情况,因此殊指性比后者强,所刻画的时间位置也就更具体,所以指客观事件的典型性也就更强。比较:"她在喝茶"单独即可成句,而"她喝着茶"单独站不住,加上方式状语如"她静静地喝着茶"才行。原因是:"着"更加细致地刻画动作的内部片段,因此就内在与方式相关;而"在"则带有一定的外

35

部指示性,所以不仅是体貌要素,而兼具时制的特征(张新华 2010b)。时间上,"喝着茶"的每个瞬间构成她当时最具体的现实存在,空间上,"喝着茶"的特定躯体部位构成她物理存在的当下空间位置。个体总是包含多方面的物质要素,而在具体事件中,总是只关涉其中的某些方面,构成该事物的现实存在。

强事实的表现形式是动态、当下、殊指的事件。弱事实包括类指/惯常事态、科学规律、笼统事件、抽象属性,如:

(13) 这个地区春天多风沙。　　(14) 老王每天 6 点起床。
(15) 疟疾的传播跟蚊子有关。　(16) 资本家通过资本来剥削工人。
(17) 约翰是美国人。　　　　　(18) 小明很善良。

上述小句所指事态都缺乏特定的发生时间、空间,即非当下性的,因此都是弱事实。

(二) 关于殊指性的进一步讨论

汉语学界对[殊指性]的语法价值关注还不多,这里略作阐述。它指谓词对事物存在方式描述的细化程度,即分析为更低层次的物质片段。这表现在谓词和名词两方面,例如:

(19) a. 老张很胖/胖墩墩的。
　　 b. 他坐在沙发上/悠闲地斜靠在锦缎大沙发上。

上述两组小句都指事实,但斜线后谓语指事实的典型性更强。

对于整个事件而言,谓词是强殊指刻画的核心,谓词语义特征的殊指化表现在词汇和句法两个层面。从词汇上看,刻画一个最小片段的事物存在方式,是谓词编码外部世界的起点,也构成谓词语义机制的根本所在,以此为线索,可以对谓词系统有新的认识,这一点将在第二章专门阐述,此略。一般而言,动作动词的殊指性强于状态动词("跑">"坐"),具体动词的殊指性强于抽象/笼统动词("游泳">"认识","揍、骂">"欺负"),状态形容词的殊指性强于性质形容词。逻辑关系上,语义概括的词语、短语可以包括语义具体的,如"运动"可以包括"走、跑、游泳","游泳"可以包括"蛙泳、蝶泳"。但在表达上,由殊指的可以推出概括的,反过来就不行,例如,由"他刚才跑步了"可推出"他刚才运动了",反过来却不成立。这个逻辑关系平行于局部对整体的关系,如由"他刚才跑了 5 千米"可推出"他刚才跑(步)了",由"他去过天安门"可推出"他去过北京"。

动作的动态性与殊指性的关系是:强动态性必然是强殊指性的,但反之不然。这是因为,强动态性必然以对物质片段的精细分化为根据,这就表现为殊指性,例如,"跑"以"腿、脚"的分化为根据,"写"以"手指、纸、笔"的分化为根据。从殊指性看,状貌词(所谓状态形容词)对物质片段的存在方式做精准刻画,如"红彤彤、弯弯曲曲",因此是强殊指性的,并且也具有较为典型的现实性,但主要表现为强静态性,一般不具有动态性。

句法上,方式状语是对动作做殊指化描述的典型手段。方式状语的语法机制就在于:对动作自身所包含的众多维度的语义信息,做更加细化的描述。因此,方式状语直接体现了[动作]这一语法范畴的构成原理,实际上,从深层看,方式与动作这两个范畴是具有内在相通之处的:只有强动态性的动作才具有典型的方式状语;方式就是动作自身。

本书所说的动态性、殊指性,哲学界一般称为动作或事件的个体化,如 Goldman(1971)、Ginet(1990)等。Davison(1967)则从量的角度刻画为蕴涵关系,这种蕴涵的语义机制即类范畴对个体范畴的涵盖关系。如:

(20) a. 布鲁特斯凶狠地/用匕首/在背上刺死了凯撒。⇒ b. 布鲁特斯刺死了凯撒。

"凶狠"是典型方式状语,"用匕首"指工具,也属于方式状语,二者都是对动作"刺"的殊指化。"在背上"指处所,该处所指动作的参与者"凯撒"自身的躯体构件,因此属于内部状语(Maienborn 2001),语法功能也是对"刺"的殊指化。这种殊指化的机制就在于:对一般性的"刺"所包含的态度、力度、工具等方面的语义内涵,做更强殊指化、高颗粒度的刻画。另可指出的是,在 Davison(1967)经典理论中,只有动作谓词才带有[事件]的论元。虽然后来学者把事件论元也推广到静态谓词,但显然动作谓词才指典型的事件。

用哲学的话说:动词自身指共相、普遍性、无限性,方式状语的作用是特殊化、个别化、有限性;用逻辑学的话说:动词自身指变元、内涵,方式状语的功能是存在算子、外延;用语法学的话说:动词自身指惯常事件,方式短语指殊指事件。以上都意味着:[存在]范畴的语义机制就在于对事物存在方式的殊指化。根本上,强殊指、强事实的实质是尽可能用语法手段把外部世界的最细微的存在片段捕捉下来,这是语言表达的最终功能之所在。从信息传达上看,一个小句的殊指性越强,则其所包含的信息量就越大,小句就越容易站住；如"门外走来一位少女,长着一对*（又黑又亮的）眼睛。"一般焦点现象的深层语义机制也是殊指化,如"刘昆是**昨天**回来的",蕴涵"刘昆某日回来","昨天"是对"某日"的殊指化。如果是在警察分析刑事案件的语境,就要对"昨天"进一步殊指化:"刘昆是**昨天下午3点46分**回来的"。语义上,强殊指化的成分蕴涵弱殊指化的,即任何个别/殊相都大于一般/共相。

（三）西方学者对"殊指性"的研究

这方面的专题研究不多。其中一个突出的概念是"颗粒度"（granularity）,如 Schegloff（2000）、Narasimhan & Cablitz（2002）等。Schegloff 指出,对"你在哪?"的回答可以是"在加利福尼亚、在办公桌前"等,后者的颗粒度更高。类似的,Eckardt（1998）提出"大事件"的概念,指由众多"小事件"组成的宏事件。如:

(21) a. 十分钟,他削了5个苹果。

　　　b. 十分钟,他一个一个地削了5个苹果。

a 句指一个大事件,"十分钟"指这个大事件的总体时间；b 指5个小事件,"十分钟"既可指大事件的时间,也可指每个小事件的时间。小事件是对大事件的殊指化。

Kratzer(2002)对"事实"与"殊指"的关系做了专题论述。作者对殊指用的称谓是 particulars,与 specificity 是同义词,并且文中也常用后者进行描述。Kratzer 在文章的开头,首先引用了 Baylis(1948)关于"事实"的描述:

　　事实是高度具体而特定的,以下雨为例,该事件是个非常复杂的事实。雨以非常特定的方式垂落,有特定的速度,每个雨滴都有确定的大小和构造。云层和地面的情况都是确定的,雨滴与世界上的一切他物之间的时空关系也都是特殊的。

Kratzer 文章的重点是讨论"事实"与"命题"及"反事实"的关系。作者认为命题指高度概括的事实,"事实"是对"命题"的"例示",这个观念也借鉴了 Baylis。Krifka 等(1995:16)也指出,类指句可视为对具体事件的概括,如 Bert likes jogging(伯特喜欢慢跑)是对伯特众多实际慢跑行为的概括。

（四）殊指性与成句性

语法结构上,"事件、事情"指客观事物的存在方式自身,主要编码为体貌、时制两种范畴,即 AspP、TP；"事实"则添加了话主的判断,即语力要素,属CP。因此,强叙实动词补足语所包含的语义参数,要比弱叙实动词及非叙实动词少;补足语的语力要素越多,指事实的典型性越差。

在这里,汉语与英语在一个独立小句(即根句root)的编码策略上,有重要的分别。按照生成语法的系统,小句的结构关系自下而上可分四个层面:VP、AspP、TP、CP。从一个主谓短语自身的成句要求看,英语的最低语法层面是TP,而汉语大量的AspP即可成句。如"他紧紧地闭着眼、布鲁特斯凶狠地刺死了凯撒"都只达至AspP层面;英语则要表述为TP:He closed his eyes tightly. Brutus stabbed Caesar violently。

体貌成分是对动作自身进行情况的殊指化,这一点与方式状语具有相通之处。如动态助词中,"着"所指内部视角的典型性最高,而所谓内部视角也就是更加强调动作自身的进行情况。语法性质上,动态助词中,"着"的虚化程度最低,而它所组合的动词就非常欢迎方式状语,且欢迎指处所、姿态的动词,如"墙上挂着一幅画、他呆呆地站着";"着"对强动态动词的组合就较为受限。倾向于与某种动词短语结合,就意味着:二者之间在语义上具有内在一致之处;反之,虚化程度高,对所组合的成分限制就小。

上述观点对胡建华、石定栩(2005)有所修正。该文认为,"英、汉语在完句上的句法要求是一致的,即句子要投射成IP/CP"(IP在英语主要是TP)。该文还指出,"句子的信息量要足,实际上是指句子中的自由变元要受到约束,结构成分的指称特征要得到允准"。我们赞同"自由变元要受到约束"的观点,但认为这种约束的具体实现方式尚待探讨。语法界常用到的存在量化、量化约束的分析策略来自分析哲学,如弗雷格、奎因等。最能体现存在量化观念的一个论断应该就是奎因的"存在乃是成为变元的值",这还被置于本体论的高度,即所谓本体论取决于量化变元的取值范围、量化域,量化就意味着存在承诺。根本上,存在量化的核心观念无非传统哲学所谓类/共相与个体之间的关联,其贡献在于对这种关联做了形式化的刻画,从而也就具有更强的可操作性,即类/共相指的是变元,涵盖无数的个体,通过量化之后,就指具体的个体。另一个进步是,传统哲学对类/共相主要是从事物的范畴上讨论的,分析哲学则还关注动作的类与变元、量化的现象。

关于存在量化或变元约束,应区别两种情况:一是客观事物自身的量,二是从外部加以定位;前者属于语义维度,核心机制就是殊指化,后者则属于语用维度,基本做法是指示定位。如光杆名词"学生"自身指的是类事物,"很多学生、三个学生"则指具体的量。动词方面也是如此,"走"指共相层面抽象一般的动作,"慢慢走着"则指具体进行的动作。这些都属于语义维度的殊指化。语用维度的存在量化是:"这三个学生"、"正在慢慢走着","这、正"都是指示成分,基于事物/事件之外的一个时空坐标原点而做定位。再举一个动态成分的例子,"了"。"了$_1$"是语义性的,指[动作]自身的完成性,如"沏了一杯茶";"了$_2$"则是语用性的,指基于话主当下时空域而对整个[事件]加以指示定位,如"茶沏好了"。正因为"了$_2$"主要是语用性的,基于话主,所以往往带有断言的语力内涵,"了$_1$"就无此特征。相反,"了$_1$"就更关注动作自身的构造情况,即殊指性强,所以对参与者的刻画就更为细致,如,只用光杆名词宾语,"沏了茶"不自然,加上"一杯"才好。

胡、石的前述做法,实际是把量化约束理解为语用维度的限定性,即基于话主设定的坐标原点进行定位,这种量化恰恰是外部视角的句法操作,并不是事物自身的存在情况。动词方面,语义维度的存在量化指对动作自身做高度加细的刻画,聚焦一个特定的物质片段,而不是笼统描述,这也就实现了对变元的约束,因为[笼统]就意味着无数的变元。在汉语中,时制成分的语法化程度并不高,因此,体貌、方式状语、状貌等语法手段的成句作用就显得很重要。现代汉语有三类构式是基于殊指性的,而与限定性关系不大。

一是动补结构,补语语法功能的核心即在于对动作自身存在情形的具体刻画(不包括可能补语)。结构关系上,状态补语往往可转换为方式状语,例如,下面的小句都可独立成句,而其中都无时制要素:

（22）a.他跑得满头大汗。　　b.他满头大汗地跑着/过来。

历史上,体貌成分"着、了、过"都来源于补语,这也体现了方式与体貌两种范畴的内在关联。

二是存现句:

（23）山梁上铺满一层层浅绿色的草皮。

（24）路上走着匆匆的行人。

存现句刻画一个静态或动态的场景,其基本特征可归结为殊指性:要指出构成一个场景的多方面要素的展开情况,却并没有时制的要素。

三是状貌词,状貌词的核心语义特征是描绘的生动性,这即殊指性。状貌短语一般不需要时制上的限定即可成句,如:

（25）橱窗里花花绿绿。　　　　（26）他的皮鞋锃亮。

当然，由古汉语到现代汉语，状貌词谓语独立成句的功能有所退化。而那些不能独立成句的状貌词谓语，需要添加的语法成分典型是指断言的语气词"的"，仍然不需要时制成分，如：

(27) 孩子胖胖的。　　　　　(28) 天色黑沉沉的。

可以作为对比的是，动补结构与状貌词在英语都不如汉语发达。

概而言之，存在量化、变元约束的观念，其核心理论指向就是：客观现实的基本形式是强动态性、强殊指性的事件。小句的基本功能在于截取外部世界的一个相对完整的最小存在片段，即事件，所以成句性的根本动因也就是：小句在表达外部世界时，对事件之语义信息的丰富性、完备性，刻画到多大程度。英语小句的基本编码策略是从外部的坐标原点对客观事态加以定位；汉语则在限定之外，也常采取对事态自身做强殊指化的描述。从量化的角度看，可以说现实句就是一切变元（参与者、动作、时间、空间）都得到约束的句子，即构成事件的诸参数都得到确定，所以是封闭性的，而包含变元的句子则是开放的。不过，这种单纯着眼于量的特征的描述并不完备，因为它是缺乏实质语义内涵的，不能指出现实事件的高颗粒度的特征。

[殊指性]+[动态性]与阶段层级谓词的内涵有重合之处。把一切谓词分为阶段与个体两个层级（Carlson 1977，Kratzer 1995 等），其最终根据即[特殊性/个别性]与[概括性/普遍性]的分别，这是一种深刻的认识，但同时也必然是一种粗线条的划分；正如把一切谓词只是分为动态和静态两种，是难以准确深入地指出谓词的语法特征的。[殊指性]与[动态性]则对阶段谓词从语义机制上做了更具体的揭示。如，对强直接感知动词"盯着、注视着"的宾动词，简单概括为阶段谓词，是无法准确指出其搭配限制的。另外，本文认为，[阶段性]、[个体性]的特征，不仅体现在词汇层面上，也体现在短语层面。除了个体谓词与阶段谓词的对立，学界常用到的一组大致平行的概念是类指句（generic）和情节句（episodic），后者指强事实。

四、不同层次的"事实"对应于不同类型的认知动词

（一）直接感知动词引出指强事实小句的语义根据

关于叙实动词，还需追问的是，这种动词会内在引出一个指客观事件小句的具体语义载体是什么？答案是人的直接感知行为。外部世界的存在自然并不以人为根据，但对人而言，世界并不能直接就成为他的认知内容，一

切事件都不可能凭空存在,而只能通过人的具体认识活动才能实现。逻辑上看,一切主动词对宾动词都是广义模态的限定关系,Russell(1905)称为"命题态度谓词",本文称为"事件模态算子"。理论上说,研究叙实谓词,其价值并不仅在于认识该谓词本身的性质,而更在于通过它们,对指现实态事件的语言手段获得更好的理解。叙实谓词类似一种化学试剂,能更鲜明地展示所组合动词短语的语法本质。

认知行为分为两个层面:具体物理感知、抽象认知;前者直接由人的物理器官眼、鼻等完成,后者则撇开物理器官,由抽象思维完成。根本上,强叙实动词是人捕捉外部事物存在方式的基本认知及语法手段。从深层看,一切小句都是认知类主动词的宾句。不同类型的事态,由特定的认知动词引出;反过来,特定的认知动词,只能组合指特定事态的补足语。存在如下规律:

> 所指感知行为的直接性越强,对所组合小句指强事实的要求就越高。

具体看,现代汉语指最典型强物理直接感知的动词只有两个:"盯、注视";二者语义上内在带有持续的体貌要素,因此总是后加"着",该组合很大程度上已词汇化。其他如"看、看见、看到、听、发现"等,对事件的客观性都有很大的松动,不同程度都添加了主观判断的语义要素。

感知动词在语言学及哲学界有广泛讨论(如 Russell 1926、Hintikka 1969、Borkin 1973、Barwise 1981、Higginbotham 1983、Felser 1998、Wälchli 2016 等)。共识是:感知动词要区别为直接、间接两种。Dik & Hengeveld(1991)称"直接感知与意识认知的对立",Duffley(1992)称"操作性、结果性"。Declerck(1981)指出,英语感知动词带光杆不定式及分词补足语时,强制要求感知者对补足语所指行为有直接的物理触及,并要求补足语具有动态性、进行性;to、that 引出的补足语则无此特征。类似的,Mithun(1995)认为,已实现、已发生、实际发生着的情况,由直接感知动词引出。但就具体动词而言,学者往往只集中一个 see"看",其实并非强叙实动词。

哲学界对感知行为与事实范畴之间的关系有丰富的讨论,下面是罗素的描述:

> 当我们考察我们关于事实的信念时,我们就发现它们有时直接来自知觉和记忆,而在其他情况下则通过推论得出。我知道我的朋友琼

斯先生存在,因为我经常看到他;在看见他的时候我是通过知觉知道他的,在看不见他的时候我是通过记忆知道他的。我知道拿破仑存在,因为我曾经听到别人讲过和看到书上说过他,而我有充分理由相信我的老师们讲的是真话。

概括为三点:1. 从不同的认知载体对"事实"进行区别,即"知觉、记忆、推论";2. "事实"都带有"信念"的要素;3. "知道"对承载各种事实具有概括性,"看见"具有示证性。罗素还指出,"感觉是我们关于世界(包括我们自己的身体)的知识的来源"(《心的分析》:p.118)。

(二)认知动词系统

叙实谓词对宾动词指强事实的能力有不同的容纳能力,由此形成一个连续统:最典型的叙实谓词只接受指最强殊指性、强瞬时性、全无语力性的纯客观物理事件的宾动词,概括为:[＋阶段性]、[－语力性];不典型叙实谓词则允许宾动词在上述三组特征上有所松动,即[＋个体性]、[＋语力性](这里用语力包括认知情态)。控制叙实谓词相关现象的线索就在其所引宾句事态的具体形式,与指强事实的动词搭配的是强叙实动词,反之为弱叙实动词、半叙实动词。学者对此已有讨论,Ransom(1986:63)把"直接物理感知"动词补足语的语法意义概括为"发生",把"抽象认知评价"动词的补足语概括为"命题、真值"。"发生"的特征是阶段性,真值则是个体性。

为了深入理解认知动词所引宾句的事态特征,有必要对整个认知动词系统有所了解。从对事态内容的关联方式看,认知动词分为下面 6 类(下面仅对同一动词分为多种用法中的一部分进行举例):

A. 直接感知(简称感知动词),指原初性地把外部事物的存在方式转化为意识的信息内容;施事是躯体上的物理感知器官:

　　盯着　注视　听着₁　看着₁　感觉₁　觉得₁　觉着₁

(29) 妈妈安静地待在我身边,我们一起听着大雨倾盆而下,远处传来阵阵雷声。

(30) 他感觉全身火辣辣地发热,痒不可耐。

B. 间接认知(认知动词),指以上述 A 的结果为基础,而制作出概括程度更高的信息内容;施事是"意识",核心内涵是"意识到":

听着₂ 看着₂ 感觉₂ 觉得₂ 觉着₂ 听出 看出 看见 看到 发现 知道₁

(31) 老清听着"交犁耙"这个词怪新鲜,就随着人流挤到庙里。

(32) 我感觉我们的生活是很有保障的。

(33) 看着他满头大汗,我知道我错了。

C. 对已有事理的领会(事理动词),指对已有的抽象知识内容进行学习、获取,并在自己的意识中加以理解、接受。

知道₂ 熟悉 了解 理解 清楚 明白 认识 意思 懂 懂得 领会 理会 通晓 感悟 顿悟 醒悟 误会

(34) 我们知道如果这个海缆建成的话,将会对两岸的通讯质量有所提高。

D. 抽象思索(思索动词),指开动脑筋,在意识中对事物的存在情况做能动性的演绎、发挥,强动态性,可加体貌成分"在、着"。

思考 思索 斟酌 琢磨 想₁ 遐想 设想 料想 试想 合计 假设 考虑 图谋 寻思 推敲 沉思 反省 盘算 分析 意识到 推测 推理 推算 算计 估计 揣摩

E. 主观判断(判断动词),指基于意识中已有的知识,对事物的存在情况直接形成一种结论、态度、信念,对应于认知情态;静态性。

认为 以为 当作 看 看着₃ 听着₃ 感觉₃ 想₂ 确定 判断 猜 断定 认定 相信 迷信 确信 赞成 怀疑 同意 支持 赞成 反对

(35) 很多人看着我们这个无油烟,环保,干净。

(36) 我听着这不是人类自己白忙活吗?

(37) 我感觉从事心理疾患护理工作,要把爱心责任心放大。

F. 信息保持(记忆动词),是综合性的,指在意识中对各种语义内容的保持。

记着 牢记 忘记 遥想 追思 追忆 回忆

只有 A 类动词所引小句才指强事实。A、B 两类概括在一起,指主体本人从外部世界获取信息内容的认知行为,也就是,把物理世界反映到意识中。从 A 到 E 体现了远离外部客观事实、主体直接形成语义内容的过程——客观性减弱,主观性增强。在所引宾句的句法属性上,客观类的层面低,属 VP、TP;主观类的层面高,属 CP。由此可见,不同类的动词之间在语法内涵、功能上往往具有过渡性,但都是从客观类/直接性向主观类/间接性演化。

一个相关语法现象是,跨语言看,直接感知动词往往有两种语法化方向:示证成分、体貌性成分,表明其对宾动词是构造性的;抽象认识动词则虚化为情态、语力成分(Felser 1999 等),表明其与动作是外在关系。如汉语"眼瞅着"虚化为体貌成分:"天眼瞅着就要亮了(将来)、孩子眼瞅着就长大了(完成)"。"知道"则虚化为情态成分。

五、本节结论

叙实谓词以自身词义内涵而内在引出一个指[事实](即现实态事件)的小句,对"事实"的精准定义是研究叙实谓词的前提。在指事实的一组抽象名词"事件、事情、情况、事实"中,"事实"恰恰带有强主观性,"事件、情况"等才指"客观现实"、"现实事态"。语义特征上,现实事态体现在动词自身的动态性、殊指性,体貌上的进行性、延续性,时制上的当下性。这种事态概括为"原初事件",是构成世界存在方式的基本语义单元。

任何事态都不是凭空存在,而必以特定的认知动词为语义载体。宾句事态的[±殊指性]与主动词所指认知行为的[±直接性]之间,形成内在契合的关系。由此,认知动词分为直接感知、间接认知、主观判断等 6 类,其中,只有直接感知动词才内在引出一个指强事实的宾句,是强叙实动词。

第三节 "知道"的半叙实性、非叙实性

在关于叙实谓词的研究中,"知道"是接受面甚广的一个词例。本节拟以大规模语言事实为根据,论证"知道"并非典型叙实谓词。

讨论之前先了解一下"知道"的一般功能,概括为 4 种:

1. 知道+NP,有两种功能。a. 指对事物[存在]的了解,NP 后可加"的存在",或前加"有",如(1);b. 指事物的[一般属性],NP 后可加"是什么",如(2):

(1) 他还不知道(有)知网(的存在)。

(2) 他知道"鸡蛋"的词性(是什么)。

"我知道他的名字"有歧义：一指"我听说过他的名字、知道世界上有这个人"；二指"我知道他的名字是什么"。

2. 知道＋VP，属控制结构，VP前暗示一个与"知道"主语同指的反身代词"自己"。有两种功能：a. 指知道本人应如何施行某种行为，VP蕴涵道义情态动词"应该、要"，如(3)。b. 指只想着做一件事，有责备义，前带"光／就／只"，VP的体貌有长时、短时两种，后者的责备义弱于前者，如(4)。这两种用法都与叙实性无关。

(3) 他知道(要／应)好养家。

(4) 他光知道玩。／他们只知道一个劲地喊。

3. 知道＋小句，这即认为"知道"是叙实动词文献所讨论的句式，也是本文的关注对象。

4. 知道＋间接疑问句，有两种功能。a. 指一般性地了解一种行为的做法，如：

(5) 他知道怎么算利息。

b. 指了解一件事的内容，该形式与上述3.可相互转换，如：

(6) 他知道她去公司了。≈他知道谁去公司了。／他知道她去干什么了／去哪里了。

下面只讨论"知道"带宾句的用法。汉语界对"知道"本身(即非虚化功能)的专题研究并不多——主要就是基于叙实理论的文献，更多是关于其不同程度虚化的诸形式，如"我／我们／你／要／就／不知道"等，即话语标记。这些虚化形式的语法意义差别很大，但从最高层面上都可概括为[认知情态性]。虚化是以本体功能为根据的，"知道"的诸虚化形式本身，其实已经表明其本体功能主要并不在于叙实，而在于语用强调。

一、学界关于"know、知道"叙实性的讨论

查看相关文献，可发现一个耐人思索的现象：明确以叙实谓词、预设理论为出发点的学者，多把"知道、know"视为典型叙实动词，而无该意识的学

者,却很少有此观点。如郭锐(1997)未用到叙实理论,就认为"知道"对宾句的现实性并无限制。郭文把现实句称为"过程","过程指谓词性成分实现为外部时间流逝过程中的一个具体事件","非过程指谓词性成分不与时间流逝发生联系,只是抽象的表示某种动作、状态或关系"(p.162)。作者认为"知道、希望、以为"等动词"所带宾语没有过程和非过程的限制"(p.167),如:"我知道<u>他抽烟</u>、我知道<u>他在抽烟</u>、我知道<u>他今天来</u>"。

我们则认为,"他在抽烟"是当下性的,属强事实;"他抽烟"指概括事件,也属广义的事实范畴;只有"他今天来"指将来时,才是典型的非现实态。句法上,"知道"允许宾动词加"可能、准、明天"等修饰语,如:

(7) 我知道<u>他明天准来</u>。

宾句"他明天准来"所指绝非现实事件。

从社会语言学的角度看,直接感知动词的宾句指客观事实,因此可作法庭证词,所谓"目击"证人:"我<u>看见</u>/<u>听到</u>他走进 201 室。"而"知道"的宾句绝不会被法庭作为证据:"我<u>知道</u>他走进 201 室",该"知道"无非表示真值承诺的情态义,即,"相信"的内涵更多。凡是"知道"的宾句可视为真值的用法,也都需要还原为直接感知,例如,法庭开始是征求"知情者",但最终要表述为"我那天<u>看见</u> S"。

英语动词 know 在语言及哲学界都引起极大关注。大致情况是:早期不少文献视之为典型叙实动词,但后来越来越多的学者注意到 know 补足语的非现实现象。如 Spenader(2003)通过语料调查发现,该补足语很少指预设为真的信息,而更多用于表示其所引事实需要调整;作者把"调整"(accommodation)作为一个重要的语篇功能。

现在学界一般认为,know 等指抽象认知的动词是"半叙实词"(Karttunen 1971、Stalnaker 1974 等),或"软触发器"(Simons 2001、Abusch 2002、Abbott 2006 等)。表现为:一方面常常完全不叙实,另一方面即便叙实,所带补足语的真值也很容易被取消。Beave(2010)举出大量 know 不叙实的用例,下面引其与汉语有关的一例:

(8) "You are not a fish," replied the friend, "so you can't truly <u>know that they are enjoying themselves</u>."
你不是鱼,所以你不能真的<u>知道它们快乐</u>。

know 的宾句 they are enjoying themselves 并不为真;汉语的翻译显示,"知道"的宾句"它们快乐"同样无真值性。作者特意使用否定形式的例句,针对的是用否定测试证明 know 带有预设特征的观点。

对本文有启发的是,Beave 还从方法论上强调,对 know 类的叙实特征一定要从丰富的自然语言中考察,而不能限于列举一些直觉感知的例句。为了突显这一点,该文还特别把一个例句作为标题,即,Have you noticed that your Belly Button Lint colour is related to the colour of your clothing? 作者认为该句的 noticed 也不是叙实用法,无预设的特征。

Hazlett(2010)的观点更为激进,他把认为 know 是叙实动词的观点称为"神话、虚构"。该文举出不少肯定不表预设的实例,如:

(9) Everyone knew that stress caused ulcers, before two Australian doctors in the early 80s proved that ulcers are actually caused by bacterial infection.

80年代早期两位澳大利亚医生证明溃疡其实由细菌传染引起,此前,每个人都知道重压造成溃疡。

句中的"knew、知道"都指"相信"。

Hazlett 把 know 的功能分为三种:保证、报告证言、报告第三方的信念状态,分别如下:

(10) A: Can we be sure that this one is of the genus Calcinus?
     B: I know that this is a specimen of Calcinus hazletti.
       ≈Trust me, this is a specimen of Calcinus hazletti.

(11) A: Any information from the FBI about how the bomb was constructed?
     B: They know that the bomb was homemade.
       ≈They said that the bomb was homemade.

(12) A: What is relevant is whether the suspect willingly committed a crime.
     B: She knew that what she was doing was a crime.
       ≈She was quite sure that what she was doing was a crime.

Wiegand(2015)提出,know 在默认语境会表现为叙实行为,但"实际上

是非叙实性的"。Wiegand 所说的非默认语境是焦点,如:

(13) a. Andrew knows that Faith ate the last Hot Pocket.
　　　♯ But she didn't — I saw Dawn take it.
　　b. Andrew [knows]$_F$ that Faith ate the last Hot Pocket.
　　　√ But she didn't — I saw Dawn take it.

用为焦点时,know 的功能类似"强烈相信"。无标记、非焦点的 *know*:

(14) a. * /? Who does Andrew know ate the last Hot Pocket?
　　b. * /? When does Jonathan know Warren was talking about him?

焦点化的(Focused)*know*:

(15) a. √ Who does Andrew [know]$_F$ ate the last Hot Pocket?
　　b. √ When does Jonathan [know]$_F$ Warren was talking about him?

Wiegand 把 know 的非叙实功能限制在焦点语境,具体句法行为上则只关注宾句中一些成分的移位,未深入分析宾句的语法意义。

如果说西方语言学界至今仍有学者认为 know 是典型叙实动词的话(如 Giannakidou 2015),那么哲学界基本不存在这种认识。因为西方讨论"knowledge 知识、know 知道"的学者,不大会不了解并深受苏格拉底、柏拉图(二人观点难以准确区分,故如此表述,下称苏/柏)如下断言的影响:知识即经过证实的真信念。后来的学者对此进一步发展为知识的因果学说,其主要内涵是指知识最终可以在现实物理世界得到直接感知。

Neta(2002)把 know 描述为:S inductively knows that p just in case S believes that p on the strength of evidence that shows that p.(基于充分证据显示是 p 时,S 相信 p,仅在此情况下,S 归纳性地知道 p)。"证据、相信"两点直接来自苏/柏,"归纳"则指出了"知道"宾句的概括性、个体性。前述 Kratzer(2002)关于"事实"的文章中,也用大量篇幅讨论了英语动词 know 的用法。作者对西方哲学传统关于知识的讨论非常熟悉,因此也认为,S knows p 的内涵就是:S 相信存在一个事实 *f* 可以例示 p。在例示的机制上,Kratzer 也沿用了关于知识的因果学说。

"知道、确定性"是维特根斯坦晚年最后关注的问题,他强调了 know 的

49

语用特征。他认为一般情况下,用"我知道"引入一个命题是多余的;"我知道……"通常意味着"我确信……"或"我不怀疑……"。例如,没有人会直接说"我知道我有两只手",只有"在可以怀疑之处,我们说'我知道……'"。

概而言之,"知道"作为半/非叙实动词功能的语法特征体现在三点:宾句具有间接性、概括性、语力性。下面分别讨论。

二、"知道"的认知间接性

学者一般把叙实动词分为认知、情感两种,且多把认知类视为半叙实。而在认知类中,物理感知与抽象认知的差异极为显著:前者是典型的强叙实,后者则确实是半叙实。强叙实的典型是"盯着、注视着",二者甚至不接受否定,表现为正极词;除此之外,各种感知动词都具有很大的间接性,而认知动词就更表现为典型的间接性。"知道"属于典型认知动词,不存在也不允许直接感知的用法。

强叙实与半叙实区别的关键就在于[±直接性],所谓"直接",即感知主体与外部事物时-空上在一起,物理视线可以直接触及外物。在这样的认知行为中,事物存在方式的每个片段,都是当下通过感知行为而获取的。"间接"则体现在三方面:非体验性、空间相隔、时间相隔。

感知行为以人的物理躯体为直接参与者,视觉行为的施事是"眼",一般感受行为("感到、觉着、觉得"等)的施事是全部躯体。"知道"的施事是意识,而非物理躯体,因此只能表示非直接触及。如:

(16) 他觉着/知道里面热气蒸人。

(17) 她只感到/知道肚子好饿。

例(16),在"觉着"句,"热气蒸人"指真切发生在"他"身上的躯体感受状态,该感受是纯个人性的,本人一定身处其中。"知道"在这三点上都是相反的表现:即便"里面热气蒸人"确实当下存在,该内容也是通过间接的方式获知的:或他人转告,或通过一些物理迹象进行推断。(17)"肚子"虽属"她"本人,但"知道"并不指"她"当前具有"饿"的感受,且宾句很易读为通指事件,即"她"长期处于饥饿状态;"感到"则指当前的切实感受。

"知道"只能用于主句主语与宾句事态时空上相隔的情况。设想如下情景:一个人坐在客厅沙发上,看到眼前有人跳舞;则,他绝不能说下面的"知道"句("#"指小句本身成立,但不能用于该语境),而"看着、盯着、注视着"

三句就很好：

(18) 我♯知道/看着/盯着/注视着他们跳舞。

可以单独说："我知道他们跳舞。"但宾句会默认读为惯常体。而主动词是"盯着、注视着"时，宾动词虽然是光杆形式，也必然读为当下进行。

在下面的句子里，虽然主句主语"我"与宾主语"他们"处于同一个时空域，但"知道"仍然表示强烈的间接性：

(19) 有人在一只船边敲敲打打，我知道他们正用麻头与桐油石灰嵌进船缝里去。

"我"对前一小句"敲敲打打"的行为是直接感知的，然后通过该行为，推测形成"知道"宾句的认识。

还可对比"认识"。"认识"虽然也指抽象认知，但要求历史上对事物对象有过直接触及，"知道"则不要求这一点。也就是，"知道"的间接性强于"认识"。

(20) 那时只知道乔木同志是一位理论家，而不认识他。

(21) *我认识奥巴马，但我从没见过他。

时制是一种间接性的语法范畴，指事件相对于一个时间坐标的指示、定位关系，所以天然是一种外位性的语法范畴。外位性也就是在事物自身的存在方式之外，增加了一个语义环节，这就造成间接性。"盯、注视"指强内部视角，所以总是不允许宾动词采取 TP 形式；"看着"指直接感知时，也不允许 TP 宾动词；"看到、知道"都是强间接性的，所以总是接受 TP。如：

(22) 我知道/看到/*看着/*盯着/*注视着他们正/在跳舞。

"正、在"一方面指动作当下进行，另一方面也指外部定位关系，这就与"看着、盯着、注视着"的强内部视角形成冲突，因此不能组合。"知道、看到"是间接性、外位性的，不存在这个矛盾，因此可以组合。"看着"如果读为间接认知，则"我看着他们正/在跳舞"成立，表示"我"通过身体的动作方式，推断他们的行为应该算是舞蹈。

祈使句指将来时，非当下性。"知道"很容易与祈使句组合，用于应答，表示了解到该信息；"看到、注视"无此功能：

(23) A：好，那你去吧，早点回家。

B：噢,我知道了/*看到了,老师再见!

(24) A：妈,别把那只鸟饿死了。B：知道了。

祈使句指典型的虚拟行为,"知道"可与之组合,这现象仍可恰切地称为"预设":预设"要早点回家"这一祈使内容的存在;但这显然不能概括为"叙实":情态要素"要"是非现实性的。

另外,"知道"用为祈使句的应答时,还存在另一层的显著的间接性,即对该祈使句做了转述。祈使句指一种强直接性的对话行为,发出者是"我",接受者是"你",语力作用面对面地实施。而祈使句作为"知道"的宾语时,其主语就必须转述为与主句主语同指的"我",祈使句的语力要素也要去除。如,(23)祈使句:"你去吧,早点回家。"作为"知道"的宾句时,只能说为:"我知道可以走了,要早点回家。"语气词"吧"不允许出现,情态词"可以、要"则是对祈使语力解释性的转述。

三、"知道"宾句的概括性

常规的说法是"个体性"(即个体谓词),不过用"概括"更透明一些,指语义内涵的笼统性、抽象性。根本上说,概括性也是一种间接性:概括即撇开直接性的殊指事实,这就造成间接性。不过分开看,时空域的当下性具有独立的语法价值,所以把它提取出来刻画为[±直接性]是必要的。从范畴来源看,概括是后起的,是对殊指现象的归纳、抽象。全部动词数量很大,其在概括与殊指的表现上自然是个连续统,而以强感知动词为标准,倒能对二者做出较清晰的分化:凡是不能用为"盯着、注视着"宾语的动词,必然是弱殊指性、强概括性的。这个测试标准貌似很小,实则具有根本性,因为动词指的就是事物的存在方式,不同的动词自然与不同的认知动词具有对应关系。

从量化的角度看,可以认为,"知道"带有通指算子,即指事件在一切时空域的存在;"盯着"则带有特指算子。显然,概括度高的认知动词能涵盖概括度低的,即大量可以涵盖小量,反之则不然。因此,"知道"对宾动词在殊指性上没有限制,而"盯着"只接受强殊指性的,"看到"居中。如:

(25) 鸬鹚看一眼船上的主人,*盯着/看到/知道一老一小都还在船上。
(26) 她盯着他悠闲地喝着茶/*车里满当当的/*人是高等动物。
(27) 她看到他悠闲地喝着茶/车里满当当的/*人是高等动物。
(28) 我知道他悠闲地喝着茶/车里满当当的/人是高等动物。

例(25)宾动词"在船上"指一种强当下性的事实,但语义上并无殊指性,而是概括性的,具体表现为"坐、躺、走"等殊指动作,因此不能充当"盯着"的宾语,却可做"看到、知道"的宾语。实际上,追溯到最后,所直接看到也仅是"两人坐、躺、走"等的事态,再通过看到这些动作而概括为"两人还在船上"。"知道"完全不包含[直接感知]的语义环节,而指经"想、思考"等概括判断的认知行为之后的认识结果。

在例(26)—(28),"满当当"是状貌词,虽有很高的殊指性,但缺乏动态性,无法准确追溯到清晰的物质片段,所以还是不满足"盯着"的要求,因此不能组合。"看到"只要求事态具有某种外部形象性,所以接受"车里满当当的",但并不接受高度抽象的"人是高等动物"。"知道"则接受从具体到抽象的一切类型的宾动词。量化特征上,"人是高等动物"指一切人,是通指性的,可以进入"知道"的宾句,但绝不允许进入"盯着"的宾句。

从"知道"允准强个体性的宾句还可显示,"事实"这个范畴其实只属日常领域,典型只适用于殊指事件;在高度抽象概括的事态上,"事实"的定性意义不大。例如:

(29) 丹丹知道/*看见① $6^6=46\,656$/② $E=mc^2$/③ PCP 与艾滋病有某些联系。

很多人会认为宾句①是指"事实",但能把②、③真切理解为"事实"的人,恐怕不多。认知动词指意识对外部事态的保持方式,不同的外部事态对应于不同的认知动词。由此原理可以看到,引出②、③那样的强抽象事态时,"知道"的词义也发生了变异,变得更接近"懂、理解、明白"。——如果"$6^6=46\,656$/②$E=mc^2$"指写在某处的字符,自然可做"看见"的宾句,但这样"看见"就指直接感知了,不属于这里的讨论内容。

"事实、事情"指认识活动的初级产物,以"注视、看、听"等直接感知的方式从外部世界引入意识,"真相、规律"则指认识活动的高级产物,由"知道"等抽象方式在意识中保持。可见,直接感知动词所引宾句才指典型的"事实",这既是理论上的必要,也是自然语言现象上的现实状态。根本上,若不对[事实]范畴本身做明确限定,也就无所谓"叙实谓词"这个概念及相关语法现象。

间接性、概括性这两个语义特征,共同构成"知道"要求证据、解释的根据。所谓解释,也就是把"知道"宾句所指的概括事态,还原为强殊指性的物理事实。这即前述哲学界学者所谓"知识"的因果性,也即 Kratzer(2002)所谓"知道"宾句的[例示]关系。语义上,一个单独的"知道"句往往不自足,而强烈指向一个指方式的"怎么"状语,如,对"他们知道<u>有中国人民在支持他们</u>。"受话会追问:凭什么知道?"支持"体现为什么具体行动?具体看,"知道"句的证据分为下面两种:

    1. 他人转告,包括书籍、电视等各种信息途径:

(30) <u>看《中国茶经》</u>,……于是,我知道了,看来我们城中那满街的福建茶叶店,倾销给我们的也不过是陈年旧货而已。

(31) 今天<u>听专家们一讲</u>,我清楚地知道了29英寸的互动电视对我来说最合适。

(32) <u>问了医生</u>我才知道,原来如果女性补充了足够的钙还能减少经前不适症呢。

(33) 风声越来越紧了,他已经知道"有人在鼓捣我",决定去北京找人。

例(30)宾句中的"看来"指明了推断的内涵。(33)"知道"的宾句用引号,指明获知的是他人转告的原话。

    转告关系鲜明显示了"知道"的"确信"特征:宾句事态的真值完全系于信息源的权威性。主句主语对信息源的信任度有多高,对宾句事态的确认度也就有多高。不过在实际语料中,转告用法的"知道",其出现频率及小句的复杂性,都低于下面这种。

    2. 主句主语基于本人的直接感知所获取的原初性殊指事态——所谓"第一手材料",再做推断、归纳,最后得出结论。显然,经过上述语义操作,"知道"所引宾句的主观性就极为强烈,而其真值性也显著降低。在这种句子里,"知道"语义上接近"可断定、推断、确定"等判断动词。这种证据分为三种。

    一是直接感知动词,如"看、听"之类:

(34) 只要<u>看看</u>工人、农民、战士、学生们成天张着嘴笑着,就知道他们现在多么快活。

(35) 毛鸿翔<u>看到这个情景</u>,知道不能再在日升昌呆下去了。

(36) 李医生<u>一听哭声</u>就知道牙根上生了假牙,是一种寄生菌。

(37) 富翁对萧伯纳说:我一<u>看你的模样</u>,就知道/能断定你们那里在闹饥荒。

(38) 看看新世界等香港开发商在内地做的楼就可以知道,他们很可能水土不服。

这种宾句的真值空间极为宽广:前三句的真值度很高,(37)显然是假的,(38)表层出现认知情态动词"可能",直接提示不确定性。模态上,惯常句、情态句、条件句等都可充当"知道"的宾句。

二是殊指事态信息本身,但实际仍然暗示直接感知动词:

(39) 从猎枪上,我们知道(可推断)他终究是一个烦闷的孩子。

(40) 眼前一片花白,身体总不听使唤。这时,我才知道,是该好好锻炼锻炼了。

(41) 一次两次之后,学生就知道(能推断)了,下次可能会点我的名了。

(42) 荒山上一片片绿色随着风翩然起舞。他知道,那是无数的希望在纵情地生长。

(43) 拿到语言成绩时,我知道这不是幸福的终点,而是另一个征程的开始。

句中"知道"的推测性、主观性很显著。(40)通过眼前花白得出"是该锻炼"的结论,是道义形式,并非现实事态。(41)指基于一些具体事实进行推断,最终得出宾句的内容,主体本人很清楚该结论完全是主观性的,所以宾句直接用"可能"明示。(42)、(43)把物理事实"绿色"理解为内心想象的"希望",把"成绩"理解为"幸福、征程",显示了强烈的主观性。——"知道"的这种用法可视为一个独立的义项,指确信,后文还会讨论。

三是以个人的认知经验、能力为根据,加以逻辑推理,得出结论。这种用法的"知道"主观性很高,客观真值度则很低。"知道"前往往可加动力情态动词"可以、能"等,指当前已实际具备得出宾句结论的条件。

(44) 凭着职业敏感梁雨润知道,这位表情迟钝的老太太心里一定有诉不完的冤情。

(45) 老师:母亲死了叫"先母"。小明:老师我知道了,奶奶死了叫"鲜奶"。

(46) 她知道,如果她真搞建材,父亲一定会生气的。

(47) 鉴于此,我们可以知道:所谓作文序列,即作文练习向广、深的发展过程。

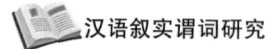

(48) 据我所知道,红楼梦之为人民百读不厌,人物的典型性强起着更大的作用。

句中"知道"明显指[推断]+[相信],可换为"断定、得出结论、在我看来"之类。(46)小句表层没有出现指具体认知经验的语词,实际表示,主句主语"她"对父亲的性格是很了解的,因此有把握推断,父亲不允许她搞建材。(47)、(48)理性特征显著,但"知道"恰恰只表主句主语对宾句所指抽象认识内容的审慎持有,主语本人并不认定该内容为真。

"看着、盯、注视"等所组合的只是宾句自身,不存在证据的要求。对"我注视着他们跳舞",不能问:"你是怎么注视着的?""知道"则不然,其宾句事态并非主句主语直接认识的结果,相反倒包含强烈的[推断、确定]的语义要素,因此往往要求指出形成这种认识的根据。

四、"知道"宾句的语力性

方法论上,离开自然语篇,只据一个简单的"知道"小句而总结的语法规律,其可靠性、充分性值得怀疑。例如,单就小句"他知道她来了"自身而言,其否定形式"他不知道她来了"确实预设宾句"她来了"为真,但由此就得出"知道"是叙实动词的结论失之简单化。这是因为,"他知道她来了"这样的小句有点像"鸟飞、他跑"之类,本身表意是不完备的,不大会单独出现,而总是处于特定的语篇关联的信息结构中,在某种特定的语用背景上使用。为了了解这一点,这里以带宾动词"来了"为例,观察一下"知道"句所出现的一些实际语篇环境:

(49) 忽然他的眼前又现出紫色的影子,他知道是她来了。
(50) 马民故意换个话题说,因为他知道彭晓快来了。

上述"知道"句都可通过否定保留的预设测试,但仅据此把它概括为叙实动词,是难以指出"知道"的丰富语法内涵的。(49)"知道"指通过直接感知的"紫色的影子"而得出间接性的判断,且宾主语前带有焦点标记"是",表明对该主语的强烈关注。(50)"知道"表示由于了解到宾句"彭晓快来了"的情况,而相应采取"换个话题"的行为;"知道"句指背景信息,其前小句才指前景信息。模态上,宾动词"快来了"指将来时,并非现实态。如果对宾动词的模态不加区别,而单纯以"预设"为标准定义叙实动词,那只能导致"事实"这个范畴成为无所不包的名目,最终不复存在。

"知道"句本身的不完备性是由"知道"这个认知动词内在的语力性带来的。这种语力性则来源于其概念结构的概括性。因为,概括性、主观性、语力性,三者是内在相关的。客观事物自身的存在总是殊指性的,概括只有通过认知加工才能完成,这就为"知道"带来[推理]、[断言]的主观要素。断言是语力范畴的核心内涵,属主句现象,所以"知道"的宾句自然属典型的CP。

"知道"的语力性体现在4方面:自身焦点化、宾主语话题化、宾句内部成分焦点化、"知道"虚化。焦点化、话题化都是小句常规语义结构之上的高位表达现象。

(一)"知道"自身焦点化

这是"知道"作为普通动词而执行述谓功能的体现。动因是:如维特根斯坦所言,人们对日常熟悉的情况并不用"知道"引出,只有所关注的事态带有某种特殊性,需要特别予以关注时,才会使用"知道",事态的特殊性会引起主体的惊奇,这就造成"知道"的焦点性,即强调"知道"所指认识行为自身。并且,由于"知道"所引宾句总是指对原材料的再加工,带有问题求解的特征,所以往往带有"顿悟"的色彩,宾句欢迎"其实、原来"之类语气副词。体貌上,这种"知道"总是带有完成义,是其各种用法中实义性最强的形式;强实义性与焦点性是内在相通的。

(51) 噢,我知道了,原来如此,你们是串通一起对我搞突然袭击呀。

(52) 观察后,一位小朋友兴奋地说:"我知道了,爸爸自行车车胎为什么可以从气门进气,而不会漏气,可能也就是这个道理。"

(53) 他第一次知道土豆是一百多种工业品的原料。

例(51)"搞突然袭击"指对某种殊指性物理行为背后真相的理解。(53)宾句表层虽然使用"第一次",但并不指对"土豆"这个事物的首次获知,而是指对其"是一百多种工业品的原料"这个本质的首次理解。

"知道"的焦点特征常编码为3种形式:1."知道"后停顿,单独成句,并往往重叠,如(54)、(55);2.带有方式、语气状语,如(56)、(57);3.用于对比句,如(58)、(59):

(54) 我恍然大悟:"知道了,知道了,我属马,这画上的马象征着我。您希望我努力学习,不怕挫折,永远向前飞奔。对吗?"

(55) 她叮嘱老陆要尽量少做一点。老陆回谢:"知道,知道,你是为我好。"

(56) 但程跃是个聪明人,他深深知道,他实行的是一种非传统的教育体系。

(57) 我可知道你们这些鬼东西是什么玩意儿!

(58) 他知道我在驾驶舱,但是不知道我操作。

(59) 她只知道有朱韵桐在医院里伺候她,却不明白这里面和她自己有没有关系。

"知道"后停顿的内涵是强调主句主语本人的主观确信度,而并非宾语的真值度。单独成句,语用重叠,都是对"知道"自身信息价值的强调。方式、语气状语本身即是焦点性的,强调所获知的宾句内容对主句主语带有特别的价值。对比句则是指焦点的典型句式。另需指出的是,主动词"知道"的焦点性,与宾句内容的焦点性,双方是内在呼应的,且后者构成前者的语义根据。

"知道"自身被处理为焦点信息,这是以其实义内涵为基础的,所以其在上述用法都不会虚化。

(二) 宾主语的话题化

宾主语的话题化有两种形式:保持在宾句内部、移位到主动词之前。共同点在于,宾主语的话题化就意味着宾句自身的述谓功能提高,相应的则是主动词的述谓功能减弱,主句部分虚化。在宾句内部,宾主语的话题化可采取多种形式,包括"所谓、像"、提顿词"呢"、停顿、代词回指等,如:

(60) 她知道便桶里的所谓红丝虫,都是那医生预先将红丝线剪成如红丝虫。

(61) 我知道像海泉拥有很多歌迷,用贴吧交流可能会更直接一点,对不对?

(62) 我们知道铁矿石的进口呢,之前都会有一场非常艰难的铁矿石价格的谈判。

(63) 他当然知道,这"吃",是指旧日山河的重新安排。

(64) 我们知道一个民调它有两个特色,第一个就是专业。

宾主语移位到主动词之前,对原句的改变更为剧烈,主句部分的虚化也更为严重:

(65) 我们从南到北知道发生了几起校园安全事件,让全社会感到痛心。

(66) 这两件事,他知道都不是他能够轻易办成的。

(67) 就陈水扁 i 来讲,我们知道一个下台政治人物 i 最怕被人家遗忘。

(68) 关于艺术 i,大家知道,它 i 的繁盛时期决不是同社会的一般发展成比例的。

(69) 种族、国家这些区别 i,从前当作天经地义的,现在知道 ϕi 都不过是一种偶象。

前两句"知道"没怎么虚化,原因是,(65)宾句的话题成分"从南到北"位于主句主语"我们"之后,这对主句的结构冲击还不大,(66)的主句主语是第三人称"他",不容易虚化。后三句"知道"的虚化程度很高,主句主语"我们、大家"所指是泛化的。

虚化之后,"知道"的功能体现为确信情态,且有对话性,即希望受话把宾句内容视为当然成立的,可读为"可以肯定是";但这种确信只表现为主观态度,而缺乏客观真值。共同点在于,无论在主句之前还是宾句内部,宾主语的话题化与宾句自身是否指"事实",二者之间都不存在语义关联。

由于"知道"指对已知事态的再加工,因此可知,1. 宾主语不允许无定指名词,2. 宾句不允许表整句焦点,即非主题判断。如:

(70) 一天,我正在收割的麦地里行走,看到/*知道一个人躺在麦草堆里。

(71) 一名阿富汗女孩注视着/*知道一名士兵巡逻搜查。

(三)宾句内部的焦点化

"知道"宾句内部常形成焦点现象,这来自[兴趣]的认知特征。只有特别感兴趣,才会加以认知,兴趣的聚焦点,就成为信息焦点。就"知道"而言,只有已了解的外部事态存在超出表面现象的特别的价值时,才会用引起再加工的认识行为。

话题焦点,指对话题所指事物本身的高度关注,带有对比性,暗示着交替项:

(72) 从留言簿上可以知道,正是这一突出特点给参观者留下了十分深刻的印象。

(73) 后来那两个人才知道,是张行长把特批给他自己的指标让给了他们俩!

(74) 有经验的老师都知道,并不是所有的孩子都是一点就通。

(75) 孙书诚知道一两句话说服不了田炳光。

焦点是信息再加工的典型形式,所以非常符合"知道"的语义特征。焦点是在小句常规信息结构之上叠加的一层信息,其中的常规信息部分,就是主句主语本已获知的内容,焦点则是主句主语在本小句之内当下获知的新信息。

谓语焦点,强调成分可加于宾动词自身,作状语,如(76)—(78);也可用于宾句的宾语内部,做定语,如(79)、(80):

(76) 她知道,这些才/就是自我的真正内涵。

(77) 你知道,那可是我上班后两个月的工资啊!

(78) 事后我们听了指导员的一席话,才知道鼠啃包在这里根本不算一回事。

(79) 监房里的高玉林悔恨至极,此时他才知道自己干了一件多么愚蠢的事。

(80) 他知道自己的"和平"语言骗不了任何人。

强调成分用在宾句宾语内部,做定语,这是一种高度内嵌的位置,但该位置的语力内涵可以投射到整个宾句,乃至整个主句。

在"知道"句,主动词"知道"与宾句部分的焦点性,二者之间存在一致关系。体现在:1."知道"后总是可以停顿,指对"知道"的强调;2."知道"内在带有"深深地、真正地"的语义要素,即只有主动词是"深深/真正地"知道时,才能充分认识到外部事态的背后本相。这体现了语义与语用的贯通性。"知道"指对表象背后本质的更深认识,在语力性表现为焦点性、强断言性,存在如下规律:

对"知道"本身的强调程度越高,其指客观认知的功能也就越差,相应地,也就越倾向于指主观信念。

这种语用维度的变化会使"知道"的词义发生偏移,由此就形成指纯粹[主观确信]的功能,相当于"相信"。如:

(81) 江东父老,有来生我会赎罪;我知道,我的躯体将永远矗立在楚江之畔。

(82) 一个人怎么才能变得正常呢?我不断地问自己。我知道最终我会找到答案。

(83) 我深深地知道——人的身躯怎能从狗洞子里爬出!

句中"知道"没有什么真值性,表现在:1.指预测,通过预测强调信念,因此欢迎将来时,如(81)、(82)"将、会";2.语义多夸张,如(83)"狗洞子";3.感叹性强,如(83)"怎能"反问及感叹语力。前两句的"知道"可直接换为"相信",(83)宾句可改写为正面陈述:"人的身躯决不能从狗洞子里爬出!"这样"知道"也可换为"相信"。

指主观确信的"知道"在体貌上有一个重要特征,即只能指静态、长时状态,而不能采取完成体,排斥"-了、就-"等时间成分。如,上面的(81)—(83)"知道"后都不能加"了"。这表明,"知道"的信念功能已经较为虚化,并成为一种稳固的用法。下面句子的"知道"后带"了",指对一个抽象情况、道理的明白,不能读为主观确信:

(83) 噢!<u>我知道了</u>,你肯定是上了黑名单了。

(84) <u>我知道了</u>,下面积木太小,上面积木大,所以站不稳!

上面讨论的都是"知道"强主观性的用法,"知道"也可指对某种情况的一般了解。纯从语义上说,这应该才是"知道"基本功能,但在实际语言中,这种用法却是有标记的,体现在:1.不独立成句,而总是用于复句的从属句;2."知道"的语义有所虚化,常采取"明(明)知道"的形式。其功能内涵概括为:主句主语由于了解到某种情况,而采取相应的做法;"知道"句指原因,背景信息,伴随出现的另一小句指结果,前景信息。如:

(85) 没有开车来,<u>知道肯定会人多</u>。

(86) 我估计你们不太想请张艺谋,<u>因为我们知道最近安顺正在和张艺谋打官司</u>。

(87) <u>马文昭教授知道我刚从电影制片厂的摄影棚里赶来</u>,他让我坐下。

(88) <u>战士们明明知道鹰是最了不起的鸟</u>,为什么还要打呢?

(89) <u>他明知道"渡船"指的是什么</u>,但他可并不说穿。

语义上,"明知道"句与伴随句间总是表现为转折关系,即,既已知 p,就不应做相应的 q,但实际却做了。可以看到,即便在这种指中性了解的用法上,"知道"仍然是非客观性的。以(85)为例,宾句"肯定会人多"的内涵显然是推测、信念大于真值,即默认为无可置疑地成立;原理是,绝对的信念被主体直接理解为客观知识了。这恰恰表明"知道"是典型的非叙实性,因为这种信念自然是纯个人性的,不具有客观真值。上述用法仍体现了主动词与宾句在焦点性上的一致关系,因为对宾句事态缺乏特别关注——由于默认成立而认为无须特别关注,所以"知道"自身的重要性也被降低。

五、"知道"句形成预设现象的语义动因

学者提到的预设测试手段很多,如否定、疑问句等。总体看,"知道"对否定的反应并不自由。首先,指主句主语实实在在地通过第一手材料而得出认识,即主观确信时,"知道"根本就不接受否定,如:

(42)'* 他不知道那是无数的希望在纵情地生长。
(45)'* 老师我<u>不知道</u>,奶奶死了叫"鲜奶"。
(81)'* 我不知道,我的躯体将永远矗立在楚江之畔。

其次,一些可以采取否定形式的句子,"不知道"本身形成专门的语法意义,并不简单表示对肯定命题的取消。如:

(90) 我不知道人世间还有这样无耻和泼辣的女人。
(91) 当时年轻,不知道什么是劳累。
(92) 我们不知道什么"民先"或者"国先"!

在(90),"不知道"指没想到,主要用为修辞功能,不能简单处理为对宾句的预设。(91)、(92)"不知道"指对事物存在的全量否定,压根儿不存在对应的肯定形式。"不知(道)"还语法化为询问标记,用于对话语境,如:"不知(道)您对此如何评价?"这种用法显然也不存在对应的肯定形式。

再次,在接受否定预设的用例上,"知道"对宾句的现实性也没有要求,既接受现实态,如(93),也接受虚拟态,如(94)、(95):

(93) 他(不)知道两个小舅子都不是好东西。
(94) 他(不)知道这时候<u>如果</u>往前走,狗就会扑过来。
(95) 他(不)知道这句老实话<u>可能</u>会引起病人的强烈反应。

可见,预设的内涵远大于[现实性]。这可表明,用预设解释叙实动词,即便能说明一些问题,也只是一种粗略的描述,尚未触及其语义内涵的深层机制,相应地,也就难以解释由此引发的各种相关语法现象。

一般而言,撇开主观确信等强语力性的语境,只有在静态、中性的语境,否定句才允许否定,且表现出预设现象。但在这种情况下,"知道"句的预设能力仍然不强,且与主语的人称大有关系。这种现象的深层根据是两点:信

息源、视角。

首先,话主本人是信息的最终来源。一切言谈内容都必然是特定主体具体认识的结果,一个人不可能说出他不知道的内容;而"知道"这个认知动词恰恰是指主体保持、承载语义信息的最中性形式。其次,话主既可陈述自己的认识内容,也可用"移情"的策略陈述他人的认识内容。"知道"句的预设现象主要就是在后者的情况下出现的。在这种情况下,既然话主说出"S知道p",则话主本人必先已获知p,因此,无论S本人知不知p,p的情况早已为话主所知。而在中性情况下,按照真诚原则,"知道"的内容应该视为真实存在的。这就造成预设现象。如:

(96) 他不知道"仡佬"是一个民族名称。

必然是话主本人首先知道"'仡佬'是一个民族名称",然后才能以第三人称"他"为视角陈述该信息的存在。

为何"知道"的第一人称主语句,如:

(97) 我不知道"仡佬"是一个民族名称。

也存在预设?这无非是话主把自己反思为言谈对象。作为当下话主的"我",陈述作为对象的自己,在以前某种环境时的认知状态;而在言说的当前,话主对宾句的内容是已经知道了的。因此,这种句子的宾动词总是可加上"那时候、以前、本来、原来"之类的修饰语。话主绝对不知道的信息,是不可能言说的。

无论主语是哪种人称,只要"知道"焦点化,就指原初性的、对宾句内容实实在在地形成认知。这时"知道"不存在预设现象。如:

(99) 着什么急!你/他/我**知道**检查团会来吗?

"你、他"做主语时,句子读为真性问,指话主本人也不能确定宾句事态的存在性,确实需要"你、他"来做确定。"我"做主语时是反问句,指话主本人同样也不能确定。共同点在于,三者的"知道"都指原初性地从某处获知宾句信息,但疑问又取消了这种获知行为,这就造成一种根本性的未知状态,宾句内容无从实现,自然也就不存在预设。

六、本节结论

在叙实谓词的研究中,英语 know 是关注较多的一个,汉语界对"知道"

的研究多受其影响。在语言学界,早期学者往往把know视为叙实动词的典型成员,这种观点后来逐渐被修正。而在哲学界,学者的共识是,know指对基于某种证据而形成的概括认识的信念,真值性很差。

本文基于大规模实际语料,发现"知道"确实存在叙实动词的用法,但更多却表现为半、非叙实性。叙实用法表现为:可引出一个现实态的事件,但这种用法对"知道"不占主流。半叙实性表现为:允准强个体动词,且带强语力、情态要素;非叙实性表现为:允准虚拟态事件。在所有这些用法中,"知道"的[推测]、[信念]义,都大于[真值]义。这些都是由"知道"自身的语义特征决定的,即间接性、概括性、语力性。"知道"之所以在一些语境存在预设现象,是由"信息源、视角"带来的,而这种预设也很容易被取消。

本章结论

叙实谓词的功能核心在于,该谓词以自身词义为根据,而内在要求引出一个指事实(即现实态事件)的补足语,主要是宾句。学界关于叙实谓词的原理,有预设、断言、指称、时制、情景、保真等多种解释。本书倾向于后三者,但认为它们都有很大的需要深化的空间。在叙实谓词补足语的句法复杂性上,学界有两种相反的观点。本书的观点是,叙实谓词补足语的句法复杂性低于非叙实谓词,因为该补足语指一种纯客观事件,缺乏语力内涵,属 TP、AspP 层面的现象。

在指事态的各种抽象名词中,"事实"恰恰带有更多的主观性、概括性,"事件、事情、事儿、情况"等才指客观现实;典型叙实谓词所引宾句指的是后者,而非前者。不同语义特征的主动词引出不同语义类型的宾句,分为6种:直接感知、间接认知、事理领会、抽象思索、主观判断、信息保持,只有直接感知动词所引宾句才指强事实。规律是,一个叙实谓词所允准补足语的个体性越强、语力内涵越多,则该补足语指客观事实的典型性越差,相应的,该叙实谓词的叙实性也就越差。

强事实的语义特征包括三点:动态性、殊指性、时-空当下性。只有"只能"(而非"也可以")组合这种宾句的主动词,才是强叙实动词。只有直接感知动词符合这个标准。"知道"是典型的间接认知动词,"也可以"引出强事实动词构成的宾句,但更多是引出强个体性、强语力性、认知情态性的宾句,并自由允准虚拟事态宾句,因此应视为半叙实、非叙实动词。用预设解释"知道"的功能,是难以触及其深层机制的。

第二章
强叙实动词

现代汉语的强叙实动词主要只有两个:"盯、注视"。二者都内在带有强烈的延续性,往往后带体貌成分"着"。其强叙实的根据就是只允许带强殊指性、强动态性的宾动词。句法性质上,这种宾句属体貌短语 AspP 中的方式短语 ManP,排斥时制、语力层面的各种语法成分;语法意义上指纯客观事件,属于典型的设置句。区别于绝大多数带小句宾语的动词,由"盯、注视"构成的句子,主动词与宾句之间的语义及句法关系都极为紧密,宾句是高度内嵌性的。

第一节 基于事实性强弱的谓词系统

叙实动词引出指现实事件的小句,事件的语义核心在于谓词(包括动词、形容词)。上一章提到,强事实的语义特征包括三方面:殊指性、动态性、时-空当下性。其中殊指性最具根本性,可推出后两者:只有具备一个清晰殊指的动作片段,动作才具有动态性,一个清晰的动作片段即构成一个时-空的单元。殊指性体现在词汇和短语两个句法层面,谓词是基础。本节先以强事实为出发点,提出一个谓词的系统。这是考察一切叙实动词所组合宾句现实性的根本依据,也是确定一种叙实动词典型性的根据,即只允准宾句用强事实动词的,是强叙实动词;所允准宾动词的殊指性、动态性越差,也即个体性越强,则该叙实动词的典型性越差。

一个初始问题是,为什么可以把一切谓词的语法意义从[事实性](即指现实事态的典型性)的角度进行分类?根据是,谓词最根本的语法机制就在于指事物的展开方式,[展开]即造成事物的实际[存在];所指事物不同殊指化程度的存在方式,即为不同典型程度的客观现实。情态、语力则是在此基础上添加上去的主观性要素。[事物]这个范畴自身只指一种抽象的物质统一体,具有无限的存在可能性,特定的谓词就把事物展开为一种特定的存在方式;因此,从名词到谓词,也就体现了从概括到殊指的语义操作过程,即所谓"陈述、述谓"。

语言事实上,一种语言的全部谓词有多少,也就可以刻画多少种世界的外部具体存在方式;谓词的边界也就是事物存在方式的边界。如,汉语缺乏指"一块大石头 V 在山上"的谓词,"立、放、躺"等都不大自然。语义特征上,对事物不同的展开即造成不同的物质片段,以及由此造成的不同程度的[殊指化]。殊指化指谓词所述物质部位的精细性、物质片段之间排布关系的复杂性,不同谓词间分别的根本依据即殊指化的差异。

谓词所含语义信息可概括为两个维度:物理因果特征、时间特征。前者更具基础性,指事物通过展开而形成的特定样式,所谓情状特征,基本语义机制是[力]的实施;后者由前者派生而来,指动作由于分节进行而形成的一般进程。Vendler(1968)提出的状态、动作、达成、完结的分类立足于时间,即体貌的分类,去物质性,因此抽象度更高。本文的分类立足于物理因果,关注动作及其所关涉的参与者,具体性更强。从句法效应看,物理因果是小句构造的基本语义机制,更具句式敏感性,因为句式并非纯空的形式,而是一种高度概括的意义模式、格局,是对事物特定存在方式的抽象。Levin(1993)的动词分类是物理因果,该书分出 38 个类,如"放置动词"、"打扮动词"等,并据此讨论句式交替情况。

一、强事实动词

有四类,共同特征是:强殊指性、强动态性。强殊指+强动态=强事实,强事实内在对应于强直接感知动词。

(一)单动动词

(1) 敲 拍 拽 揪 踢 迈(腿) 搔 掐 捏 掸 挠 拔 抿
    扇 磕 剜 咳嗽 鞠躬 点(头) 眨 瞥 吻 努(嘴) 闪
    戳 招(手) 批(手) 拱(手) 扯

学者多称为"瞬间动词"(如何薇、朱景松 2015 等),若严格按照"瞬间"的字面义——即一个客观时间片段,这种处理倒很准确,不过其着眼点是时间,"单动"的着眼点则是物理因果力。不少学者把这种动词与"达成"(achievement,如"开幕、竣工")视为同类,就值得商榷了:后者逻辑上其实是非时间性,指由一种状态到另一种状态的质变;前者则占据、创造一个清晰的时间单位,因此构成动量词"一下"的原初语义根据。

单动动词在参与者上以指人体特定部位的活动为主,在一切动作动词中殊指性最强,颗粒度最高,物质部位最精细,如"手、手指、嘴、脚、眼、头"等。很多动词从词汇义自身看不一定指单动动作,但常在特定语法环境表示单动,典型语境是前加短时副词"一",如"把手一举、车突然一咯噔、眼一斜、心里一沉"等。实际上,"一V"本义就是指一个动作片段的执行,后来才发展为指一般性的短时完成,如"他一看,大吃一惊","一看"本指实际执行一个具体的"看"的动作,后来一般性地指"看"的行为用很短时间就实现了。

主要特征是三个:

1. 参与者上,精准对应于一个最小的物质片段;动-名双向选择,组合面很小,不少组合词汇化,如"眨眼、踢腿、跳脚、鼓掌、挠头、亲嘴、张嘴、挥手"等。
2. 时间上,动作的一个片段即准确对应于时间的一个单位;指最小时间单位的名词"瞬间"即来源于此。
3. 事件构成上,动作的"一下"直接等同于事件的"一次"。常构成"一V一V"及"V啊V(啊/的)"的格式,如"眼一眨一眨的、眨啊眨的"。其他动词如果进入"一V一V""V啊V(啊/的)"格式,则其中的"一V、V啊"读为单动,指动作的一个最小单元的实际进行,如"一拐一拐、拐啊拐啊","一拉一拉、一鼓一鼓、一瘸一拐"。

单动动词构成其他动词的语义原子、基因,这体现在共时和历时两个维度。共时上,其他动词所指动作行为在实际执行时,就还原为单动动作,详后。历时上,很多其他动词是由单动动词引申、比喻而来的,如"指点、指挥、敲诈、挑剔、扶持、招收、剥削、压榨"等。

(二)混沌动词

(2)啃 颤抖 抽搐 哆嗦 搅拌 圪搅 挣扎 震动 燃烧 摆弄 舞弄 折腾 照耀 闪烁 游荡 飘荡 汹涌 澎湃 盘旋 晃悠 转悠 流浪 捣乱 起哄 唠叨 念叨 嘟囔 咕哝 打滚 按摩 扫射 扫荡

学界对这种动词鲜有关注,其实它们是很有特色的一类,应单独列出。

这类动词所刻画的事物参与者非常具体,如"飘舞"指物质碎片。因此,与单动动词一样,混沌动词与事物之间也存在内在选择关系,如"光、水"对应"照耀、翻滚"。概括而言,混沌动词的参与者大致是肉质、沙土、枝条、水、光、声音等。基本语义特征是[动态性]、[整体性]、[驳杂性],即内部包含无数的动作片段,但又无法准确追溯。有两个典型的句法特征:欢迎"浑身、到处、乱、瞎"之类状语,如"浑身颤抖";欢迎动量词"一阵、阵阵",如"头皮一阵/阵阵发紧",一些物质名词+"阵阵"即指混沌事件,如"涛声阵阵、冷气阵阵"。某种句法成分[欢迎]另一种,就是二者之间具有内在的语义一致关系,即契合性。混沌事件是随机性的,可概括为"乱",一些具体动作动词前加"乱"即指混沌行为,如"人群乱动、到处乱跑";加"瞎":"瞎嘚啵、瞎逛、瞎闯、瞎传、瞎走了半天"。

单动动词的多次无秩序重复也构成混沌动作:

(3) 踢蹬　蹦跶　溜达　踢腾　闹腾　扑腾　揉巴　眨巴　挠巴

相近单动动作的组合也构成混沌动作:

(4) 蹦跳　颠簸　飘舞　摇晃　摇摆　翻滚

"-腾、-巴、-弄、-悠"等有派生词缀的特征,这表明混沌动作已经高度范畴化、形态化。前述"一V一V"格式语义上接近混沌动作,但所指动作片段的次数不够多,混沌性不够强。相比之下,"V啊V(啊/的)"混沌性更强一些,如"走啊走"指更多的动作片段。另外,很多"VaVb、aVbV"之类对称性格式也都指混沌行为,其语法机制都是形义象征,如"走来走去、搞来搞去、左看右看、前思后想、七上八下、东走走西转转"等。有一种功能相当于派生词缀的专职表示混沌动作的构词框架(词框):AABB,普通动作动词进入其中,即指一种混沌性的整体行为。如:

(5) 摇摇摆摆　晃晃悠悠　飘飘洒洒　沸沸扬扬　进进出出　推推搡搡

用A、B的语音重叠,象征动作片段的无秩序反复进行。这个词框在状貌词上更为典型,详后。

混沌动词在模态上有一个显著的特征——天然指事件的当下现实进行,很难用于虚拟态,一般也不接受否定,即表现为正极词的倾向。如:

(6) 波涛(*不)汹涌。*如果波涛汹涌,就别出海了。柳枝摇摆。皮鞭飞舞。

光杆动词谓语即指动作的现实进行;体貌上内在指延续,天然暗示一个动态助词"着"。"着"是最典型的内部视角,刻画动作自身的进行情况。

混沌动词与单动动词之间的关系非常密切。1. 一些动词本身就难以区分是指单动还是混沌,如"喘、跳、弹"等;2. 后者的延续体就读为前者。

混沌动词具有跨语言的普遍性。英语有两种指混沌义的派生词缀(Cusic 1981),即重复词缀,-er、-le。它们构成的动词多数在汉语有很好的对应,但也有一些不容易找到相应的动词。如(引自 Cusic 1981):

chatter clamber flicker glitter mutter patter quaver shimmer shudder tinker wander

唠叨 喋喋不休 攀爬 闪烁 摇曳 颤动 颤抖 咕哝 喃喃自语 拍打 战栗 捣鼓 徘徊 漫步 游荡 漫游

crackle crumple dabble dawdle nestle niggle paddle sparkle twinkle wrestle wriggle

噼啪 混日子 游手好闲 拘泥小节 抚弄 闪耀 冒火花 闪耀 眨眼 斟酌 摔跤 格斗 蠕动 扭动 蜿蜒前进

(三) 位移动词

国内外对这类动词有丰富的研究,此不详述。要指出的是,这种动词比一般了解的数量要大,在所有动词中占比最高。位移动词语义机制的核心是两点:

a. 事物整体(前景物)——即物理学所谓质点;b. 相对于另一物进行动态占位(背景物),后者即表现为[处所]的功能。凡符合这两点的,都必可读为位移动词。

位移动词的语义内涵可从两个维度上分析。1. 动力来源上,分自主、外力两种。一般理解的位移动词多指前者,如"跑",其实后者更多也更复杂,如"她正在涂口红","涂"对"口红"而言即整体性、占位性,因此即为位移动词,但由于"口红"做宾语,主语指外力,人们往往把它直接认定为及物动作动词,而忽略了其具体所刻画的事物存在方式。更复杂点如"擦":"洗面奶"是前景物,"脸"是处所,另外还包括外力,所以同一事件同时可说"她正在擦脸/洗面奶";并且,"擦"还可同时指把洗面奶涂到脸上,或从脸面清除。

2. 前景物与处所之间可构成复杂的位置关系,不同的位移动词侧重指不同的方面,见下。

分为下面两个次类(参考 Talmy 2000,Slobin 1996、2006 等):

A. 方式类,除包括前景物与处所外,还常包括[触面](base),即前景物与处所的具体接触点,这时是以触面[代表]整体,如"走"的触面是"脚底",但连带整个人体。[方式]要素的语义机制是,具体刻画物质躯体的展开情况,既可指前景物的物质躯体,也可指背景物的物质躯体。如"跑"的方式来源于前景物的触面,而"泡、漂、飘"的方式则来自处所,即"液体、气体","挤、渗"同时指处所与前景物。

(7) 跑 走 飞 游 漂 飘 摇 动 爬 捉 握 拿 转 渗
泡 奔 驰 埋 藏 搬 拉 扶 推 递 抢 呛 橇 染 泼
扑 泡 装 掏 挖 抬 吸 托 驮 伸 射 吐 挤 解
蘸 栽 扔 投 擦 抹 涂 撒 锁 躲 夺 缩小 分裂
钉 敬礼 埋葬 骑 披 穿 带 戴 逮 脱 砌 沏 踏
塌 筛 撑 碾 拧 捏 扭 抓 划 挖 揉 收集 收拾
整理 拾掇

B. 路径类,单纯指事物相对于背景物的整体占位,不刻画事物的具体展开情况:

(8) 来 去 进 出 上 下 到 卸 运 装 掉 追 赶 接
放 献 停 闭 关 登 抽 充满 超过 提高 拾 搜 查
搜集 收获 收 遇到 到达 上升 降落 离开 没收 出现
存在 移动 排除 脱离 围 排列 排

上面的三种动词,单动、混沌、位移,在动词的范畴地位上都具有初始性,表现为:

1. 是构成其他各种动词的材料,其他动词都可还原为它们,也只有通过还原为它们,才可解读。还原的环节越多,动词性越差,复合动作词与笼统行为动词的界限即在于此;

2. 是[动态性]的最终载体,其他动词之所以具有动态性,是因为最终以单动、混沌、位移之一或其复合的方式执行起来。

（四）复合动作动词

数量很多。这类动词和位移动词构成动词家族的主体，其他类型动词的数量都不多。

A. 强殊指性，在范畴地位上与位移动词具有过渡性，但复杂度更高，所包含的物质要素更多。内在带工具要素的动词一般属于此类。

（9）吃 喝 喂 洗 刷 梳 切 砍 砸 劈 织 扫 编 打扫
锄 梳 卖 买 玩 写 炒 烧 晒 烤 扎 说 问 骂
看 听 笑 哭 评 画 广播 播种

B. 弱殊指性，与笼统行为动词靠近。

（10）修 造 做 搞 弄 赔 开会 治疗 做生意 推荐 批判
上课 上班 旅游 破坏 审查 检查 办理 干涉 宣传 招
待 照顾 治疗 护理 组织 学习 欺负 帮助 打架 安置
操纵 排练 整理 制定 出版 酝酿

A 组的殊指性强于 B 组，后者的行为结构中往往包含前者。学者一般不把这类动词作为一个专门的类，实际上，这种动词指基本范畴层级的行为，是日常最典型的动词，也是一般人最容易想到的动词，即原型动词。这种动词是由殊指性向笼统性、概括性过渡的地带。一方面，该类动词刻画物质躯体的具体展开情形，可追溯到清晰的躯体部位；另一方面，其所指动作又总是具有很高的综合性，是一种包含众多动作片段的整体行为。构成上，这种动作总是可明确还原为特定的单动动作或位移动作。在日常语言中，人们对动词有强烈的复合化的认知倾向。如，"送孩子上学"中的"送"包括"拿书包、走出家门、开/骑车、下车"等众多具体动作。即便看上去很具体的"吃饭"，也并不单指"嘴"的活动，而必然包括"抬(手)、挪、嚼、咽"等一系列单动动作及其复合所造成的混沌动作，甚至包括"走到餐厅、谈话、走回原位"等。

复合动作动词的 B 类可准确还原为单动动作、混沌动作、位移动作及殊指性强的 A 类复合动作动词，其 A 类则还原为单动动作、混沌动作、位移动作。笼统行为动词不可如此还原。还原的句法手段有两种，二者的共同特征则是强殊指性、强事实性。一是方式状语，如"<u>一步步地慢慢走着</u>、<u>一笔一画地写</u>、<u>嘟囔着说</u>、<u>有一搭没一搭地听</u>"。二是进行体，一旦复合动作动词接受"正、在"刻画，则指的是单动、混沌、位移动作。动因是，进行体成分"正、

"在"的基本功能特征即强内部视角,因此就由复杂行为整体而向内指出了其构成要素;特别是,"正、在"还只能指行为内部的某一特定动作片段,且对阶段不敏感,但一定不能指行为整体。如:

(11) 我正洗衣服。　　　　　　(12) 你们都在欺负我!

(13) 中国政府正在制订《中国妇女发展规划》。

"正洗衣服"(传统手工式)指的是:"把衣服放水里、揉搓衣服、上洗衣粉、加水、倒水、晾衣服"等的任何一个,但不能同时指其全部;其中"揉搓"是混沌动词,其他5个都是位移动词。"欺负"指"骂、造谣、拿走(我的东西)"等;"制定"指"讨论、写字"等。

西方学者对英语进行体的经典分析方法是"次事件",如 Dowty(1979)、Landman(1992)、Zucchi(1999)等,这种分析的语义根据即动作内部必然包含众多片段。如 Dowty 刻画为:"玛丽正在造房子"(Mary is building a house)在世界 w 的时刻 i 为真,当且仅当该 i 是更大时刻玛丽正在造房子为真的"次时刻"。Dowty 据此提出"动作公设"(Activity Postulate):如果 A 是一个动作,且 A 在时刻 i 为真,则 A 在每个 i 的次时刻为真。这是单纯从时间结构上分析的,对应于动作片段,则"造房子"指不同的单动或位移动作,如画图纸、挖土、搬砖等。

可以对照,单动动词、混沌动词在动作范畴上最为初始,所以它们采取进行体时,就只表动词本身所指动作片段的进行,而不可能再向上还原。而位移动词则仍可还原为特定躯体的一个动作片段,即,实际表示的是单动义。单动是动作的原子,即世界现实存在的最小单元,进行体是指现实态的基本语法手段,所以其刻画的动作自然也就还原为单动。

(14) 那时候有老头说书,弹弦子,敲个小鼓,噔噔在敲。

(15) 当第二枚手榴弹爆炸时,整个酒店都在震动。

(16) 弟弟妹妹还在地上玩,还在爬。

例(14)"敲"是单动动词,"在敲"指一个敲的片段的进行,状语"噔噔"清晰指出了这一点。(15)"在震动"指震动的一个片段。(16)"在爬"指爬的一步,而这个"在爬"就是对"在地上玩"这个复合动作动词的分解、还原。

"在"也有指长时事件的用法,如"这四年他在上大学",这应视为引申用法,而最终仍可还原为"在教室写作业"等殊指动作。"正"对长时事件的容纳能力更弱：?? 这四年他正上大学。

下面的句子可以证明复合事件对原初动作的概括关系，及主动词对复合事件与原初动作的组合机制：

(17) 孔祥熙第一次<u>看见</u>人可以把削水果<u>削成一种艺术</u>：当时杜月笙左手一下<u>抓</u>了两只苹果，右手水果刀上下<u>翻飞</u>，眨眼之间，两条绿绸子般的苹果皮就<u>抖</u>了下来，两只苹果晶莹剔透，浑圆之态不减于带皮之时。

虽然形式上是"削成一种艺术"用为"看见"的宾动词，但其实最终看见的是"抓（姿态动词）、翻飞（混沌动词）、抖（位移动词）"等原初动作，前者是对后者的概括；冒号指的是[解释]关系，也就是把上级整体还原为下级构成要素。不同的感知动词对复合事件的接受能力是不同的："看见"允许"削成一种艺术"做宾语，"注视着"就不行，而只接受原初动作，这也就体现为叙实性的强弱。

二、不典型事实动词

有两类，共同特征是具有强殊指性，但不具有动态性。

（一）姿态动词

(18) 坐　站　等　趴　拿　堆　抱　开　长　挂　住　驻扎　靠　蹲
    缠绕　围绕　环抱　接壤　牵拉　绵延　散落　卧　跨越　坐落

姿态通过物质躯体的复杂展开而形成，即众多物质片段之间的静止排布样式。这类动词的语义特征与位移动词有很大的相似性：躯体整体性、处所性；区别只在于[±动态性]、[±强力]。姿态动词也需要"用力"才能实现，只是"力"的强度较低——这一点是区别于"状貌"的关键。正因为二者在语义特征上有很大的相通之处，所以很多姿态动词都可指位移，即，指对姿态的[采取]过程，该过程必然涉及对躯体整体的位移。如"坐、挂"一般指静态姿势，"坐下来、挂上去"则指位移过程。反过来，位移动词也可指姿态，如"落、铺、摊"一般指位移，动态性，但在下面的句子里指姿态，静态性："树上落着一只鸟、地上摊着7幅水墨画、床上铺着电热毯"。

袁明军(1998)讨论过"专职状态动词"，主要就是姿态动词，如"耸立、充斥、绵延、环抱"；但该文对[±动态性]及[秩序性]的语义特征不太关注，所以所举实例并不整齐,如"洋溢、飘溢、飘漾、浮漾、照耀"所指物质片段是动态性、随机性的,属于混沌动词。

(二)状貌词(一般所谓状态形容词)

(19) 空无:幽幽　黑洞洞　赤裸裸　空空旷旷
　　　 气:飘飘　喘吁吁　喜洋洋　轰轰烈烈
　　　 光:皎皎　朗朗　金灿灿　绿莹莹　恍恍惚惚
　　　 声:飒飒　缭绕　乱哄哄　清清静静
　　　 味:香喷喷　火辣辣　酸溜溜　甜甜蜜蜜
　　　 水:淅淅　津津　湿漉漉　油脂麻花
　　　 毛发(线条):绒绒　乱蓬蓬　絮絮叨叨
　　　 沙土(碎片):簌簌　薄松松　斑斑驳驳
　　　 肉:沉沉　敦实　笔直　颤悠悠　郁郁苍苍
　　　 情绪:怯生生　乐悠悠　羞羞答答　不紧不慢

严格说,这类形容词不完全属于词汇的层面,很多属于派生性的词框。基本语法机制是[重叠]、[象征]。指生动的物理形象,直接诉诸于、取决于人的物理感知器官;语义特征是三点:[质料性]、[混沌性]、[静态性]。状貌词与混沌动词在模态特征有非常平行的表现——都强烈倾向于直接指现实存在,很难用于虚拟,一般不接受否定。

状貌词与混沌动词的关系平行于姿态动词与位移动词的关系。同样的,正如位移动词可用为姿态动词,混沌动词可转换为状貌词。这可从学者对一些具体词项的处理上看出来。吕叔湘(1999)形容词"生动形式"(即我们所谓状貌词)表中,举到不少动词AABB式,如"打打闹闹、拉拉扯扯、敲敲打打"。实际上,这些词语的动态性很显著,应归为混沌动词。比较,"偷偷摸摸、疯疯癫癫"就确实失去动态性,所以转换为状貌词。此外,状貌词与混沌动词在句法功能还有一个很重要的相同点,即都很容易做方式状语;也就是,二者所描述的事态往往缺乏自立性,而具有强烈的依附性,依附于另一个行为时,就状语化。

需指出,句法层级上,上述动作的类型既体现在词汇本身,也体现在短语层面——准确说是体貌短语。这是因为,很多动词就词汇本身很难确定到底指多大复杂程度的动作,而只有在组合中才能确定。如,一般认为"敲"指一个动作片段,所以容易归入单动动词。但"跺、切、锯"常规指一下还是多下？恐怕各人意见不一。如果认为指一个动作片段，则为单动动词；如果认为包含多个动作片段，就是混沌动词。

这样的动词绝非个例，而有很大的普遍性。如"他在后面轻轻拉了我一下"，"拉"指单动；"车上拉着西瓜"，"拉"指静态姿势。"伸"指"（躯体或物体的一部分）展开"（《现汉》），这个词义很明确，归入动词没什么争议。但该"展开"的默认解读是动态进行，即动作动词；还是静态持续，即姿态动词？更复杂的是，在"他把手一伸"，"伸"指一个单一的动作单元；在"峭壁上有一座巨石伸出"，"伸"指持续的姿态；在"忽然间，一只手伸出来"，"伸"又指位移。

可以总结如下规律：对"动词、形容词"这样的大范畴而言，在词汇层级即可确定——即便有歧义，也可合适地视为"兼类"，但到具体的"动作行为类"，词汇和短语两个层级都起作用。这个特点在状貌词上更为显著，可以说，整体上，状貌词这个类的基本语法层级就不是词，而是 ABB、AABB 等各种重叠形式，这种重叠是一种派生语素性质的构词框架；一些虚化程度高的 -BB，则略有构形性质，如"-乎乎"。在现代汉语中，单词就指状貌的，日常只有"通红、煞白"这一类，但数量并不多，且不是该类的典型成员；另外是来自古汉语的"黯然、婀娜"之类，但已有书面色彩，并非日常成员。

三、弱事实动词

上面六种谓词之外的谓词都不指强事实，是谓"弱事实动词"，可概括为下面四种：

A. 笼统行为动词，数量不多：

(20) 虐待　欺压　教育　服务　保护　保卫　领导　创造　运动　实践　操劳　控制　拯救　剥削　压榨　管理　统治　打倒　推翻　镇压　侵略

两个特征：

1. 参与者一般指大的团体、国家等，很少指个体，如"他剥削工人/*我"；原因是，行为的笼统性与所述事物的概括性是对应的，正如动作的殊指性也就对应于物质片段的精准性。
2. 体貌上具有长时性。"虐待"允许施事指个体事物，但天然指惯常行为，而不指当下个别行为，不接受进行体。

［概括］与［归纳］是两种不同的量化操作：前者完全去除所操作的原初要素对象的存在，后者则只是简单加合，还清晰保留原初要素的存在。以时间副词为例，"经常"指的是归纳，如"小明经常迟到"，"迟到"的每次发生都可还原；"通常"指的是概括，如"私立大学通常服务于特权阶层子弟"，无法追溯一次特定的"服务"行为。复合动作动词的语义机制是［归纳］，笼统行为动词则是［概括］。

笼统动词与复合动词的区别是：在后者，动作片段可准确还原，前者则不可以。如"帮助"是复合动词，可还原为"抬冰箱"，但"统治国家"就难以还原为"把他绑起来"。复合动词可以当下执行，即还原为动作片段，所以接受动量词"一次、一下"的刻画；笼统动词就没有这个功能。殊指化是动态性的根据，笼统动词殊指性差，因此动态性就差：1. 不接受"正在"，2. 很容易用为抽象名词。"妈妈正在房间教育他"勉强成立，但这时"教育"就用为复合动作动词，指"谈话"等物理行为。"救"是复合动词，可以说"消防队正在救人"，指"拉上来、抬上车"等位移动作；"拯救"是典型笼统性的，就不接受进行体；*"国家正在拯救我们"。来源上，笼统动词没有直接构造的，都由其他动词引申、比喻而来。

汉语"动作"和"行为"这两个抽象名词，前者所指具体、个别，后者笼统、概括。

(21) 做投球的假动作/*行为　整个动作/*行为柔和连贯　滑雪的基本动作/*行为

(22) 舞蹈动作/行为　舌头的动作/行为　从扑萤的动作/行为可想见她的孤独

(23) 祭祀行为/*动作　道德行为/*动作　这属于政府行为/*动作

"整个动作"是对一个实际执行下来的个别动作的指称，"行为"无此用法。"舞蹈动作"指跳舞过程中的具体动作片段，"舞蹈行为"则指一般性的类行为，如"蜜蜂存在舞蹈行为"。"政府"是笼统事物，可以说"政府行为"，指其一般性的做法，但"政府"不具有发出特定动作的功能，所以不能说"政府动作"。

《现汉》对"动作"和"行为"分别释为："全身或身体的一部分的活动"，"指受思想支配而表现出来的外表活动"。"动作"有"全身或身体"这样的参与者，物质载体明确，动作的具体性就强。不过《现汉》对"行为"特别限制

"思想"的特征,有点狭窄,其实也可说"鸟类迁移行为、名词的句法行为"。

下面三种动词所指都不是典型事实,学界已有很多研究,这里简单列出,不多阐述:

B. 抽象行为动词,数量少:

是、有、姓、属于、属(狗)、等于、包括、具备……

C. 心理行为动词,数量多,有次类,应单独讨论:

想、知道、断定、推测、喜欢……

D. 抽象性质/样貌形容词(包括区别词),与状貌词相对:

大、深、贵、聪明、初级……

张国宪(2006)提出性质的认知方式是"总括扫描"。"总括"的提法着眼于量的汇聚,实际上,性质这个范畴是高度抽象性的,并不是对众多要素的加合,而是一种凝练、升华,完全撇开了对原初事件的关联。Chao(1968:112)指出形容词谓语的一个功能是用于"断言态"。断言的实质是认定、主观性,原因是,对原初事件的高度概括、抽象,是人的理性认知行为的结果,这就体现为信念、断言维度的认定。客观世界的存在方式是直接性、殊指性,抽象、类范畴在客观世界并不直接存在,而是主观认识的产物。

另外简略讨论一下情态动词。其中认知情态动词指主观断言,是副词性的,可以排除。道义情态和动力情态则可概括为"抽象性质"的范畴。动力情态动词的[性质]特征更显著。"性能"这个名词中,"性"与"能"连用,就提示了[性质、属性]与[能力]属于同一范畴层面:事物具备什么属性,就具备什么能力。如,"甘草能解毒、这水可直接饮用"就是在描述主语事物的性质。"能、可以"本身就有形容词用法:"他能得很/真能、你真可以"。道义情态动词也具有性质的特征,如"你得/应当努力工作"指"你"的行为特征。

语义机制上,动力、道义情态动词与其所组合 VP 所指动作的关系,都表现为两个维度:[根据]、[体现]。"根据"指事物自身的物质构造或外部环境关系,构成动力、道义情态的物质支撑;"体现"指所组合 VP 的实际实现,构成动力、道义情态动词的证明、验证。根情态与其后 VP 的[体现]关系在叙实动词句很普遍,"看着、看见、发现"等所带宾动词都有表现,后文会谈及。

四、谓词系统总结

$$
\text{动词}\begin{cases} 1\text{单动动词,}2\text{混沌动词——[最强殊指]、[动态]} \\ 3\text{位移动词——[强殊指]、[动态]} \\ 4\text{复合动词——[殊指]、[动态]} \\ 5\text{姿态动词——[殊指]、[-动态]} \\ a\text{笼统动词,}b\text{抽象动词——[-殊指]、[-动态]} \end{cases}
$$

$$
\text{形容词}\begin{cases} 6\text{状貌词——[最强殊指]、[-动态]} \\ c\text{性质词——[-殊指]} \end{cases}
$$

数字排列的六种都具有殊指性,可指"客观物理事实"。字母排列的三种,a、b永远不指客观物理事实。c中的成员则要二分:"贵、聪明、初级"总是指抽象属性,永远不能指物理事实,"大、深"则在词汇层面指抽象的样貌,但通过句法修饰,就指客观物理事实,语法意义为状貌,如"船很大很深"。心理动词内部成员及其次类在[殊指]、[动态]上有不同的表现,不能简单列入上面的系统。如"他最近在想一个问题"动态性很强,但"喜欢"动态性差,是长时性的。一般讨论的强事实是指物理事件,也是本书的重点,心理事件当然也具有现实性的问题,不过这里暂不讨论。

全部谓词可概括为四类:[活动]、[状态]、[样貌]、[属性]。"动作、行为"都指[活动],包含[动作片段],区别是殊指性、动态性、力的程度不同。[状态]是静态性的,但具有[力]的要素,且很容易采取动态的形式,包括姿态动词和一部分心理动词,如"知道、相信"等。[样貌、属性]都无[力]的要素。[样貌]范畴是纯静态性、强殊指性的,指事物的[外观],认知载体是人的物理感知器官。[属性]范畴是高度抽象、概括的,直接指事物的[类特征],认知载体是理性思辨。四者中,[活动]、[状态]、[样貌]都具有物理现实性,可作为不同感知动词的宾语;[属性]则无此特征。[活动]、[样貌]、[状态]、[属性]都是词汇、短语层面的范畴,加上参与者才指[事件],进入小句层面。列表如下:

$$
\text{谓词}\begin{cases} \text{活动}\begin{cases}\text{动作:单动动词、混沌动词、位移动词、复合动词} \\ \text{行为:笼统动词}\end{cases} \\ \text{状态:姿态动词、静态的心理动词} \\ \text{样貌:状貌词、样貌形容词} \\ \text{属性:区别词、属性形容词、抽象动词} \end{cases}
$$

上述系统着眼于谓词的物理因果特征,与 Vendler(1968)基于时间特征的名目,有所不同。Vendler 的"状态"着眼于静态性、非瞬时性,我们的"状态"着眼于躯体物质要素的空间排布,"样貌"着眼于物质外观。Vendler"动作"着眼于动态性、瞬时性,我们的"活动"着眼于物质性的动作片段。"达成"指"动作+作为结果的状态","结果状态"在本文可体现为多种范畴:位移(拿下)、属性(买贵)、样貌(拉大)等。"完结"指瞬时实现的"状态",同样体现为多种范畴,如"毕业、结婚"属复合动词,"塌"属状貌词。"属性"在 Vendler 的系统中未出现,因为它不具有时间性。

可以看到,第一章关于"假装"叙实性的讨论,其原理就在于所组合动词的具体性/笼统性:所含动作片段越多、越不清晰,可以"假装"的空间也就越大;这也是"假装"在[假象]与[真相]上存在距离的根据。

上述关于谓词所指动作之构造性的原理,并非本文首创。这方面的文献很多,如,Parsons(1990)以"原子"、"次原子"为起点刻画谓词语义;Rothstein(1994)认为"跑"是包含无数[跑]的原子动作的集合体。不过上述文献的研究兴趣是谓词的情状、词汇体,即谓词在时间维度的语义特征。Rothstein 在谓词原子构造思想的基础上,提出"累积性"的语义操作,用于解释谓词在词汇体上的不同表现。实际上,虽未明确提出,Vendler(1957)在阐述进行体的语义机制时,所采取的也就是动作构造性的思想,如他对"我正在跑"的分析是:"在一个时刻举起右腿,然后落下,然后举起左腿,落下,等等。"显然,这里的"举、落"都是单动动词。不过,上述文献的着眼点是体,即谓词的时间结构,是纯进程性的,我们的关注点则是谓词的物质因果结构,是内容性的;后者更具初始性,指事物存在的意义模式,所以直接指向句式、句型。

谓词包含[时间]、[因果]两个维度的语义内涵,这在心理动词上也有系统的体现。一般把心理动词分为行为、状态两大类,这是着眼于时间维度,而从物质因果维度看,则体现为直接感知、抽象认知、情绪、情感等类型。本书第一章第二节对认知动词及第四章对情感谓词的分类,都着眼于物质因果关系。

五、"原初事件"

强事实概括为如下表达式:

[物-动-空-时]的四位一体

强事实的最典型动词形式是单动动词、混沌动词,其次是位移动词。在由这些动词构成的事件中,物质片段、动作、空间位置、时间单位内在是四位一体的关系。这也就是一种语言编码外部世界的存在时,所能达到的最终客观限度,构成所谓世界"现实存在"的语义基元,本文称之为"原初事件"。

特定的时空位置这两个要素合起来,即形成语义特征的[当下性],所谓特定的这里 here、这时 now。延续体、进行体都指动作的当下具体存在,因此是事件现实存在的基本体貌形式。另一方面,谓词的强殊指性与延续体、进行体之间也具有一致关系。一般认为,静态动词可无须时体成分即可直接成句,且指现实态,如"他懂日语";而动态动词则需时体成分,否则或者不成句,如"他*(正在)唱歌",或者只能指惯常体,如"他吃馒头"。但同样是强动态性,混沌动词就无须时体成分,光杆动词构成谓语,即可独立成句,且指动作当下进行,如:"波涛汹涌。""红旗招展。"单动动词也总是要采取带"着"的形式而表现为混沌事件。句法上,混沌动词、单动动词,都内在具有强当下性,因此很难采取经验体、过去时:

(24) a. *波涛以前汹涌过。   b. *他以前敲过门。
     c. 他以前跑过马拉松/去过香港。

已有大量文献指出事件包含时-空论元。这里无须详述,只举 3 例以作了解。前两例是从反面讨论的。Chierchia(1995)提出"处所独立"的概念,指"一个实体处于某种状态时,与其处所无关"。如"这件外套脏了","脏"所指状态与"外套"处于何地无关。Chierchia 认为,处所独立谓词内在是类指性的。我们认为,这个原理其实是派生性的,即,[处所依赖]谓词是殊指性的,类指则是对谓词之[处所]要素的去除。[殊指]与[类指]是一对处于两极的语法范畴,前者在逻辑上和历史上都是先起的,后者则由前者演化而来。

McNally(1998)对"处所独立"概念做了进一步的阐述,提出,处所独立是某些谓词不能出现在非主题判断句的原因。如,静态谓词不能出现在非主题判断句,就是因为这种谓词所描述的参与者是处所独立的。也就是,非主题判断句内在带有处所的语义要素。下文我们会谈到,强感知动词的宾句表示的就是非主题判断。

Maienborn(2007)把事件定义为:"伴随具体功能参与者的特定时空实体"。句法特征有三点:

1. 可以不定式的形式作为感知动词的补足语；
2. 带空间、时间修饰语；
3. 带方式状语、伴随状语等。

Maienborn 的这个论述与本文很接近,我们的不同有两点:

1. 对感知动词限制为强直接感知；
2. 指出了动作与参与者的内在选择关系,并落实为具体的动词次类。

在当下性之外,现实态事件的其他体貌、时制形式都是派生性的,都可还原为原初事件;并且,其现实性也只有最终通过原初事件,才能体现出来。完成体,如"他喝醉了",他的当前实际存在方式是"醉着"。经验体,"他喝醉过",原初事件是他[当时]"醉着"。不能采取延续体、进行体的谓词,其所述事件必然不指典型[事实]。"他很善良"不能采取延续体、进行体,所述事件一般也称事实,这种事实是广义性的,它作为事实的典型性,要比"他小心地扶着老爷爷过马路、他正在捐款"弱得多,且要通过还原为后者,其现实性才能确定:后者构成前者的[例示],即原初事件。Kim(1976)对此有明确的论述:"事件是属性的例示"。反过来看也就是,属性是对原初事件的概括。

这里的一个规律是,语义特征上,经验体、过去时事件通常会对原初事件做显著的笼统化处理。如:

(25) 去年七月我收到一封日本读者的信。　(26) 前天她来探望我。

"收到信"当时的具体事件形式是:某人拿着信、上楼、敲门,我接过来,等等。"来探望"包括的具体动作环节是:以某种位移方式来到我处,谈话,等等。体貌上,当时事件的直接存在方式都是延续体或进行体:[当时]"在路上走着",[当时]"在愉快地张嘴说话",等等。

强事实的实质是,刻画特定事物在特定时空位置上的特定存在方式,因此,在动作、参与者、时-空四个维度上都是高度确定、唯一性的。从量化的角度看,强事实是存在量化的最高形式:参与者、事件、时空的变元都得到限定,且是唯一、最小的,因此构成世界现实存在的最小语义单元,相应地,也构成其他量化操作的起点。

上述特征都与强个体谓词正好相反。成句能力上,除混沌动词外,各种强事实动词都要通过方式或体貌、时制成分的刻画,才能表示现实态。个体谓词则不然,往往无须时空要素即可直接成句,且直接表现为现实态

(Vendler 1967、郭锐 1997),如"他懂日语"指主语实际具备谓语的特征。动作动词的光杆形式则表示类指,同样解读为现实态,如"他抽烟"指实际具有谓语的习惯。但这种现实态并不具有时-空当下性的特征,因此只能理解为广义的事实,并且最终要通过一次特定的"他正在说日语、他正在抽烟"的原初事件得到证明:后者构成前者的[例示]。

关于"原初事件"、"还原/例示"的观念,哲学界有很多讨论。康德(《纯粹理性批判》)、黑格尔(《精神现象学》)、胡塞尔(《现象学的观念》)、杜威(《经验与自然》)、卡尔纳普(《世界的逻辑构造》)等,对"原初经验"都有讨论。一般认为康德哲学偏唯心主义,但康德也很明确地指出:

> 一切思维,无论它是直截了当地(直接地),还是转弯抹角地(间接地),都必须<u>最终与直观、从而在我们这里与感性发生关系</u>,因为对象不能以别的方式被给予我们。
>
> 直观只是在对象被给予我们时才发生;而这对于我们人来说,又至少只是通过对象以某种方式刺激心灵才是可能的。通过感觉与对象发生关系的那些直观就叫作经验性的。(李秋零译 45 页)

其中"最终与直观、从而在我们这里与感性发生关系"是关键,体现在语言上即直接感知动词。实际上,康德的上述观点可追溯到苏格拉底及柏拉图:"被感知事物的产物总是与某种感觉在同一时刻产生"(泰阿泰德篇)。

各家对"原初经验"的理解自然存在差异,但也有很大的共同点:

1. 基于直接感知,相对于理性分析;
2. 是具体性的,相对于抽象概括;
3. 是瞬时性的,相对于恒久性。

这些也即"原初事件"的核心语义特征。哲学家们对"原初经验"主要是从范畴上阐述,本书则把它落实为具体的语法范畴,即由一个强殊指、强动态动词为核心而构造的小句。

从认知载体看,由人的物理器官执行的直接感知行为,是主体对外部世界形成认识的原初手段,而其所获取的信息内容,也就构成一切语义内容的最终起点;其他各种抽象概括的语义范畴,则都是在此基础上加工形成的。直接感知活动的内容只能是强殊指性、瞬时性的事态,即,强直接感知动词对强事实是内在构造的关系——人的感知行为的分辨度有多高,所捕获的外部事态的颗粒度也就有多高。这个原理体现在,强直接感知动词只能组合指强事实的小句;反过来,强事实的小句,语义上也必然内在蕴涵一个强直接感知动词,如状貌词谓语句、无定主语句等。

"现实事态、客观事实"的基本形式是一个强殊指、强动态的[原初事件]。由于原初事件不包含情态、语力等主观层面的要素,句法上编码为TP、AspP。而类指事态、带情态语力的CP,则都增加了其他语义要素,所以表现为对原初事件的某种语义偏离,不指典型的事实。在主动词、宾动词的选择关系上,只有只接受指原初事件的宾句(而排斥类指事件、CP)的主动词,才是强叙实动词;凡是虽然也接受原初事件宾句,但同时也允许宾句指类指事态、CP 的主动词,都不是典型的叙实动词。

六、本节结论

本节以殊指性、动态性这两个语义参数为根据,对谓词系统做了整理,以便为探讨叙实动词对宾动词的选择特征奠定一个实在的基础。指强事实的动词有四种:单动动词、混沌动词、位移动词、复合动词,其中单动动词、混沌动词是指强事实的最基本形式,具有强烈的当下性,其所构成的事件称为"原初事件",是一种[物-动-空-时]的四位一体。复合动词通过进行体、延续体,就还原为位移动词,或混沌动词、单动动词。姿态动词、状貌动词也具有较强的事实性,处于第二个梯队;笼统动词、抽象动词则处于第三个梯队。

小句所指语义内容都不是凭空存在的,而都以具体的认知动词为载体,前者的语义特征都是后者授予的;每个小句之上都带有一个高位的认知动词主句。不同殊指程度的事态对应于不同的认知动词,概括性强的可以涵盖概括性弱的,反之则不允许。引出强事实动词的是强直接感知动词,这种动词才是真正强叙实性的。现代汉语只有两个强叙实动词,即"盯着、注视着","看着"就弱一些,"看见、看到"就更弱了,只能称为半叙实动词。这其实也容易理解,日常语言表达的任务极为繁杂,并不是要常常指出原初意义上的强事实。

第二节 强直接感知动词的叙实性:"盯、注视"

学者对叙实谓词讨论最多的是"know 知道、regret 后悔、see 看见"之类,我们则认为,现代汉语中的强叙实动词只有"盯、注视"两个。强叙实体现为所引宾句的强动态性、强殊指性、非语力性,及主动词与宾句之间结合的紧密性。

一、强感知动词所引小句是方式短语

学者对直接感知动词补足语的句法性质有不同的处理。Kluender(1986)把德语感知动词的补足语称为无屈折要素的"小句"(small clause)。Holmberg(1986)、Webelhuth(1992)处理为 VP——相对于 TP、CP；Stowell(1983：297)处理为"带有 VP 内部主语"的 VP。Akmajian(1977)、Burzio(1986)分析为 NP。Napoli(1988)甚至视为"非成分"(non-constituent)，只是 NP 跟随着 VP。这些分析的共同点在于，都认为这种补足语缺乏语力性，句法上是不完善的。强事实指客观事件的存在本身，尚未添加基于话主的语力情态要素，而作为一般表达层面的"主句"，则往往要从话主定位，因此，直接感知动词所引出的补足语自然不是主句。另外，学者一般也都指出，感知动词补足语要求阶段谓词，不接受个体谓词。

本文基本认同上述观点，但认为这种分析仍然不能充分指出强直接感知动词补足语的句法特征。总体看，在学界常用的语法范畴名目中，如 CP、IP、TP、AspP、VP、vP，及"设置句"、"句根"(sentence radical)等，概括面都太大，不能完全精准地刻画出[强事实]这个范畴的语义特征。最接近的是体貌短语 AspP，指动作自身的进行，客观性强，但对"盯着、注视着"而言，其宾句仍然并不是一般的 AspP——二者对动词自身的情状类型还有更苛刻的选择。

本文认为，对强感知动词的补足语较合适的概括是"方式短语"(MannP)。语义上，强事实的核心特征是强殊指性、动态性，殊指则表现为[方式]的范畴；"方式"也暗示对动作的修饰关系，根本上，方式即动作自身的存在，动作的具体展开即形成方式二者之间是高度契合的。句法上，动态动词接受丰富的方式状语，而静态谓词的方式状语就很受限(Jackendoff 1972、Rochette 1990、Katz 2003 等)。从结构层级看，方式短语与体貌短语地位相当，且二者的语法意义也大致相当。方式短语的结构是：

(1)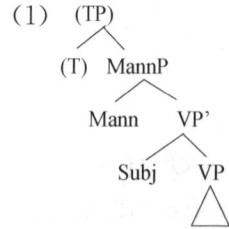

MannP 上面加 TP，是为了显示其相对位置关系。MannP 自身即可成句，并不需要时制要素，所以对 T、TP 加括号。具体语句参看下面的例(4)—(7)。现代句法理论的一个基本认识是，特定类型、层级的动词短语，允准特定类型的副词/状语(Cinque 1999、Ernst 2002 等)。公认的是，在各种状语中，方式状语是一种句法层级最低的状语，仅刻画客观事态自身的具体存在。

方式状语是对谓词自身所包含方式义的外显。谓词与方式短语的关系是类与次类及个别行为，变元与定量的关系。一般对[类]多从名词的角度考察，其实动词也有类的问题。类动作总是包含一束特征，次类、个别行为则是对其中某种特征的详述。如"跑"包含[步法、体态、速度、力度、意志力]等语义参数，"稳健、摇摇晃晃、很快、不紧不慢、勇猛、坚韧"等则把一般性、类层面的"跑"，殊指化为一种特定的跑。任何动作都必然同时具备众多方面的构造情况，因此，一个动词总是可以同时接受几种不同的方式状语，并且次序上没有特别的限制，而这是其他状语不具备的。

从量化的角度看，殊指化修饰的功能内涵也就表现为存在量化，即从全称转化为特称、从无界转化为有界、从内涵转化为外延。具体来说，动词自身指一种普遍意义的存在方式，具有无限的可能性，在量上也是不确定性的，方式状语则把它限定为某种特殊的具体存在，动作由此也就获得确定的量。这个关系也平行于形容词方面性质形容词与状态形容词的关系：前者是类指、非定量的，后者是殊指、定量的。

谓词领域从类到个别的殊指化，与名词领域从类事物到个体事物的殊指化具有平行性；正如限定性的 DP 平行于小句层面的 IP。修饰关系上，方式状语平行于非限制性即描写性定语。如"孩子"表示类事物，"白白胖胖的孩子"则指殊指化的个别实体。无论是名词还是动词，殊指化即获得现实存在性。因此，方式状语也是一种存在算子。但与名词领域不同的是，殊指化的动词短语自身即可成句，并不另外要求限定性。

在各种状语中，只有方式状语刻画的是动作自身。方式范畴与现实事件是内在相通的关系：方式性越强，也就是对动作行为的刻画越具体，小句的现实性也就越强，这种小句也越可以独立成句。这一点与英语有根本性的区别：英语小句成立的最低范畴层面是 TP，其根据是客观事件之外的坐标原点，因此是一种外在的定位策略、外部视角、离场式认知。汉语小句则除限定性动词短语之外，还包括各种强殊指化的短语形式，如体貌短语、方式短语、状貌短语等，表示对客观事件自身的加细描述，是一种内在的生动化策略、移情化的认知方式、内部视角、在场式认知。就具体语法范畴而言,汉语状貌词要远比英语发达,就是这个规律的一个重要证据。

"生动"作为一种语法范畴,较早由赵元任(1968)提出,指形容词的词尾,如"乱哄哄、灰不溜秋";吕叔湘等(1999)采取了该称谓,称"形容词生动形式"。不光形容词上有生动性,动作的强方式性也表现为生动性。[生动性]指客观事物自身的具体存在方式,是强内部视角,平行于体貌范畴上的延续体;实际上,强方式性在时间上天然也就是延续性的,如"大摇大摆地走*(着)","走"后内在携带"着"的要素,加上才自然。[生动]范畴的基本核心语义机制即强殊指化。动作的方式性越强,生动性也就越强。这在问方式的疑问代词"怎样"上即有体现:"样"是核心语素,指的就是"样子、形式"。[样式]刻画事物展开的不同物质片段之间所构成的相互排布方式,而事物自身通过特定的展开,自然也就获得现实存在。这种事态才指真正的客观存在,而通过外面的时间参照点加以定位,即 TP,就添加了说话人的要素了,不再指事件自身。

根据"新戴维森"理论(Bach 1981、Parsons 1985 等),与动词一样,状语也是事件的谓语。如"约翰慢慢离开了"读为:有一个离开的事件,其施事是约翰,该事件是慢慢的。Parsons(1990)、Kamp & Reyle(1993)、Wyner(1994)等都认为,动词与副词之间的修饰关系,根本上是联接(conjunction)关系。这一点主要是针对方式状语而言的。McConnell-Ginet(1982)把方式状语处理为动词的论元,强调其对动作自身的内在关系。Dik(1975)是关于方式状语研究较早的经典文献,他指出,所有的进程和动作动词都内在包含一个方式的语义要素。Rappaport & Levin(2010)指出,在词汇层级,谓词存在[方式性]与[结果性]对立互补的关系,即,一个谓词只能或者编码方式,或者编码结果,而不能同时编码这两个要素,前者如 sweep, wipe, shake, stab, care,后者如 clear, empty, cover, kill, construct。方式动词内在具有强殊指性。

在汉语中,方式状语同样构成一个重要的类别。张谊生(2000)提出"描摹性副词"构成一个自然类。何洪峰(2012)研究了方式状语的句法丰富性,核心特征是[描写性]、[实义性]。在现代汉语中,形态上,虽然结构助词"地"也常用于其他状语,但其核心语法功能仍然是用于方式状语。讨论成句现象的学者,往往会提到方式状语。如孔令达(1994)列举了大量的成句手段,其中一种就是"在'动'前添加表示动作的方式、情态的词语":

(2) 他好不容易从窗口钻了出去。

(3) 他笑容满面地向观众走了过去。

值得注意的是,上述两句都不带时制的要素。(3)"走了过去"表示持续义,并不指"走"的动作已经完成、结束,而指在"走"的过程中。

在现代汉语中,最典型的方式状语是各种重叠形式,词类上有拟声词、动词、"一"量/动,形式上有 AA、ABB、AABB、ABAB 等。其中重叠形式最为典型,语义机制是,用声音的复沓,象征动作片段的大量,其语法意义的核心就是综合性、混沌性、强殊指性。认知载体上,重叠是直接把生动的样式描摹出来,诉诸直接物理感官,天然是强现实性的。其他方式状语则都有较强的分析性,诉诸理性,现实性就弱一些。

方式状语与现实态事件有强烈的对应关系。模态上,指现实态的带方式状语小句,允许该状语前置于句首;而指非现实态的小句则不允许。如:

(4) a. 粉嘟嘟地,她化了妆。

　　b. *粉嘟嘟地,她总是化妆。

(5) a. 吧嗒吧嗒地,他头发上的水往下掉。

　　b. *他头发上的水可能吧嗒吧嗒地往下掉。

(6) a. 一张一张地/仔细地,他看着这些照片。

　　b. *仔细地,他打算看这些照片。

(7) a. 一蹦一跳地,一位脚穿大头鞋的女同志跑下来。

　　b. *一蹦一跳地,一位脚穿大头鞋的女同志像要跑下来。

"粉嘟嘟地"指宾语所化之"妆"的物理形态,"一蹦一跳地"指主语"女同志"的躯体样式,"吧嗒吧嗒地"指动作"掉"本身所发出的物理声音。从表达上看,方式状语移至句首是一种焦点化的操作。这种焦点化的动因不仅是语用维度的强调,还更在于语义维度的加细刻画。

方式状语也很容易后置,描述性更强,焦点性也更强,这种焦点存在于语义维度:

(4)' 她化了妆,粉嘟嘟地。

(5)' 他头发上的水往下掉,吧嗒吧嗒地。

(6)' 他看着这些照片,一张一张地/仔细地。

(7)' 一位脚穿大头鞋的女同志跑下来,一蹦一跳地。

语义上，这些后置的方式状语直接可视为对其前整个小句的陈述，其实这正是方式状语的基本功能。无论前置还是后置，从表达上讲，方式状语都是整个小句的语义核心、重心，句法层级上也居于整个小句的最高位置。所饰小句指一般性的行为，方式状语则指该行为最终直接呈现出来的具体存在方式，这即所谓客观现实。

强殊指性内在是强现实性的，这就表现为强肯定性、正极性。表现为：带强方式状语的小句，不能用为虚拟态，如(8)；不接受否定、疑问，如(9)：

(8) a. *颤巍巍地低下头！　　b. *要是他颤巍巍地低下头，我就原谅他。

(9) a. *她粉嘟嘟地化了妆吗？ b. *她不/没有粉嘟嘟地化妆。

实际上，方式短语连过去时也排斥，虽然后者也指典型的现实态：

(4) ''?? 她已经粉嘟嘟地化了妆。

(5) ''*他头发上的水曾经吧嗒吧嗒地往下掉。

过去时表示以当下时间位置为立足点而对过去发生的事件的回顾，所以是一种外位立场，这与方式短语的内部视角是冲突的，自然不容易搭配。

方式小句难以话题化，主语、宾语的话题化都不好：

(6) ''a. *他啊，一张一张仔细地看着这些照片。

　　b. ?? 这些照片，他一张一张仔细地看着。

　　c. 这些照片，他愿意一张一张仔细地看。

a句在主语后加提顿词"啊"，是强话题化，外部视角，与方式短语的内部视角相冲突，因此句子不成立。b句语义上不完整，后面再跟别的陈述就更自然，如"脸上不由得露出了笑容"。c句用"愿意"，就把谓语部分操作为情态短语，容易话题化。因为话题化的根本语义动因是话主对事物对象的外位立场，方式短语的特征则是强殊指性、强内部视角，两种语法范畴的操作方向正相反，自然不容易共处于一个小句。内部视角聚焦事物自身的存在方式，指向殊指性、客观性；外位立场指话主从外部对事物存在的认知、评述，指向概括性、主观性。方式小句表现为强烈的非话题性倾向，意味着这种小句内在是一种设置句。

英语方式状语的典型位置是句末(Jackendoff 1972)，如 Bill had kissed Jill passionately.(比尔热情地吻了吉尔)。与汉语一样，英语方式状语也可用于句首，后带停顿，且语义基本相同，只是增加了强调的语用内涵，并且这种小句同样不允许否定。如：

(10) a. Passionately, Bill had kissed Jill.
b. * Passionately, Bill didn't kiss Jill.（引自 Wyner 1998）

在英语中，由于谓语动词总是要采取 TP 的形式，因此，虽然带方式状语的小句具有独特的句法地位，但这种小句仍然要纳入时制短语的框架。汉语则不同，方式短语完全无须时制成分即可独立成句。这足以表明，强方式动词短语自身构成一种专门的句法范畴，即 MannP。从更高的概括层面看，二者的实质都是确定性、个别性、量化。

进一步看，方式短语构成的小句，其上都必然强烈暗示着一个表直接感知动词的主动词：

(11) 赵胜天注视着药瓶里的液体一滴一滴往下落。
(12) 他目不转睛地看着她头发上的水吧嗒吧嗒往下掉。
(13) (只见)她将一头秀发轻轻甩了一下，袅袅婷婷地走来。
(14) ?? (只见)一副绳梯摇摇摆摆地从上面的洞口里伸了出来。

例(13)即便不加"只见"，语义上也强烈暗示。(14)是无定名词主语句，如果句首不加"只见"，则单独站不住。

但在"注视着"的宾语环境中，宾动词的方式状语不允许前移：

(15) * 赵胜天注视着，一滴一滴地，药瓶里的液体往下落。

原因有两点：1. 状语前置是一种指语力强调的句法手段，而"注视着"要求宾语指纯客观事件；2. 状语前置必然带来主动词与宾句之间形式上分开，而"注视着"与宾语事件的语义关系极为紧密，形式上也要求紧密连接在一起。

"看着"有所不同，即便表层带"目不转睛地"这样指直接视线扫描的状语，主句部分也仍然带有很大的自立性，允许与宾动词分离开来：

(16) 他目不转睛地看着，吧嗒吧嗒地，她头发上的水往下掉。

从更大范围看，其他带主谓小句宾语的动词，后面都容易进行停顿，如"发现、认为、想、说、问、希望"等。相比之下，"盯着、注视着"与宾句的连接最为紧密。语义上，在"盯着、注视着"句中，主动词与宾动词之间在动作刻画的殊指度、时间进程的同步性等方面，都形成高度契合的呼应关系，情状上,所允准的宾动词的范围也最小。

二、"盯、注视"宾动词的情状及体貌特征

（一）"盯、注视"指物理视觉动作与感知视觉行为的句法差异

感知的物理直接性是造成叙实动词所引事件在客观现实上形成分化的根据。越是指直接物理感知器官的行为,宾动词的客观现实性也就越强,反之则弱。直接视觉感知行为的最终执行者是"肉眼"所发出的"视线"。汉语属于这个领域的动词很多,如"瞪、瞄、打量、端详、凝视、俯瞰"等。这里存在一个重要的界限:是指视线对事物的触及这个物理行为本身;还是指经视线触及后,把事物的样貌作为一种信息提取出来,并在意识中呈现。后者才形成认识行为,语法上则表现为由[实体性]到[事态性]的范畴转换;意识对事物的呈现只能采取[事态]或[形象]的形式,而不可能是[实体]本身。[事态]或[形象]编码为动词短语、小句,[实体]则编码为名词短语。"瞪"侧重于实体性,"盯、注视"则同时具有两种用法。如:

（17）a. 纪文华狠狠地瞪着纪升。

b. *纪文华狠狠地瞪着纪升走出房间。

（18）a. 孙恒虎全神贯注地注视着河面。

b. 孙恒虎自信地注视着豆浆般的液体汩汩滔滔地通过管道往井下流注。

"狠狠地瞪着纪升"强调的是目光对"纪升"的触及,类似"喷火"之类的物理行为,并不表示对"纪升"的某种存在方式形成了感知。

"盯、注视"指物理视觉和直接感知的两种用法,在宾语的空间特征上有明显区别。物理视觉行为关注的是实体,所以空间特征显著,动词后可加"向、过来、上"等趋向补语,或前加"往、朝"之类介词短语;指感知认识行为时则不能加这种成分。如:

（19）a. 国内许多企业都把眼睛盯向/上东欧一些国家。

b. 大家都关切地向他注视过来。

c. *孙恒虎盯向豆浆般的液体往井下流注。

物理视线的行为类似位移运动,由眼睛发出而达于实体,所以与趋向补语很协调。直接感知行为虽然也强调物质性,但不指纯空间维度的实体,而关注

事物的活动情况,这样,感知动词的物理位移特征就减弱。

"盯、注视"的强现实性是由其自身体貌、时制特征决定的。体貌上,"盯、注视"内在具有延续性,这来自其所指视觉行为[强专注]的语义特征。"盯"指"把视线集中在一点上","注视"指"注意地看","集中、注意地"自然就会在时间上有所持续——蜻蜓点水就不可能是高专注的。例如,可以说"盯/注视了一会儿",但不能说"盯/注视了一下"。这就造成"盯、注视"天然带有延续的体貌义,往往后加"着",并词汇化。

时制上,"盯、注视"内在带有强当下性。它们总是指在当前时空域中直接进行的感知行为,而不允许用于经验体、将来时。而同样指视觉行为的"看见、见"带有很强的反思性:视线触及之后,意识中再加以各种分析,这就表现为间接性,所以就允许经验体、将来时的用法。经验体指立足于当前而对过去事件的回顾,因此是非当下性的,将来时也是如此。应注意的是,用"以前、去年"之类时间名词修饰的小句,并不意味着非当下性,因为在语篇中,话主对过去事件可采取置身式的陈述策略,这就造成所谓"历史现在时",也称"戏剧现在时"、"叙事现在时"。比较:

(20) a. 几乎是阖族的男人们,在注视着这两个突然降临的我的表哥用膳。
b. *阖族男人们注视过我的表哥用膳。
c. *阖族男人们将注视我的表哥用膳。
(21) a. 那些商人都站在店门口盯着他们走过去。
b. *那些商人都盯过他们走过去。
c. *那些商人都将盯着他们走过去。
(22) 她见过他在那里弹钢琴。
(23) 日本的有识之士断言,大清海军并没有太强的战斗力。原因是他们看见,北洋水师的兵勇,居然把洗过的裤子晾在炮管上。

例(20)a、(21)a都是历史现在时,"盯、注视"指在过去的当时直接进行着的视觉行为。而"过"、"将"都指非当下性,与"盯、注视"不匹配,这即(20)bc、(21)bc不成立的原因。(22)"见"后允许加"过",指过去发生的视觉行为,这样也就赋予宾句过去时的特征。(23)"看见"本身并没带时制成分,但在整个语篇中会读为过去时,宾句也指以前的事态。

"盯、注视"的强现实性还表现在不接受虚拟形式,而"看见、见过"就

接受:

(24) a. *如果阔族男人们注视/盯着我的表哥用膳,他们会很惊讶。
     b. 如果他们看见/见过北洋水师的兵勇把裤子晾在炮管上,他们会很惊讶。

"盯、注视"作为主动词,其语义特征完全决定着宾动词的事件特征,这个关系即[构造性]。二者所引宾动词指典型的强事实,语义特征是高动态性、殊指化。自下而上体现在三个层面:词汇层面,限于上节所述四种强事实动词,不允准其他谓词;体貌层面,限于延续体、进行体,不允准经验体;时制层面,限于当前时间,不允准过去时、将来时。下面分别讨论。

(二)"注视"宾动词的情状限制

A. 单动事件(动词本身或不带主语的动词短语指[动作],加上主语则指[事件]):

(25) 她极其安静地注视我掸去她身上的尘土。
(26) 数十万军民注视着忽必烈用力揉搓着瘸腿。

例(25)"掸去"准确指"掸"的一个动作片段,"掸去"虽然是完成体,但这里是慢镜头式的,指内部进行过程。(26)"揉搓着"指动作片段的延续,所以具有混沌性。

B. 混沌事件:

(27) 他啜饮着咖啡,注视火光在她的金褐发上跃动。
(28) 他茫茫注视着院中花影随风摇动。
(29) 巩君延盯着屏幕上头的指数上上下下。
(30) 她注视着一群同龄人在蓝光的舞台上翩翩起舞。

有两点值得注意:1. 由于混沌动词指大量物质片段的活动情况,因此该事件总是具有显著的场景性——众多物质片段就汇聚为一个场景。2. 一些宾动词就其自身看指自主行为,但作为"注视"的宾语,却表现为非自主性,如(30);句法上,宾动词前容易接受指外部形象的状语,而难接受指内部控制力的状语,如"仔细、故意"之类。原因是,主动词"注视"强调的是视觉行为,这就只能观察到动作参与者的外部形象,而不能判断参与者对动作的自主性、控制力。

单动、位移动词的参与者指大数事物时,小句就表现为混沌事件:

(31) E 连的弟兄注视着一架架运输机隆隆起飞。

C. 位移事件:

(32) 谢青枫目光冷锐地注视着这两个人逐渐接近。

(33) 毛奇将军注视着杨威一行鱼贯登上巡洋舰。

句子表示主句主语对宾主语行为的逐点扫描。宾动词前往往带表动作内部过程的修饰语,并常含指示义,基于主句主语所设定的某坐标原点进行定位。如(32)宾动词"接近"指靠近主句主语"谢青枫"自己当时所处的位置。

D. 复合事件:

(34) 却说无敌盯着四万颗光头刮洗干净,这便在幕府鸣鼓聚将。

(35) 王太太怀疑地注视着她在食品店买了罐奶粉。

在这种句子中,主动词的功能其实是进行体式[时刻性]的量化操作,对宾动词表现为典型的还原关系,如(35)宾动词"买"本身是高度复合性的,无从注视,具体注视的其实是"拿奶粉、走动、掏钱、递、收钱"等一系列位移动作。

复合动词与笼统动词之间存在过渡性,构成连续统,但通过"注视"这个试剂,可以明确对二者进行划界。一般而言,动词所编码的殊指动作片段越多、越复杂,则其词义的概括程度就越高,与直接的物理事实距离就越远,直接感知性也就越差,也就越难充当"注视"的宾语小句。

(36) a. 他默默注视着工头打骂工人。

b. ?? 他默默注视着工头欺负工人。

c. *他默默注视着工头欺压/压榨工人。

(37) a. 他紧张地注视着人们把女孩救上岸。

b. *他紧张地注视着神父拯救大量日本无辜信徒。

c. 他亲眼看到神父拯救了大量日本无辜信徒。

在例(36),a"打骂"中的"骂"其实是羡余性的:所"注视"的只是"打","骂"是看不到的;b"欺负"若可读为"打、踢"等具体动作,则句子可以成立,但一般人不一定对"欺负"如此解读,所以句子很勉强;c"欺压、压榨"一般难以还原为"打、踢"等动作片段,这意味着它们是典型的笼统动词,因此整个句子不成立。(37)a 宾动词"救"是复合动词,可被主动词"注视"还原为"拉、抬"之类的具体动作;b"拯救"是典型笼统动词,不能还原,所以句子不成立;c 主动词改为"看到",就接受"拯救",虽然主动词采取"亲眼看到"的形式,其实并不指一个当下进行的"看"的视觉扫描行为,而指对多次具体观察行为的汇总。

与笼统动词相比,姿态动词的形象性要强得多,但"注视"同样不接受它们,而其他感知动词都接受:

(38) 他*注视着/看到那丛花坛里有着各种的花。

(39) 队长*注视着/看着刘洪身后蹲着一些穿便衣别短枪的人。

(40) a. 同学们注视着国旗在旗杆上迎风飘摆。

b. *同学们注视着国旗悬挂在旗杆上。

"蹲着"的外部形象是很显著的,但仍然不能做"注视"的宾语,"看着、看到"就没问题。

同样,"注视"不接受指一般外貌的谓语,也不接受状貌词,其他感知动词都接受:

(41) 人们*注视着/忽见/发现远处灯火通明。

(42) 他*注视着只见/看到那人身高九尺以上。

(43) *大家注视着/只见她淡施脂粉,眉清目秀。

(44) a. 人们眼也不眨地盯着树叶不断地抖动。

b. *人们眼也不眨地盯着树叶很绿。

(45) a. 人们眼也不眨地盯着他推开门。

b. *人们眼也不眨地盯着门开着。

例(41)"灯火通明"是静态性的,不被"注视"允准,换为"灯火闪烁",句子就很好。人的感知行为的个别性,与外部事物存在的当下性,之间是直接对应的关系。动态、当下、个别的物质根据是事态内部可分离出清晰的片段,即一个单动动作,这是外部世界存在的最小语义单元;"盯、注视"则指视觉感知行为的最典型形式,也就构成人类捕捉外部世界存在的最初始的物质手段,因此二者形成直接对应的语义关系。

与"看到、发现"相比,"看见、只见、忽见"的叙实性要强得多:前者接受抽象事件,后者不接受。"看见、只见、忽见"对宾动词的允准边界是[外部形象性]。下面的对比可以证明这一点:

(46) 亚里士多德看到了/发现/*看见/*只见/*忽见现实世界是普遍性与特殊性的辩证统一。

"看到"本来也指对外部形象的观察,但已经形成引申用法,而"看见"则仍然强调所观察事态的外部形象性。"发现"则完全允准高度抽象的事态,"看到"在这里还要弱一点。如:

(47) 马克思和恩格斯*看到/发现了人类社会发展的普遍规律。

概之,感知动词对宾动词指强事实的接受能力分化为四个层次,表现为一个连续统:

(48) 注视/盯着 > 忽见、只见、看见 > 看着 > 看到、发现

"注视着、盯着"要求宾动词具有强动态性、强殊指性;"忽见、只见、看见"要求外部形象性;"看着"接受类指事件;"看到、发现"都接受抽象规律,而后者的接受能力更强。

Barwise(1981)提出"情景语义学",以"情景、场景"为基础范畴,他对"情景、场景"范畴的论证,就是直接以视觉感知动词为根据的。本人赞同Barwise 所指出的"情景"与"感知"两种范畴之间的关联,但对二者都有所发展:对"情景"落实为具体情状类型的动词,对"感知"明确为强直接感知动词。Montague(1969)、Barwise(1981)提出,视觉感知动词具有"保真性"。Barwise 刻画为:

(49) If X sees P, then P.(如果 X 看到 P,那么 P。)

我们则认为,这个公式成立的语境只是强直接感知动词。英语动词 see、汉语"看"都并非典型的叙实动词,因为它们都常常指间接感知。上述公式中引到的 sees,绝不是如 I see what you mean(我明白你的意思)中的 see,而是如 I saw you put the key in your pocket(我见你把钥匙放进了口袋里)中的 see。Napoli(1988)把 see 的功能分为"视觉"和"非视觉"两种,认为只有前者具有保真性。Safir(1993)指出,指直接视觉感知时,补足语在"时间上依赖于主句",只有带这种时间依赖的补足语,主动词才表现为真正的叙实性、保真性。

三、"盯、注视"宾动词的体貌限制

在"盯、注视"句,主动词与宾动词绝对同步,双方的进程双向渗透。这体现了主动词对宾动词在视角上的内部性、时间结构上的构造性。下面从三方面观察。

(一) 强内部视角，延续体

"注视"句在时间特征的选择上极为狭窄：主动词和宾动词都是强延续体，只接受动态助词"着"；除"着"之外，连语义很接近的"正"和"在"也不接受。无论主动词与宾动词表层是否带"着"，都内在带有该要素，并非常欢迎"一直、不断"等指持续的时间副词。

由"注视"句在时间特征上存在如此精细的定位，可以发现一般语法书对"着、正、在"的分别还不够精准。吕叔湘等（1999：665-666）对"着"的解释是：指"动作正在进行"、"状态的持续"。对"在"直接解释为"正在"，后者释为："表示动作在进行中或状态在持续中"（p.672）。另外，该书在"正在"条对"正、在、正在"做了区别："'正'着重指时间，'在'着重指状态，'正在'既指时间也指状态"，"'在'可表示反复进行或长期持续，'正、正在'不能"。

"在"和"着"虽在指"动作进行、状态持续"上有很大的共同之处，但仍存在重要的区别："在"具有较强的外部视角特征，这就使其接近时制成分。"着"指强内部视角，所以是典型的体貌成分。"正"则是更典型的时制成分，指基于一个外部时间点对事件进行定位。另一个区别是："在"更侧重指对一个明确动作片段本身的聚焦，"着"则无此聚焦能力，因此只能指动作片段模糊的状态性延续。如"人们跳着，唱着"，"跳、唱"都会有较长时间的延续，"人们在跳，在唱"就更聚焦一个当下短暂时刻上的动作。

延续就形成一个事件自身的内部世界，因此在述人动作句，"着"总是暗示：施事对其动作有很深的精神投入，所以与"忘情地"这个状语很协调："人们忘情地跳着，唱着。"而"在"就无此暗示："人们在忘情地跳，在忘情地唱"的说法并不自然。吕叔湘等（1999）对"着"的另一个引例也显示了这一点："妈妈读着信，脸上露出高兴的神色。"说成"妈妈在读信，脸上露出高兴的神色"就很别扭。比较，"妈妈在读信，你别打扰"就很好，根据就在于"在"带有较强的外部视角，容易指"妈妈读信"对话主时空域的定位关系。

了解"着"的上述特征，对认识"注视"句的语法特征很有价值。在"注视"句，主动词往往带"着"，即便小句表层未出现，语义上也总是强烈蕴涵。并且"着"的强内部性，与宾动词所指动作的方式性，二者高度相关。时间上，宾句欢迎指慢速的副词"慢慢、逐渐"，而排斥"很快、飞速"。如：

(50) a. 她眼眶中有着激动的水光，注视着他坐在另一隅看着书。

　　b. ?? 她注视着他看着书。

(51) a. 他定神注视着竹叶在冬日的阳光下跳着古典式的婀娜多姿的舞蹈。
　　 b. ?? 他注视着竹叶跳着舞。
(52) 同学们盯/注视着国旗慢慢地/*很快地升起。
(53) 他俩屏息地注视着一朵花在黑夜里逐渐/*瞬间绽放。
(54) 我们一直注视着水位上升。
(55) 史蒂文一边打领结,一边注视琼莉往旅行包里放东西。

在(50)a、(51)a,主动词和宾动词都带"着",句子指主句主语对宾句事态高度专注地观察,精神上也强烈的置身其中:"定神、水光"提示了这种精神活动;并且,两句的宾句都带有强烈的殊指性、方式性。(50)b、(51)b 的宾句都缺乏方式成分,虽然宾动词带"着",但整个句子仍不自然,可见"注视"对宾动词方式性、殊指性的要求,要比体貌更强烈。

例(54)无方式修饰语,句子也站得住,原因主要来自主句主语是第一人称"我们";另外"注视"前加"一直"也起作用,"一直"指内部持续。刻画第一人称的视觉行为时,自然就形成了内部视角;第三人称天然是一种外部视角,所以就需要更多的强殊指性成分,以造成内部视角。(55)虽用"一边",但仍指高关注:加"漫不经心"状语就不自然。"一边"总是配对出现,后一个小句更被关注。宾动词"放东西"本身进行时间很短,可读为单动事件,但在该句要读为大数受事,这就成为混沌事件:不断地放很多东西。

"注视"的宾动词是不欢迎"在"的,更排斥"正、正在"。当然,主动词"注视"并无此限制:主动词居于高位,可以从外面的一个时间点进行定位,而其宾动词就只能被控制在"注视"的内部世界。如:

(56) a. ?? 我们一直注视着/盯着水位在上升。
　　 b. *我们一直注视着/盯着水位正上升。
(57) a. *她注视着病人正在挣扎着喘气。
　　 b. 她注视着病人挣扎着喘气。

总之,"着"是典型的体貌成分,最强内部视角;"在"是一种介于体貌和时制范畴之间的语法成分;"正"则是典型的时制成分。"盯、注视"具有强烈的内部延续性,也赋予其宾动词如此解读,因此欢迎"着",而排斥"在、正"。

(二)主动词与宾动词在[步骤]参数上透明,可升降

[步骤]体现了主动词对宾动词是一种放大镜式的观察,即"逐点跟踪扫

描",主句主语视线扫描的每一步,直接对应于宾句事态进行的每一步。宾动词的[步骤]编码为动量词"一点(一)点、一步步"等,也可用指参与者物质片段的名词,如"一笔一画"之类,功能都是准确指出一个动作片段,即单动化、次事件化。这种步骤状语既可用于主动词,也可用于宾动词,语义不变。如:

(58) a. 人们<u>一步步</u>地注视着敌人临近。

= b. 人们注视着敌人<u>一步步</u>地临近。

(59) a. 90多名居委主任盯着曹主任<u>一笔一画</u>写"正"字。

= b. 90多名居委主任<u>一笔一画</u>地盯着曹主任写"正"字。

c. *大家<u>一笔一画</u>地看到/见过曹主任写"正"字。

(60) 围观的群众一声不响地注视着这位高雅端庄的女明星<u>一遍一遍</u>流着泪在雨中拍戏。

例(58)a是语料中的实际形式,但人们会径直把它读为b,反倒不怎么按照句子形式自身所指向的,去理解"注视"的视线是怎么一步步进行的。即,"一步步地"所刻画的"注视"行为,直接造成了意识中所获取的事态信息。(59)状语"一笔一画"具体性很强,这一般意味着对动词中心语有强烈的选择关系:只有书写动词才具有这种方式,但仍可用为主动词"盯着"的状语,是"盯着"对宾语事态构造性特征显著表现;而间接性强的"看到、见过"就不允许"一笔一画"用在主句。(60)"一遍"本来指整个事件的量,在"注视"的宾语里,也会读为动作的单位。

(三) 宾动词可采取完成体,但要读为延续体,不指结果状态自身的维持

学者讨论过完结体可"慢镜头化"为进行体,如"正在到达山顶","到达"一般读为非时间性的实现,但通过进行体"正在"的操作,就强制读为内部进程。"注视"作为主动词天然具有"慢镜头化"的体貌功能,对达成体、完结体都是如此:

(61) 护旗礼兵眼睛一眨不眨地<u>盯住</u>国旗顺利<u>到达</u>顶端后,心中才下静下来。

(62) 每个人都惊恐地注视着最后一块燃料<u>烧尽</u>。

(63) 杨玉盯着三太保缓缓地揭开了骰筒。

(64) a. 人们眼也不眨地盯着飞机<u>消失</u>在远处。

b. 人们看到/发现飞机<u>消失</u>在远处。

"到达、烧尽、消失"本身都指最终结果的实现,及该结果状态在当前时位的维持,但用为"注视、盯着"的宾语,则强制表示宾动词的内部进行过程,被慢镜头化:一点点上升,直到顶端,一点点燃烧,直到烧尽。在(63),其实去掉宾动词后的"了",句子更自然。(64)显示,主动词是"盯着"时,宾动词"消失"指一步步远去的位移过程;主动词是"看到、发现"时,则仅指"消失"的最终结果,而不提示结果实现之前的远去过程。

这个对立在下句更显著:

(65) a. 雷嘉倚在床沿,注视着他<u>穿戴齐整</u>。

　　 b. 雷嘉看到/发现他<u>穿戴齐整</u>。

"穿戴齐整"在"注视"的宾语指一步步穿、直到最终整齐的全程,即"穿戴"读为位移动词;在"看到、发现"宾语则指当前是衣着整齐的,"穿戴"读为名词。

(四)"盯、注视"不允许宾动词采取时制即 TP 的形式

语义上,时制范畴中的现在时、过去时都指事件正在或已实际发生,是典型的现实态,但"盯、注视"并不允准它们。这一点在前面讨论"着、在、正"上已有所显示:"在、正"都是时制成分。下面以过去时、惯常体为例做进一步的考察。惯常体实际主要表现为"时",即泛时性。这是"盯、注视"所引宾句指原初事件的要求决定的,原因是,TP 指基于一个外部坐标原点而对客观事态进行定位,这就导致非当下性,非原初性,这与"盯、注视"不相容。除"盯、注视"外,其他感知动词如"看见、看到",都带有相当的间接性,所以都接受 TP 宾句。如:

(66) a. 他眼睛盯着混血女郎(*已经)进了软卧车厢。

　　 b. *他眼睛盯着混血女郎<u>进过</u>软卧车厢。

　　 c. 他看到混血女郎<u>已经</u>进了软卧车厢。

(67) a. 大家默默地注视着陈雨走出房间(*了)。

　　 b. 大家默默地注视着陈雨走出了房间。

(68) 秦羽清晰看到/*注视着杜中君<u>总是</u>在周围十步范围内打拳。

"已经"明显指过去,"总是"指惯常行为,兼有体和时的内涵。"过"一般认为是体貌成分,即经验体,但除非用于将来时语境,如"明天吃过午饭去逛街",实际一般指过去。句末的"了₂"兼有完成体、现在时、断言语气三个层面的语法内涵。以上四种成分都具有强烈的外位立场,非当下性、非内部性,与"注

视、盯"的强当下性、高度置身性相冲突,因此句子不成立。

本章第一节提到,过去时对所刻画的事态往往会做很大的概括,从而导致非殊指性。这里以"过"用于"看见、盯、注视"的宾句为例,对该原理做进一步的观察。"看见"可以指当下直接感知行为,这时与"盯、注视"功能相同,如:

(69) 我看见/注视着妈快步地跑了过来。

但"看见"很容易采取经验体的形式:

(70) 她明明看见觉新在假山旁边徘徊。

(71) 我亲眼看见几个兵跑进新闻报办公室。

虽带"亲眼、明明"这样强调直接感知的状语,且主句和宾句都未出现指过去的语法成分,但"看见"的行为仍然会默认读为发生在过去。

宾动词带"过"时,所指动作发生在过去,而作为主动词的"看见",也会随之读为过去时。在这种语境,"过"所附加的宾动词,语义上是回顾式、概括式的,不指动作本身的内部进行情况,即做了去殊指化的操作。"注视"不能用于这种语境。如:

(72) a. 他看见混血女郎进过软卧车厢。

b. 他注视着混血女郎？进了/走进软卧车厢。

(73) a. 吴桂亲眼看见她给我们区队长送过茶叶蛋。

b. *吴桂注视着她给我们区队长送茶叶蛋。

(74) a. 这老刘,他哪一只眼睛看见我欺侮过女孩子？

b. *老刘注视着我欺侮女孩子。

例(72)宾动词"进"指路径位移,并不指具体的位移方式,a 句主动词用"看见",指对"进软卧车厢"这个行为的概括性感知:实际看见的可以是该女郎"在车厢中坐着",后者指的是原初事件,通过该事件,而得出"混血女郎进过软卧车厢"的概括性认知。(72)b 主动词用"注视",句子指的就是"进"这个动作自身的内部进行过程;并且,由于"进"单纯指路径,并无方式性,所以实际看到是方式性位移动词"走"。这就是宾动词采取"进了"形式并不自然,而用"走进"更好的原因。

例(73)、(74)宾动词"送、欺侮"都具有很大的笼统性。主动词是"看见"时,对宾动词都是[例示]关系,就是:"送"包括"走到跟前、递过去、接住、放在某处"等一系列动作,"看见"只要求实际视线触及其中的任一片段。"欺侮"所指就更为复杂、间接,可还原性更差,如,可以是"打、骂、摸"等强物理直接性的,也可以只是"说坏话、恶意地眼看"等抽象性的,"看见"指其中的任一(些)片段。基于一些直接的"例示",加以高度的概括,这种认知的客观现实性就大为减弱。"注视"只表示强直接性的当下感知,因此只能带指原初事件的宾句,不接受需要复杂还原例示的动词"送、欺侮"。

"盯、注视"不允准宾动词接受各种时制成分,充分表明该宾句处于时制短语 TP 之下,另一方面,其宾动词又强烈携带"着"的要素,因此在大类上属于体貌短语 AspP,但并非一般的 AspP,而限于由几种强殊指性、动态性动词构成的 AspP。强殊指性即方式性,而"着"与方式性又具有内在一致的关系,可见把"盯、注视"的宾句概括为方式短语 MannP,是可行的。"着"与方式性的内在关系,学者已有关注,不妨引二例了解一下:费春元(1992)认为"着"指"情状","表示一种运转状态";刘月华(1993)认为,"'着'的功能主要是描写而不是叙述"。"情状、运转状态、描写"的提法,都是强调方式性、殊指性。

除主谓小句外,"盯、注视"也允许其宾语采取动词的名词化形式,并且这时宾语允许指高度概括化的事件。概括化的事件就必然不属于强事实。这就导致主动词的内涵发生改变,由指直接的视线扫描,到指密切关注,如(75)—(77),甚至指对将来的预测,如(78)。来源上,名词化必然对应于一种具体的主谓小句。二者的区别是,主谓小句是一种内部视角,指事件自身的存在情形,名词化则是一种外部视角,指对事件的概括。如"人类的一举一动"对应于"王宝强正在工地上搬砖"等等。也就是,带名词化宾语时,主动词的感知直接性是显著降低的,而这就必然带来其叙实性的削弱。如:

(75) 他警惕地注视着不测事件的<u>发生</u>。
(76) 上帝则位于宇宙的最外层……注视着人类的<u>一举一动</u>。
(77) 股东们的眼睛紧盯着钱江桥的<u>建设</u>。
(78) 人们在注视着台湾当局的下一步动作。

例(76)的宾语"下一步动作"指将来时,主动词"注视着"显然不可能对之做直接的视线扫描,这样,"注视着"只能指对事情将来发展情况的"跟踪、关注"之类,并携带预测的内涵。

总结本小节的讨论,再回顾 Montague、Barwise 关于"保真性"的论断,即"如果 X 看到 P,那么 P",可以看到,该提法还是比较技术性、简单化的。"保真性"背后的真正语义根据是,强直接感知动词"注视、盯着"对宾语事件内在是构造性的。"看到、见过、发现"等则都带有高度的间接感知性,指主句主语的主观认识、判断,并不构造宾语事态所包含的客观信息,所以并非典型叙实动词。

四、宾句的非语力性

构造性带来"注视、盯"与宾句语义关系的密切性、宾句的强内嵌性。Strozer(1994)把这种现象称为二者之间的物理及心理距离近。本小节拟以根句层面的语法现象为参照系,考察"注视、盯"宾句对其的负反应。主句的核心特征是表达性,体现为基于话主的各种情态、语力要素。"盯着、注视着"的宾句指一个纯客观事件:1.宾主语不是话题;2.宾动词不接受各种语力要素,表明它们是强叙实性的。作为对比,"看到、发现"等主动词,则允许其宾句具备全部主句层面的语法要素,表明它们的叙实性并不典型。

生成语法对小句的结构一般刻画为 VP、TP、CP 三个基本层域,本文赞同这种分析,但认为 TP、CP 也可统一概括为外位性,即,都指由居于客观事件之外的话主,从某种外部的立场出发,对事件加以限定;相对于客观事件的内容性,时制和语力都是功能性、操作性的。事件、事物都仅处于自身,是内部性的,每种外部联系,都需要一个高位的支点。具体看,话主对事件的各种外位操作都是通过[视点]实现的,话主对事件从什么角度观察,事件就形成什么对外联系、定位。因此,小句结构可刻画为:

(79)
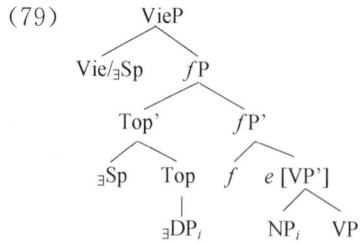

∃Sp 表示:话主(Speaker)天然具有[存在性],这是其他事物形成存在的前提。∃DP 表示:话题事物的[存在性]直接基于小句事态之外的话主而确立。辖域上,∃Sp 只为话题 DP 提供[存在]义,而并不统一为 fP 及其 e[VP']指派存在义,即,并非话题事物存在,评述部分所述事件就具有现实存在性；反之，也并非评述部分是非现实态的，话题事物就是非现实性的。f 指各种外位成分，它们都是功能性的。DP_i、NP_i 的下标表示：话题是兼职性的，既在言谈行为中作为话主的关注对象，又在事件（e［VP'］）中作为参与者。

以上述小句结构模式为根据，就容易理解"盯、注视"宾句的结构原理：它只编码上面结构中的 e［VP'］部分，对其上的各种语法要素都是排斥的，即不接受一切外位性语法要素，原因就是"盯、注视"的强内部视角。强殊指性指对客观事件自身的加细描述，这也就意味着高度切入，因此必然带来强内部视角。

（一）"盯、注视"后排斥停顿及句中语气词

方梅（1994）认为，句中语气词的作用是指"次要信息与重要信息的分界"，很多句法成分后都允许添加句中语气词。一般而言，最容易停顿及加语气词的位置是话题之后，最难的是普通动宾短语的动词后。朱德熙（1982）虽然明确指出动宾短语联系紧密，不容易分开，但同书也举到动词和宾语之间加语气词的例子："他最喜欢啊，吃冰糖葫芦。"（p.213）大概朱先生认为宾语"吃冰糖葫芦"是动词短语，与普通名词宾语不同，所以不算他的例外。但如果去掉动词"吃"，"他最喜欢啊，冰糖葫芦。"应该也成立，就是，普通动宾之间的关联并不是那么紧密。至于带主谓小句宾语的主动词之后停顿、加语气词，则是极常见的现象，并成为引起主动词虚化的重要动因，如"我想、我说、你知道、你看"等，另外，"只见、看到、发现"等后也常停顿，只是并未虚化。

以上述语法现象为背景，可以看到，"盯、注视"与宾句的联系极为紧密。其后完全不允许停顿或加语气词：

(80) *大家默默地注视着(啊)，陈雨走出房间。

(81) a. *90多名居委会主任盯着(啊)，曹主任一笔一画写"正"字。
b. 90多名居委会主任发现(啊)，曹主任一笔一画写"正"字。

(82) 你会发现啊，这个知识的寿命越来越短。

(83) 她看了看吉英，看看她是不是受得了，只见，吉英正在安安静静地跟彬格莱先生谈天。

停顿和语气词都是语用层面的语法现象，但说到底，这种语用现象还是以两部分间的语义关系松散为根据。由此看来，"注视、盯"与其宾句间的结

构关系,要比其他各种短语都紧密,原因自然就是"注视、盯"对宾语事件的关注度、置身性非常高。

(二)"盯、注视"不允许宾句内采取主句层面的各种语法现象

在带主谓小句的动词中,常发生这样的情况:主句部分的信息重要性降低,反而是宾句上升为语篇层面的主要内容,这样,主句部分就虚化为话语标记。Thompson(2002)甚至认为,不存在所谓的补足语句,一般认为的言说与认知动词加宾句的结构,都应该视为一个认知/示证/评价短语和陈述句或疑问句的组合,也就是,各种主句都是认知插入语性质。我们认为,该断言应该略做限制:其对一般言说及间接认知动词能够成立,如"说、听说、看、发现、想、知道、认为、觉得、怀疑、相信"之类,而对"盯、注视"句却并不成立,因为其宾句完全不允许主句层面的语法现象,"盯、注视"自身也不会演化为话语标记。

1. 话题化。话题是构成主句的基本要素,"盯、注视"不允许宾主语话题化,如(84)、(85);"看到"则允许,并且该话题既可与主动词分开,如(86),也可直接贴在主动词之后,如(87)。

(84) *人们眼也不眨地<u>盯</u>着6架飞机<u>呢</u>,消失在远处。

(85) *同学们<u>注视着这个国旗呢</u>,在旗杆上迎风飘扬。

(86) 但是我们看到<u>呢</u>,大陆方面现在在互设媒体的<u>这个</u>办事处上面的态度<u>呢</u>,是比台湾方面积极的。

(87) 我们看到马英九<u>呢</u>,在前两天接受台湾媒体访问的时候,也进一步地提到,他希望有关于台湾政党内部的选举,也能够受到公职人员选举的"政党法"的规范。

例(86)宾句的话题性是很突出的:宾主语后带语气词"呢",且内部带有"这个",二者都有强调其话题身份的作用。"这个"是口语常见的填空词:1.不实指;2.有与受话对话的功能,希望受话稍等。(87)宾句极为复杂,形式上重,表达性强,这就很容易上升为语篇主要述谓。宾句的述谓价值完备,就意味着主句的述谓价值减弱。因此,在(86)、(87),主动词"看到"都有所虚化,符合Thompson所述规律——并不指实在的认知行为,而指对后面句子所述情况的了解,起引出作用。

在带主谓小句的句子上,宾主语的话题化还有一种更加剧烈的形式,即前移至整个主句的前面。语法内涵是,在"主句+宾句"这个整体中,宾主语

作为话题的突显度超过了主句主语,即,宾主语被视为整个句子的关注对象,主句主语则退居降级地位,起认知情态作用。"看到"允许这种长距离的话题化,而"注视、盯"就完全不允许:

(88) 这个球体外面,大家可以看到∅有缓缓上升的天灯。
(89) *这个球体外面,大家注视着缓缓升起天灯。
　　　大家注视着这个球体外面缓缓升起天灯。

识别话题事物是一个须独立进行的言语行为,所以话题对评述部分总是具有很强的"出位性",但在"盯、注视"的宾句,一方面,主语事物直接面对面存在于主句主语之前,另一方面,该事物直接存在于谓语动词所指的动作中,这两个因素都导致宾主语并未被单独提取出来加以关注。信息结构上,这种小句属于典型的设置句,只包含一个认知行为,回答的是"发生了什么"的问题,详后。

2. 情态、语气成分:

(90) a. *他盯着/注视着小山终于葬身鳄鱼之腹。
　　　b. *他盯着/注视着至少小山葬身鳄鱼之腹。
　　　c. *他盯着/注视着小山可能葬身鳄鱼之腹。
(91) a. 他看到至少小山葬身鳄鱼之腹。
　　　b. 他看到欧元现钞流通可能给中国企业带来诸多机遇。

"终于、至少、可能"都是基于话主定义的语力性成分:1. 带有强烈的主观内涵;2. 处于客观事件自身的结构要素之外。"看到"并不只指对客观事件自身的观察,而还带有很多主观判断的要素,其中重要一点就是断言性,即对客观事件真实性的认定,因此允准宾句带外位成分。"盯着、注视着"指对客观事件自身的内部扫描,无主观要素,所以也不允准宾句出现这些成分。

3. 连词:

(92) a. 他看到/*注视着她的目光虽然落在自己脸上,却飘忽闪烁。
　　　b. 他注视着她的目光落在自己脸上,飘忽闪烁。
(93) *人们注视着虽然下雨但这位高雅端庄的女明星还是流着泪一遍一遍地拍戏。

表面看来,连词指客观语义关系,貌似并不是外位视角,所以"注视"排斥宾句使用连词,似乎有点奇怪,实际上很容易理解。因为从深层语义看,连词与指示代词、时制成分属于同一范畴层面,都表示基于一个外部立足点对客观事件加

105

以定位;历史上,很多连词由指示代词演化形成,如"虽然、于是、因此"。因此,与时制成分相同,"盯、注视"的宾句也不接受连词。宾语也可以包含多个小句,如(92)b,但它们之间是严格的物理时间顺序,不指外部关联关系,所以仍然不接受连词。"看到"具有显著的外位性,自然允准时制成分,同样也接受连词。

4. 动力情态动词:

(94) a. *他注视着/盯着胖公子能用内力将楠木棺材震裂。
   b. 他注视着/盯着胖公子用内力将楠木棺材震裂。
   c. 他亲眼看到胖公子能用内力将楠木棺材震裂。
(95) 他们*注视着/看到你不大会喝,你又硬跟他喝。
(96) 大家*注视着/看到他飞起来起脚可以连踢三脚。
(97) 我们经常会看到,微博上会有各种寻人或者寻物启事。

在中性语境,"能、会、可以"都指其后动词并未发生,如"他会弹钢琴","弹钢琴"的行为肯定没有实际发生。但用在多数叙实动词的宾句,这些动力情态动词却并不指潜能,而指该动作已实际发生,其基本语义关系是,通过实际行为"验证、例示"了该能力;能力范畴是概括性的,个案则是现实性的。这些情态动词还可同时在主动词和宾动词身上出现,如(97)。"验证"是一种概括、推断的认知行为,为"看到"所具备。如(94)c实际"看到"的是:"胖公子现在用内力将楠木棺材震裂了",由该事实而得出他有此行为能力的概括,[能力]本身是看不到的。"盯、注视"不包含概括、推断的认知环节,因此不允许宾动词用"能、可以、会"。

5. 疑问及疑问词提升:

疑问是一种典型的强语力性语法范畴,这以外部视角为前提。"注视"则是强内部视角的,因此,无论在主句还是宾句,它都压根儿不允许采取各种疑问形式,所以自然也不存在疑问词提升的问题。如:

(98) a. 我在对面桌旁坐下来,默默地注视着之颖吃饼干。
   b. *谁默默地注视着之颖吃饼干?
   c. *你什么时候注视过之颖吃饼干?
   d. *你注视之颖什么时候吃过饼干?
   e. *你注视过谁吃饼干?

一般而言,强方式性、强内部视角的小句都不欢迎疑问操作:

(99) a. 他津津有味地吃着一个水灵灵的大红苹果。
　　　b. ?? 谁津津有味地吃着一个水灵灵的大红苹果?

疑问与否定具有相通之处,而强方式性就意味着强现实性、强肯定性,即正极性,因此排斥否定,也排斥疑问。"注视"天然是强方式性的,所以也排斥否定和疑问。

"看到、看见"不像"注视"那样指强内部视角,所以允许各种形式的疑问操作。这里不逐一验证,只举3例以作了解:

(100) 谁看到我是司机?
(101) 许经理,你看到童年向哪里去了?
(102) 我的折叠伞掉在路上了,看见谁捡了吗?

在叙实动词句,宾句的特指疑问词提升是学者广泛关注的一个句法现象。在英语,一般认为,疑问代词不允许提升,而疑问副词允许。在汉语,特指疑问词一般都不提升。但在叙实动词"看见、看到"的宾句,做状语的特指疑问词,却很容易提升,以"什么时候、在哪里"为例:

(103) a. 你看见/看到之颖什么时候吃过饼干?
　　　b. 什么时候你看见之颖吃过饼干?
　　　c. 你什么时候看见之颖吃过饼干?
(104) a. 你看见之颖在哪里吃过饼干?
　　　b. 你在哪里看见之颖吃过饼干?

原因是,"看见、看到"指对宾句事态现实存在性的见证,这以主动词和宾动词共处同一时空域为根据,即,主动词之所处,也就是宾动词之所处,反之亦然。

6. 否定形式:

(105) a. 人们盯着飞机消失在远处。
　　　b. 人们看到/*盯着飞机不见了。
　　　c. 同学们看到/*注视着国旗没有落下。

从极性的角度说,现实事态自身只有肯定的形式,否定事态自身是不存在的。肯定范畴的语义机制是实质内涵的累积,否定则指对这种内涵的取消(张新华、张和友2015)。语义上,"消失"也就是"变得不存在了",但是"消失"仍然指一种有实质内涵的肯定性存在方式,即一步步地实际远离。"不见"自身只指对"见"的取消,虽然在语义上也可粗略解读为"消失",但这其实是一种间接的联系,并非否定自身所指出的具体内容。"盯、注视"指强直接感知,视线要实际触及外物,空无是不能触及的,所以都不允许宾动词采取否定形式。"看到、看见、发现"都具有很强的间接性,所以允许宾句采取否定形式。句法性质上,否定成分与时制、连词处于同一范畴层面。

并且,"盯着、注视着"的主句部分一般也不允许采取否定形式:

(106) * 人们没盯着飞机消失在远处。

(107) * 同学们没注视着国旗随着朝阳冉冉升起。

"盯着、注视着"指一种强现实性的视觉行为,既做现实刻画的强化,又做否定取消,这在语用上是矛盾的。一般而言,各种强殊指的语法形式都不接受否定操作,如形容词重叠形式:"屋里头(*不)干干净净"。强殊指内在是强现实性的,强现实性就表现为正极性;反之,负极性的核心则是强非现实性。

可以对照,弱直接性的感知动词,既允许宾动词采取否定形式,也允许主句否定。并且,宾句否定还可推出主句否定,这样,句子表现出否定词提升的现象:

(108) 由"x 看到 ¬p",可推出"¬x 看到 p"。

如果 x 看到 ¬p,则 x 没有看到 p。

(109) a. 人们看到/发现飞机没起飞。=b. 人们没看到/发现飞机起飞。

但是,不能由主动词否定推出宾动词否定:

(110) 由"x 没看到 p",不能推出"x 看到 ¬p"。

(111) 人们没看到飞机起飞。≠ 人们看到飞机没起飞。

即,也可能"飞机起飞了",只是人们没有看到。但"人们没看到飞机起飞"并不预设"飞机起飞"为真。现实事态的存在要锚定于特定的主体,感知动词即指这种锚定关系。如果一个人对某事态未加以感知,则该事态对该主体就不存在,因此既不能刻画其成立,也不能断定其不成立。"预设"的最终根据是信息源,即事态内容要由一个认知者所具体获取。感知动词指的是人获取外部事态的原初手段,既然在最初就没有获取,事态的存在也就无从谈起。概而言之,"看见、看到"是指中性[见证]的典型动词。它们带名词宾语时也是如此:[NP 可见],即[NP 存在],如"低洼处可见生长的小米";

反过来也成立：[NP不见]即[NP不存在]（对该特定时空域），如"锅里一年到头不见油星儿"。相比之下，"注视、盯"就内在带有强烈的焦点性，并不指中性见证。

一般把主动词否定不影响宾句的真值，即预设，作为叙实动词的典型特征，从上面"看见、注视"等实例可以看到，这个测试并不具有很大的普遍性。进一步看，如果把否定保留视为叙实动词的严格标准，那就只能把"注视、盯"排除在叙实动词之外，因为它们压根儿不接受否定。这显然并不是语言事实错了，而是用作标准的理论错了，对强直接感知类叙实动词而言，[构造性]比[预设性]更为重要。

五、"盯、注视"的宾句表示设置

（一）设置句：关于thetic的称谓

讨论之前有必要对thetic的汉语译法做一下正名的工作。thetic相对于categorical，学界一般称为"非主题判断、简单判断"等，本文建议对thetic采取直译，称为"设置"。Sasse（1981、2006）指出，thetic源于古希腊语tithēmi，英语是to put, pose，指"摆放、安置"。"非主题判断"着眼于与categorical的相对关系，并未正面指出thetic的内涵，实在是无奈之举。其次，"判断"这个名目对thetic也不合适。结构上，categorical包括确立话题和进行评述这样两个认知、表达的单位，"判断"的名目可提示其中[认定、断言]的内涵，所以对categorical用"判断"是好的描述。thetic则不然，全部小句一起刻画一个整体性的事件，其中并不带有[认定、断言]的内涵。当然，如果用"判断"表示：thetic是把小句所述事件整体确定下来，这种认知活动也可称为一种[判断]。但这种理解仍然存在障碍。

认知载体上，thetic与categorical分属不同的领域：前者基于感性认识，后者基于理性。不同认知方式对外部事物的处理方式也不同：感性认识是直接的描绘、刻画，其认知结果是"物理现象、情景"等；理性认识是反思式的断定、判断，其认知结果是"本相、规律、情态、语力"等。一般认为"判断"属于理性认识层面。Kuroda是最早从哲学界向语言学界引入thetic、categorical对立的学者，他（1972、1990、1992、2005）反复强调，thetic句的核心特征是"直接感知"，"陈述一个对情景的连续、透明的感知"。

除了to put, pose，与thetic内涵对应的另一个英语动词是present，其含义也是"呈现、设置"；学者并以其名词形式presentation命名一种句式，

"呈现句",相当于汉语的"存现句"。Sasse(1981、2006)指出,thetic 的基本功能是两种:引出一个新事物、引出一个新事件。也就是,在 thetic 的内涵中,"呈现"与"设置"是相通的:以"呈现"的具体做法,把外部世界的一种情景,整体"设置"下来。存现句是狭义的设置句,核心动词都带有空间义,因为事物的存在首先是整体相对于另一个事物而获得占位(张新华 2013)。

把 thetic 译为"设置"——区别于指理性认识的"断言",可以更好地提示其结构原理、语法内涵。同样,对 categorical 也无须曲折地称为"主题判断"——这是着眼于认知方式的表述,直接从语法上称为"话题句"即可。

小句结构上,主题判断的深层根据是话主的外位立场。参与者自身只是处于客观事件之中的,把参与者从客观事件中提取出来,这种操作只有处于事件之外的话主才能做到[参看前述(79)的结构式]。因此,"话题"(topic)这个成分内在是"话题化的",超出常规小句结构,即相对小句本身具有显著的出位性,否则就只是常规主语。"话题"是指主题判断的小句的结构支点,这一方面基于话题是话主移情的载体,另一方面也体现为:在话题句,话题与评述之间基于外位立场而形成一致关系(参看第六章第三节)。由于话主立场显著,话题句自然也就容易带有表述性、语力性、情态性。

设置句则不同,由于小句所述事件必须直接由当场面对的感知者完成,所以双方总是内在地捆绑在一起,而在这种直接感知行为中,感知者对外部事态是一种高度置身的内部视角。在设置句,[当时、当地]的时空域,必然是感知行为与外部事件共享的语义特征。因此,相对于话题句中"出位性"的话题,设置句的主语是"在位"的,是和客观事件自然连在一起的,未被特别关注,也就未从客观事件中提取出来。并且,置身、在场的关系也带来设置句的非表述性、非情态性。当然,设置句很容易构成感叹句,即可带感叹语力,如:"火车来了!"但要注意,[感叹]语力是置身性、情感式的,基于直接感知,与基于理性认识的[断言]语力有质的分别。一个证据是,感叹句排斥认知情态动词,如"火车可能来了。"不能构成感叹句。

从所指事态的情状特征看,话题句对事态的动态性、殊指性没有限制。设置句则不同,只允准强动态性、强殊指性的动词。一般而言,强动态动词充当谓语构成的小句,总是表现为设置的特征,强调客观事件自身的存在,谓语尚未添加外位要素,主语也是常规主语,居于动词内部。静态谓词句则是话题性的,谓语天然带有外位要素,主语居于动词外部。上述两种句式的语法特征概括如下:

小句类型	认知载体	外位要素	谓语动词选择	代表性结构成分	语力特征
话题句	间接认知	＋外位	±动态性、±殊指性	话题	语力性
设置句	直接感知	－外位	＋动态性、＋殊指性	主语 (即[－话题])	－语力性

反映在带宾动词的复杂句上,指设置义的宾句对主句也必然是内嵌性的。在现代汉语,最典型指直接感知行为的动词也就是"注视、盯",因此,二者的宾动词所编码的必然是最典型的设置句。

(二)宾句的全句焦点性、平铺直叙性

区别于窄焦点,设置句是宽焦点、整句焦点,这已成学界共识。本文认同这个观点,但进一步认为,整句焦点并不意味着全部小句在焦点上是铁板一块,而是仍可分为不同的信息板块。并且,这些信息板块都具有同等程度的重要性,并无突显度的差异,因此表现为[平铺直叙性],一般设置句是如此,而在"注视、盯"的宾句表现得尤为突出。语法性质上,"注视、盯"宾句中的焦点现象是属于语义维度,这与一般讨论的语用维度的焦点具有质的分别。

一个基本语法事实是,焦点信息一般总是由实义成分承载,虚词很难构成焦点,而在"注视、盯"的宾句,整个小句基本就不大会出现虚化程度较高的介词、动态助词等。例如,在位移事件,宾动词常带含指示义的趋向补语"到、出、向"之类,而不允许"坐在那里、生于上海"之类的静态事件,相比"在、于","到、出、向"的实义性更强,充当焦点的能力也更高。"注视"所带宾句的多焦点性、平铺直叙性体现在主语名词及其定语、宾动词及其状语、补语、宾语。

(112)麦夫注视着一缕缕红红的火舌轻柔地舔着灶口。

(113)她目不转睛地盯着他们走出了大门。

(114)他注视着一位老太太弯腰检索候机室的垃圾桶。

(115)他注视那几只金属怪物在远方的树篱间移动。

在(112)宾句,下面几项同样被主句主语高度关注,具有同等程度的焦点价值:主语事物"火舌"、定语"一缕缕、红红"、动作"舔"、方式状语"轻柔"、宾语"灶口"。这些成分平等地构成一个混沌事件,被主句主语所捕捉,其中任一成分之上都不允许添加焦点标记"是"。(113)显示,"走"与补语"出"在路径式位移动作的构成上,具有同等地位;同样地,"大门"在构成整个位移事件中也起同等程度的作用。(114)注视到的信息是"老太太"的形象,两个动作"弯腰、检索"也是该形象的内在构成要素。(115)状语"在远方的树篱间"是中心语"移动"所指动作的内在构成。

"注视"宾句的多焦点平铺直叙性,在宾语自身和主动词与宾动词的关系两方面,都有实在的语义根据。宾动词方面,"注视"本来就只允准单动、位移、混沌等动词,而这些动词的显著特征则是[强物质性],即"动作"与"参与者"二要素内在渗透,双向强选择。从对宾句的关系看,"注视"对宾句事件是一种高度置身、进入的操作,主句主语不但在时间进程上一步步跟踪宾动词的发展,同样也在物质构造上一点点扫描宾动作的要素。

"盯、注视"宾小句的平铺直叙性,带来一个显著的句法磨平作用,宾主语的限定、无定、有生、无生的区别,不像其在独立语境那么重要。也就是说,主句主语所注视的只是面前事物的外貌及其行为表现,而未对其做身份的识别,也不考虑其意识控制性。限定名词指旧信息,其根据是对所指事物的以前识别,但"注视"只关注当前,不联系以前。

(116) 公孙阆一直盯着<u>钟离秋</u>的身影消失。
(117) 大家都在注视着<u>一滴清澈透明的液体</u>从针尖滚落。
(118) 我注视着<u>他</u>沿着<u>皇家大道</u>走着,一个狂乱、羸弱的身形在灰黑的夜色中的马路上独行。

专名"钟离秋"本来是指旧信息的典型形式,但作为"盯着"的宾语,主句主语所看到主要是其外貌"身影",而并非"钟离秋"这个人的一般特征。(117)宾语是典型无定主语句,这种小句具有强事实性,天然适合充当感知动词的宾语。其主语名词指对参与者物理形态的直接客观刻画,该语义内涵是通过直接感知行为获取的。

这一点在(118)表现得更突出:"他、皇家大道"分别是代词和专名,都是强限定形式,但其所构成的同一个客观事件却被编码为两个小句,后句的三个成分对前句对应的三个,语义上是解释的作用。主句主语在看到第一个小句的宾主语"他"时,实际所看到的形象是第二个小句的主语"一个狂乱、羸弱的身形";同样,"皇家大道"即"灰黑的夜色中的马路";"走着"即"独行"。

"注视"不允许宾句取窄焦点解读,下面的句子都不成立:

(119) a. *同学们注视着**国旗**在旗杆上迎风飘扬。
b. *同学们注视着国旗在**旗杆上**迎风飘扬。
c. *同学们注视着国旗在旗杆上**迎风**飘扬。
d. *同学们注视着国旗在旗杆上迎风**飘扬**。

"国旗、旗杆上、迎风、飘扬"四者合在一起,指一个整体性的场景,成为"注视"的内容,单独关注其中一个,都不符合"注视"的功能指向。

窄焦点所包含的语义操作是交替项的对比(Rooth 1985),这需要认知者在客观事件之外,对相关成分加以对照、联想,是一种显著的外部视角。而"注视"指高度专注、投入,不携带外位要素,所以不接受窄焦点。可以对照"看到",虽然它也常指直接感知,但在表示直接看的同时,还允许传达主观思考的内涵,即,实际是"边看边想",所以自然允许对宾事件做更多语义操作。

(120) 同学们看到/*注视着国旗<u>是</u>在旗杆上迎风飘扬。
(121) 他们看到/*注视着院子里<u>只有</u>数人围着雷大叔厮杀。
(122) 他们看到/*注视着院子里数人<u>只</u>围着雷大叔厮杀。

"是、只有、只"都是典型的窄焦点成分,允许出现在"看到"的宾语,却被"注视"所不容。

指称特征上,"看到"允准宾主语采取各种指称形式,特别是特指,"注视"在这一点也与之形成对立:允准宾主语用强限定和无定形式,却不允许中间性的特指。这是因为,特指内在带有修辞的动因:对所指事物只定位到类、集合的层次,而故意忽略其作为明确个体的身份(Strawson 1950),如"王某、有人、个别人"等。"看到"允准宾主语采取特指的弱限定形式,这本身就是一种窄焦点化的句法操作,即更加关注宾动作本身,而忽略具体执行者。而"注视着"只允许宾句对每个实义板块做平等的对待,所以就不允许宾主语采取弱限定形式。如:

(123) a. 他站在近处的梯田里,看到/*注视着<u>有人</u>往麦田里担粪。
b. 他注视着<u>一个人</u>/? <u>几个人</u>/?? <u>一群人</u>/*很多人往麦田里担粪。

(124) 有一次,我看到/*注视着某单位的几个同志在公路旁挖鼠洞。

在上面的句子里,"看到"都指目前当下发生的直接视觉感知行为,但仍然允许宾主语是弱限定性的,表示人确实存在,但并不关注其具体是谁,所关注的只是"担粪、挖鼠洞"这个行为。"注视着"则不然,必须对参与者及其动作构成的事件统一体,做同等程度的聚焦、扫描,因此不接受宾主语采取弱限定的指称形式。

在(123)b,宾主语"一个人、几个人、一群人、很多人"并不简单是数量大小的分别,而存在一个重要的指称规律:所指事物的数量越大,则特指性越强。"一个人"本身并无确定的指称功能,总是随语境而变,因此,它在"注视"的宾句,很容易明确表示无定,指对当前现实存在的单个事物的关注。"几个人"虽然也可以指当前存在的多个个体,但也很容易直接读为特指,类似"有些人",这就会对"注视"的高度聚焦性造成干扰,因此宾句并不自然。"一群人"指大数,天然倾向于读为特指,"很多人"则内在表示特指,都与"注视"对宾句的要求相冲突,所以句子不自然。

进一步看,在"注视"句,不但宾主语不允许特指形式,主句主语也不接受;"看到"则允准这种主语:

(125) 有人看到/*注视着何小勇从许玉兰家门前走过。

在"看到"句,主句主语采取特指形式时,整个句子的表述重点是"看到"这个行为,即确有[见证],具体见证者并不重要。"注视"则不然,整个视觉行为内在具有焦点性——所指视觉行为的全神贯注,就表现为焦点性,这样,感知行为和感知者都要同等程度地被强调,所以不允许主语用"有人"。

六、本节结论

"盯、注视"是现代汉语中最典型的两个直接感知动词,内在要求引出一个强动态、强殊指的宾句。形态上,二者总是蕴涵"着"的体貌要素;情状上,"盯、注视"的宾句只接受单动动词、混沌动词、位移动词、复合动词,而在复合动词的情况下,"盯、注视"也会从语义上对其还原为前三种形式。

句法层级上,"盯、注视"的宾动词是体貌短语 AspP 中的一个次类,要求具有显著的方式义,可概括为方式短语 MannP。这种宾动词不接受时制、否定、话题化、语力、窄焦点等各种外位性的句法操作。从判断类型看,"盯、注视"的宾句指整句焦点,非主题判断,即 thetic,本文建议把这种小句直译为"设置句"。结构上,整句焦点并非整个小句只有一个单一的焦点,而是仍然包括多个焦点单元。这种焦点属于语义维度,与语用维度的焦点有重要的区别。

第三节　无定主语句的现实性与直接感知性

本节是个逆向证明,即通过指出无定主语句内在编码一种强事实,而在这种小句之上则必然蕴涵一个强直接感知动词,证明强事实与强直接感知动词之间具有内在契合的关系:前者只有通过后者才能引出,而后者所引出的也必然是前者。从更高理论层面看,本节也可显示,所有动词短语、小句所编码的语法意义,都不是凭空存在的,而必然以特定的认知动词为载体。这种认知方式无非直接感知和间接认知两大类,所引小句的语法意义则概括为两个参数:[±阶段性]、[±语力性]。强事实体现为强阶段性、非语力性,反之则为弱事实。

一、如何定义"无定主语"?

相比限定主语,无定 NP(以一量名为代表)主语句是有标记的句式。首先,该句式要分为事态句和模态句两大类(曹秀玲 2005,陆烁、潘海华 2009)。一般讨论的主要是前者,其研究策略主要是描写,即指出小句的语法特征,如:1. 高及物性(范继淹 1985,王灿龙 2003,唐翠菊 2005,魏红、褚泽祥 2007);2. 非主题判断(张新华 2007a,陆、潘 2009);3. 感知性、场景性、存现性(内田庆市 1993、张新华 2007b、付义琴 2013、张伯江 2016)。模态句方面的解决策略主要是允准条件。蔡维天(2008)认为,这里发生了动词到模态词位置的提升,后者所带"存在闭包"为其控制的主语赋值。陆、潘的做法是三分结构:通指、分配句天然具备通指、全称算子,无定主语进入其限定部分,被赋值。用允准策略,事态句的无定 NP 可说是被现实态赋值。

有学者完全否认无定主语(这基于事态句)的存在。杨素英(2000)认为,一量名主语通过所述事件的具体化而获得特指解,没有真正读无定的 NP 主语;徐烈炯(1997)有类似论证。李艳惠、陆丙甫(2002:330)提出,"汉语的主语不能是非特指性不定指成分,这条限制没有例外"。

关于无定主语句,下面两个基础问题尚需回答:

A. 如何准确定义"无定"NP? 学者对此往往视为当然,而缺乏对其指称特征的具体阐述。实际上,在事态句中,无论出现频率还是使用条件,一量名的无标记用法都是特指,无定对语境要求是非常苛刻的。相关文献的常见现象是:对特指与无定等量齐观,而所讨论的现象实际多是特指。准确区分一量名的无定与特指解读,是研究工作取得突破的前提。

B. 方法论上,对一量名而言,是功能在先还是语境在先?前者的思路是:一量名的本来功能即"无定",研究的任务是找到允准环境。一般文献的策略是这样。如蔡(2008)和陆、潘(2009)的标题即"汉语<u>无定名词</u>组的分布、汉语<u>无定主语</u>的语义允准"。可以追问的是,既然"无定名词"已由模态赋值而读为[通指],为何还称"无定"?本文的立场相反,认为一量名是语境在先,即存在如下规律:

> 一量名是一种依赖性指称,并无自身固定的指称特征,而只有处于特定的事态(所谓存在闭包)之中,才获得具体所指。

也就是,逻辑上,并不是某种语境"允准""无定"NP,而是特定事态"授予"一量名"无定、类指"等释读。该立场与 Heim(1982)基本一致:a NP 自身只引入自由变元,只有受到某种无选择算子或存在闭包的约束,才获得具体量化力。本文的不同是:1. 认为自由变元也并非一量名的"本来功能",2. 把无选择算子解释为主谓间的语义一致关系。

一般而言,一个词、短语即便有多种内涵,总是功能在先。如"看"指具体视觉和抽象判断,"走到"指动作及结果,这在语形本身即能确定。一量名却并非如此。可以认为,单从语形看,一量名只指高度抽象的"类中之一"。这来自一量名的构成要素:光杆名词指类,类的本质有两点:基于共同属性而概括一切个体;量词的作用是个体化,即,类事物的属性体现在一个单一个体身上;"一"指客观数量。为何类中之一缺乏稳定的指称内容?原因就在于其纯客观性,缺乏具体定位。因此,从经验层面看,一量名就表现为一种严重的歧义结构,其自身所指体现为一种深层语义机制,或"根"(root, Rappaport Hovav & Levin 1998),很难直接实现,实现的总是语境中的无定、类指等具体内涵。

与汉语界相似,西方学者一般也把"特指、类指"等都归在 indefinite 的名下,Ladusaw(1983)等则提出,indefinite 表特指时,应归为限定。这就不免造成逻辑矛盾:"无定"="有定"。我们认为,这个现象背后的语法事实就是,一量名、a NP 本无确定的指称特征,只是由于学者事先视之为"无定、indefinite",才造成上述悖论。

二、一量名的指称情况及其赋义规律

（一）一量名的一般指称情况

A. 属性：

(1) 他是一名警察。　　　　(2) 她一个年轻寡妇独住。

(3) 全保育院就他一个大男人。

B. 类指：

(4) 一个人能举150斤/要诚实/若很少接触社会就不可能成熟。

(5) 一条狗也有好命歹命。　　(6) 我们要招聘一个程序员。

C. 任指：

(7) 真正爱一个人也真难。　　(8) 一个部长也不到会。

(9) 村里集资建宗祠,一个人要摊上一二百元。

D. 单一,一量重读：

(10) 三个人,一张床就行了。　(11) 一个对手不能满足他的胃口。

E. 全量,"一"往往重读：

(12) 香蕉一根皮全冻黑了。

(13) 大雨过后,一个城市都变得清新了。

F. 无定：

(14) 落日的余晖已消失,一个人忽然出现在门口,一个非常美丽的女人。

G. 特指：

(15) 他爱上了一个人。

(16) 大伙议论纷纷,一个人用手蘸了一点白酱。

H. 独自地,副词化,名词只能是"人",一量重读：

(17) 他喜欢一个人。

(18) 他一个人完成了三个人的工作量。

从 A 到 G 是个体化、限定性增强的过程,H 表现为虚化。A 最接近一量名"类中之一"的原初内涵。可以看到,逻辑上,上述 8 个用法中的一量名都是

117

平等的地位,也就是,并没有什么过硬的理由把其中之一的无定视为所谓基本功能,或代表性的功能。

可见,要研究的与其说是作为句式的"无定主语句",不如说是为何某种动词充当谓语构成的小句,及谓语中的具体什么范畴,能为其主语位置的一量名授予某种解读。所谓"允准"只是一种纯形式的描述,并不直接构成解释,其背后的实际语义机制是什么,仍须深入探讨。

(二) 一量名主语的一般解读规律

NP的功能实质是指出事物,包含两个语义环节:1. 事物自身的[存在性]、[个体化];2. 基于坐标原点(典型是话主所处时空域)的定位,获得定位的事物即具备[限定性]的特征。个体化越明确,定指性越强,也就意味着话主对其所指事物的关注度越高,即该事物的语篇突显度越高。如:"他写小说"、"他写了一些小说"、"他写了一部小说"、"他写的《西游记》","《西游记》"是专名,语篇突显度高,内在要求焦点化。

类指、任指、单一的共同点是,所指事物既未获得自身的具体存在,也未通过坐标原点加以定位,所以是非现实存在的,也就是,处于一种抽象的层次。授予一量名主语非现实解读的根据是CP层的通指模态,这种小句陈述类事物的共同属性,一量名对类是[代表]的关系,如"一条狗也有好命歹命","一条狗"代表"狗"的类。反过来看,类指句来自对个别事件的概括,这就对参与者与动作都去除了特定时空位置的量化特征,因此使参与者成为类层次的抽象事物。

无定、特指都表事物的现实存在。特指表示话主对事物已做识别,但限定性不高,造成一量名读特指的根据是TP层的时制,对动词无限制。无定表事物全新出现,造成一量名读无定的根据是VP层的体貌、情状,且所选动词范围很小,只限制作、存现两种。以上概括为:

一量名	所指事物存在方式	小句模态	句法层面	句法属性	谓语动词
类指/任指/单一	不存在于具体时空域	非现实	CP	话题+	无限制
特指	存在于具体时空域	现实	TP(CP)	话题−	无限制
无定	存在于具体时空域	现实	VP(TP)	主语	制作、存现

特指行的括号指典型处于TP层,不典型具有CP要素;无定行同之。"话题"后的"+"指话题性典型,"−"指不典型。表类指、任指、单一的一量名与无

定在事件类型上差距很大,应单独讨论。特指与无定的差别就微妙得多,须仔细甄别。从上一节的动词系统看,制作动词属于其中的复合动词,存现动词属位移动词。"制作、存现"是更低层次的动词分类,所指动作的特殊性更强。

(三)NP 主语的一般允准规律

限定的根据是话主识别、关注,这有程度差异,分三段:I. 限定, II. 特指, III. 无定。限定形式包括指示代词和专名;类指可归强限定,是其弱成员。特指内部成员很多,强形式接近限定,一量名则跨越特指、无定。限定连续统对应于 NP 主语的解读条件,表现为如下规律:

> NP 的限定性越强,决定其指称的存在闭包的语法层面就越高;反之则低。

这个规律的经验根据是,指称指事物相对于话主的存在性,而事物的具体存在都是在具体事件中获得的;限定主语事物的存在是预设信息的,即在本小句所述事件之前,已经事先得到确定,无定主语的存在则就是在本小句之内才被确立下来的。强限定 NP 高层允准关系的句法体现是话题性、外位性,弱指称低层允准关系的体现是设置性、与小句所述事件的融合性。对事件所做的任何外位刻画都可视为一种算子 f,事件自身是纯客观性、内容性的,通过算子而形成具体的量化、定位。因此,话题句都是三分结构。话题成分指限制域,决定评述部分的真值范围,评述中则包含两个语义范畴,一个指外位关系的算子、一个纯事件;并且,该算子也同时对话题起作用,所谓无选择约束,话题与评述就通过该算子而形成一致关系。一致关系的语义实质是,整个小句处于同一语法范畴约束之下,因此其下位二直接成分共享其特征。概括为如下规律:

> 只有主语话题化,评述部分才允许做外位操作;反之,若评述部分有外位操作,则主语必然是话题性的。

话题句的逻辑式第二章讨论过,本章会较多用到,为方便查看,重引如下:

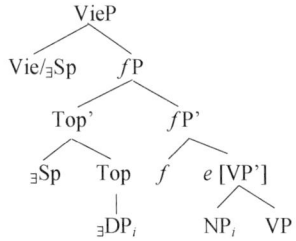

无定主语句只编码该结构最下面的 e [VP'] 部分,所以小句缺乏话题性,谓语 VP 不接受任何外位算子。

三、特指一量名主语句的时制性、话题性及其"原初事件"

相比其他指称,学界对特指的研究最不充分。汉语界一般用"特指"指 wh-疑问句,并非一种普通的指称。

(一) 特指的原理

特指,表示话主心中本有一个特定的事物,但故意或确实不能明确指别,所以天然带有[忽略]效应。语义上,特指表现为从类/集合到个体的互动关系:话主确知类/集合的存在,也肯定某个体确属该类/集合,这构成特指内涵中的限定因子;但对个体本身却并未精准定位,故限定性又弱。不准确指别的原因有 4 种:

A. 语境不便:(19) <u>一个域外大国</u>似乎并不想看到南海风平浪静。
B. 一时疏忽:(20) <u>一个初中同学</u>找我。
C. 确实无法具体指出:(21) <u>一个军官</u>调戏了一个女戏子。
D. 明知而故意降低关注度:(22) "大爷,您怎么了?" <u>一个旅客</u>问道。

特指一量名对名词的内涵很敏感。其中一个重要类型是身份、职业名词,二者都指类、集合,话主对事物主要就是关注到类、集合的层次,对特定个体不关注,有意忽略。另外一种是带功能性修饰语,特指关注功能,不关注个体。如:

(23) <u>一个社会学家</u>认为,……　　(24) <u>一位知情人士</u>称,……

不少学者指出无定 NP 句有忽视主语的效果,在本文看来,这种主语必表特指,不可能是无定——真正的无定主语在信息特征上恰恰相反,指焦点。下面文献的例子都是特指:<u>一家报纸</u>惊呼(曹 2005 例 30),<u>一个师傅</u>向我借了一支笔(陆、潘 2009 例 6)。

汉语有两个典型的特指词——代词"某"、限定词"有",二者可视为特指标记词。一量名自身并不表特指,凡其读特指,语义内涵中都带"某、有"的要素,必可转换为后者。"某"天性即忽略,如"王某涛、某官员"。"有"鲜明体现了特指的原理——确定集合中的不确定次集。一般把"有"视为"存在标记",更准确说是"特指标记"。存在指事物自身物理躯体的展开,特指表话主对事物的识别,"有"表后者而非前者。"有"指上位整体对下位部件的统摄关系,整体是一个集合,部件是多个成员;从识别策略看,前者对后者即索引作用。"有"由动词虚化为限定词的动因即对上位整体的抑制,不关注具体通过何者定位,只一般性地指事物有所定位。"有"的限定性比"这、那"弱的原因是两点:1."这、那"直接基于话主定位,"有"先通过整体定位,之后再基于话主定位;2."这、那"直接指出个体,"有"只肯定整体下确实存在个体,却并未准确指出。

表特指的一种常见短语是"数量+强限定词+N";前两者可互为先后,强限定词在前的短语限定性更强。该形式是两步操作:先用强限定词把光杆名词所指的类转为集合,再用数量指其中一个/些不确定的个体。如"一个/些我/小明的同学","同学"指类,"我/小明的同学"指集合,"一个/些"指其中不确定的个体。范(1985)很多例句都是这种形式(括号中数字是该文编号,不完全列举):我的一个同事(21),一位苏联官员(41)。

(二)强特指主语句的 CP 特征

主语 NP 的限定性越强,所允许谓语采取的外位成分就越高、越多。特指形式的限定性强弱分三段:"某" > 一量+强限定词+N > 一量名。谓语的外位要素包括虚拟、认知情态、评价、语篇连接、断言、时制、否定。此仅用前两种(都属 CP 层)略做展示。虚拟是对事实的超离,只能以强限定个体和类事物为对象进行操作。虚拟事件分通指、个别两种,后者对事物限定性的要求更高。"某"对虚拟句的接受很自由,一量名+限定词对其就有选择性,一量名则完全不接受:

(25) a. 如果那天<u>王某</u>不去超市,他是不会出事的。/要是<u>王某</u>当官就好了,……

b1. *如果那天<u>我的一个同学</u>/<u>一个我的同学</u>不去超市,他……

b2. 要是<u>我的一个同学</u>当官就好了,我们一家也能沾沾光。

c. 她们<u>一个</u>泼辣,<u>一个</u>沉稳,*如果<u>一个</u>那天不去超市/当官就好了,……

"王某"所指明确,可对其通指、个别行为作反事实假设。b1."不去超市"表个别行为,不接受"我的一个同学"做主语,因为个别行为要求强限定施事,"我的一个同学"的限定性不够格。b2."当官"表抽象行为,对参与者限定性的要求低,所以接受"我的一个同学"做主语,但只能读为任一,限定性差。回指语境的一量名主语必表特指。c 前二"一个"回指"她们"中的个体之一，所指明确，句子自然；但同样回指明确，非现实句"如果不去超市、当官就好了"都不允许"一个"充当主语。

一量名+限定词主语允许谓语使用认知情态，特指一量名不允许：

(26) 一个我的同学/我的一个同学/*一个大学生可能在北大历史系工作。

"可能"提示事件本身确实存在，这样"我的一个同学"就能指出处于事件中的确定个体。"一个大学生"的限定性很弱，对事件自身现实存在性的依赖程度就很高，"可能"刻画的事件无法满足其要求，所以小句不成立。

(三) 特指一量名主语句的 TP 特征，及其所蕴涵的"原初事件"

一量名本身不能指出事物存在，它做主语并读为特指，所指事物的存在是由本小句 TP 授予的。特指允许谓语自由使用 TP 层的外位范畴，及一些 CP 要素；无定主语对二者都不允许。下面小句谓语带时制(TP)、话题化、断言(CP)等，一量名只能读特指，不可能是无定：

(27) 一个漂亮女郎在拒绝了一名男子的求婚后，安慰他说……
(28) 一个大使馆官员曾在澳门过夜。
(29) 一个人经常在同一个地方散步。
(30) 一个女人酒喝多了，想吐。
(31) 一个办事员是带着急救箱跑来的。

上述小句都可明显感觉到一个句外话主的存在。话主存在的根据就是谓语中使用基于其定义的语法成分，因此小句容易独立站住。无定主语句不允许出现上述各种外位成分，话主缺席。

话主以其天性永远处于[现在-这里](张新华 2007c)。时制的原理是，把客观事件发生的时间向话主坐标定位，这只有身处事外的认识者才能完成，执行者本人只处于事件中，无对外联系能力。以过去时为例。它对事件是一种回顾式的转述视角，话主以其所处当下时位为立足点，对在此之前发生的事件进行追溯。在这种事后、事外追溯的视角下，话主往往会对事件本身的存在形式加以概括化改造。对过去发生的事件自身而言，它只是"当时存在着"的，其原初状态必然是延续体、进行体的形式。这种事件称为[原初事件]。"他打过球了"的[原初事件]是[他一拍拍地打着球]。"一个官员曾在澳门过夜"的原初事件是[官员正在澳门过夜],"过夜"是概括性的,当时该官员具体执行的是"走到宾馆、登记、住下"等极多强殊指的动作。

追溯到最后,对[原初事件],话主只有通过直接物理感知的方式(眼看、耳听)才能捕获;这种感知关系只能在话主与事件共处同一时空域时发生。这就是过去时一量名主语读为特指的根据。话主当时与该"一个官员"是面对面接触的,现在追溯时,话主对其自然早已识别,只是由于忽略才作弱限定编码。在语义关系上,(28)"一个大使馆官员"同时具有当下小句的言谈对象、原初事件的执行者双重身份。同理,陆、潘(2009)所举"(今天上午,)一个警察来找过你。"也只能表特指,而非无定。且其[原初事件]也不可能是单一小句,而必是包含多小句的语篇,大致是下面的形式:

(32) 上午我在公司看报,突然<u>一个警察走进来</u>,问:"请问,周莉在吗?"
"一个警察"对当时情景是首次出现的,表真正的无定。"周莉"即当前小句的"你"。

可见,"一个大使馆官员曾在澳门过夜、一个警察来找过你"的逻辑形式为:ǝ[一个大使馆官员/警察],f 曾/过[e 他在澳门过夜/来找你]。"一个大使馆官员/警察"的身份是话题。

话题性强的表现是,自身接受各种话题标记,允许评述部分出现各种外位要素。以前者为例,不同话题标记也有强弱之分:强标记指主观评价,弱标记指事物自身的存在。停顿是最弱话题标记,不同话题后停顿的内涵也有别。特指一量名话题后允许停顿,内涵是"有",确认事物的[存在]。强限定 NP 话题后停顿的功能是"是",提请受话注意该事物的某种特征。

(33) 今天上午,<u>一个警察/老李</u>,来找过你。

"一个警察"后停顿表示,确实存在一个特定警察,我心中已想到他,但你不用管是谁。"老李"后停顿表示,你要回忆一下老李的某种特征,以便知道我在说谁。

一量名话题后不大接受"啊、呢、嘛、吧"等提顿词,更难接受"说起、至于":

(34) a. ?? 一个警察呢,来找过你。　　b. 老李呢,来找过你。
　　　c. *说起一个警察,来找过你。　　d. 说起老李,来找过你。

提顿词的功能核心是表话主对事物的态度,这总是以事物自身的存在为前提。一量名所指事物的存在本身就不确定,自然难接受提顿词。"说起"比"呢"更预设所引事物的存在,所以更难接受一量名话题。

四、无定 NP 对谓词的选择:存现性

相比特指一量名,无定主语句高度受限。这意味着,该小句所述实为一种很专门的事件,该事件即事物的全新出现、存在。这是设置句的典型形式。

(一)[存在]范畴的语义结构

包括内、外两方面。内指事物自身,事物的物质躯体做整体展开;外指及物关系,事物 A 通过自身展开而相对他物 B 获得占位;A 的功能角色是存现物,B 指处所。事物在某处的存在,即相对于该处所的[现身、出场]。编码存在的句式有三种:1. 普通主谓句,把存在视同普通行为加以陈述,主语是强限定 NP,旧信息,如"小桥横跨河面"。2. 存现句,专门表存在。处所做主语,指旧信息;存现物做宾语,指新信息。3. 无定主语句,指新信息、焦点的存现物占据主语位置,小句多可转换为存现句,但比后者新奇性强。Sasse(1987)、Lamnbrecht(1994)都指出,"呈现句"是典型的设置句,汉语无定主语句所述事件即呈现,且直接把焦点置于主语位置,所以非主题判断的特征更为典型。

从存在性的角度看,存现动词和其他动词构成整体性的对立关系。前者的功能就是陈述事物自身作为一个事物的现实存在,而其他各种动词则都以事物自身已经现实存在为前提,也就是,陈述事物的各种属性及具体动作行为的小句,都把事物的存在作为预设信息。如"李飞很善良/去过秘鲁"都预设[小李现实存在]。但指称形式上,"李飞"这个专名本身已经把他的存在作为预设信息了,因此,"李飞存在"这样的小句是废话,而"李飞不存在"的表述则是自相矛盾。在直接陈述李飞作为一个事物的现实存在时,不能采取"李飞"的指称形式,而只能用无定名词,且只能用两种动词,一是制作动词,如:"这对夫妻生了一个孩子,取名李飞。"二是存现动词,如:"前面走来一个人,原来是李飞。"

指事物躯体整体展开的动词有制作、存现两种。"他伸出胳膊",伸对人体是局部性的,不表存在;"一只胳膊伸进来了",伸对主语表现为整体性,小句就表存在。同样情况如"一只大手按了过来、一个声音从心里对我说"。

只有制作/存现动词引出的一量名才表真正的无定,指最地道的语篇新事物,主宾位置都如此。语义机制是,一量名自身仅指纯抽象的类中之一,制作/存现动词刻画其具体的现身、出场,事物因此就现实存在起来;认知上,主体对其也只能是绝对的首次感知、发现,即最本真的语篇新信息。对于主语位置而言,一量名与谓语一起表一个呈现事件,所谓主语由本小句的存在闭包授予无定解。

(35) a. 他用木料做了一个大原动轮。 b. 一个房间的外墙完成了。
(36) a. 迎门的墙上挂着一幅羊绒挂毯。 b. 一幅条幅醒目地挂在墙上。

从量域看,无论主、宾语,上述小句的一量名对动词都严格取窄域,小句不能读为:[有一个大原动轮/一幅羊绒挂毯],[他做了/墙上挂着它]。真正的无定严格取窄域,取宽域就意味着事先存在,即特指性。

比之存现动词,制作动词所述一量名的无定性、全新性更为典型。无定主语前多可加"有"而转换为特指,但在制作动词充当谓语构成的小句,主语对"有"的限制更加严格,或者完全不接受,或者虽然接受,但句义改变。

(37) 钟夫人一怔,(*有)一朵红云飞上双颊。
(38) (有)一个大问题摆在朱贵面前。

只有通过"飞上","一朵红云"才实际存在,加"有"就预设了其存在,这在语义上就与谓语发生矛盾,因此小句不成立。(38)加不加"有"都成立,但句义不同:带"有","一个大问题"属特指,话主事先明白是何问题,"摆在"指该问题的当前直接存在,无完成义;不带"有","一个大问题"属无定,本不存在,"摆在"指其由完成到实际存在的形成过程。

(二) 非指人一量名无定主语句

这种名词更易构成无定主语句,原因有二。指称形式上,指人名词天然具更高的语篇突显度(Gundel *et al*. 1993),所以多用强限定形式,非指人名词反之;动词上,语言对人的行为分化编码复杂,而对非指人事物就往往只编码为一般存在。因此在这种无定主语句,主谓间组合面很小,特定的事物也就表现为特定的存现方式,如,"声音"即以"响"的方式存在,"夜幕"就存在于"降临、笼罩"的方式中。另外,一些无生名词无定主语句所述事件常带生成性、致使性。如:

(39) 奚山河伸手便去抓面前的法刀,不料一股柔和的内劲逼将过来。

(40) 拔开瓶塞,<u>一股奇臭难当的气息</u>直冲入鼻。

不少学者认为无定主语句是高及物性的,谓语动词指动态行为。[动态]的概括仍嫌粗疏。无定主语句的功能核心是描述"一个全新事物的出现",对主体则表现为对一个事物的"全新发现",动态性并非其本质属性。无生名词无定主语句很容易采取静态存现动词谓语:

(41) 她手中抱着个两三岁大的男孩,一块大大的红布<u>包</u>在男孩身上。

(42) 揉了揉眼睛,伸手摸时,一对花鞋好端端便<u>在</u>怀中。

(43) 洋子的家在一个山冈上,一扇古色古香而又沉甸甸的石门<u>耸立</u>在外面。

抽象名词的情况值得单独指出,在该事物上,存现与制作的区别会发生中和,因为这种事物并无独立的物理躯体,其每次现实存在本身就是制作性的。并且,在这种小句,表示制作/存现的谓词的范围大大延伸,比如一些形容词、体貌动词也可表制作/存现。当然,抽象、具体事物的区别也是一个连续统。如:

(44) 一个洞渐渐<u>大</u>起来。　　(45) 一个新时代开<u>始</u>了!

(46) 一个歼钉螺战<u>打响</u>了!

(三) 光杆名词无定主语句

这种小句主语多是物质名词,有显著的背景性。这也是 Sasse(1987) 所述设置句的常见事件类型之一。如:

(47) 乔峰立即向左一移,<u>青光</u>闪动,一柄利剑从身边疾刺而过。

(48) 只觉<u>热气</u>炙人,<u>红焰</u>乱舞,好一场大火。

个体名词所指事物:1. 具备自身确定的躯体形态,2. 明确与相邻的他物分开,3. 内在是前景性的。物质名词在这三点都是相反的表现。语义上,物质名词与谓语动词总是具有很强的选择关系,相互蕴涵,之间结合非常紧密,甚至成为固定搭配。这样,无定的光杆物质名词主语句就强烈地整体构成一个信息单位,属典型的整句焦点。

(四) 非制作/存现动词的一量名主语都表特指

学者很早就注意到主语 NP 的限定性与谓语动词的情状特征有关。Carlson(1977)指出,个体谓词只接受强限定 DP 主语,阶段谓词兼接受强、弱 DP。Diesing(1992)认为,个体谓词的主语处于 IP,阶段谓词的主语既可在 VP 也可提升到 IP 量化。显然,个体、阶段对谓词是粗线条的概括,难以准确揭示主语的限定性。"<u>一个人</u>病了,去找巫婆"与"<u>一个闪电</u>掠过"谓语都是阶段谓词,但前者主语特指,后者无定。Diesing(1992)所引英语 <u>A unicorn</u> is anxious to damage the walls.主语也表特指。

事物是在具体事件中存在的,不仅论元角色是这样,事物的存在性本身也是这样,因此,要准确指出谓语对主语限定性的制约关系,就要对谓词做更具体的区分。制作/存现动词之外动词充当谓语构成的小句,主语一量名都表特指,因为对事物各种特殊属性、行为的描述,都以该事物自身已具体存在为前提。这种动词种类很多,下面考察 4 种常见的。

1. 言说动词。这种特指句使用频率很高,目的是引出一种观点,对具体施事无兴趣,表现了典型的忽略效应。

(49) 有一天,<u>一位朋友</u>这样对我说……

(50) <u>一个同学</u>提出:"孔乙己是……"

(51) 注意到他这个陌生面孔,<u>一个女孩</u>用英语问他来自哪个国家。

注意,句中谓语部分并无时制成分,但仍表过去式,现实态,这是特指一量名主语的一般限制。

2. 普通物理动作动词。其区别于制作、存现动词的核心是,前者仅刻画事物某特定部位的活动情况,因此不能指出事物的全部存在;后者的语义核心就是整体性。普通物理动词是动词中的典型成员,数量很大,下面略举数例:

(52) 在公交站,一个男青年习惯性地往地上<u>吐了</u>一口痰,招来了大家的围攻。

(53) 一个信仰把这些年轻人<u>拉拢</u>在一起。

(54) 一个小伙子很快把帽子<u>戴</u>好。

3. 强个体谓词。语义特征是长时性,与无定主语句指事物当下出现的特征相对立。

(55) 一个善良的劳动妇女<u>做了</u>我们的继母。

(56) 一个候选人很<u>有</u>才干。

例(55)很显著:"我们"肯定知道继母是谁,但小句的目的不在于此,故用特指。

4. 将来义助动词、心理动词：

(57) 一个人想/要/打算/*肯/*能做一双鞋，鞋匠问："要方头还是圆头？"

(58) 一个小男孩怕黑。一天夜里，他母亲叫他到后面阳台去拿扫把。

根据谓词对一量名主语指称的制约关系，再看范(1985)实例，发现更多特指。言说动词：一位医生向我介绍……(1)。物理动作动词：一位阿姨拉来一根皮管子(4)。个体谓词：一个例子就是小学生的一则智力题(18)。将来义助动词：一位顾客要买六斤鸡蛋(50)。

关于无定主语句的存现性，内田庆市(1993)、张伯江(2016)都已指出，但二者都未把这种句式义落实到句式对谓词的选择关系，这就造成其对无定主语的鉴定并不准确。下面(59)一组是内田的引例，(60)是张的：

(59) a. 一位医生向我介绍……

b. 一位旅客说：……

(60) a. 团长正不知如何回答，一个矮个子、湖南口音的战士站起来说：……

b. 一个满脸胡碴的战士说：……

c. 一个苏北口音的战士，不好意思地问：……

以上句中谓语动词都是言说类，其一量名主语都是特指，并非无定指。其中(60)一组更为显著，张伯江(2016)原文引了一个完整的语篇，在陈述一个部队的活动，这样，"战士"显然都指确定的上位整体中的不确定成员。这是特指的典型用例之一(Enç 1991)。

无论是汉语一量名，还是英语 a(n) NP，都存在对无定和特指加以明确分别的问题。传统对无定的定义主要是着眼于语篇首次引入，这是一种笼统的描述，未考虑与谓语的具体关系，因为首次引入也可以是预设信息。Givón(1978：296)把 He bought a book yesterday 视为无定。从谓语看，a book 实为特指，它在买前已现实存在，且话主识别。Bende-Farkas & Kamp(2001：7)举到一个完全一致的例子：Bill bought a car yesterday，就认为宾语表示特指。

五、无定主语句的直接感知性

语义上,无定主语句都必然是直接感知动词的宾语。新事物自身在当下场景的[出现],与主体对其的[新发现],二者必然处于同一个大事件的范围之内。也就是说,无定主语句指一个事物的原初出现,而这种出现只能通过人的原初感知才能获取。"见"既指看见也指显现,鲜明提示了该原理。另有形容词"清晰"可作证据:"一个小蓝点慢慢清晰起来。"同时指事物自身的呈现和主体对它的感知。语义上,无定主语句总是强烈蕴含"只见、只听"等强感知话头,单独站不住的无定主语句,加上它们就很顺口:

(61) 转了一个弯,??(只见)老大一座酒楼当街而立。

进一步地,若直接用为"看到、发现"之类动词的宾语,则无定主语句对谓词的选择范围就可超出前节所述制作/存现动词限制,只要具体可感即可。这是因为,"看到、发现"所指感知行为的间接性都很强,所以对宾动词的允准范围也就扩大。如:

(62) 我路过府上时,看到一个穿绸衣的小孩正踮着脚,使劲想抓住敲门的铜环。

(63) 民警曲贵、白云海巡逻时,发现一个人东张西望,行动鬼祟。

对上述句子可指出两点:1. 若去掉主句,则宾语部分的无定主语句单独站不住,除非读为特指;2. 宾语小句预设了无定主语事物的首先存在,即,先是看到"出现",然后才是"踮着脚、东张西望"。

另一方面,如果语境支持存现物的外观可感性,则形式最简单的无定NP也能做主语:

(64) 蓦地里烛影一暗,一人飞身跃到司马林身旁。

当时场景中主体能由身形感知到出现的是"人",数量为"一",因此无定主语句成立。

下面句子是无定主语句很常用的语篇环境——先用一量名主语,后用专名识别:

(65) 一斜眼间,只见一位老僧站在身边,正是玄难。

(66) 突然,一个熟悉身影出现在我的面前,我抬头一看,是春兰子!

在当下场景,"玄难、春兰子"的出现对主体表现为[全新感知]。若仅从[语篇首次引入]定义,则无法解释句子用无定形式的根据:"玄难、春兰子"在语篇早就出现。

无定主语句对事件是高度置身的编码策略,主体与外部事物直接面对面,行为角色上,无定主语句所述事件的实际接受者是感知者,而非句外的话主。有两个证据:1. 无定主语句指所言内容的参与者,而非句外话主的感知内容;2. 即便有时实体上就是话主本人,实际仍是言内参与者的身份。如:

(67) 我吃惊地回头一看,<u>一个年轻男人</u>正走过来。

(68) 肩头被人拍了一下,冬子回头一看,<u>一位陌生的男子</u>站在身后。

由此造成无定主语句前加"你看"并不自然,因为"你"指受话,这以话主为前提,而话主在该句式的存在很弱:??"你看,一只鸟突然从树上飞出来。"口语自然的说法是:"你看,树上飞出一只鸟。"语体上,无定主语句是一种文学描写性很强的句式,普通口语里并不常用。

语力上,无定主语句也允许带感叹语气,但其发出者并非话主,而是事件的感知者,一般是新事物的突现给感知者带来惊奇,因此与一般主句层面的语力并不相同。如:

(69) 屋门被踹开,一个黑衣大汉冲了进来!

内田庆市(1993:359)认为无定主语句是"白描句","眼前的事象和表述之间没有空隙"。实际含义是,无定主语句刻画置身式的感知内容,而非退出感知情景之后的外位追溯、转述。Kuroda(1992)强调,设置句的核心是直接感知,"陈述一个对情景的连续、透明的感知"。无定主语句即典型的设置句,自然也是强感知性的。朱晓农(1988)、张伯江(2016)也都发现,无定主语句往往蕴涵、携带一个感知动词。

形式上,无定主语与谓语结合得非常紧密,之间是蕴涵性的。语义机制是,主语事物自身并不存在,其全部存在就完全由谓语动作描述。一定意义上,谓语是羡余性的,且确实可省略,省略的原因也来自感性——由于情绪冲动而无暇理性陈述事物的动作情况。如:

(70) a. 屋门被踹开,<u>一个黑衣大汉</u>!   b. 警察![警察来了]

表达结构上,无定主语内在与谓语一起构成一个纯事件,主语未话题化。即,无定主语句只有话题句中的 e[NP-VP]部分,所以小句自然也就不允许出现话题句的各种外位成分。这与特指一量名主语句形成质的分别。比较上述(69)与下面的一组句子：

(71) a. 屋门被踹开，*一个黑衣大汉曾/正要冲了进来！
　　 b. 屋门被踹开，*一个黑衣大汉是冲了进来的！
　　 c. 那天，一个黑衣大汉曾/正要冲了进来。/一个黑衣大汉是冲了进来的。

a、b 是无定主语句的语境，强当下感知，排斥外位成分，所以小句不成立。c 成立，原因是当下呈现语境被去除，但该句就改为话题句，事后追溯视角，"一个黑衣大汉"读特指。

[感知性]与[状貌性]是一体两面的关系。状貌即事物相对于感知器官的形象、声音等。学者多指出增加定语能支持无定名词充当主语，但却往往对其语义特征缺乏区分：无定主语并不接受抽象定语。比较：

(72) <u>一个绿衫/*善良少女</u>手执双桨，缓缓划水而来。
(73) <u>一个圆溜溜/*能传电的物体</u>从他面前飞过去，吓了他一跳。

不难理解，由于特指一量名不要求状貌性，所以自然接受抽象定语，"<u>一个善良的警察</u>救了他的两个女儿。"画线部分只能读为特指。

六、无定主语句的依赖性

根句允许充分的句法操作，内嵌句则受限制，Emonds(2007)把根句刻画为"话语投射"(Discourse Projections)。无定主语句就恰恰缺乏话语层面的语法范畴，因此内在有强依赖性，但并非内嵌句，可说是一种特殊根句。体现在，事态的强感知性(见上节)，主语的有待定位性，谓语的体貌性及突发性、指示性。这些特征在不同无定主语的表现也有差异。

（一）主语事物的有待定位性

这体现了人类中心主义的语法原则：只有所言事物向话主坐标原点定位，NP 语义上才完备。下面是两个以无定主语句开始的语篇，语义不完备，目的是制造悬念：

(74) 青光闪动，<u>一柄青钢剑</u>倏地刺出，指向中年汉子左肩。
(75) 清乾隆十八年六月，陕西扶风延绥镇总兵衙门内院，<u>一个十四岁的女孩儿</u>跳跳蹦蹦的走向教书先生书房。

句子强烈要求主语事物得到锚定：谁的剑？女孩是谁？

在有待定位性上，自然物主语句的依赖性一般不高，即自立性强。"一个闪电划过夜空。"一般不会追问是"哪个闪电"。这种小句陈述环境，不构成语篇主线。

（二）谓语动词的体貌特征及伴随的突发性

范畴层面上，无定主语句主要表现为体貌性（AspP），时制性（TP）很不典型。无定主语句谓语主要采取下面3种体貌形式，该体貌且与小句的突发性相关。

1. 静态延续：

(76) 屏风门撞开了，一个男人<u>站在</u>那儿，<u>叉着</u>两腿，沉重的身躯一动不动。

2. 动态进行：

(77) 在黄昏的夕阳残照里，一个孩子孤零零、静悄悄地<u>在一堆沙子前面玩耍</u>。

(78) 一个小小的人影在栈桥上缓缓地<u>挪动着</u>。

(79) 在断崖边上，一个高高的黑影<u>做出</u>各种姿势。

"做出"是动结式，但在句中指事件的内部进行情况。

无定主语句的进行体动词前接受副词"正"。"正"属时制成分，即无定主语句也允许 TP 层的语法范畴，但比之"正"的常规用法，其在无定主语句的行为有独特处。"正"的特征有两点：前景性、参照性。在普通"正"字句，谓语的强关注与主语的强限定是一致的，比较："<u>他正玩得高兴</u>，一个人敲门。""他玩得高兴，*<u>一个人正敲门</u>。"后句不成立的根据是，"正"用在弱指称"有人"句，整个句子在聚焦分布上不和谐。就是这一点，使得"正"在无定主语句的表现不同。无定主语是弱指称，谓语却接受"正"：

(80) 不知哪个窗口飘出了音乐，<u>一位女歌唱家正柔声曼气地唱着</u>你是一朵……

(81) 烛光旁，<u>一位老妇人正在织着</u>袜子。

句子成立的根据就在于强感知性。主体的意识活动高度进入所述事件的内部，这就造成前景化，符合"正"的语义特征。

延续、进行体是内部视角，强置身性，这种小句一般无突发性。感知主体一步步触及事件的进程,因此并无新奇、突发感。这与下面的完成体形成差异。

3. 完成并延续:

(82) 后来,一块暗礁挡住了小船的去路。

(83) 在峰迭新区,一个现代化的小城镇<u>已经</u>初具规模。

相比"曾经","已经"不是典型时制成分,而更靠近体貌:前者严格指过去,两个时位明确分开;后者指完成的事件本身或其结果当前持存,时间上连续,类似英语现在完成时。与"正"一样,无定主语句允许"已经",也并不意味着它属对象 TP,而偏重 AspP。

完成体无定主语句多有突发性,因为新事物在当前情景从无到有的首次出现,往往引起惊奇。小句常出现"突然、忽然",并可"忽、突"与感知动词"见、觉、听"组合,用于句首:

(84) 一个汉子<u>突然</u>笋子一样冒出来。

(85) <u>忽然</u>一个少女的声音咯咯笑道。

(86) <u>突觉</u>一只手掌按到了背心。

(87) <u>忽见</u>一根枯瘦的手指伸到图上。

(三) 谓语的指示性,话题宾语——倒话题结构

在无定主语句,虽然主语未经定位,但谓语却往往有强指示性,即引出主语所相向出现的限定 NP,后者即参照物。参照物既可直接在本小句出现,也可编码在另一小句:

(88) "啪嗒",一双朽烂的木拖板扔在<u>萍子面前</u>。

(89) 突然呼的一声,一块拳头大的石子投了过来,落在<u>他身旁</u>。

句式上,参照物出现在谓语内的无定主语句,是具有重大的句型价值的。在小句之内,主语表新信息、焦点,小句后部的成分却表旧信息。这与一般小句信息模式正相反。这种小句的结构方式应分析为:"主语+动词(助词)"构成述谓,宾语部分指话题。参照点即话题性,指话主对所言内容的视角,体现移情。话题、焦点都是常规主宾语之上的高层信息,与主宾不一致,并不奇怪。Gundel(1988)指出,在世界语言范围内,几乎每种语言都同时具备"话题-述题"和"述题-话题"这样两种语序相反的话题结构。Gundel 对此解释为两个独立的语序原则:1."旧先于新"原则,2."要事先

说"原则。Lamnbrecht(1994：148)分析了下面的句子：

(90) a. Whatever became of John? ［约翰到底成了什么样子了？］
b. He married Rosa, ［他娶了罗莎，］
c. but he didn't really love her. ［但他并不真的爱她。］

Lamnbrecht认为，在b、c两个小句，主语"他"和宾语"罗莎/她"都是话题，也就是，小句既向受话增加了关于约翰的知识，同时也增加了关于罗萨的知识，约翰和罗萨都是"在讨论中"的；小句的新信息只是谓语动词"娶了"和"并不真的爱"。从翻译可以看到，汉语相应的小句也表现为同样的话题结构。

Vallduví & Engdahl(1996)用疑问句验证了"主语＋动词"构成述谓而宾语指话题的现象，因为疑问词及答句的相应成分都必然指焦点信息：

(91) A：What happened to the china set? 那套瓷器怎么了？
B：[The BUTLER BROKE] the set. 管家弄坏了（那套瓷器）。

汉语对(91)很难直译，也就是，英语更容易接受宾语充当话题。但B句则显示，汉语宾语更容易采取零形回指，这也是话题的一个重要特征。

宾语话题现象在量化成分的辖域上有更明显的表现，即，话题成分的指称是事先确定的，所以总是取宽域。下面是De Swart(1998：106)的分析：

(92) Someone accompanied everybody. 有人陪着每个人。
  a. Someone ＋ ── accompanied everybody
  b. Someone accompanied ── ＋ everybody
  a. The property of accompanying everybody is a property of someone.
    陪着每个人是某人的特征。
  b. The property of being accompanied by someone is a property of everybody.
    被某人陪着是每个人的特征。

在汉语，小句的表层词序与语义上的辖域表现为更直接的对应关系（May 1985、Aoun & Li 1993等），所以并未出现上述a、b两种解读。

对主宾语的话题性，学界有两种策略。一是直接根据位置。Jespersen(1924)很早就指出，"主语和宾语都是首品成分，我们一定程度上可以接受

Madig 的格言,即宾语好像是一个隐藏的主语"。Dryer(1986)认为,主语和宾语的区别可视为"较强话题性"对"较弱话题性"的关系。Croft(1991)认为,一般而言,在一个小句中,主语是"主话题",宾语是"次话题"。

二是根据名词自身的限定性。Givón(1997)认为,"话题性"是小句之内所有指称性名词短语所具备的一种相对性的特征,可以根据该名词短语的指称可及性和主题重要性进行测量。De Hoop(1992)则认为,强名词短语宾语会从动词内部移位出来,获得一种"强格",在表层结构占据宾语指示语的位置([Spec,AgrO]);弱名词短语则处于动词短语内部。在本文看来,所谓强名词从动词短语中移位出来,实际就是一种话题化的操作。

就无定主语句而言,名词自身限定性高低的策略更为可取,因为这种小句主语的限定性明显低于宾语,所以后者的话题性明显强于前者。常规话题句的编码策略是话主要素优先,所以要把特别关注的事物专门提出来,置于句首;无定主语句则是客观事件优先,语序按事件自身的因果顺序安排,主语事物所相对的参照点居后。支持这种分析的两个证据是回指关系、话题延续:

(93)几个青年正在菜园里整地,一个地主婆走到<u>他们跟前</u>。
(94)一个穿着十分考究的中年妇女<u>来学校找我</u>。

例(93)后小句主语指相对前句话题"青年"引出的新信息,其宾语"他们跟前"回指前句话题。(94)宾语"学校"是光杆名词,但基于话题"我"而读为限定。

不仅无定主语句的强限定宾语可构成话题,特指主语句也可如此。形式是,宾语由强限定 NP 充当,主的限定性显著低于宾语,"特指 NP+动词(助词)"对该宾语话题构成述谓关系。"小王,刚才<u>有人</u>找<u>(你)</u>。""有人"并非话题,其后不能停顿;"你"才是话题,回指"小王",可省略。"有人找"一起构成述谓,韵律上也是整体,对话题"你"提供新信息。与焦点相似,话题也是超越小句常规组织形式之上的动态性的语义要素,所以二者都是有标记性的,因此它们与句法成分不对应,并不奇怪。言语表达要适应人的各种临时、微妙的信息传达需求,所以天然是不稳定的,话题、焦点就是这种表达需求的体现,因此构成小句语义内涵中最活跃的力量。主语、宾语等则是信息表达策略的固化、语法化。形式手段总是会落后于表达需求,这就导致信息分布与小句组织形式的不匹配。

(四)另一种话题?

无定主语句前常出现时间、处所短语,这对完句大有帮助:

(95) 大道上一匹快马疾驰而来。

(96) 这时一个小老头进来。

是否把句首时间、处所词分析为话题?不少学者这么处理,如 Jäger(1996)。其语义根据是,非话题句包含一个时空论元,该论元执行话题功能。这种分析的理论后果是,一切小句都是话题句,不存在非话题句。持此观点的学者并非少数。

本文认为,(95)、(96)句首时空短语还是应视为状语,而非话题。首先,事件结构上,时空短语对 VP 不构成论元关系,而 VP 也一定有其施事。可比较存现句,其句首的处所词与谓语有内在语义关系,因此更有分析为话题的理由,"路边栽着树","路边"以自身物质支撑"树"的"栽";同时,存现句的谓语部分不允许引出施事。其次,无定主语句的时空短语高度受限,严重依赖当下场景,远缺乏存现句那样的自由构造能力。就时间而言,无定主语句只允许指当下的时间词,绝不允许过去时。后者的情况下,主语就读特指。典型以时间词为话题的小句不存在如此狭窄的选择:"前天/这时非常冷"。语言事实也不支持话题式处理,自然语言中,表层出现该短语的小句,在无定主语句占比很低。

七、无定主语句的多焦点性

一般讨论的焦点是语用维度的断言焦点,无定主语句的焦点则是语义维度的内涵焦点。因为无定主语句是一种特殊根句,缺乏话语层面的语法范畴。二者的共同点是突显,区别有三:突显根据、范畴层面、认知载体。语用焦点是话主额外添加的,即在所述事件之上叠加的一层高阶信息,来自外部对比关系(即交替项);语义焦点则是对事件自身刻画的高颗粒度,表现为生动性、感知冲击力。语用焦点基于对成分真值特征的理性分析,语义焦点则基于高度专注的感官扫描。"只见/听/觉"即指这种强聚焦,所谓全神贯注。"只"本是焦点标记,"只见"则指"唯一看见",排除对其他内容的关注,虚化之后,"只见/听/觉"就指单纯的[强关注],而不指向具体感知者。对应于"是、只有"等语用焦点标记,"只见"等可视为语义焦点标记。

无定主语句是一种典型的设置句,其焦点特征与上节所述"注视"的宾句极为相似。该焦点总是分为多个板块,至少是主谓二部,若带定、状等,则也是焦点。无定主语一般并不重读,却内在有突显性。常用两种形式:生动义的状貌定语、后加停顿。状貌定语与数量词可互为先后,在前是有标记语序,焦点性更强:

(97) 小石匠往桥洞里走,<u>一股脏乎乎、热烘烘的水</u>泼出来。
(98) 忽然间哇哇两声婴儿啼哭,跟着黑黝黝<u>一件物什</u>从谷中飞上。

一般认为停顿是话题的形式标记,无定主语后也可停顿,但这里停顿并非话题标志,而是主语自身作为一个焦点信息单位的标记。如:

(99) <u>一个浑身黑色的人</u>,站在老栓面前。
(100) <u>一钩新月</u>,斜照信阳古道。
(101) 他们的眼前仿佛同时出现幻境:<u>一大片碧绿起伏的草原</u>,远远连结天际。

该停顿的内涵是对事物形成感知[关注],功能则是确认事物的[存在]。

无定主语句总是有多焦点性、平铺直叙性:

(102) 湖水入口清冽,一条冰凉的水线直通腹中。
(103) 猛然间一个天仙般的女子跟在董永身后从门外翩翩走进来。

"从门外、翩翩"构成"走"本身的进行,且主语走的同时外貌是"天仙般的"。这些信息同具感知强度。多焦点的根据在于存现范畴的语义机制:主语事先并不存在,其全部躯体的存在就当下全由动词及修饰语刻画。Jackendoff(2002:412)讨论整句焦点时分析了一个英语存现句:Once upon a time there was a little girl who lived in a large, dark, forest,认为 girl、forest 都指焦点。该句焦点性并不强,汉语无定主语句总是包含多焦点,且强度更高。

八、本节结论

把汉语一量名及英语 a NP 的功能视为"无定"并不妥当。二者都是语境依赖的指称形式,功能范围涵盖属性、类指、无定、特指等,具体所指取决于小句的模态、事态。主语 NP 的限定性强弱与谓语动词句法层面的高低成反比。

一量名无定主语是限定性最弱的指称形式,所指事物的存在就是本小句的表达任务,谓语属 AspP,指当下事实,且典型仅限制作、存现两种动词。无定主语句内在带有直接感知性,语义上总是蕴涵"只见、只听"之类的感知动词,有时也用"盯着、注视着"。当显性进入直接感知动词的宾句位置时,无定主语句谓语所允许的动词范围,可以大为扩展。信息结构上,无定主语句属典型的设置句。一部分无定主语句存在宾语话题现象,即倒话题结构,表现了与常规小句相反的信息组织模式。

与无定主语在限定性上接近的是特指,谓语属 TP,小句要求现实态,对谓语动词则无限制。句式义上,无定主语句内在编码一种原初事件,凡是转述的一量名主语小句,该名词都必然读为特指。

最后附带指出,状貌词(传统所谓状态形容词)充当谓语构成的小句,语义上具有强殊指性、生动性,而从深层看,这种小句也都是直接感知动词的内容宾语。就是,状貌小句都强烈提示"只见、只听、一看、只觉"之类的高位感知动词,并往往要显性编码,句子才显得完整。如:

(104) 你看这一大片麦子,齐刷刷,沉甸甸。

(105) 在江津现代农业园区,只见碧绿青壮的花椒树上缀满颗颗油润饱满的花椒。

即便把"你看、只见"去掉,这种小句也都强烈暗示一种直接感知者的在场。

当然,"只见、只听"并不只限于用于状貌句,而也可用于指具体事件的其他小句。不同的是,在前者,感知动词是语义上内在蕴涵的;在后者,感知动词更为外在,经常可以不出现。比较:

(106) a. 我来到了这个工厂,只见各车间冷冷清清,半成品车间空荡荡的。

b. 我来到了这个工厂,各车间冷冷清清,*只见半成品车间空荡荡的。

(107) 打到 9 平时,(只见)叶诚万突施杀手,(只见)一记追身球从吉新鹏身边擦过。

例(106)是状貌句,两个小句都强烈提示"只见"这样的感知动词,用于前一个小句,可同时管辖后面的小句,所以 a 成立;而只用于后一小句,就无法管辖前一小句,所以 b 不成立。(107)是普通事件句,"只见"可自由用于两个小句。

无定主语句的特征是动态性,状貌词的特征是静态性,二者都具有强当下性、原初事件性。在认知载体上,它们都对应于直接感知动词,而区别于间接认知动词所关联的笼统事态及语力短语。一切动词短语、小句所编码的事件,总是对应于不同的认知动词,主要是直接感知动词和间接认知动词。不过总体看,无定主语句和状貌谓语句所指事态,在指事实的典型性上都要比"盯、注视"所引小句弱很多。

本 章 结 论

本章首先以[殊指性]、[动态性]两个语义参数为根据对谓词系统做了整理。动词分为单动动词、混沌动词、状态动词、位移动词、复合动词、笼统动词、抽象动词;形容词分为性质词和状貌词。其中单动动词、混沌动词所指事件构成最典型的[原初事件],除状貌词外,其他谓词所指事态最终都需要还原为原初事件,才获得真正的现实存在性。这个语义机制称为[例示],进行体的原理就在于做这种还原、例示。

感知动词是人类捕捉外部世界原初事件的基本手段,不同感知动词形成分化的根据就在于所指感知行为的[±直接性];最典型的直接感知动词是"盯、注视"。时制短语 TP、语力短语 CP 的核心特征都是外位性,"盯、注视"的宾动词则指纯客观事件,属于体貌短语中的方式短语,不允许出现各种外位成分。"盯、注视"的宾语属设置句(thetic),表现为整句焦点的特征,但这种小句在信息结构上仍可分为多个板块,形成平铺直叙性。这种焦点属于语义维度,不同于一般关注的语用维度的焦点现象。语法机制上,直接感知动词叙实性的动因并非经典理论所认为的"预设",而是[构造]。在各种带主谓小句宾语的动词中,"盯、注视"与宾句的关系最为紧密。

学界对无定主语句已有广泛关注,但都未明确区分特指和真正的无定。真正的无定主语句对谓语动词的选择范围非常有限:只使用制作动词和存现动词。无定主语句排斥各种外位成分,带有整句焦点的特征,且小句之上内在蕴涵一个直接感知动词作为主句,而状貌句也体现了这个特征。这都表明强事实与直接感知之间是高度契合的。

第三章

"看着、看到"等半叙实动词

本章把"看着、看见、看到、发现"纳入一个连续统进行考察，其所指认知行为由直接感知性向间接认知性逐渐提高。"看着"单独构成一组，有直接感知、亲证、判断三种功能；"看见、看到、发现"构成另一组，都以指间接认知为主，并虚化为语篇层面的语用标记。这里存在两个规律：

> 主动词所指感知行为的直接性越差，则宾句事件的现实性也就越差；

> 主动词所指认知行为的间接性越强，则抽象性越强，并形成推理性、断言性。

弱叙实动词的功能特征表现在两点：情状上，允准宾动词具有很强的个体性、概括性，即不指原初事件；模态上，允许宾动词带情态、语力等各种主句层面的成分。

学界上述规律还缺乏深入探讨。Kiparsky & Kiparsky(1968)把下列典型抽象认知动词都归入叙实动词："意识到 be aware (of)、领会 grasp、理解 comprehend、考虑到 take into consideration、加以考虑 take into account"。同样，Givón(1973)认为"知道 know、懂得 understand、意识到 realize、发觉 discover、注意 notice、查明、发现 find out"等都是叙实动词。Hooper & Thompson(1973)则对直接感知与间接认知的区别有所关注，他们把英语 find out、discover、notice、观察 observe、察觉 perceive、得知 learn 等归为半叙实动词，因为它们对补足语的功能是断言，而非预设。

在现代汉语中，动词"看"指视觉行为时，很少采取光杆形式，而多以带体貌成分的形式出现，分为两类：1. 延续体，只有"看着"一个；2. 完成体，有"看见、看到、看出"三个。"看见"与"看到"语义基本相同，但后者抽象度要更高，并有一定的书面色彩。指完成义的认知动词还有"发现、发觉、察觉、觉得、感到"等,都处于由直接感知向间接认知的过渡地带,所以也兼具叙实和断言的特征,在感知功能上体现为叙实,在认知功能上体现为断言,因此都属半叙实。从更大视野看,典型的抽象认知动词如"意识到、领会、考虑、懂得、理解"等,都是强概括性,完全不具备叙实的特征。

第一节 "看着":从直接感知到判断

吕叔湘(1999)收入动词"看",并与"看见"做了比较,指出两点不同:"1.'看'表示动作自身,'看见'表示动作的结果。2.'看'是持续性动词,前面可以加'在、正在'。'看见'是非持续性动词,不能这么用。"(p.333)另收入"看着办",但未单独解释"看着"。实际上,"看着"既有字面义,也有很多引申义,用法很复杂。

一、"看着$_1$"的直接感知动词用法

在这个用法上,首先可以看到的一个行为特征是,"主语+看着+小句"构成的句子一般有语义不完备之感,与"盯着、注视着"形成差别。这表明,"看着"一般并不单纯表示对外界事物的客观扫描,而总是带有很大的选择性、目的性,特别是伴随或进一步引发更多的情感、认识等要素。如果要让"看着"句单独站住,就需要对它添加额外的强调;而这时,"看着"在语义上就基本相当于"注视着",即:[专注地看着]="注视"。句法手段包括:

1. 重读:

(1) 李景和站在炉口边,<u>看着</u>乙班一次一次地进料。

(2) 他们的工作只是<u>看着</u>孩子们玩各种玩具和做各种游戏。

(3) 不少家长都亲自赶来<u>看着</u>自己的小孩上车,<u>看着</u>他们在鲜花和欢送声中踏上进京的列车。

例(1)"看着"指感情性地投入,带有欣赏的意味;(2)指"看护",都指高度的精神关注;(3)用于送别的场景,这是"看着"的一种常见语境,即把"看"本身当成一件事来做,所谓"目送"。

2. 加方式修饰语:

(4) 他们<u>目不转睛地看着</u>一台拖拉机过去了,又急忙去看第二台。

(5) 最后一天,我们就<u>在监控器里看着</u>他偷。

3. 加时间状语：

(6) <u>有那么一阵子</u>,我就呆呆地看着触手慢慢地,抽动着伸过来。

(7) 大水<u>一直</u>看着他们走得不见影儿,才转身回去。

4. 平行句,多用"(一)边/面 VP,(一)边看着"的形式。功能也是强调,即指出"看"的行为与另一个物理行为具有平行的重要性,其功能原理也是表示把"看"本身"作为一件事来做"。如：

(8) 队长<u>边</u>抽烟,<u>边</u>看着他们玩。

(9) 我<u>一面</u>看着,一面心里想道：……

5. 焦点化：

(10) 妃子们不会饮酒,<u>只</u>看着他们吃。

(11) 法官也没有制止,法庭<u>就</u>看着吴淑珍在那边吃东西。

上述"看着"的宾句事件都引起了主句主语的特别关注。实际上,"看着"这个行为就是主句主语对外部事态形成[关注]的具体方式,直接体现为情感上关心、价值上的重视等。"兴奋、专注、呆呆"指意识投入,"一阵子、一直、将近一个小时"指持续时间,这都体现了,句子是把"看着"的行为本身作为一种具有独立信息价值的事件加以表述。

在上述用法中,"看"所指视线触及行为是实实在在的,所以应视为"看着"的初始功能。该用法与"注视着"基本相当,并确实可换为后者。特征是：1. 时空上具有当下性,持续时间长短适中,因为要符合人的注意力的维持时间；2. 宾动词具有强殊指性、动态性。"看着"在其他功能上是接受静态谓词的,比较：

(12) a. *有那么一阵子,他就呆呆地看着我脸色<u>有点不大对劲</u>。
　　　 b. 他看着我脸色<u>有点不大对劲</u>,就问我咋回事儿。

"脸色有点不大对劲"指的也是[事实],且具有外部可见性,但缺乏动态性,就不能充当指直接视觉扫描的"看着"的宾句。"呆呆地"强调"看"这个行为本身的物理特征,这即直接感知的特征。可以看到,(12)b 的"看着"在语义上已经发生很大的改变,它并不指实实在在的持续视线触及这种感知行为本身,而指通过观察,得出判断。

"监督"义是由"看着"的焦点化用法引申而来的,即非常仔细地查看宾事件执行情况的合要求性。如：

(13) 他自己花 370 元钱买来特效药品,每天到病床前<u>看着</u>他服用。

(14) 饭煮好后,他非要<u>看着</u>孩子们吃完,才肯离开。

这个用法的"看着"既可读本调,即去声,但这时一定重读;也可读阴平,这时就无须重读。

二、"看着"短语的分词状语用法

对任何一种句法成分,焦点化都是一种有标记、高代价的用法,而"看着"总是需要焦点化的帮助才能成句,这表明,在中性情况下,"看着"自身的语义内涵较为单薄,缺乏构成一个主句的物质支撑。调查发现,"看着"很容易用为分词状语。分词状语是一种作为状语、降级性的动词短语,基本特征是:1. 句法性质一般是体貌性的,即 AspP;2. 不带自身主语,或带融合性的身体器官主语,大主语与主句主语同指;3. 出现于句首(参看张新华 2018)。如：

(15) <u>看着</u>一根根柳条在他手中上下翻飞,一会儿就编结成精美的花瓶、笔筒、小收纳筐,围观的俄罗斯民众发出阵阵赞叹。

(16) <u>眼看着</u>光花钱不进钱,一些人感到信心不足,纷纷回北京了。

(17) 怎么<u>看着</u>一班卖国求荣的奸贼,怂恿得朝廷也奉表称臣,你却一言不发?

(18) <u>看着</u>一个小姐在自动取款机前离去后,我在那里琢磨了半天。

(19) <u>看着</u>一百元的大面额纸币无声地滑出时,心中感慨万千。

"看着"短语表层不带自身主语,而从其后的主句主语"民众、一些人、你"获得解读。(15)"看着"引出两个 VP,整体分量很重,但仍然读为背景信息,修饰性,后面的"围观的俄罗斯民众发出阵阵赞叹"才指前景信息,构成主句。(17)"看着"前面用疑问代词"怎么",但其所指向的实际是主句——"你却一言不发?"形式上,"怎么"可以置于主句主语的"你"前或后。(18)、(19)"看着"后带"时、后",句法降级地位被显性编码,这个"时、后"与其说是中心词,倒不如说是附缀,是提示其前短语从属地位的形态性成分。

句子可以带多个"看着"构成的分词状语：

(20) <u>看着</u>红星杨一天天枯萎,<u>看着</u>树干上蜂窝状的虫孔汩汩流淌出泪水般的树汁,战士们难过得心里流血。

(21) 看着一张张商业调查表从北京、上海、天津、广州、深圳、海南、新疆、青海、内蒙古等近80个城市飞到组委会;看着每天几麻袋消费者调查表寄到组委会;看着一箱箱抽样商品从全国九个抽样点或空运、或陆运、或人挑肩扛送到组委会;看着一位位专家戴着眼镜、拿着皮尺认真地检测着每一件服装,慎重地打下一个个百分数;看着公证人员不辞艰辛随组委会奔赴每一个活动现场;看着电视台的记者们为活动每一个细节拍下录像资料。不少专家对活动作了这样的评价:新颖、科学、严谨、公正、权威。

例(21)连用6个"看着"短语,并且后面还用了句号,但仍然是状语性质:它们的主语都通过与后面的主句主语"不少专家"同指而获得解读。只用一个"看着"而引出多个VP也完全允许,每个VP都用"看着"引出,显然是为了强调亲见性,并表示对该事态所带有的价值的理解。

对由普通动词构成的分词状语而言,形式上位于主句之前是读为状语的一个很重要的条件。这是因为,汉语句子的话题链构造很发达,所以一个动词短语只要出现在主语后,无论直接挨着主语,还是在句中,就很容易被读为一个独立的述谓单位,因此,只有通过置于句首而强势破坏话题链的解读方式,该动词短语才会读为修饰性。如:"接到报警,我们立即赶了过去。""我们接到报警,立即赶了过去。"前句的"接到报警"会读为状语,而后句的就读为主要述谓。但"看着"短语在位于句首的要求上却可以放松,也就是,由于"看着"短语自身的述谓价值非常低,所以即便它直接位于主语之后,也往往会读为降级性的。如:

(22) 张廷树看着一家人团圆了,悄悄地离开了医院。

(23) 仲纪宏站在山坡上,看着一排排砖岗在雨雾中轰然坍塌,看着河水迅速漫上了窑场,他心似刀绞。

这些句子的主要信息传达目的不是"看着"短语,而是后面的动词短语。前者指原因、条件,信息地位上是背景性的;后者指由之引发的相应行为,居于前景地位。

需指出,在上面的分词状语用法上,"看着"的直接感知性已经大为降低,叙实性不强。在上述句子中,"看着"状语与其后主句并无同时性的限制。如(15)"看着柳条上下翻飞"事件的进行时间,与主句"民众发出赞叹"

是同时性的,整个句子指当下发生的事件。而(21)6个"看着"短语在进行时间就不可能相同,并且它们也不可能与主句动词"专家评价"同时发生,这样,整个句子就是非当下性的,非当下性也就意味着非殊指性、弱现实性。章节上,这一部分内容更应放在下一小节,不过为了显示由指直接感知行为本身转而表示亲证的过渡性,姑且放在这里讨论。

三、"看着₂"指[亲证]

在原初功能上,"看着"与"注视着"具有很大的相同点,都指对外界事件专注、直接的视线触及,这带来宾动词的殊指性,所以表现为强叙实用法。但后来,"看着"不再限于指当下实际进行的视觉行为,叙实性大为减弱。此消彼长,在视线扫描的物理直接性减弱的过程中,主观意识的作用就大为增强。这样,"看着"的语法内涵就表现为[亲证]、[判断],即,功能更在于[强调]宾句事态确由主体本人亲眼所见,却并不直接刻画"见"这个物理行为本身。主体相信,如果最终追溯下去,确实存在一个发生在特定的某时、某地的"亲见"行为。强调就表现为焦点性,所以这种用法的"看着"总是重读。不过这种重读的内涵与前述指直接视线扫描的存在实质分别,后者是强调视觉行为本身中的精神专注性,前者则强调见证带来的信息可靠性。

"看着"由指直接的视线扫描转而强调见证,一个重要的语用动因是,总是在指对外部事态客观地看之外,另外思索所看到事情的某种[价值、意义]。[思索]维度语义要素的添加,导致"看着"的直接感知性被削弱。如:

(24) 5月初,我在一辆面的上,<u>眼看着计价器翻跟头</u>,车一停,连的哥都不好意思了。

(25) 在大炮轰击下,后金兵马成批地倒下去,<u>眼看着伤亡不少</u>,不由得退了回去。

在上述句子,"看着"的功能,并不仅在于表示对"计价器翻跟头、伤亡不少"这些情况的客观视觉感知,而是要另外强调:该事态确实是真切存在于当前的,并进而思考其所可能带来某种影响。即,由"计价器翻跟头"而想到钱数大,由亲见"伤亡不少"而想到应该采取相应的行为。由于[思索]要素的突显,"看着"在语法内涵上就必然与"注视"分道扬镳。

"看着"所指视觉行为的直接性减弱,宾动词的殊指性也就相应减弱,而"看着"亲证的含义就增强;韵律上总是重读。这里的一个显著表现是"看"

的时间范围的极度扩大,完全超出了直接视线扫描的时间长度。如:

(26) 李焊麟就在 1994 年 12 月 12 日站在签字仪式上<u>看着</u>他的努力变成现实的:舒勒集团与上海机电集团公司合资的上海舒勒压力机有限公司在闸北区共和新路上落成,初期投资为 2 000 多万美元。

(27) 4 年,她<u>看着</u>他伏案而作,写每个角色的词、曲。

(28) 从破土到开业,商厦是他<u>看着</u>一点点长起来的。

(29) 作为中国书协常务理事,他亲眼<u>看着</u>中国当代书法一步一步走进 21 世纪。

例(26)"看着"的行为确实是直接进行的,"站在签字仪式上"提示了这一点,但宾句"他的努力变成现实"却具有很大的概括性,不可能做直接视线扫描,这样"看着"的内涵就必然发生改变。(27)"伏案而作"具有较强的殊指性,但"4 年"的时间状语却取消了这一点。后两句宾动词都高度泛化,这样,"看着"自然也是虚指性的,强调亲证的特征就更突出,可替换为"见证"。

状语方面,"看着"欢迎"明明"这个语气词,表示对亲证的强调,二者常常伴随出现。另外也接受"真切"。如:

(30) <u>明明看着</u>那绵延的山岭就在眼前,结果赶了一上午,它依然在天边!

(31) 她<u>明明看着</u>水柔押小,怎会变成大?

(32) 我<u>真切地看着</u>那个我曾经熟悉的女孩子正在一步、一步远离我,我们已经不在一个世界。

"明明"的语法内涵分为两层:一方面指"看着"确实具有视线的物理直接性,另一方面又指这种直接性并不可靠。"看着"用"明明、真切"修饰,恰恰是对视觉行为客观性的降低。这类似认知情态词,添加之后,小句事态的客观真值性反而降低,如"他肯定在看电视"的真值性低于"他在看电视"。可以对照,真正指客观视觉行为的"注视、盯",反而不接受"明明、真切"的修饰。

在亲证功能上,"看着"的叙实性减弱。一个明显的证据是,"看着"句接受否定、虚拟的操作,这在强叙实、正极性的"注视着"是不允许的。如:

(33) <u>若只是单单看着</u>/*注视着股票上涨就高兴,下跌就消沉是无法根据股票赚钱的。

(34) <u>不看着</u>/*注视着你进家门我不放心。

(35) 不要眼睁睁地看着/*注视着新杂志不断进门,读书压力不断增大。

(36) 甚至扬言:"拿了我的东西,这回看着/*注视着他们吹着喇叭给我送回来!"

(37) 看着/*注视着肉变透明,出油了,喷点料酒翻两下。

句中"看着"都不指当下实际进行的视觉行为,而指对宾语事态的一般见证。

亲证功能"看着"区别于直接感知用法的形式特征还包括:1. 宾动词允许出现语力成分,后者是对主动词亲证内涵的呼应。如:

(38) 看着自己的座位就在几步之外,就是挤不过去。

(39) 一到工地,我整个人全傻了,看着这个招牌,整个是东倒西歪了。

(40) 当时就这样,看着他冻得成冰棍啦,上去就亲,亲完就嫁。

例(38)"就"强调"座位在几步之外"的显著性,这就与"挤不过去"形成反差。(39)"是"强调宾句事态确实无可置疑地存在。(40)语气词"啦"作用域是宾句事态"他冻得成冰棍",而非主句。宾句的语力要素是由主动词授予的,即,主动词并不指客观地看,而指对客观事件[真实性]的强调。事件自身只以[展开]的方式存在,是局部扫描,[真实性]则是一种高位断言,是整体关注。指直接视线扫描的"注视着、看着"就不允许宾小句中出现语气成分:"*我们目不转睛地注视着/看着他慢慢走过来啦。"

2. 主动词后允许停顿。停顿是有重要的语法价值的,它使宾句由内嵌地位而上升为语篇主要谓述,同时也降低了主句部分的表述价值,使之发生虚化,成为表示亲证的语力性成分。如:

(41) 可眼看着,拉拉队的阵容越来越庞大,老赵却再也乐不起来。

(42) 那西苑那坑,我眼看着,那边儿去的,那有好些人回来哭啊。

"眼看着"的内涵有两方面:一是强调所引事件确实是本人亲见,其真实性确定无疑;二是指该事件值得特别关注,有特别的价值。(42)"我眼看着"虚化程度较高,一定程度上已经成为话语标记。

3. "看着"引出多个小句。形式重也就意味着信息重要性大,即,这些被引出的众多小句才指语篇前景信息,构成语篇主线,同时,"看着"自身在信息地位上被降级,成为话头性质的节引成分。从语篇的话题结构看,当"看着"的行为自身被视为语篇前景信息时,其主语同时也是语篇的主要关注对

象,具有语篇连续性;而当"看着"所引宾句被作为前景信息时,"看着"的主语也同样不作为语篇关注对象,失去语篇连续性。如:

(43) 他在南部扫街的时候,我看着电视上那一些群众从店里面,从工作岗位上奔跑到街上来,对他挥手,对他欢呼,你会感觉到说,马英九是真正可以作为所有台湾族群的一个领导人。

(44) 9月11日,数十亿人目瞪口呆地看着直播的电视画面里,飞机在秋日的朝阳下,撞向纽约110层的世贸大楼,然后,大楼慢慢地塌下来,烟尘像原子弹爆炸一样,带着巨大的能量,迎面向人们扑过来。

例(43)整个语篇的言谈对象是首小句的"他",即后面的"马英九";"我看着"这一行为并不构成语篇陈述的主题内容,其功能只是为语篇话题"马英九"的行为提供信息来源。另外值得注意的是,"我看着"所引宾句中的主语"那一些群众",其话题重要性要远低于后面介词"对"引出的"他"。这在话题的语篇连续性上有明确的体现:"他、马英九"构成连续的指称,中间的"我看着、你会感觉到说"都是背景性、解释性的,"你"在指称上也是虚指;"那一些群众"是语篇偶现事物。(44)虽然"看着"带状语"目瞪口呆",但主语"数十亿人"是泛指性的,这样,"看着"就不指特定施事的视觉行为,而在于指出其后众多小句所述事态,是具有普遍见证的,是真切发生的。

[动作]与[施事]二范畴间具有内在一致的关系。具体的动作只能通过具体的施事才能执行,反之,具体的施事也只能通过具体的动作才能体现出来。由于[亲证]功能的目的不在于陈述具体视觉行为,所以"看着"的施事也就不被关注,这导致"看着"虚化为纯粹的亲证标记。虚化过程有两个阶段,一是主语泛化、虚化。前面(44)的主语"数十亿人"从数量上看是笼统的,但词汇上仍指特定的施事,人称代词"大家、你"则在词汇层面就内在是虚指性的。如:

(45) 至于这些人是怎么冲过去的,圈外人一般不大清楚,但是大家却能眼看着一个只唱过一首歌的小姑娘在各种电视晚会里出现,还是独唱,出镜率高得出奇;一个没演过什么戏的女孩子突然在一部电视剧里挑起了大梁,出任了女一号。

(46) 你看着虽然说我们在北京住这么长时间了,可是也上学,从小儿就上学。

(47) 哎对了,你这看着呀他这拉鼓,唱,哎,一边儿看,一边儿唱。

例(45)"看着"的主语"大家"是泛指性的,难以精准定位,"大家眼看着"并不指任何特定个体的视觉行为,其功能特征类似"众所周知",不过后者是从认知、断言层面表述的,前者则指直接感知维度的亲证。(46)、(47)"看着"的主语"你"完全虚化,因为真正的受话"你"压根儿就没看到后面引出的内容——后者才构成语篇前景信息。"你看着"指一般性的视觉亲证,词汇内涵脱落,成为一种纯粹的功能成分,表示现在要说的事确有人见证,是真切存在的,至于到底是谁作此亲证,则无须关注。(47)"看着"前加填空性的指示代词"这",后带语气词句中"呀",这些操作都大大去除了"看着"的直接感知义,而强调其亲证义。

二是主语完全脱落:

(48) 结果煮完以后他就没衣服穿,所以那几天就<u>看着</u>我们男生宿舍有一个赤身裸体的壶盖整天围着炉子在那转,在那煮衣服,再然后就是洗澡……

(49) 中间换了几个老板都没发到我的唱片。……就<u>看着</u>公司不停地换老板。

(50) 吃下药去,哇哇直吐,<u>眼看着</u>吐出铜钱大的一块白骨头来。

(51) 你的手指就<u>看着</u>它就发黑。

"看着"不指任何个体的具体视觉行为,而指其所引出的小句事态确实是有人见证的。

以下三种用法可视为亲证功能的次类,三者都有焦点性、对比性、重读。

1. 强调表面现象与实质存在差距:

(52) 我们<u>看着</u>面上好像波涛汹涌,其实私下比较弱小。

(53) 火车站春运组织得好,<u>看着</u>人很多,却一点不拥挤。

(54) 很多楼现在<u>看着</u>没有问题、没有倒,但是一二层已经被泥石流冲刷过了。

2. 强调明见不利情况而不采取救助行为:

(55) 他<u>看着</u>我穿得这么好却不提醒我,是不是有些不地道?

(56) 蒋介石终于无计可施了,<u>眼巴巴地看着</u>陈洁如从自己身边冲了过去。

(57) 这大明江山,咱不能<u>眼睁睁地看着</u>让努尔哈赤把它吞了。

3. 警示,总是采取祈使句的形式,提请对方加以见证:

(58)你们看着吧,1个月后我就能减掉50斤,让所有人刮目相看。

(59)我要开始表演了,看着,手穿玻璃马上就要开始啦。

上述三种用法之所以都有强调的功能,动因仍然是"看着"本来指直接视觉感知。后来,由于不再把这种感知行为本身作为语篇陈述的目的,就转而表示由之引发的其他相关事件。而之所以发生这种注意力的转变,根据则是"由看而引起思索"。对比可见,只有"注视、盯"指严格的"所见即所是"。

四、"看着₃"指[判断]

亲证是"看着"在直接感知维度本身上的功能演化,判断则显示其由直接感知而提升到抽象认知的维度,即通过直接看到的事态表象,经过对其内在因果联系的思考,最终认定事件背后的本质,或对事物将来的发展趋势做出预测。这对"看着"显然是重大的改变,所谓由具象到抽象——[抽象]的语义机制即[去物质性]。并且,与亲证功能相比,"看着"在判断功能上的虚化程度也更高。有三种形式,虚化程度递增。

1. 常规形式,保持"(主句主语)+看着+宾语小句"的形式,虚化程度不高,如:

(60)我看着像胡椒面啊。

(61)我看着主要是刚才的欢呼声还不够响亮。

(62)很多人看着我们这个无油烟,环保,干净。

(63)看着时候还早就拐这儿来了。

(64)看着哪一本都是如花似月,都想买。

例(60)"像胡椒面"指通过外部物理形象而对其本质加以认定。(61)"主要是"前面省略了主语"原因",这个主语与宾语"欢呼声还不够响亮",都不可能做视线扫描,所以"看着"明显指主观判断。其他几句的情况类似。

"我看着"有向"我看"靠近的地方,不过后者的主观断定性更强,而前者还仍然明显携带物理感知的特征。比较:

(65) a. 我看着像胡椒面。　　　b. 我看您可以扩大一下硬盘的内存。

a 指视线对事物确实加以触及,b 就纯粹指主观判断,完全不指视线触及。a 中的"看着"可以换为"看",b 中的"看"却不能换为"看着"。

2. 宾主语话题化,"看着"的主语完全脱落,虚化程度居中。这个"看着"功能类似系动词,引出后面的述谓部分,后者是形容词性质。如:

(66) 我那时候就觉得黄日华<u>看着</u>挺顺眼的。

(67) 这些年您<u>看着</u>变化很多。

例(66)"看着"所在的小句用为判断动词"觉得"的宾语,"看着"与"觉得"在语法内涵上是等同的。

3. "看着"用于句末,韵律上一定弱读;主语只能是第一人称"我",且可省略。这种用法的"看着"虚化程度最高,语法意义类似"我认为"或"在我看来"。如:

(68) 你的嘴不大呀<u>我看着</u>。

(69) 一天要不打都难受是不是?就胆大,<u>我看着</u>。

(70) 光着膀子,顶多穿一条裤子,反正是挺惨的<u>看着</u>。

主语的第一人称限制表明,"看着"已经高度主观化,功能是一般性地表明话主对所述事态的断言语力,本身完全不被作为一种物理事件加以陈述。(70)"看着"在形式上就与"似的"同类,其发展前景是指断言的语气词。

"(眼)看着"指近将来时可视为判断功能的一个次类,有副词化的趋势,直接用在宾主语的后面。语义机制是,根据直接看到的客观现象,而推断事物在不久的将来的发展趋势,这是一种[近将来时]。如:

(71) 城墙眼<u>看着</u>要被他们撞塌了,幸亏援军及时赶到。

(72) 市场上鲜姜需求量不大,三位老乡眼<u>看着</u>鲜姜将要积压烂掉而抱头大哭。

(73) 这样暴露在空气当中 20 秒钟,你的手指就<u>看着</u>它就发黑,然后你一掰就断。

例(71)指实际看到他们在撞击城墙,城墙也被破坏得厉害,据此而得出"城墙很快要被撞塌"的趋势。"天眼看着就黑了"有歧义:过去时,"天黑"已经实际完成;近将来时,推断天很快就要黑。

五、本节结论

"看着"有强叙实、半叙实、非叙实三种用法,这个演化过程的根据是其所指视觉行为的[±直接性]。"看着"的初始功能是指直接视线触及,宾动词具有强殊指性、动态性。这时它表现为典型叙实功能,与"注视着"功能相当,可替换为后者。但"看着"的这种用法在语义上并不完备,且总是需要重读、方式状语、平行句等其他语法手段的支持。

"看着"功能发展的一个重要阶段是由指直接感知转而指对客观事态的一般亲证,相应地,也就不再要求宾动词具有殊指性、动态性。这样,"看着"也就失去作为典型叙实动词的特征。无论是强叙实还是半叙实,"看着"短语自身往往缺乏完备的述谓价值,因此常用为分词状语,指语篇背景信息。

"看着"的进一步虚化是由具体感知层面而完全提升到抽象认知层面,语义内涵也发生根本改变——由感知、亲证,即"视",转而指判断,即"思",指对表面现象背后真相的推理、认定,及对事物将来发展可能性的推测。这时"看着"完全失去叙实的特征。在具体感知层面,无论指直接视觉行为还是指亲证,"看着"是实义性的,重读,具有焦点性;而在抽象认知层面,"看着"轻读,成为功能范畴。

第二节 "看见、看到、发现"构成由直接感知到抽象认识的连续统

这三个动词都是半叙实性的,既可指直接感知,也可指抽象认知。在前者表现为强叙实性,主句指语篇前景信息,宾句是内嵌性的;在后者表现为弱叙实性、断言性,主句部分述谓降级,宾句上升为语篇前景信息。

陈颖等(2016)专文讨论"看见、看到"的差别:1."看到"强调动作的终结,"看见"侧重指动作终结带来的结果;2."看见"注重客观视觉的感知,"看到"的对象除具体事物、现象,还可以是抽象概念。上述第二点有合理之处,第一点就不免牵强。如,该文认为由于这个区别,"看见"能与"正、总"共现,而"看到"不能。这个结论明显不符合语言事实,如:

(1)她迷惘地抬起眼睛,正看到他默默地望着这个角落。
(2)无论酷暑严寒,人们总看到一个佝偻的老人坐在那里。

看来,"看见、看到"的功能分别仍待继续探讨。

一、"看见、看到、发现"授予名词宾语[存在]义

广义的存在指事物的一切行为,狭义的[存在]则指事物自身之物质躯

体在特定时空域中的具体展开,这是事物存在的起点,也是形成其他形式存在方式的根据,因此构成小句预设义的来源;存现句即专门指事物狭义存在的句式。本小节要讨论的是,在指直接感知时,"看见"等除带主谓小句 CP 宾语外,也常带名词短语 DP 宾语,而后者总是携带[存在]义。换言之,事物的[存在]是由人的直接感知行为具体授予的,而"看见、看到、发现"就构成授予宾语事物存在特征的量化算子,即由全称、潜在性而转换为特称、现实性。从深层看,这种充当"看见、看到、发现"宾语的 DP 其实是一种指存在的"隐藏的小句",即"看见[某处有 DP 在]"。

"看见"比"看到、发现"更多带指 DP 宾语。在这种句子中,宾语事物与主语事物必然处于同一时间、空间位置。如:

(3) 后来我老伴在网上,看见一家专门治颈椎的医院,就抱着试试的态度来的。

(4) 今年,第一次,在还能看见亮光的时候下班。

"在网上看见一家医院"实际指在网上发现了一家医院的[存在]。"还能看见亮光"则提取[同时性]的要素,即在看见的当时,亮光存在。Quine(1959)有一个著名的论断:"存在就是成为变元的值"。"看见"等感知动词的功能内涵就体现了这一点:"一家医院、亮光"自身指一般性的事物,属于变元,是[非现实性]的,通过接受"看见"规定、量化,就转而表示特定的个体,因此成为[现实存在],同时也就获得维特根斯坦所说的[确定性]。经验上,所谓"看见",即通过物理感知器官的视线触及,而对事物在当前时空域中的存在,加以确认,即以话主的坐标原点为根据而对事物加以定位。客观事物自身当然存在,但对语言而言,只有通过人的具体感知行为,事物的存在才现实成立,这即语法的人类中心主义。

DP 宾语可转换为"有、在、是"构成的存现句,三者都是典型指一般存在的动词:

(5) a. 她桌子上我看见一杯酒。=b. 我看见她桌子上是/有一杯酒。
=c. 我看见有一杯酒在她桌子上。

(6) a. 每天早上醒来,看见你和阳光都在,这就是我想要的未来。
=b. 每天早上醒来,都看见你和阳光,这就是我想要的未来。

例(5)a 处所词"她桌子上"出现在主句中,b 出现在宾语中,语义完全相同。

在语篇中,如果[处所]的语义要素很明显,则往往并不在句子表层显性编码,这时,宾语部分多采取"有+NP"的动词短语形式。语义上,这个"有"是羡余性的,去掉并不影响句子的成立,用"有"的功能更在于强调存在义。如:

(7) 他开车,看见<u>有交通警</u>,就赶紧把速度降下来了。

(8) 他一进屋看见<u>有空床</u>,拉开人家被子就呼呼大睡。

"有交通警"的处所自然是"路上","有空床"的处所自然是"屋里"。

"看见"常常去施事化,即不关注具体由何人看见,这样它就指事物自身的向外展现。抑制施事的动因是:1.语境省略,2.施事是泛指的"人们、有人"之类,如:

(9) 走在石家庄的街道上,不时能看见穿着厚重衣服的人们。

(10) 延坪岛上往来穿梭的大多是坦克、装甲车,很少看见民众的身影。

例(9)前一小句谓语动词"走"提示了主体的存在,所以后小句"看见"指该人实施。而(10)直接以"延坪岛上"为主语,"看见"的执行者高度弱化,语义上就很接近指事物自身存在的动词"出现"。

"看到、发现"的差异是,前者指在抽象层次上对事物[存在]的直接把握;后者表示是通过艰难探索而获知的,且强调事物对象的新奇性、有意义性,常用于科学语体。三者中,"发现"最典型指[首次确定事物的存在],如"发现了新大陆/镭/热辐射定律",发现新事物的行为还名词化,如"这一发现"。"看到、发现"比"看见"更多组合抽象名词宾语,表明前二者的虚化程度更高。如:

(11) a. 被试在6m远处通过一个长方形窗口只能看到<u>这两根棒的中间部分</u>。

=b. 被试只能看到<u>长方形窗口中有这两根棒的中间部分</u>。

(12) a. 边检人员在该旅客的一个饼干盒中发现了<u>17根擀面杖一般粗细的骨头</u>。

=b. 边检人员发现了<u>该旅客的一个饼干盒中有17根擀面杖一般粗细的骨头</u>。

(13) a. 在他对现代机械文明的批判中,也可以看到<u>同样的倾向</u>。

=b. 也可以看到<u>他对现代机械文明的批判中有同样的倾向</u>。

(14) a. 如今<u>在许多自旋失措磁体中</u>都发现了<u>铁电性</u>。

＝b. 如今发现<u>许多自旋失措磁体中都有铁电性</u>。

例(11)、(12)句中的"看到、发现"都可换为"看见",(13)、(14)则不能。

总之,无论是对具体的物理实体,还是对抽象的理性概念,人们都只能通过具体的认知行为来确定它们的存在。在这一点上,同样带抽象名词宾语,"看到、发现"还是区别于"意识到、认识到"等思索动词。后者的宾语是由主体意识自身推断、制作的,事先并不存在,如"他意识/认识到问题的严重性","问题的严重性"是在他大脑中形成的;而在"他看到/发现了问题的严重性","问题的严重性"本来就存在,他只是通过"意识的眼睛"而确认了该事物的实际存在。

"看到、发现"也都有去施事的用法,指事物自身的出现。比较而言,"发现"的这种用法要比"看到"更发达,使用更普遍,词汇概念结构上对施事的去除也更深。如:

(15) a. 我们在任何社会里都可以<u>看到</u>一些古老的风俗礼仪和行为准则。

＝b. 任何社会里都可以<u>看到</u>一些古老的风俗礼仪和行为准则。

(16) 最为严重的是性传染疾病——艾滋病,截至 1993 年底,<u>我国已发现 1 361 例</u>。

(17) 春节期间,位于新疆塔克拉玛干沙漠的塔河油田<u>发现</u>了一个 1 亿吨级的稀油油藏。

注意,例(16)主语"我国"并不读为施事,而指处所,其中的"发现"大致相当于"有"。

逻辑上说,带名词宾语时,指直接视觉行为的动词自然也以宾语事物的存在为前提,但"注视、看着"却更侧重于指存在之外的精神、情感投入,而并不像"看见、看到、发现"那样表示一般存在。因此,"注视、看着"的名词宾语就并不包含一个指存在义的隐藏小句。例如:

(18) 所有的人都好奇地<u>注视着</u>李东生。

(19) 大家谁也没听你唱歌。就<u>看着</u>你,<u>看着</u>你人。

(20) a. 她桌子上我*看着/看到一杯酒。

b. 我*看着/看到她桌子上是/有一杯酒。

例(18)、(19)"看着、注视着"都强调对宾语"李东生、你"深情地看,其存在性是作为预设传达的。(20)b"看着"如果指判断,则小句可以成立,指专注地看是不成立的。

二、"看见、看到、发现"宾句的个体性

在认知动词句,主动词与宾动词之间基于所指感知行为的[±直接性]形成语义一致关系。主动词的直接性越强,则对宾动词的殊指性、动态性要求就越高;反之,主动词的间接性越强,则越接受个体层级的宾动词。与这个句法过程相伴随的是宾句主观性、语力性的增强,因为在间接认识中,主句主语就必然会加入自己的主观推理、判断。三者中,"看见"多用于口语,宾句以指个别事件为主,也允许概括程度较低的类事态;"看到"常带指概括事态的宾小句,主动词后常停顿,有话头(或话语标记)的特征;"发现"允许宾句指最概括的科学规律、原理,并总暗示是通过探索、推理得出的结论。

首先,"看见、看到、发现"也可带指强事实的宾句,抽象认知行为的内涵大于直接感知,所以可以涵盖后者;量特征上,抽象认知相当于全称,直接感知相当于特称。强事实的语义特征是殊指性、动态性、当下性(即[这里-这时]),体貌上表现为延续体、进行体、完成体。如:

(21) 目击者看见了/看到/发现/注视着一名裤子着火的不明身份者仓皇逃走。

(22) 我们看见/看到/发现/*注视着环卫工人们,仍在紧张地忙碌着。

(23) 当时看见/看到/发现/*注视着他哭了。

在(21),主动词用"看见、看到、发现"时,侧重于指宾动词"逃走"完成后的结果状态,用"注视着"则指内部进程。(22)"注视着"句不成立的原因有两点:1. 宾主语后有停顿,即话题化;2. 宾动词中有指时间延续的副词"仍"。但这些都为"看见、看到、发现"所接受。在(23),"看见、看到"侧重于指"哭"这个行为本身的实际发生;"发现"则指"哭"的行为带有新奇性,并且可指通过一些物理线索而推断他刚才哭过;"注视着"只能指动作的内部进程,所以不允许"哭"后带"了$_2$"。

静态谓词所指事态的殊指性、当下性大为减弱,其作为事实的典型性也就降低。静态谓词的范围很大,包括姿态动词、笼统动词、抽象动词、性质形容词、状貌词等,另外,动作完成也就进入一种状态。这种静态场景当然也

属于[事实]的范畴,具有一定的当下性,可由视线直接扫描,但相较(21)—(23)那样强动态性的事件,就表现为不典型的[事实]。如:

(24) 记者从高处空隙处观望,看见里面竟然用水泥筑起了两个猪圈,四头肥猪悠然地躺在地上,旁边还有几只生猛的走地鸡,简直就是一个私家农场。

(25) 我看见天空一片雪亮,就像打雷时的闪电一样。

(26) 虽然尚未完工,依然能看见社区内的交通线路四通八达,绿化也已经初具规模。

"筑起了两个猪圈"指完成之后所处的静止状态,即实际看见的"筑着两个猪圈","躺在地上、四通八达"指姿态、场景,"一片雪亮"指状貌——上述宾动词的共同特征是静态性。上述句子的主动词都可换为"看到、发现、看着",但不能换为"注视着、盯着"。

可以对照,作为独立小句,"里面是一个私家农场、绿化已初具规模"指的都是抽象事态。但它们用为"看见"的宾句时,却指该事态的具象表现,即"私家农场"展现为"猪圈、肥猪、走地鸡","绿化初具规模"展现为"茂盛的花草树木"之类。这即个别事件对笼统事态的[例示]关系,前者才指强事实;"看见"的功能内涵就在于这种还原、例示。

"看见"等也接受典型表示类事件的宾句,后者完全不具有时空当下性,不可由视线扫描,且难以或不能像(24)—(26)那样可以还原为个别事件。类事件即日常所谓"规律"。这时"看见"等是强概括性的,并自然伴随语力的要素。模态上,个别事件和类事件构成对立的两极,其根据即[动态性]、[殊指性]这两个语义参数。西方语言学界常用到"情节性"小句的提法,实即个别事件句。与个别事件的语义关系越疏远,可还原性、透明性越差,则指类事件的典型性越强;相反,个别事件的清晰度越高,类事件的典型性就越差。根据概括度的不同,类事态分为下面三种形式。

1. 对个别事件加以概括化处理。这种概括是从时间、空间、参与者三个维度进行的,共同做法都是[去除],即去除事件所占据的特定时空位置,如(27)—(29);且不限于特定的个体,如(30)—(32)。这种类事件的概括程度较低,相当于一种复数化,所以仍具有很大程度的可还原性。"看见、看到、发现"表示的是通过一些直接见到的个别事实,进而概括为一种规律;但这种概括一般并不准确,而允许例外。

(27) 他们(总是)看见/看到/发现他(总是)冲在危险的最前面。

(28) 有一个时期,赵珍娣看见二儿子根林穿了新衣服不想换;穿上补过的衣服,不脏就换了。

(29) 在日本他看见警察骑着自行车,到处为老百姓服务,做好事,或者是警车呼啸而过的时候,车里面那个日本小警察,一路还对不起,对不起,对不起。

(30) 吕方小孩子会跑了,无论是在院子里,或屋子里,看见什么都是新奇的。

(31) 我看见人民公社中人人发挥自己的作用,对公社的福利做出贡献。

(32) 我看见人们这个腿疼,那个腰疼,这个抽筋,那个叫唤,我的心就软了。

"总是、有一个时期、到处"所指的量本身是看不到的,所看到的是实际发生于某特定时空域的个别事件,"看见"指通过看到众多后者,而概括为前者。"总是、每天、到处"等都并不指绝对数量,而允许存在"例外"情况,规律内在带有模糊性。

句法上,频率副词在主动词和宾动词之间运行自由升降,句义保持不变,如(27)。这是因为宾动词的发生次数,完全对应于主动词的发生次数。同样,(28)句首的"有一个时期"可置于宾句之中,如主语"二儿子"之前,(29)"到处"可移至主句:"在日本他到处可以看见……"。

2. 词汇手段,即强个体谓词,后者内在是类指性的(Carlson 1995)。包括笼统动词、抽象动词、抽象性质形容词等。这种类事件无法还原为个别事件。在这里,"看见"与"看到、发现"形成分化。前者带个体谓词宾句的能力不强,后两者就很好。另外,"看着"也不允准这种宾动词。这里表现了形式与意义之间的相似性规律——由于主动词与宾句事态的直接视线触及关系极为疏远,因此,主动词后总是容易停顿。显然,"注释着、盯着"恰恰采取完全相反的行为,也是这一规律的体现。

(33) 到苟儒这儿,你能看见/*看着它实际上是社会的堕落过程,是人性的败坏过程。

(34) 从这里我们可以看到,任何一种应付方法都有它的最佳适用范围,不能一概而论。

(35) 通过这样的法律将使全世界清楚地看到麦卡锡主义统治着我们的

国会。

(36) 人们<u>发现</u>/*<u>看着</u>,要在这样的社会中生活、生存、竞争、发展,仅靠在学校的一次性教育已远远不能适应,而必须终身不停顿地学习、进取。

这些宾小句所述事态一般也认为属于[事实],但相比动态事件,其作为事实的典型性明显很差。以"它是社会的堕落过程"为例,语义上容易理解:"堕落"实际指"民众做坏事"的行为,而其最终体现则是一个个原初事件,如特定的个体"王某偷了一头牛"之类的动态行为。但显然,主动词"看到、发现"对这些原初事件完全不做触及,因此表现为概括性、弱叙实性。(33)主动词用"看见",语感上不大自然,用"看到"就很好,表明"看见"对叙实性的要求比"看到"高。概而言之,原初事件是客观世界存在的最本真形式,概括即类事件是后起的;强叙实动词的功能就在于引出前者,弱叙实动词的功能自然在于引出后者。

3. 条件复句,指规律。条件句与[类]、[情态]、[假设]、[通指]都存在关联。"规律"指事物之间的本质联系,这种联系并不实际表现为个别事件,而是潜在性、必然性的,并内在包含[条件]这一语义要素:规律都是在特定的条件下成立的。数量上,条件句往往带有通指义,因为其所指条件与结果的联系是对众多个别情况的概括,并适用于其他同类情况。条件句所指"规律"的抽象性极高,而其作为"事实"的典型性很差。同样,"看见"也很难带这种动词构成的宾句,"看到、发现"就很好带。如:

(37) 日本马上<u>看到</u>了/*<u>看见</u>如果它希望在条约中得到与西方列强同等的待遇,就需要建立起现代的贤能政治。

(38) 透过该管理模式,我们<u>看到</u>/*<u>看见</u>本土高新技术企业只要善于汲取传统企业的管理理念的精华,赢利就成为一种水到渠成的事情。

(39) 李涛<u>发现</u>/*<u>看见</u>人工授粉时如果囊包粘着柱头,雌蕊就一天天萎缩。

(40) 他们还通过观察,<u>发现</u>不会游的学生一旦学会,就容易单个儿行动。

例(38)—(40)宾句主语"本土高新技术企业、囊包、不会游的学生"表示通指,指"任何、一切"个体。

一切认识活动最终都来源于对外部世界[原初事件]的处理、加工,这种加工称为语义操作;事态的概括程度表现为所含个别事件的[±可还原性]。根据原初事件存在的透明性,分为三级:[归纳]、[概括]、[抽象]。[归纳]是简单的复数化,即"多次",这是对众多个别事件加以罗列、汇总。[概括]直接以个别事件为着眼点,个别事件总是隐约可见的,因此仍是低阶形式。比概括更高的操作方式是[抽象],后者就完全撇开个别物理事件,而直接把非物质实体、类、规律本身视为一种独立的范畴。"语义操作"是对语法范畴的语义分析,是解释性的,通过语义操作的分析,可以指出不同语法范畴之间的内在联系。

感知动词所引宾句的个别性/概括性构成如下连续统:"盯着、注视着"<"看着"<"看见"、"看到"<"发现"。"盯着、注视着"直接引出原初事件,未做任何语义操作;"看着"对宾句事态的语义操作是归纳,所关联的个别事件非常清晰;"看见、看到"的宾句是概括,所关联个别事件很模糊;"发现"的宾句则是抽象,完全不指向个别事件。"看见、看到、看着"都可用"亲眼"修饰,以强调视觉行为的直接性,"发现"则不接受这种修饰,因为它内在是强间接性的。在另一极,"盯着、注视着"也不接受"亲眼"的修饰,这自然并非因为二者是间接性的,而是因为它们本来就指"亲眼",所以无须重复指出。

(41) 我有好多次亲眼看到/*亲眼发现他们一天比一天变得越来越满不在乎。

(42) 检察院调查发现/*看到吴美娟才是吴老先生的血缘继承人。

(43) 该学派的最大贡献,就是发现了/*看到三角形斜边的平方等于其他两边平方之和。

(44) 库仑发现了/*看到两个点电荷之间的相互作用遵守平方反比规律。

例(42)—(44)宾句事态也具有客观真实性,但高度抽象,并不指向个别事件,所以只允许进入"发现"的宾句,而不为"看到"所接受。

不同的事态类型由不同的主动词引出,主动词的认知间接性越强,与个别事实的关系也就越疏远。因此,上述"发现"句带指规律的宾语,正表明它并非典型叙实动词。不少学者认为,"规律、本质"才是真正的"事实",变动不居的个别事件只是现象。本文则认为,只有变动不居(即[动态性]、[当下性])的个别事件才是真正的事实,规律是派生形成的。强事实的基本形式是：1. 特定的个体，2. 在特定的时空域，3. 执行特定的动态行为。这即所谓现实存在的[确定性]的表现形式。

实际上，柏拉图虽然强调理念、共相的重要性，但也明确指出，"起作用与被作用的能力是'是者-实在'的标志"(智者篇 247d—248a)，显然，"作用"只能通过具体动作而发生，即，实在的核心是动作。弗雷格(1918)对类事件和个别事件的关系有很朴素的描述："现实事物的世界是这样一个世界，其中，此事物作用彼事物，使它发生变化，而自身又受到反作用并由此被改变。所有这些都是在时间中发生的事情。我们很难承认永恒的和没有变化的东西是现实的。"(pp.135-136)"此事物作用彼事物"即动态性、殊指性，"在时间中发生"即当下性，"永恒"即非时间性、类指性。反过来，规律[最终]都需要实践来验证，所谓验证也就是[例示]，即还原为个别事件、原初事件。

三、情态动词在"看见、看到、发现"宾句指现实态

情态动词包括认知情态、道义情态、动力情态，这里限于动力情态。一般而言，动力情态动词的基本功能就是刻画所关联谓词的可能性、潜在性，即非现实态，如：

(45) 中国能/会/可以/愿意/需要做好准备。

"做好准备"这个动作尚未实际发生，"能、愿意、需要"等是从不同方面指出实现该动作的素质、条件，即不同表现形式的可能性。

但"敢、能(够)、会、可以"等情态动词也可指现实态。一种典型的语境是意外：

(46) 你怎么能/会/可以/敢做出这种事？
(47) 你为什么能/会/可以/敢做出这种事？
(48) 没想到他能/会/可以/敢做出这种事。
(49) 这种奇特的现场效果，难怪会/能引起迪斯尼客人的浓厚兴趣。

在上述句中，"能、会、可以、敢"所引动词"做出这种事、引起兴趣"都已实际发生。这种句子的逻辑关系是，通过实际发生的行为，[验证]了"能、会、可以、敢"的可能性。

实际上，情态动词还可以直接用于现实事件句：

(50) 他们越走越近，我们已经能听到他们的话说声了。

(51) 学妹胆子也很大,已经敢去动刀子了。

"能听到"指已经实际听到了,"敢去"指已经实际去动过刀子了。这种用法的功能原理仍在于直接感知、个别事件与间接认识、类事件之间的贯通关系,即,通过个别物理行为的实际发生,而推出"能、敢"这种动力情态的实际具备——动力情态指抽象概括的性能(参看第二章第一节)。

根情态动词内在带有遍指的量化算子。如"小王会修电脑"指类事件,即,在条件具备时,小王可以无数次地实际修好任何一台电脑,动作"修"的宾语"电脑"都是类指性的,指变元。现实态则是对根情态所指变元所做的个别化约束,这具体是通过[例示]关系实现的。"小王已经会修电脑了"表示小王已经实际修好某台特定的电脑,所以得出"会修电脑"的概括。

吕叔湘等(1999:278)指出"会"的一种用法是表示"有可能",并特别提出:它"通常表示将来的可能性,但也可以表示过去的和现在的";后者的例子是:"他怎么会知道的?""没想到会这么顺利",即上述(45)—(49)的意外语境。该书认为"有可能"可"表示过去",是有启发的,但还有点模糊:是指过去的"可能性"本身,还是指这种"可能性已经实现"?作者的表述似乎指前者,而实际引例则指后者,其实两者都不准确。从根本上说,[可能性]这个范畴只能是潜在性、非现实性的,实现的可能就表现为一个实际发生的具体"事件",不存在"实现的可能"本身这样的范畴,所以也无所谓"过去的可能性"。在"你为什么会做出这种事",所谓实现,是"你做出这种事"这件事已经实际发生,而不是"会"这个可能性本身实现了,"会"自身总是指可能性。

吕叔湘等(1999)只是对"会"指出存在上述用法,而对"能、可、可以、敢"都未指出。实际上,在"看见、看到、发现"句,"能、可以、敢(于)、会"无论用在主句,还是宾句,整个句子都指现实态,且可主句宾句同时使用。其中,"能、可以、敢"是一组,"会"是一组。"能、可以、敢"用在主句与宾句时间特征有差异。用在主句时,指主动词当下发生,如:

(52) 当时还发生了大火,从外面能看见滚滚浓烟从酒店里面冒出来。

(53) 这条就是被剪的水管,可以看见切口非常整齐平滑。

(54) 稍加留心就能发现,不少人还是把垃圾随便一扔,根本就没按要求精确分类。

(55) 从他们的研究可以看到,不同义域之间的事物是可以相互联系的。

(56) 从上面的论述可以发现,市民社会概念乃是德国古典哲学遗产的根本内容之一。

"能/可以看见/看到/发现"都指在当时的特定时刻,主句主语对宾语事件已经实际获知,并且,宾语事件也已实际存在。

"能、可以、敢"用于宾句时,指概括事态,后者本来是没有当下性的,但在"看见"等的宾语表现为[例示]关系,即规律在个别事件上体现出来,因此具备时间性。如:

(57) 自打那次见到你,看到一个女人敢去抱敌人机枪。我就佩服你。
(58) 一些最初有意见的人看到自己的孩子能在漂亮的校舍里上学,也都改变了看法。
(59) 据刘某交代,一次偶然看见一个网站可以免费下载印章制作软件伪造公文。
(60) 瑞典研究人员最近发现,一种番茄基因与药物组合后能破坏癌细胞。
(61) 可以看到,同一偏导数可以有不同的近似方法。

例(57)宾句"敢"指"去抱敌人机枪"的行为已经实际执行,(58)宾语指"上学"的事已经实际发生,(61)宾语指在话主所观察的实例上,"同一偏导数实际存在不同的近似方法"。[例示]关系是非穷尽性的,往往是以偏概全,因此总是允许存在例外。

"会"用于主句也指现实态,但总是指频率,多次发生,而不像"能、可以"那样指一个当下个别事件。这显示"能、可以"对叙实语境的适应性更强,"会"则弱。位置上,"会"既可用在主句,也可用在宾句,语义无差别:

(62) 最头疼的是,每天清晨睡醒(总)会发现(总)有几缕头发乱飞。
(63) 我们(常常)看到,最好的文学(常常)会运用语言的颠覆性。
(64) 我(往往)发现很多企业在遇到这种问题的时候(往往)会发一个公告。
(65) a. 游走于世博园的各个场馆,不时会看见游客用专业相机记录下这些镜头。

　　b. 游走于世博园的各个场馆,会看见游客用专业相机记录下这些镜头。
(66) a. 我偶尔会看见老公发神帖。

b.*当时我打开手机,在微信里会看见老公发了一个神帖。

　　c.当时我打开手机,在微信里能/可以看见老公发了一个神帖。

例(65)a"不时会看见"指"看见"的动作已在很多情景里实际发生,且宾动词"游客记录下镜头"的行为也同样实际发生;b句无频率副词"不时","会"就指推测,非现实性。(66)a"偶尔"指"看见"的动作已实际发生在不多的一些场合,且"老公发神帖"这个事件也实际发生;b"当时"不指频率,不符合"会"对频率事件的要求,因此句子不成立;但"能、可以"并无频率的要求,因此c成立,句子指现实态。

"看着"直接性强,所以不允准"会、能"用于其主句、宾句:

(67) a.俩小和尚看着那个旗子在那飘舞,就争论是旗动还是风动。

　　b.*俩小和尚能看着那个旗子在那飘舞,……

　　c.俩小和尚能看见那个旗子在那飘舞,……

(68) a.在公园里,经常会看到有老人手拿数码相机到处找景。

　　b.*在公园里,经常会看着有老人手拿数码相机到处找景。

(69) 不时地,我看到/*看着他会从树丛后面出来。

在下面两种语境,"能"可以与"看着"组合。一是假设句:

(70) 能看着儿子把媳妇娶进家,是王大妈最大的心愿。

(71) 年轻人能看着你慢慢变老,而你已经没有这个机会了。

(72) 真希望能看着他一直跑下去。

虚拟的机制构造出另外一套独立存在的世界,在其中可以设想事物的各种存在方式,所以对各种语法范畴的承载能力都很强。

　　二是否定、疑问句:

(73) 我们不能看着他们的希望成为泡影!

(74) 我们拉还拉你不到,还能看着你走开吗?

否定、疑问句都是强预设性的语境,但这种预设并不是表现为现实性,而恰恰是表现为假设,即设想一种情况实际存在着,然后对之加以排除、质疑。

"能"可用于"看着"的宾句,指强事实。这个特点与"看见"最接近,"看到"、"发现"虽也有此用法,但不占主流。"注视着"则完全不允许宾动词用"能"。

(75) 两位老农看着/*注视着眼前的收割机能把麦子收割得干干净净，不禁喜上眉梢。

(76) 奶奶看着孙子这么能吃，非常高兴。

例(75)宾句指收割机当下已经把麦子收割干净。(76)"这么能吃"有两种读法，一是指一般性的胃口好，二是指当下实际吃着，但在句中读为后者。换为"看见、看到"也是如此，但换为"发现"，就读为前者；这是因为"发现"的抽象性强，可直接引出类事件，所以无须对"能"做个别事件的还原；而"看见、看到"的直接性较强，所以就更倾向于加以还原。

概而言之，根情态动词指的是一种变元，具体采取何种量化方式，则取决于约束它的量化算子。[概括]是强间接性，这与"注视"的强直接性完全对立，所以"注视"就完全排斥宾句用"能"。

道义情态动词一般不能用在感知动词句指现实态，表现在两方面。首先，"看见、看到、发现"的宾句一般不接受道义情态动词，以"应该"为例：

(68)'*在公园里，经常(应该)看到有老人(应该)手拿数码相机到处找景。

其次，也偶然发现"应该"用在"看到、发现"宾句的实例，但这种句子并不表示现实态：

(77) 她今天从小荣子的表现看到这个青年还应该继续提高。

(78) 他们没有看到经济改革应该是以政治改革为先导的。

(79) 在侦查过程中，发现不应对犯罪嫌疑人追究刑事责任的，应当撤销案件。

这些句子是指"应该"这种道义要求本身的必要性，而非所引出的"继续提高、以政治改革为先导"的现实存在性——动力情态是这样的。宾句直接采取道义短语的形式，这显示了"看到、发现"的非叙实性用法。不过这种用法是受限的，如(78)是否定语境，(79)是假设语境；像(77)那样的中性陈述句语境，对"看到、发现"是很少见的。

以上实例都表明，道义情态动词缺乏指现实态的能力。这是由情态成分的不同动力来源决定的，句法上则表现为范畴层面的高低。动力情态的根据在事物自身，指事物由其自身的物质构造情况而自然形成的行为能力。道义情态的根据在事物之外，指某种外部力量要求事物发出某种行动，即康德所谓道德律令。因此,动力情态属 VP 层,内容性强,量化特征上属于算域;道义情态则属 TP 层,是典型的外位要素,是功能性、规定性的,量化特征上属于算子。这意味着,"应该"是从整体上把事件设定为可能性的模态形式,所以主动词"看到、发现"的作用就不能达至其内部的客观事件,而动力情态指的是事件自身的量,所以可以接受主动词的作用,获得[存在性]的解读。

四、宾句的语力性

在谓宾动词句,宾句的句法、语义特征都是由主动词决定、带来的。所指感知行为的[±直接性]则是控制"看见、看到、发现"句各方面句法行为的枢纽,它既直接决定宾句的[±殊指性],也决定宾句的语力特征。直接感知行为一般称为"感知",间接感知则称为"认知"。事态自身的存在情形即相应的结构因素才表现为客观现实性,各种语力操作都是对现实性的偏离、削弱。规律是:

  主动词的感知直接性越强,所含主观判断的要素就越弱,与宾句的语义关联也就越紧密;双方在时空上直接连接,构成一个单一事件。这种情况下,就不允许宾句出现语力成分,宾句在句法、表达上表现为内嵌性。

  主动词的认知间接性越强,所含主观要素就越多,与宾句的关联也就松散;双方在时空上分开,各自构成一个事件。这种情况下,就允许宾句出现完备的语力成分,句法上提升为主要述谓;主句则被取消表述地位,提升并虚化为更高层面的语用成分。

从根本上说,客观事件自身构成之外的一切语义要素都是外位性、评述性、规定性的,功能内涵上表现为算子。这只有在间接认知行为中才能实现。这时,主体从对事态的直接关联中退出来,而站到更高的外位立场,所以可以对事态做各种主观断定、评价。相反,强直接感知也就意味着强内部视角,是缺乏外位操作能力的,语法上表现为强殊指性,如延续体、方式短语、状貌词。"看见、看到、发现"都允许宾句使用丰富的语力成分,但也存在差异。"看见"的感知直接性较强,其语法意义主要表现为亲证性、断言性,强调客观事态确实存在;"看到、发现"间接性强,表示引出一种结论性的观点。

(一)"看见"

"看见"的宾句允许出现断言成分,这意味着宾句部分被处理为主要述谓。这种句子的语法特征有两点。首先,主动词对宾动词首先关注的是语力范畴,宾句所述客观事件(TP 或 VP)则是次一级引出的内容,即主动词对宾句的语义内涵总是由外而内地发生关联——小句的内涵总是语力在外,事件在内。其次,在这种句子中,总是会出现另外一方面的演化力量,就是:由于一个句子只能包含一个主要述谓部分,所以主动词自身的述谓作用就会被削弱,最终虚化为指亲证、断言的语力性成分。

1. "看见"的宾句很欢迎句末使用指断言的语气词"呢、嘛、的"。吕叔湘等(1999:413)认为,"呢"的功能是"指明事实而略带夸张","嘛"表示"事情本应如此或理由显而易见"(p.376),"的""加强肯定的语气"(p.162)。共同点在于,三者都指主体对小句真值抱有高度的信心,这与"看见"强调亲证的功能非常相符,所以很容易共现。

(80) 我 10 点回来的,<u>看见</u>他们的帘子卷着<u>呢</u>,我就觉得有点迹象。

(81) 现在很多人都<u>看见</u>这个中医治不好<u>呢</u>,首先否定整个中医。

(82) 最近在英国一家百货公司里,人们<u>看见</u>一个女售货员长得很眼熟<u>嘛</u>,怎么越看越像英国比阿特丽斯公主。

(83) 这时我<u>看见</u>战士都哆哆嗦嗦<u>的</u>,都挺紧张<u>的</u>。

"呢、嘛、的"的作用对象都是宾句,而非主句,即,宾句具备完善的述谓功能。"看见"的直接关联对象是宾句中高阶句法层面上的语力范畴"呢、嘛、的",而不是内层的 TP 或 VP。也就是说,"看见"不单纯指通过视觉行为而获取一个外部事态,而更侧重于表示主体对该事态确实成立的认定,所以说,上述句中的"看见"不能换为"盯着、注视着、看着"。

2. 宾句中允许出现叹词,或采取感叹句、反问句等强表述性的形式。这意味着,宾句被处理为语篇前景信息,而"看见"所在主句的信息重要度则降低。这时,"看见"后总是要求出现停顿:

(84) 今天我在《星岛日报》上<u>看见</u>,嗨,又一个风水师出来说,……

(85) 张大姐远远地就<u>看见</u>,诶?怎么报亭里有人影儿啊?

(86) 在那奔腾的煤流附近,我<u>看见</u>你们庄严地工作,啊,煤海中战斗的女兵。

(87) 她们让全世界<u>看见</u>了:挚爱自己祖国的妇女,是有着多么大的能力呵。

(88) 你们可以<u>看见</u>,基督教会堕落到多么愚蠢的、无聊的喜剧的地步,以及多么可笑地,那些教士们把他们的上帝降到全欧洲最大商业中的高级商人和伙友的地位。

"看见"后停顿的内涵有两方面:一是对主动词与宾句间的直接感知关系加以松动,二是把宾句从被覆盖的内嵌地位中释放出来。这时,当宾句复杂,特别是带多个小句而主句形式上又很简单时,则"看见"就虚化为话头成分,执行介引功能,如(88)。

3. 宾句中允许出现语气副词、焦点成分等。这种用法很自由,表明宾句已属于完备的主句,即CP。在这种句子里,"看见"所关联的是宾句中的语力成分,而非客观事件内容。焦点有对小句的语义内容做重新结构化的功能(Stechow 1990、Krifka 2007等),即,由于焦点成分表示对事件中局部要素做特别的关注,这就把中性的客观事件区分为前景和背景(预设)两部分,并自然带来客观陈述功能的弱化。这方面的句法成分是很丰富的,下面只部分列出:

(89) 许多人看见,她<u>是</u>船尾在海中,船头向上沉下去<u>的</u>。

(90) 没有人看见他碰过<u>哪怕是一截</u>烟头。

(91) 记者亲眼看见,他<u>连</u>最后一次集体训练都无法参加,<u>只</u>得独自在一边跑跑。

(92) 我<u>才</u>看见了:<u>原来</u>我母亲就坐在东单大街的人行道底下,给人家"缝穷"<u>呢</u>!

(93) 群众看见互助组<u>确实</u>好,真正做到了增加生产,全村的农民就都纷纷加入互助组。

在(91),"连"强调"最后一次集体训练"作为梯级极端项的特征,并预设其他训练也没有参加,对这些内容不可能做视线扫描,这种情况下,"看见"表直接感知的实义内涵自然会被大大削弱。(92)"看见"的直接对接点是"原来……呢"所指的突然发现——"看见"前加副词"才"可以证明这一点,然后才是"我母亲……'缝穷'"的事件内容。

主动词可加焦点标记"只、就、至少"等,但语义指向是宾句中的成分,可表示宽焦点,如(94)、(95);也可表示窄焦点,如(96)、(97)。指宽焦点时,"只看见"可换为"只见",但指窄焦点时,一般不可以。焦点成分允许在主动词和宾动词之间自由升降,这足以证明主动词的基本功能在于表示语力——正如在"盯、注视"句,方式状语允许在主动词和宾动词之间自由升降,是因为主动词的功能在于指纯客观事件(参看第二章第二节)。

(94) 普通百姓只<u>看见</u>它高大的烟囱在冒着轻烟,却不知道生产什么产品。

(95) 别人只<u>看见</u>你是大侠的身份,却<u>看不见</u>你是杀人的刺客。

(96) a. 李小月<u>看见</u><u>就</u><u>秀英一个人</u>坐在那里。
　　=b. 李小月<u>就</u><u>看见</u><u>秀英一个人</u>坐在那里。

(97) a. 我<u>至少</u><u>看见</u><u>一个机器人</u>跟着他去了。
　　=b. 我<u>看见</u><u>至少一个机器人</u>跟着他去了。

例(94)"只看见"强调"它高大的烟囱在冒着轻烟"这个事件整体的存在,与"不知道生产什么产品"相对比,但并不要求观察发生在当下时空域。

上述焦点是语用焦点,基本语义机制是量化和交替项,这需要通过话主对焦点成分做外位关联才能完成。语用焦点区别于语义焦点,后者的语义机制是:对客观事件自身的结构因素做高颗粒度的加细刻画,即强殊指化,这自然造成生动化的效果,就表现为焦点化。视觉行为的载体是事物身上的物质状貌,纯量是不可直观的。因此,"看见"允准宾动词出现各种焦点成分,可以充分表明其非直接感知性的特征,也就是弱叙实性。而"注视着"就无此允准能力:

(98) 我注视着(*至少/就/只有)一个机器人跟着他走出去。

括号中的三个成分不出现,句子成立;其中任何一个出现,句子都不成立。并且,宾句中的"一个机器人、跟着他、走出去"都被主句主语强关注,具有焦点性——这是语义焦点,即平铺直叙性。

4. 宾句主语话题化。话题化是一种常见的主句/根句层面的句法操作,宾句允许进行话题化的操作,表明宾句自身的主句特征是很显著的;宾句的主句特征显著,必然导致主动词部分述谓功能的丧失。有两种形式:发生在宾句内部,如(99)、(100);提升到主句之前,如(101)—(103)。后者对主句部分的扭曲程度更高,主动词的虚化程度也就更高。

(99) 我看见<u>好些个女孩子</u>,这儿啊,这儿啊,都有这种痕迹。

(100) 我们常常看见,<u>凡一个民族</u>,如果缺乏翔实的历史记载,则会减弱民族的自尊心和奋斗的自信心。

(101) 比如说<u>一个苍蝇 i</u> 飞过来了,<u>我看见</u> Øi 是一个苍蝇,<u>你看见</u> Øi 是蚊子,这里头没有任何的道德的界线。

(102) 就说去年修的水库,<u>你也看见</u>,不是光凭咱们村上的几个人就能修成的。

(103) 很多民族<u>你看见</u>它挺纯朴,可是对它来说,确实有这么一个问题。

例(102)、(103)的"你也看见、你看见"基本上已经弱化为插入语,指一般性的见证、断言。"你看见"的功能更在于表示一种对话性的呼应,类似"你知道"(英语 you know 虚化程度更高),实际上,受话不一定真的看见、知道。

5. 主句主语受限、固化,主动词后一般停顿。这时,主句部分严重虚化,就成为典型的语用成分。显然,"看见"的主语以指人为主,在指直接视觉行为时,不同的人称代词在逻辑地位上并无区别,不具有语法价值,但当"看见"虚化时,主语的人称就具有重要的语法后果。有3种形式。

A. 第一人称,有单、复数两种形式;复数情况下,"看见"的虚化程度更高,因为这个主语"我们"自身就总是虚指的。如:

(104) <u>我看见</u>,再气粗的男人,走到香港也变得像女人,当牛做马地购物。

(105) <u>我很高兴地看见</u>,两国关系越来越好。

(106) <u>记者在水上公园北门看见</u>,许多父母携孩子前来,父母都要在红伞前对孩子讲述爱护公物的道理。

(107) 当然,<u>我们应当看见</u>,作者所歌颂的这种伟大的革命英雄主义,是在最黑暗、最恐怖、充满了血腥的背景之前表现出来的。

例(106)主语"记者"指的是话主本人,等同于第一人称。(107)的"看见"换为"看到"似乎更自然。

B. 第二人称。这时"看见"的虚化程度要比第一人称更高一些,一个较为固化的形式是"你没看见"。如:

(108) <u>你们都看见了</u>,剧组士气很高,大家伙儿都憋着一股劲儿。

(109) <u>你没看见</u>,大家都在热火朝天地搞技术革新。

(110) 此话不假。<u>你没看见</u>几大电信运营商这边宣布着长途大降价,那边却与中国网通、中国吉通围绕 IP 电话的价格战正打得不可开交。

例(109)、(110)"你没看见"源自反问句,但虚化程度很高,已失去反问的内涵,而直接用于表示正面强调,指所引小句的事实是有目共睹、显而易见的。

C. 第三人称,包括"人们、大家、有人、谁"等,都是泛指性的:

(111) <u>人们</u>总会<u>看见</u>一个年轻的姑娘,背上背着一个小女孩,有说有笑地从这里走过。

(112) 通过这个地图,<u>大家可以非常清楚地看见</u>,就像刚才张将军讲到的,冲绳这个地方可以作为一个基地。

(113) <u>有人看见</u>,傅收的寿礼除了寿匾、字屏外,更多的是钱、酒、烟和其他物品。

(114) 现在<u>谁都可以看见</u>,他固执地背信放水到底是为什么了。

句中"看见"的功能都是指亲证,可视为示证标记。后加停顿时,"看见"的虚化程度更高,指断言的特征更显著。主语所指事物的个体化是动作确定性的重要根据,通过抑制、去除主句主语的个体性,动作的实义内涵也就削弱了。

(二)"看到、发现"

双方成分所指事物之间在物质上直接触及,这是语义密切性的根据。直接感知动词与宾句是通过物理视线扫描而实现语义关联,主句对宾句是在纯客观事件即 VP 的层级上发生作用,这样,双方在语义上就极为密切。反之,主动词的认知间接性越强,与宾句的语义关系也就越松散,也就越允许宾句成为语篇主要述谓,并上升为主句,而原来的主句就必然被挤压,因此发生虚化。"看见"句就发生了这样的演变,而"看到、发现"的认知间接性更强,所以它们的虚化程度就更高。间接程度高的主动词,其对宾动词句法行为的允准能力,总是可以涵盖相对较低的主动词,所以上面讨论的"看见"句的情况,也必然都为"看到、发现"所具备,这里不再重述。下面只考察一下"看到、发现"的虚化特征。

首先值得注意的是,三者在语篇功能上形成明显的差异。"看见"所引宾句数量一般不多,"看到、发现"就常引出多个宾句,这表明宾句部分直接构成语篇主体部分。另外,在"看见"句,后续小句往往接着"看见"的行为进行陈述,而在"看到、发现"句,后续小句往往是接着宾句进行陈述;后续小句接着谁陈述,表明谁就被作为语篇主要述谓。以上行为特征显示:"看见"与

宾句的语义关系更为密切,作用范围更倾向于限制在一个单一的宾句之内;"看到、发现"则是相反的表现。如:

(115) 俄国<u>看见/看到/发现</u>德国占了便宜,于是调兵船占旅顺、大连。

(116) 应从银行体系的流动性控制转向全社会的流动性控制。<u>我们看到/发现/??看见</u>,流动性具有不同的层次。我国中央银行现在的流动性管理只是紧缩银行体系较为狭义的流动性。

(117) <u>我们发现/看到/?? 看见</u>从幼儿园起,一直到大学,男孩学业成绩全线溃败。男孩还身陷体质危机、心理危机和社会危机,并且越来越严重。

例(115)"看见、看到、发现"都指实实在在的认知行为,后续小句"于是调兵船……"是承接主句而来的,即指主句主语根据这种认知而采取相应的措施,这就表明主句部分没有虚化。(116)、(117)"我们看到、我们发现"都指语篇主要述谓之外的信息,其后句子是接着宾句而陈述的,"看见"就缺乏这种用法。

"看见、看到、发现"所构成的主句都容易发生虚化,但虚化后所表示的语法意义有较大差别。"看见"强调亲证性,明确提示确有亲眼所见,由此而断定客观事实真的成立;"看到"所指亲眼所见的特征大为减弱,所以就更倾向于指预设性的主观相信,语力上表现为纯粹的断言,强调所了解的事实无可置疑;"发现"则指结论,强调到当前为止,所形成的认识即为最终可以接受的判断。

"看到"的断言功能可细分为两种形式。一是强调某种客观事实确立存在,无可置疑,应该作为预设而予以接受,这种"看到"实际相当于"众所周知"。这种用法的一个特点是带有背景性,即"看到"所引出的小句不被视为言谈的主要内容,而是作为说明其他内容的证据。如:

(118) 你怎么能证明我是农村长大的就没有城里长大的孩子聪明?<u>实际上我们看到</u>,那些最杰出的学生往往是出在那种中等甚至以下的家庭,我敢说几乎所有的人都有生小孩和把孩子正常养大的经济基础。

(119) 新北市在台湾来讲它是一个相当特殊的地方,<u>我们看到</u>它是台湾最大票仓。它的蓝绿选民比例其实不是很悬殊的。

例(118),"看到"所引小句"杰出学生出在中等家庭"其实并未经过话主亲眼所见,话主用"看到"是把它包装为预设,认为无可置疑,应该给予关注。该事实本身则并非语篇的主要言谈内容,而是说明其他观点的证据。(119)"看到"所引"它是台湾最大票仓"也是作为预设指出的,"我们看到"可换为"众所周知"。

"看到"所引情况往往作为引出语篇真正关注的内容的背景信息:

(120) 你好发言人,香港凤凰卫视记者提问,<u>我们看到</u>/*看见/*发现最近有报道说台湾地区领导人马英九接受《华盛顿邮报》专访表示,两岸关系已经进入到一种运作无碍的现状,大陆在口头上搁置对统一的要求,台湾方面淡化独立主张,彼此致力于维护和平。请问发言人对此有何评论?谢谢!

(121) 无论是民进党内部还是台湾舆论,都认为蔡英文这次连任党主席是十拿九稳的,但是<u>我们也看到</u>/*看见/*发现舆论对于蔡英文连任之后面临压力也是十分担忧的。江教授从您的角度观察,蔡英文她面临压力都有哪些?

例(120)"看到"用为首发句,直接陈述一种事实,类似语篇话题功能,然后让受话对之加以评论。(121)用于转换话题,"看到"所引小句被作为预设事实,后面提请受话解释才是语篇前景信息。上面两句的"我们看到"都可换为"众所周知"。"发现"则强调认知行为本身是首次做出的,有知识产权,所以内在带有焦点性。

"看到"的第二种用法表示论断,指语篇前景信息。这时,"看到"主句或宾句上总是带有显性的语力或情态成分,主观判断的含义非常明显。这显示了"看到"的主观化程度显著提高,相比其客观认知功能,语法属性就发生质的改变。在这种用法,"看到"所引小句不再指客观事实,但仍有让受话读为"似乎是事实"的功能。如:

(122) 这当然是官方的说法,不足采信。<u>其实我们看到</u>马英九把朱立伦重新再回聘副主席,<u>当然</u>是别有用心。

(123) 我们不应该把日本的这艘驱逐舰看成是日本的海上自卫队的,<u>我们更应该看到</u>它<u>可能</u>是美国将来某个分舰队的其中的一艘。

(124) 总而言之,通过今天两位的分析,<u>让我们看到</u>美国对台军售这个问题,可以说是长期以来,严重影响中美关系正常向前发展的一个障碍,而且其政治意义已经远远超越了军事意义。

(125) 具体分析英国近5年的经济增长,<u>可以看到</u>,前3年增长较快,进入1995年,经济呈现停滞状态,今年以来,开始出现新的增长动力。

情态词"当然、可能"指明了主观判断,并非客观事实,但"我们看到"的形式还是可以传达出"是事实"的效果。(124)"让我们看到"指得到结论,"让"指的就是通过一些具体现象,而概括出一种观点。这个"看到"可替换为事理动词"认识到、明白、懂得"。(125)"可以看到"很大程度上已经词汇化,有对话性,表示:话主认为,根据当前事实,是允许得出相应的断言的,并认为受话也应该认同该断言,可换为"由上可知"。

"发现"的虚化表现为两方面,一是主句主语允准"研究、结果"等非述人名词,其中"结果"有副词化的倾向;"发现"后一般停顿。如:

(126) <u>遗传种系学发现</u>/* 看到,HHV-6 和 HHV-7 是 β 型疱疹病毒。

(127) <u>实验发现</u>,这种 1—3 结构的纳米复合薄膜在铁电居里温度附近,其磁化强度随温度的变化出现了异常变化。

(128) <u>研究发现</u>,长期以玉米、山芋、豆类等富含粗纤维的食物为主食的人,食道、胃等上消化道细胞容易被食物磨损,易促使癌症提早发病。

(129) <u>调查发现</u>,读 MBA 有四种心理:第一,……

(130) 很多生物学家、病理学家、军事家都在研究苍蝇。<u>结果发现</u>,苍蝇对付疾病,确实有独特的本领。

"实验、研究、调查、结果"指通过复杂的认知行为,而形成了判断。所谓"复杂的认知行为",也就意味着[强概括性],即其中包含了极多的原初事件。显然,概括性越强,与原初事件的距离就越大,指客观事实的典型性也就越差。一切认识的最初来源是外部世界的物质性存在,其最小语义颗粒自然是原初事件,该事件只能通过直接的感知行为才能获取,这即黑格尔在《精神现象学》中所说的"感性确定性"。

二是"发现"常用于表示强调、辩解,这些都是典型的主观范畴,这样,其所引小句的客观事实性自然就很差。一般而言,"发现"所引宾句总是带有较强的新奇性、焦点性;"发现"前暗示"才、突然、首次"之类的修饰语。有两种情况:1. 全新信息,如"猛一回头,突然发现一个高个子女孩正向我走来","军官一检查,才发现自己果然丢了东西"。2. 对旧信息的验证、纠正,如"选民发现,墨水的标记其实很容易擦掉"。"发现"指通过具体观察,而得出一种概括、抽象的认识,后来,随着对作为概括根据的原初事件语义关系的疏远,"发现"就直接指一种作为结论的认定,而不限于指现实态。如:

(131) 透过这场虚惊,不难发现,广告管理已是一个不容忽视的问题!
(132) 更严重的,后来发现说,他给钱的方式,他可能只是给一个密码,不是给钱。
(133) 马英九和吴伯雄两个会商之后,发现说我们还是不要跟他玩了。

例(131),"透过这场虚惊"指得出"发现"所引小句结论所依据的事实,但二者之间的语义联系是很疏远的,这样,"发现"的功能主要在于强调事实确实成立,需要特别关注。(132)"可能"指典型认知情态,强主观性。(133)宾句"不要"指道义判断,典型的非现实态,"还是"指价值认定,暗示"为好"的内涵。

五、主动词后带标句词

在存在标句词的语言中,直接感知与间接认知动词所用标句词都有系统的分别。这种分别或者表现为用与不用,或者表现为使用不同的标句词。英语采取前者的策略,俄语采取后者。在英语,只有指间接认知的动词,才允许其宾句使用标句词,指直接感知的主动词则不允许。下面的例子引自 Dik & Hengeveld(1991):

(134) I saw him walk down the street.（对事态的直接认知 immediate perception of state of affairs）
(135) I saw that Mary had been crying.（对命题内容的意识认知 mental perception of propositional content）

Boye(2010)把英语动词 see 不带标句词 that 的补足语称为"事物感知",如 Paul saw Santa Claus kiss mummy.指对事件的直接感知;把带 that 的补足语称为"知识获取",如 Paul saw that Santa Claus kissed mummy.指通过间接的手段获取一种信息,例如 Paul 看到一个父亲写给他的纸条上说了这件事。Boye 还指出,直接感知用法的 see,不能组合无法为感知所及的事件,而间接认知用法的允许,如 * Paul saw Santa Claus not kiss mummy. Paul saw that Santa Claus did not kiss mummy.

Borkin(1973)很早就对补足语与主动词的形式距离与认知[±直接性]之间的相似性,做了很好的概括。Borkin 指出,下面三句主动词 found 所指认知间接性越来越强:I found this chair uncomfortable. I found this chair to be uncomfortable. I found that this chair is uncomfortable. 该观点也为 Lakoff & Johnson(1980)所赞同。Dixon(1984)认为带标句词 that 的补足语是把事态包装为一个单一的单元,-ing 补足语则指动作的进行、展开过程。Dixon 对 that 的分析有点狭窄,其实英语 that 也经常引出表示断言的补足语。

罗马尼亚语(Alboiu & Hill 2016):

(136) a. L-am   auzit   pe   Mihai   reparând   casa.
         him-have.1SG heard   DOM   Mihai   fixing   house.the
         "I heard Mihai fixing the house."

     b. Am   auzit   că   Mihai$_k$ repară$_k$ casa.
         have.1SG   heard   that   Mihai   fixes   house.the
         "I've heard that Mihai is fixing the house."

a 是分词小句(gerund clause),指直接感知;b 带标句词 că(that),指间接感知。

Dik & Hengeveld(1991)还指出,直接感知动词的补足语要求具有可见性,间接认知动词的补足语无此要求:

(137) a. *We saw the discussion be/being useless.
      b. We saw that the discussion was useless.

西班牙语和法语也都有相似的表现:直接感知动词的补足语采取不定式的形式(Noonan 2007:142)。

在俄语,直接感知动词的补足语用标句词 kak,间接认知用 čto(Noonan 2007:143):

(138) Ja videl kak   Boris   čitaet knigu.
      I saw COMP   Boris   read book.
      "I saw Boris reading a book".

现代希腊语,直接感知动词的补足语用标句词 *pu*,间接认知用 *oti*(Roussou 1992:125):

(139) a. ton   idha   *pu*   efaghe   to   gliko
        him   saw-1s   that   ate-3s   the   cake
   "I saw him eating the cake." (我看到他在吃蛋糕。)

   b. idha   *oti*   efaghe   to   gliko
      saw-1s   that   ate-3s   the   cake
   "I saw that he ate the cake." (我看到他在吃蛋糕。)

大陆普通话"看见"等句缺乏标句词，但台湾有，这就是"说"，标句词"说"在大陆普通话也有发展的趋势。不过形式上，区别于英语标句词 that 加于宾句之前，汉语"说"是加于主动词之后。调查发现，"看到、发现"之后带"说"的用法十分普遍；"说"后可停顿，也可不停顿。如（下面的例句均来自"媒体语言语料库"MLC，谈话节目）：

(140) 在这次的法案修正过程当中，我们<u>看到说</u>，它是不提供给大陆学生奖学金和助学金的。

(141) 这份调查是我<u>看到说</u>满意度可能是最高的一份。

(142) 后来我就是这样子我才<u>发现说</u>，哎，原来音乐可以是好玩的。

(143) 叶檀：所以这个时候<u>你会发现说</u>，北京这边的农民征地，他征了地之后事实上已经不是农民了。

(145) 有科学家研究<u>发现说</u>我们的紫薯，在所有的蔬菜当中是对人体有益元素含量最高的。

这个"说"完全失去了言说义，功能只在于引出后面的宾句，属于典型的标句词。可以看到，上述宾句都具有完善的表述性，可出现各种主句层面的要素。(143)叶檀是大陆人，其"发现"后也用到"说"，表明标句词在普通话有所发展。

"看见"后偶有用"说"的实例，这时"看见"不指直接感知行为，而指通过某种间接的信息渠道了解。如：

(146) 那天我在一杂志上<u>看见说</u>拉登母亲，说过这样的话。

(147) 通过电视台<u>看见说</u>香山一天就好几十万人，我们就想到了这个鹫峰。

"看见、看到、发现"都可引出指强事实的宾句，这时，主动词后就不允许加标句词"说"。这与前述英语直接感知动词对 that 的反应情况是平行的。如：

(147) 我突然看见(*说)一个人从黑影里奔着我跑过来。

(148) 她刚进了自家的屋门,偶然回头,就看到(*说)一个人影子一闪。

(149) 一名女工深夜下班回家,发现(*说)一个男子一直尾随着她,非常害怕。

"看见、看到、发现"指直接感知时,语义上与宾句的关系就非常紧密,所以不允许插入标句词。

偶见"看着"后加"说"。这时,"看着"只能指判断,即"看着$_3$","看着$_{1、2}$"都不允许加"说"。"注视着"是完全不允许后加"说"的。

(150) 你看着说5%应该还是一个少数,但是中国什么事能占到5%,那就算多了。

(151) 俩小和尚看着(*说)那个旗子在那飘舞,就争论是旗动还是风动。

(152) 当时那个地方我们看着(*说)那个楼很高。

(153) 就这样罗雪娟静静地注视着(*说)希腊运动员亚历山向自己跑来。

总之,宾句各种行为背后的语义根据是主句与宾句间语义关系的[±松散]。宾句允许带标句词的,句法层级要比不允许带的高,句法复杂度也更高;这种句法复杂也就表现为认知情态及语力等基于话主的语法要素,后者的语义根据都是认知行为的间接性。

六、本节结论

"看见、看到、发现"体现了从直接感知向间接认知提高的过程,相应地,其宾句在句法层级上也逐渐提高。表现在两方面,一是宾句的类事态特征增强,二是允许出现情态语力要素。从深层看,这两个维度的语法范畴是内在相关的:类事态来源于对个别事态的概括,在这种概括的语义操作中,就必然会加主观推理、断定的语用要素。在类事态中,个别事态有不同的清晰程度,这表现为[例示]的语义关系,反映了类事态向个别事态的可还原性。基于这种代表关系,动力情态动词如"能、可以、会、敢"等,在"看见、看到、发现"句可以指现实态。

一个句子只允许一个主要述谓部分，主句与宾句在述谓功能上总是表现为此消彼长的关系。在"看见、看到、发现"句，随着宾句述谓功能的完备，主句部分就弱化为话头、语力成分。在这里，由于主动词所指感知行为的直接性有别，其虚化后的语法意义也相应不同："看见"侧重于指亲证，"看到"指一般断言，"发现"指强调或辩解。

　　在现代汉语中，言说动词"说"已形成完备的标句词功能，其在台湾普通话里极为常见，且有向大陆扩展之势。在认知动词句，基于直接感知、间接认知的分别，对标句词"说"也形成严格的选择关系：只有后者允准使用，前者则否。强直接感知动词"注视着"完全不允许后加"说"，"看着、看见"很少用"说"，"看到、发现"则普遍使用，但后四个动词指强直接感知时，同样不允许用"说"。

本 章 结 论

　　由直接感知演化为间接认知、主观断定，这是一个普遍规律。直接感知指人从外部世界获取知识信息的原初手段，这种语义内容也就构成一切语法操作的起点。间接认知、主观判断指主体在自我意识中进行的语义操作，但它们的最终[验证]还是前者。在自然语言中，[强事实]只属于直接感知的领域，类事态、认知及道义情态、断言，都基于间接认知。

　　在认知动词句，宾动词语义特征的[±阶段性]、[±语力性]，与主动词的[±感知直接性]，二者之间形成严格的一致关系。共同点在于，"看着、看见、看到、发现"都属于半叙实动词：虽然常引出强动态、强殊指的宾动词，表现为当下性的特征，但也都允许引出个体谓词、类事态的宾句，特别是还允许宾动词接受各种情态语力成分的修饰。这四个动词在感知直接性表现为一个逐渐提高的过程，所允准的宾动词的个体性、语力性也逐渐增强，叙实性减弱。

第四章

情感类叙实谓词

情感谓词是叙实词中的一个大类。本章拟先对情感谓词做一系统性整理。总体而言,国内外语言学界对情感谓词的研究都较为薄弱,难以作为叙实研究的基础。本章一方面对已有研究加以评述,另一方面提出我们的情感谓词系统。

一、情感谓词研究评述

在 Kiparsky & Kiparsky(1968)的经典论文中,对叙实谓词的具体语义特征、次类等,都未详细讨论,却专门提出,"情感"构成叙实谓词中一个语义上的自然类。这实际说明,对叙实谓词的语法动因,应该从词项本身的语义特征上解释。不过该文只是提出这种类别,未作深入阐述,后来学者对这种谓词也没给予足够重视。直到今天,仍鲜见对情感谓词的叙实性做系统解释的文献。本章先对国内外关于情感谓词的一般研究情况做一梳理。

(一)国外研究

情感谓词是心理动词中一个重要的次类。相对于指物理动作、状态的谓词,整体上,国内外语言学界对情感谓词的研究都较为薄弱。这从命名的差异上即可显示出来。Croft(1986):"意识动词",Levin(1993)、Jackendoff(1990):"心理状态动词、心理动词",Postal(1970)、Filip(1996)、Jackendoff(2007):"心理谓词",Talmy(2000):"感应动词"。从具体研究内容看,学者对情感谓词主要关注论元配位模式和时体特征两个方面。

一般认为,情感谓词带"刺激因素"和"感事"两个论元(Talmy 1985、2000, Grimshaw 1990, Dowty 1991, Levin 1993, Croft 1993, Jackendoff 1991、2007 等)。学者的基本研究策略是,根据何者占据主语位置,把情感谓词分为两个类型:"感事作为主语",如"喜欢 like、怕 fear": I fear that. 我害怕那件事;"刺激因素作为主语",如"取悦 please、惊吓 frighten": That frightens me. 那件事吓着我了。这种配位模式还被作为语言类型划分的一个重要参数,如英语倾向于刺激因素充当主语(Talmy 2000:98),现代汉语则主要是感事占据主语位置。

有学者对情感谓词的配位情况做了更加细致的划分。如,Jackendoff(1991、2007)分为五类:

a. Exp-Adj　　　　　　　　I'm bored. 我很烦。
b. Exp-Adj-Stim　　　　　　I'm bored with this. 我对此很烦。
c. Exp-Verb-Stim　　　　　I detest this. 我憎恨这种事。
d. Stim-Verb-Exp　　　　　This bores me. 这事很烦我。
e. Stim-Adj-(Exp)　　　　　This is boring (to me). 这(对我)很烦。

Levin(1993:188-193)分出四类:

a. *amuse* 动词:及物,原因作主语,感事作宾语;
b. *admire* 动词:及物,感事作主语,刺激因素作宾语;
c. *marvel* 动词:不及物,感事作主语;
d. *appeal* 动词:不及物,刺激因素作主语。

van Voorst(1992)对心理动词的情状特征做了专题研究,该文的心理动词包括认知动词(saw, hear, feel, know)和情感动词(amused, frighten)。作者根据 Vendler(1967)的情状系统,把心理动词归为达成类。如,在与时间状语"在几分钟内"组合时,心理动词指状态的开始,而非心理动词指达至终点。又如,心理动词的简单现在时形式直接指现实态;而动作动词和完结动词则需采取进行体才能指现实态,简单现在时指惯常体。

我们认为,论元配位及情状特征指出了情感谓词的一般句式情况,但对全面揭示情感谓词的句法语义特征还是很不够的。

Chang *et al* (2000)把汉语情感动词分为"高兴"和"快乐"两类,区别是:1."高兴"可带指原因的小句宾语,"快乐"不能;2."高兴"带句末语气词"了","快乐"不能;3."高兴"不能组成愿望句(如"祝你高兴"),但可构成评价句(如"值得高兴"),"快乐"则相反;4."高兴"可构成祈使句,"快乐"不能。

"高兴"类:
难过　后悔　痛快　担忧　生气　吃惊　担心　伤心　痛心　害怕
"快乐"类:
喜悦　欢乐　烦恼　恐惧　痛苦　愤怒　沉重　苦恼　遗憾　愉快

作者认为,两种情感动词之所以形成上述差异,是因为,构词上,"快乐"

类是"VV"联合组合,也就是把两个事件融合在一起,形成一个概括性的概念,因此更倾向于名词化。"高兴"类则是修饰性的,指一个更加具体准确的概念。体貌上,"高兴"类是变化性、瞬时性的,"快乐"类则是同质性、延续性。

该文未分析"高兴"类动词所带指原因宾句自身的句法语义特征。其具体解释也值得追问:为何联合或偏正关系的构词特征,会与其带不带小句宾语的句法行为之间存在联系?而具体类别上,情感动词显然也并不只有"高兴""快乐"两类,这从下面其他文献的研究成果即可显示,此略。实际上,说"快乐"类情感动词不能带小句宾语,也并不符合语法事实,详看本书第五、六章。

(二) 国内研究

国内汉语学界对情感谓词的研究也很薄弱。这首先就表现在,不少学者并未明确提出"情感动词"这一自然类。如周有斌、邵敬敏(1993)讨论的是"心理动词",作者严格采取"主(人)+{很+动词}+宾语"这一形式标准(且"很+动"能单说),认为只有73个心理动词,下面是不完全列举:

爱　懂　反对　防备　服从　怀疑　欢迎　计较　忌妒　坚持　了解
满意　怕　迁就　强调　舍得　适合　熟悉　贪　提倡　体谅　听从
同意　希望　相信　需要　压制　照顾　支持　讲究

不过,很多可进入该文格式的动词,并没被该文纳入心理动词的范围。如"他很孝顺父母、他很团结/奉承/巴结/责怪上级",且"很孝顺/团结/奉承/巴结/责怪"也能单说。这些动词还可进入作者所说"真心理动词"的补充标准,即"主(人)+对+O+很+动",但作者没列"孝顺、团结、奉承、巴结、责怪"。另外,"高兴、清楚"也符合作者的标准:"很高兴你来了、他很高兴","他很清楚你的心思、他很清楚",但作者也未列入。最后,该文还根据所带宾语是"体词、谓词、形容词、小句",对心理动词做了区别,但没具体讨论这些宾语的语法意义是什么。

从方法论上说,单纯关注形式而不考虑语法意义的一致性,很容易把表面相似而实质不同的语法现象混为一谈。对母语者而言,这种分类也往往缺乏心理现实性。该文所列动词在语法意义上的差异是相当大的,但主要是情感动词,如"爱、爱好、感谢、恨、喜欢"。"懂、了解、明白"则指认识,"希望、指望"指意愿,而"适合、适应、压制"很难说有什么心理的意义。

第四章 情感类叙实谓词

陈昌来(2002)把心理动词从配价上分为一价、二价两类,其中包括情感谓词。该书对一价心理动词未作次类的划分,但所举实例多是情感谓词,如"怒、怔、愣、愤怒、迟疑、遗憾、贪心、粗心",作者认为,这种动词的参与者并非传统所谓的"准施事"或"当事",而是"经事"。该书对二价心理动词区别出情绪类,如"爱、爱惜、想念、崇拜、相信、精通、懂"。这些类别都不大纯粹,同时涵盖了认知类(相信、怀疑)和情感类。作者把情感谓词的参与者与物理动词区别开来,这种做法值得赞同。

尹岗寿(2013)称"状态心理动词",该文从《汉语动词用法词典》鉴别出53个,如(不完全列举):

爱 抱歉 生气 操心 害羞 忽视 满足 迷信 盼望 歧视 迁就 舍得 体谅 愿意 着急

该文的一个贡献是,根据是"客体"是否参与语义框架,把状态心理动词分为"反应性状态心理动词"和"态度性状态心理动词"。前者"没有客体的参与",如"发愁、抱歉、后悔、失望"等;后者"语义指向客体,是感受者受到客体的某种属性的刺激之后,对客体产生了一定的态度",如"爱、悔恨、佩服、忌妒"。不过,该文所举状态心理动词的实例是缺乏语法意义的统一性的,"盼望、希望"指意愿,"迷信"指信念,都并非情感动词。

下面的文献明确提出"情感动词"的范畴。丰竞(2003)把"情感动词"分为四类:1."爱慕、满意、思念、同情",带名词性客事宾语。2."留意、相信、担心",带名词、动词和小句充当的客事宾语或原因宾语。3."爱、感激、厌恶、鄙视",可带名词、动词和小句充当的客事宾语或原因宾语,有的也可带形容词充当的客事宾语,小句宾语一定表已然事实。4."后悔、奇怪、得意、庆幸",一般带由动词或小句充当的原因宾语,表已然事实。但该文并未指出分类的根据是什么,系统性也不强。另外,该文还提到,3、4两类所带宾句指"已然事实"。这个观察是有见地的,在我们看来即叙实性,不过该文重在分类,未做具体讨论。

徐睿、王文斌(2005)将"心理动词"分为6类,除"感知、认知"两类外,其他4类都与情感有关:1. 情绪类,属单向一价动词,必有论元为感事,可有论元为原因;能和"一阵"等量词搭配,如"高兴、好奇、自豪、疑惑、寂寞"等。2. 情感类:喜欢、厌恶。属双向或三向四价动词,必有论元包括感事、对象、内容和原因等。3. 意动类:责怪、欺骗、感谢、安慰、同意、忍耐。4. 使役类:

惹怒、感动、吓唬。"情绪"、"情感"的分别是有价值的,但该文各类之间往往有交叉。另外,情绪类多数是形容词,并非动词。

赵春利(2007)研究了 129 个"情感形容词"与名词的同现情况,如"懊悔、安心、诧异、尴尬、兴奋"等。该文提出了情感形容词的 5 个语义特征:〔亲验性、自明性、变动性、有因性、倾向性〕。这些概括富有成效,但仍待进一步推敲。其中,前两个特征都指情感在主体身上的存在方式,其实是重复的。"变动"指时间上的瞬时性,本文赞同这个概括,但认为应略作补充——该特征只适合一部分情感形容词,因为也有一部分情感形容词是长时性的,如"自豪"。"有因"指情感的刺激因素,但也要做更具体的刻画:这种刺激与一般物理致使关系中的"因"存在实质的分别,情感的事因一定是对人具有〔利害〕关系的事件。"倾向性"指情感内容中所反映的人对外物的立场,其外延要大于情感,如"同意"也包含倾向的要素,但并非情感词。

与语言学界对情感动词命名的差异相似,心理学界的称谓也很多样。英语文献有 emotion, feeling, affect, sentiment, sensation, passion, mood;汉语有"情感、感情、感触、情绪、心情、心境、情操"等。心理学上,林传鼎(1944/2006)对汉语情绪词的研究具有开创性,他从《说文解字》中找出 354 个情绪词,分为 18 类:安静、喜悦、恨怒、悲痛、哀怜、忧愁、忿急、烦闷、恐惧、惊骇、恭敬、抚爱、憎恶、贪欲、嫉妒、骄慢、惭愧、耻辱。他认为,人类丰富多变的情绪主要就是由 18 类基本情绪所组合而成,一个人在某一时刻可能体会到其中的一种情绪,也可能同时产生多种情绪。这个情绪表对了解情绪现象有很好的提示,但系统性、逻辑性不强。

《中国大百科全书·心理学》的解释是:"人们常把短暂而强烈的具有情景性的感情反应看作是情绪,如愤怒、恐惧、狂喜等;而把稳定而持久的、具有深沉体验的感情反应看作是情感,如自尊心、责任感、热情、亲人之间的爱等。"

总体来看,情感谓词数量很大,而学界关于情感谓词的个体成员、分类及语法内涵、句法行为的认识,都有很大差异。问题的关键就在于深入揭示情感谓词自身的语义机制,否则就会导致没有明确的句法指向性。本书坚持这样的句法理念:词语所编码的特定词汇概念结构,是其形成相应句法功能的最终根据。

二、情感谓词的语义特征

根据现代科学的研究,思维活动主要是在大脑中进行的,所以"心理动词"的称谓并不合适,叫作"意识动词"要好一些;但由于前者接受度很高,因此本书仍采用该名目。情感动词属于心理动词的次类。意识活动分为[知、情、意]三个维度,"知"的方面编码为认知动词,"情"为情感动词,"意"为动力、道义情态动词。

(一)[体验]、[事因]

认知动词语法意义的核心是[反映],就是把事物的存在方式转换为意识状态。在反映的状态中,虽然也有概括、判断等主观要素在起作用,但其整体范畴指向还是描述事物自身的特征。情感则天然就是以主观[体验/感受]的方式在主体意识中存在。在范畴形成的最初物理手段上,情感谓词与感知谓词都指主体本人由于对外界特定事态的直接触及,而在意识中相应形成的当下感受。两种范畴都编码为"感"这个语素,鲜明提示了其语义机制的相同点。来源上,情感谓词确实也就由躯体谓词引申而来,情感可以说是躯体物理感受的高级形式。如,硬物撞击身体的感受编码为"疼",舌头对药物的体验编码为"苦",二者都是躯体谓词,而"痛苦"就指情感。同样,臭气引起"恶心、呕吐、厌恶",清新空气形成"舒适"。心理学的研究表明,情感反应的实质是评价,评价的根据则是人的生存需要。

所谓"事物自身"只是一种纯粹的抽象,并不实际存在——事物都只能以特定的存在方式存在,因此,事物也只有以特定的存在方式才能对人的生存产生影响,从而引发情感反应。"事物的存在方式"即[事件]、[事态],引起情感反应的外部事态即情感的[事因]。语义特征上,事因在[±殊指性]、[±动态性]上的差异,是造成情感谓词次类分化的重要根据。如,"生气"所关涉的事因是强殊指性的:"她很生气他又迟到了/*卑鄙";而"尊重"所关涉的事因是类指性的:"尊重他的为人/*迟到"。句法上,殊指性、动态性的事因容易编码为小句,类指性的事因则容易编码为动名词或名词。事因的概括性越强,则情绪的直接体验性就越弱,作为情感谓词的典型性也就越差。

对情感谓词而言,[体验]与[事因]是一体两面的关系。在情感中,事因是以感受的形式在人身上直接存在着,否则就是对象化的理性认识了。[体验性]是情感谓词的基本语义机制,不一定在小句表层直接编码,但总是可以用"感到+情感谓词"的形式指出,如"她很生气他又迟到了"可表述为"她为他又迟到了而感到很生气。"

(二)[个人性]、[当下性]

在情感范畴身上,这两个特征也总是内在关联。在"知、情、意"三个范畴维度,"情感"之所指是人最直接的现实存在状态:每时每刻,人总是处于一种特定的情感体验状态;反过来,人处于什么感受状态,就形成当时的[自我]。对情感体验的日常描述是:"沉浸于 x","心里充满了 x","被 x 的情感所控制"。严格说,情感体验是无法转述的,只能以本人当下直接体验的方式刻画。如,在说"我那天很愤怒"时,"愤怒"的状态已经不存在。情感谓词的感事用第三人称主语是很难表达准确的,"他很愤怒"其实表示通过外部现象的猜测,他本人的真实情感状态不一定如此。日语称为"私人动词",一般不允许采取第三人称主语的形式。

可见,情感体验指一种典型的[原初事实],只能由主体本人以当下体验着的形式存在。在这里,不同情感谓词在当下性上有程度的差异,因此形成不同的次类。本文概括为两大类:情感形容词、情感动词。详后。

(三)[价值性]

情感范畴内在是一种指示性的语法范畴,天然以人自身的存活为坐标原点。事物的存在方式对人的利害关系概括为[价值]的语义要素。符合主体存活的即为有利、有价值、有意义、"好",反之则为有害、"坏"。K & K (1968)所列叙实谓词包括 significant 一词,即"有意义的",其核心内涵也就是[价值]。这也造成,情感范畴总是表现为极性的特征。事物的存在方式能满足个体存活,就产生"愉快、喜爱"等积极的情感体验;反之则形成"悲伤、嫌弃"等消极情感。一种情感谓词也就编码外界事态对人的一种特定利害关系。

在各种语法范畴中,只有情感在编码上就是纯粹以个人的当下喜好为语义根据,因此是语言系统中主观性最强的成分。主观性的其他范畴形式,如"立场、评价、态度、信念"等,对自我的语义关系都间接很多,因此主观性的典型程度也就弱些。

[价值]构成情感谓词的直接语义内容,也是其与相近谓词形成分化的关键区别特征;也就是,不包含该语义要素的心理动词都不是情感谓词。有 3 种:

A. 指精神状态,属认知谓词,即主体进行认识行为时的意识活跃性:

兴奋 清醒 专心 入神 好奇 亢奋 饱满 萎靡 乱 恍惚 迷惑 猜疑 纳闷

B. 指意志状态,即发起物理行为时的精神状态:

激昂　狂热　急切　坚决　迟疑　懈怠　镇定　颓唐　灰心　低沉　绝望　为难　迷茫

C. 指性格，即人的思维及物理行为的一般个性特点：

开朗　热情　霸道　暴躁　坚强　坦荡　悲观　活泼　狭隘　洒脱　开朗　豪爽　好强　多愁善感

以上三种谓词所关涉的现象对主体都无利害关系，因此都不属于情感谓词。前述学者对情感谓词缺乏准确鉴定的原因，就是对情感谓词的[价值性]这一语义要素重视不够。

（四）[认知性]

情感谓词的[价值]特征是通过[认知]这一语义环节实现的。认知要素分为[事因了解]和[价值评判]两步，前者表现为对事因的获取，即情感的事因并不直接从物理上作用于主体，而是主体通过某种认知途径加以了解；后者表现为分析评价，即主体通过分析该事因对自身生存的具体影响，最终决定对其持何种情感立场。认知动词往往与情感谓词构成如下格式："想到就＋情感谓词"，"越想越＋情感谓词"，如"想到就伤心/高兴"，"越想越生气/佩服"。认知环节对情感的语义关系要比事因疏远，所以一般不编码在一个单一小句之内，而往往编码为连动结构、分词状语、复句等，如：

(1) 李市长见到报告十分高兴。

(2) 看着她气定神闲的样子，他几乎是愤怒了。

(3) 我也确实有些后悔，心想自己怎么能像外国人一样对待自己的妻子呢？

情感谓词也常用为感知动词的状语：

(4) 我们高兴地看到，两国在各个领域的交流与合作取得了长足发展。

(5) 但中国也遗憾地注意到，少数非政府组织的活动不符合或完全背离了联合国宪章的精神。

句子的语义结构是：由于了解到宾句的事态，从而产生"高兴、遗憾"的情感态度。

一个小句的语法容量是有限的，而小句化也就意味着句式化、语法化，意味着语义关系的高度紧密。如上述(3)可纳入小句的框架："我后悔自己怎么能像外国人一样对待自己的妻子呢?"认知行为"想"内在包含在"后悔"所指情感中。句式化在情感谓词上是一个重要的语法现象,下面两章还会涉及。

三、情感形容词和情感动词

(一)情感形容词和情感动词的区别

与指物理行为的谓词相似,在情感领域,形容词的基本特征是连续性强,离散性弱,动词则相反。这种[±连续性]的区别在情感谓词的及物特征上有所体现。情感形容词的体验形式是连续性、模糊性的,对事因是一种整体性的观照方式,所指事物对象不明确,即,未对事因中的参与者做话题化的处理,因此,情感形容词的事因是整句焦点,设置式判断。情感动词对事因则是窄焦点,话题化判断,这种话题化即形成预指结构(Prolepsis),详看下一章。如"愤恨"是形容词,指一种模糊的内心体验状态,这是由对事因的整体评价形成的。

(6) 她指着数说,说我屡次欺负她,把她当成愚人。我的脑子愤恨得实在要爆炸了。

画线部分所述事件整体是引起"愤恨"的事因,"愤恨"并不指向参与者"她"本身。

情感动词的体验形式很确定,并由内心而向外明确指向事物对象,即对事因中的参与者做了明确的话题化提取,因此更靠近评价谓词。"恨"是动词,一方面关注事因,另一方面关注事因中的参与者:

(7) 我恨她说我屡次欺负她,把她当成愚人。

"恨"的对象明确是"她",并同时指出所恨她的具体行为。

一些情感内容同时编码为形容词(左)和动词(右),形容词的事因是整体性的,动词的事因是话题化的:

(8) a. 小王今天很烦躁。　　b. 小王最烦别人叫他外号。
(9) a. 听他丫那话我都恶心。　b. 我厌恶他那样说话。
(10) a. 能静下心做事,很感恩。　b. 感激上天让我遇到你。

情感形容词与情感动词之间在语义上具有内在的关联。语义结构上,情感动词的深层都包含并基于一种情绪形容词,也就是,情感动词是在体验之上增加理性评价的要素而形成的。如,"爱"的深层是"快乐","恨"的深层是"痛苦"。这个语义关系直接体现为历时维度的演化现象:情感动词都由情感形容词发展而来(详看下一章)。如,现代汉语常用的情感动词"喜欢",很长时间一直是形容词:

(11) 阿姊见成亲,心里喜欢非常。(敦煌变文集新书·丑女缘起)
(12) 若听我言语,喜喜欢欢,万事皆休。(元代话本选集)
(13) ……折开封筒一看,乃是五钱足纹,心中喜欢。(二刻拍案惊奇·卷二十二)

前两句"喜欢"是典型形容词。(13)"喜欢"可读为动词,以前句"五钱足纹"为宾语,但更合适是读形容词,指一般性的情绪体验。

总体上看,情感谓词是很容易发生词义改变的,动因在于情感范畴本身的复杂性、微妙性、主观体验性。也就是略微向另外的方向有所偏重,就很容易形成新的义项,一个典型的实例是古汉语的"可怜"。

另外一个重要区别是,情感形容词侧重于指人与外界事物的关系,基于人的物理生存需要,对自我[±有好处/有意义];核心范畴形式是[快乐]、[痛苦]。情感动词则侧重于[主体间性],基于人的社会性,指更高层次的精神需要;核心范畴形式是[道义],即"应然、对错、好坏"。在体貌特征上,与物理状态形容词一样,情感形容词是状态性的,可带起始体标记"了、起来",表示对该情绪状态的实际进入,如"他不由得害怕起来"。情感形容词在[瞬时性]特征上可有很大的差异,如"高兴、快乐、幸福",三者的瞬时性递降。

情感形容词也常可前加"感到、觉着"这种指主体感受的系动词。之所以用系动词,是因为形容词的动态性差,自身不能完善地把一种状态的现实存在表达出来,系动词是轻动词性质的,其语法功能就在于刻画形容词所指状态的[一般成立]。情感动词自身即具有很高的动态性,因此一般无须这种系动词的辅助: *"他感到喜欢跳舞"。

时间特征上,情感形容词和动词的分别跟物理形容词和动词大不相同。情感形容词的瞬时性明显强于情感动词,而这在物理谓词中的表现完全相反。如,物理形容词"干净、破"指一般状态,是长时性的;而动词"洗、敲"指具体执行的动作,是瞬时性的。相反,情感形容词"喜悦、开心"所指心理状态的存在时间是很短的,而情感动词"喜欢、爱"所指心理状态的持续时间却很长。情感形容词的语法意义可概括为[情绪],指人一时的"心情、心境",

是直接感知性的,如"闹情绪、心情不好、没心情、有心情"是短时性的。人每时每刻总是处于一定的情绪、心情之中:即便没有任何具体的情绪,本身也就是一种情绪,如"宁静、恬静、心平气和、心平如水"。在这一点上,情感形容词与物理躯体体验形容词也具有相通性,如"疼、痒、饿"等都是强瞬时性的。情感动词指人对事物一般性的态度、评价,间接认知的特征显著,因此是长时性的。

总体上看,情感谓词的叙实性都不强。表现为:1. 事因的殊指性、动态性差;2. 允准宾动词接受情态语力要素的刻画,即,宾句属于 CP,句法层面更高。因此,在叙实特征的典型性上,情感谓词与"看到、发现"属于同类。不同的是,后者指理性认识,宾句指认识的具体内容;前者指态度评价,宾句在主观要素上非常发达。

(二) 情感形容词的类别及一般语法特征

词项上,情感形容词的数量要远大于情感动词。如,指"高兴"义的形容词有"开心、愉快、快乐、快活、欢乐、乐和、欢喜、欢快"等。特别是,由于情绪是连续性、叠加性的,往往不宜明确分辨,因此情感形容词很容易相互组合,构成丰富的复合词,指中间性的复杂的心情,如"悲伤、悲痛、悲愤、哀愁"、"悲喜交加"。

概而言之,情感范畴指人以自身存活为根据而对事因加以评价,并把这种评价在意识状态中实实在在地感受、体验起来。事因不同,评价体验也就不同,这是情感谓词形成次类分别的最终语义根据。分为下面 8 类:

1. a. 高兴　开心　乐　喜悦　愉快　欢快　欣喜　愉悦　欢悦　快乐　幸福
   b. 得意　轻松　满意　惬意　顺心　满足　舒畅　痛快　好受　舒服　舒心　舒坦　爽　快慰
   c. 心静　平静　自在　踏实　坦然　充实　心安　宽心　安心　欣慰　安慰　宽慰

指受益时的积极情感体验,事物的存在方式符合人的需要,躯体需要得到直接满足。事因具有[殊指性],叙实性较强。

2. 感动　感触　感恩　感慨　感怀　激动　庆幸

对符合自己利益的事因的积极性感受。

第四章　情感类叙实谓词

3. 骄傲　自豪　光荣　荣耀　荣幸　自卑

[主体间性]的情绪,对自我相对于他人的优越性的体验,包含[面子、尊严]的语义要素。这是情绪的高级形式,显示了价值感受由直接物质需要向精神层面的提升。精神性越强,抽象性越高,直接的躯体体验性也就越差;事因的殊指性差,概括性强。

4. a. 失意　惆怅　沮丧　失望　绝望　丧气　寒心　酸楚　心酸　辛酸
   b. 感伤　悲哀　痛苦　别扭　伤心　不快　败兴　难受　沮丧　郁闷　堵　抑郁　窝心　闹心

受损时的消极体验,事因不符合主体的需要,带来负面影响;事因是强[殊指性]的,因此表现为强现实性。

5. a. 后悔　后怕　遗憾　懊悔　懊恼　可惜　惋惜
   b. 羞愧　害羞　害臊　惭愧　内疚　愧疚　懊丧　歉疚
   c. 难堪　尴尬　狼狈　窘　窘迫　难为情　不好意思　亏心　无愧　硬气

经事后分析,意识到自我行为[不当]时的情绪体验,包含[正义]、[主体间性]、[面子]的语义要素。

6. a. 生气　气恼　窝囊　憋屈　憋闷　委屈　不满
   b. 愤怒　怒　愤懑　恼怒　气恼　窝火　发火　火　解气　解恨

受损时的消极体验,事因是殊指性的,且引发[意志]维度的报复行为。情感范畴往往导致意志行为,气愤类情感在这一点上更加突出。这体现了气愤情感的生物原始性。

7. a. 不安　慌　慌张　忐忑　着慌　惊慌
   b. 着急　焦急　焦虑　烦躁　纠结　无奈　烦乱　烦闷　烦心　烦恼　苦恼　愁　煎熬　苦闷
   c. 恐惧　恐怖　害怕　怕

意识到[将来]可能受损时的消极体验,将来可能对主体造成显著损失的事件即"危险"。

8. 无聊 寂寞 孤独 失落 茫然 无助

事因的负特征,没有外部刺激时的情绪体验。

关于情感形容词,有两点值得提出:1. 语义上,积极情绪只有 3 类,消极情绪则有 5 类,这表明人们对消极情绪的感知更为显著。这从"心情"这个名词也有所体现,它具有负极性:一般说"没心情","有心情"则是有标记的。2. 在各种情绪中,只有第 7 类中的事因是[将来性、虚拟性]的,其余都是[现实性]的,即,情感形容词多是叙实谓词。

叙实谓词后文详述,这里先简单观察一下反叙实的情感形容词。以"烦恼、苦恼"为例,二者都带有"恼"这个语素。"烦恼、苦恼"有叙实用法,关涉一个对主体不利的客观事实:

(14) 她总是烦恼自己皮肤黑。/ 不用再烦恼自己毛衣起球起毛啦。

画线部分指一种实际存在着的事实,并且该事实对主体是不利的,不希望其存在。

实际语料中,"烦恼、苦恼"的叙实用法不多,它们更多指由于不知该如何处理所遇问题,所以痛苦,宾句是将来性的。如:

(15) 其实我一直烦恼着到底该不该说呢!

(16) 她只烦恼自己驾驭的马儿,什么时候才能跑得比康熙的马还快。

(17) 这家伙似乎在苦恼自己该露出什么表情才好。

宾句的语法意义可概括为"该怎么做"。

"害怕、恐惧"是典型的反叙实谓词,宾句所指事态当前尚未实际存在:

(18) 佩珠把明的冷冷的手捏得更紧,好像害怕一放松手就会把明失掉似的。

(19) 满人害怕占绝大多数的汉人什么时候会造反。

(20) 他们恐惧美国人企图利用李、何、宋等代替蒋介石。

画线部分指主句主语对将来危险的推测,宾句带情态词"会、可能"。

(三) 情感动词

情感动词的主要语义要素是[评价性],次要义素是[体验性]。情感动词区别于情感形容词的一个重要特征是可直接带体词宾语,表现了典型及物动词的句法特征,如"爱/讨厌/同情/怪/感激/担心/想念/崇拜他"。从深层看,情感的关涉对象一定是一个具体的事态,而不是物本身。物本身对主体的生存无所谓影响,只有其特定的属性、行为方式,才对人有意义。这一点与认知动词相似,认识的内容也只能是事物的属性、行为方式,不可能是纯粹的物自身。一些表面上选择名词宾语的情感谓词,深层仍然是小句性质的,即"隐藏的小句",如"崇拜他"实际指"崇拜他各方面都很优秀"。

情感形容词有时也可带宾语,但语法意义是表示致使,使宾语处于一种情绪状态。如"你这是气我、委屈你了、伤了他的心、这个问题已经苦恼他了一个月"。这即前述文献所讨论的事因占据主语位置的句式。情感形容词更容易用于直接指事物自身的性质:"排了一夜队,还是没有票,回家的路啊真烦恼。"情感动词不允许这种用法,"这人真讨厌"的"讨厌"已经演化为形容词了,"讨厌他不守时"的"讨厌"才是动词用法。"怕、害怕、畏惧"一组谓词在形容词与动词上有歧义,词义也有很大差异:带名词宾语时,表现为动词,如"大家都怕他",指对"他"整个人的一般性畏惧;带小句宾语,或不带宾语时,表现为形容词,如"当时他心里很怕",指"他"的一般情绪体验,并无明确的事因。

根据对事物对象的评价态度的不同,情感动词分为下面8类:

1. a. 爱　爱慕　爱惜　珍惜　喜欢
   b. 欣赏　赏识
   c. 羡慕　嫉妒

表示主体认为事物的[属性]符合自己的价值标准,因而觉得高兴,产生好感,并希望自己具备。

2. a. 厌恶　讨厌　反感　恶心　满意　不满　看不惯
   b. 嫌　嫌弃　烦

认为事物的[属性/行为][±符合]自己的价值标准,因而觉得[±痛苦],并希望[±离开]。

3. 同情　怜悯　可怜　心疼　抱不平

指一种移情式的情感,即发现对方处于不利境况,所以自己也感到难过,所谓感同身受,并希望对方摆脱该境况。

4. 感激　感谢

发现自己受到别人的好处,因而希望回报。注意,动词"谢谢"的基本内涵虽然是情感,但其言语行为维度上[对话性]的语义特征更为显著,因此并非典型情感动词,而应归为言语行为动词。"感谢"也带有一定的对话性,但很弱,"感激"则更弱。一些语词虽然包含的语义参数基本相同,但由于对某特定语义参数突显度的不同,也会造成它们在语法功能上形成重要的差异(Langacker 2009 等)。这个规律在情感谓词身上格外显著,原因就是情感范畴所包含语义参数的复杂性、微妙性。

5. a. 抱歉　原谅　担待　包涵　体谅　谅解
   b. 怪　怨　讨厌　嫌　嫌弃　恨　怨恨　憎恨　痛恨　恼恨　记恨　仇恨

发现自己/对方的[行为]有误;但希望不予计较,或计较,并进一步希望对方[±遭损]。"责怪"类情感动词显示了[责任追究]的语义结构:行为的施事要为其行为的后果负责。信息结构上,对行为施事的专门聚焦,就表现为话题化,即把施事从动作中特别提取出来。在一般言语表达中,话题化是通过理性认识实现的,而在情感行为中,情感范畴本身所含[意向性]的语义特征,就自然造成话题化的操作。广义上看,"喜欢、同情、感激、尊敬"等其他情感动词也都包含这种责任追究的语义关系,这就形成预指结构。

6. a. 担心　担忧　关心　放心
   b. 愁　怕　害怕　惧怕　生怕　畏惧
   c. 思念　想念　挂念　牵挂　惦挂

意识到自己或对方[将来]可能受损,而特别关切。语义上,这类情感动词与情感形容词有明显的对应关系,但前者侧重于指对危险情况本身的理性认识,后者则侧重于指主体自身的感性体验。

7. 留恋　怀念　思念　想念　缅怀

表示对[过去]的有价值的事态及其当事人的回顾,并希望该事态仍能在现实世界中保持。

8. 尊敬　敬畏　尊重　尊崇　服　佩服　崇拜　钦佩　仰慕　重视　鄙视　看得/不起　看不上

对对方有价值的属性予以[±认同],并希望自己[±具有]。

在上述 8 类情感动词中,除"担心、怕"类外,其他 7 类都是叙实性的,即主体基于对某种实际存在的事态的认识形成某种情感态度。也就是,整个情感谓词都以叙实为主;语义动因是:情感指人对现实环境的直接反应关系。从这个意义看,情感一方面是强主观性的,另一方面却又可理解为某种客观性——情感反映了人与外部环境的透明关系,人触及什么样的外部物理事态,就在自我意识中映现为什么样的情感体验状态。

本 章 结 论

相比指物理行为的动词,学界关于情感谓词的研究薄弱得多。国外语言学界对之主要描述为感事、事因的句法配位差异,另外有少量关于其体貌特征的讨论。汉语学界则在语义特征、分类上有所探讨,但在系统性及理论概括性上尚有较大的拓展空间。

本文把情感谓词的语义特征概括为:感受、事因、价值、认知,并区别为情感形容词、情感动词两大类,各自又分 8 个次类。情感形容词与情感动词在深层语义上往往具有密切的联系,而前者则演化为后者。事因有殊指性的分别,这带来情感谓词瞬时性的差异,即情感谓词与事因之间,在殊指性上表现为内在呼应的关系;这种呼应关系既是成分之间进行组合的语义载体,也表现为句法一致。信息结构上,情感形容词对事因中的主事论元未作话题化的操作,事因表现为整句焦点现象,小句是设置判断;情感动词的事因表现为窄焦点,对事因的主事做了专门的关注、提取,小句表示话题判断。

方法论上,本书秉持语义驱动的语法理念——语词的句法行为是由其所编码的词汇概念结构决定的,语义参数是对这种词汇概念结构的分解;语词之间在语义参数上的相容、一致,是其可以发生组合的根据,不存在事先存在的纯形式的句法结构体。

第五章

情感形容词的半叙实性

本章系统考察情感形容词在叙实性上的句法表现,并以"后悔、高兴"为例做个案探讨。在情感形容词的各种句法行为中,事因编码为小句宾语的形式,是其句式化程度最高的体现。形容词一般是不带宾语的,而情感形容词却可以带指内容的小句宾语,这就显示其在实义内涵上发生了一定的削弱。相反的一极则是情感形容词构成感叹句,独立成句,即不带事因成分;这是情绪发泄直接编码为述谓功能上的表述性、语力性,体现了语义与语用两个界面之间的接口特征。

第一节 情感形容词的一般语法功能

[事因]是情感谓词所指事件结构的语义枢纽,也构成控制其句法行为的动因;[±体验性/±认知性]则是情感范畴的直接存在形式。情感形容词是内向性的,强调人的内心感受、心境,体验性强,认知特征很弱;语义上,情绪和事因构成两个各自独立存在的事件,二者之间的形式关联较为松散,往往编码为复句。相比之下,情感动词则是外向性的,侧重指主体对事态的立场、态度,认知特征显著,体验性大为减弱;情感和事因的语义关系非常紧密,事因成为情感的内在结构要素,形式关联也紧密,一般编码为单句。总体看,情感谓词与事因有下面8种组合方式,它们体现了事因与情绪之间关联紧密度的差异:

A. 情感谓词与事因各自独立成句,之间是语篇层次的关系,语义关联最松散;

B. 事因和情感谓词各自编码为一个小句,并关联为复句;

C. 事因和情绪处于一个单句之内,之间是连动结构或紧缩句的关系;

D. 致使结构,事因＋"使、让、令"＋情感谓词;

E. 事因编码为宾语或主语从句,情感谓词作为主句;

F. 事因编码为分词状语,情感谓词构成主句;

G. 事因由介词引出,情感谓词构成主句;

H. 情感谓词＋"的是"＋事因,情绪失去独立表述地位,弱化为语用、关联成分。

在上面的语法形式中,情感形容词和情感动词有不同的适应性。情感形容词多采取前4种形式,而情感动词则不然;相反,情感动词常带事因宾句,情感形容词则很少这样使用。二者在F、G、H三种形式上有很大的共同性,规律是,事因与情绪间的语义关系越紧密,事因的编码也就越明确,句法上的内嵌性就越强,也就越指一个纯粹的客观事件,而不带语力、情态等主句层面的语法范畴。认知与体验是两极,情感谓词的体验性越强,其事因就越不采取小句宾语的形式;反之,情感谓词的体验性减弱,就容易带小句宾语。本节考察事因采取小句宾语之外的各种句法形式,小句宾语下一节单独探讨。

一、情感形容词构成感叹句

情感形容词往往可以光杆形式独立成句,带强表述性,构成一种感叹句。从深层事件结构看,这种感叹句并非真正独立,而一定要伴随出现指事因的小句。感叹句是一种典型的叙实句式,其语法意义的核心即情感。国外语言学界对感叹句的定义偏向狭义。英语感叹句有明显的形式标记,主要是 how(How tall she is!)和 what(What a nice guy he is!)两种。Zanuttini & Portner(2003)认为感叹句的两个基本语义参数是"叙实"和疑问算子,后者的功能是指出交替项。Badan & Cheng(2015)采取该理论,把感叹句的语义参数分析为三个:梯级算子、自我证据、叙实性。该文认为,汉语感叹句主要是下面三种:1. 形容词前"这么/那么"修饰,如"他这么/那么高!";2. "多么",如"李四多么高啊!";3. 二者都用,如"他怎么这么/那么高!"。这个系统显然难以涵盖汉语感叹句的所有类型。

朱德熙(1982:24)认为,"感叹句的作用是表达感情,但同时也报道信息"。如"好漂亮的衣服!""好大的雨!"该书未具体分析"情感"与"信息"二范畴间的语义关系。吕叔湘(1985/1942:312)认为"以感情的表达为主要任

务的叫作感叹语气"。从感叹的发生来看,感叹句有三种:

1. 我们的感情为某一事物的某种属性所引起,我们就指出这个属性而加以赞叹,如:"这件衣服好漂亮!"
2. 我们的感情为整个事物所激动,我们指不出某种引起感叹的属性,只说明所产生的是哪种情绪,如:"这叫人多么难受!"
3. 连哪种情绪也不说明,只表示一种浑然的慨叹,如"竟有这样的事情啊!"

  前两种感叹句必有一个感叹的中心,一个形容词,或表外物的属性,或表内心的情感;第三种没有。这三种句子里头最常见的是第一种。

各种情感形容词都常常单独构成的感叹句,属于吕著的第二种。从语体看,在日记、微博、心理描写、对话等个体性突显的语境,情感形容词构成感叹句的频率很高。感叹句指一种强烈的情绪宣泄,情感形容词则指出这种情绪的具体内容。句法上,情感形容词既能以光杆形式单独成句,也可前加"好、真、太"及后加"极了、死了"等程度修饰语。如:

(1) 姑妈送饺子过来,狼吞虎咽消灭一大盒,痛快!
(2) 唱完歌,脸火热火热的,下来之后被说是打酱油的!! 愤怒!!!
(3) 这些女生都好高! 自卑!
(4) 终于让我找到这部电视剧啦!! 好开心啊。
(5) 都是因为一时糊涂,贪小便宜,才蹲进了班房,真后悔!

这种感叹句中的情感形容词总是可以重叠多次,这是语用重叠:

(6) 元朝人的诗,我们知道得太少,惭愧惭愧!
(7) 这甜食太好了! 荣幸,荣幸!
(8) 笨狗狗买回来那么久还是训不好。唉,伤心伤心伤心。

感叹句用法显示了情感形容词内在具有强烈的直述性。情绪宣泄直接表示人的当下感受状态,是最强主观性、个人性的;相反,理性认识则撇开主体本人而描述客观事物自身的存在情形,所以二者构成语法范畴的两极。由此不难理解,情感谓词所具[认知性]的内涵越显著,也就越不能直接构成感叹句。情感动词与情感形容词有很大的相通之处,因此很多也可以构成感叹句,但认知性强的那些就很难。如,相比"喜欢、恶心、讨厌","欣赏、嫌弃、反感、珍惜、尊敬"等理性、认知性更强,体验性更弱,因此,前者容易构成感叹句,后者就难。并且,前者构成感叹句时,直接体验性很强,所以就有形容词的特征:

(9) 这手机太漂亮了,喜欢!/*欣赏!
(10) 明明是故意碰的!讨厌!/*反感!
(11) a. 居委会主任潘慧贞关心群众生活,深受人们的尊敬。
     b. 居委会主任潘慧贞关心群众生活,*尊敬!

情感形容词构成的感叹句往往伴随出现叹词、拟人声词,后二者的核心语义要素也是情绪。不同的叹词、拟人声词对应于不同的情感谓词,它们既可出现在感叹句前、后,如(12)—(15),也可出现在事因小句上,如(16)—(18):

(12) 话我并不是想这样说的,只是到了嘴边不知道为什么就变了,唉,好郁闷!
(13) 现在全 PUB 里的人见到我都喊"大爆笑"!天!真痛苦!
(14) 这是男人吗?就是畜生!这样的要不要不吃劲,离了得了!真 TMD 生气!
(15) 睡到现在才起来,真是他妈的爽啊!
(16) 哎……我究竟适合神马事情啊,什么都干不好。伤心。
(17) 哈哈!!!幸亏当初没去书法社……否则一周十张大字啊有木有!无比庆幸!
(18) 尼马大过年一早吵架,烦躁!!!

事因小句和情绪感叹句可以在形式上不连续,如(14)"生气"的事因是反问句"这是男人吗?就是畜生!""他妈的/TMD"是一种表示强烈情绪的叹词,不但可以表示负面情绪,如(14),也可以表示正面情绪,如(15)。

构成感叹句的情感形容词后一般不带体貌标记,不过有时也可带句末"了",但感叹强度反而减弱:

(19) 怎么会有这种人呢!太他妈愤怒了!/太他妈愤怒!

"了"指情感的变化、实现过程,这是一种理性维度的时间进程刻画。理性突显,情感宣泄性就削弱。

小句表层出现主语,感叹语力也大为减弱:

(20) 我舌战领导,获批提前下班,现在102上,我骄傲!/骄傲!
(21) 中央一号文件明确宣布延长土地承包期,大家伙儿多高兴啊!/高兴啊!

这种句子的当下体验性降低,有较强背后反思的意味,也就是把自我当成客观对象进行陈述。

从深层事件结构看,情感谓词构成的感叹句其实并不单独成立,而总是要关联一个事因小句。单独说"愤怒!"语义上是不完善的,人们总是会追问为什么愤怒。另一方面,语力上,事因小句自身往往也带有感叹性,采取感叹语调,或反问句。即该事因小句自身即包含强烈的情绪要素,伴随出现的感叹句只是把其中的情绪要素加以显化编码。可见,这种"事因句+感叹句"的综合体,实际处于一个更高层次的统一感叹行为之下。刻画为:

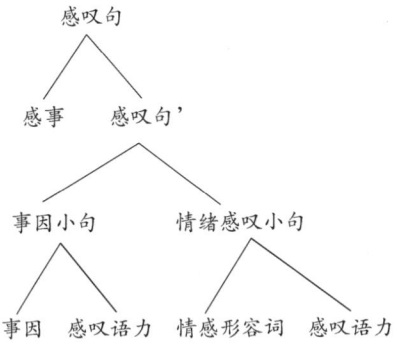

感叹语力的主语只能是主体身份的人。[感叹]指主体当时的一般意识感受状态,然后进一步分化为具体的事因和相应的情绪样式。事因作为一个现实事件,与感叹语力的语义关系并不密切:对同一客观事件,不同的主体,在不同的情况下,就会形成不同的情绪体验。"主体"范畴包含[现在]、[这里]、[价值]三个维度,分别对外界客体进行定位。情绪范畴是当下感受性的,直接刻画主体自身的最本真意识状态;事因则是理性的事态内容,前者的地位高于后者,对之是评价、定位的关系。由于情感形容词本性就是刻画主体的私人意识,因此自身即可具有强烈的感叹语力,有纯宣泄功能。

情绪的直接宣泄性越强,则独立成句的能力也就越强,句法上与事因的关联也就越松散。即,[情绪宣泄性]与[客观内容性]是一组对立的语义特征,越是处于激烈的情绪状态,则越难以捕捉客观对象自身的存在情形。

二、事因与情绪编码为复句、单句

情感谓词句式的核心问题是对[事因]这一语义要素的不同编码策略。这一小节考察除带宾句、"情感形容词+'的是'+事因"之外的情感句式。

(一) 语篇

事因与情绪之间最松散的关联方式是各自独立成句,之间是语篇层面的关系。这反映了情感形容词的强内容性、事件性,即作为对主体特定意识运行状态的描述,情感自身即被处理为一个具有独立述谓价值的事件。这时,句法特征上,情感形容词与其他谓词并无不同,也需要修饰语的刻画,使语义完备,以便成句。

(22) 章孝严望着昏迷中的弟弟,轻声呼唤着孝慈的名字,然而孝慈却安卧病榻,没有丝毫反应。<u>章孝严心里十分难过</u>,他们兄弟俩的出生时间仅相隔几分钟,可以说是同时来到这个世界上的。

(23) 三部共带来兵马近五千人,牛羊等近万头。<u>努尔哈赤万分高兴</u>,吩咐杀猪宰牛,连续喝酒三天,以示庆贺。

情绪范畴的核心特征是直接体验性,情感形容词所指意识状态在主体身上的体验性越强,内容独立性也就越强,对其他实义成分的关联性、操作性也就越差。但没有平白无故的情绪,情绪必由具体的现实事件引发。这种逻辑关系是构成句子之间语篇关联的根据。

(二) 复句

与语篇相比,复句之内的语义关联就紧密得多。事因小句与情感句上既可使用关联词,也可意会关联。顺序上,一般事因句在前,情感句居后,表明后者是语义重心,如(24)—(26)。情感句在前是有标记的形式,如(27)。

(24) <u>我的行动、想法叫我吃了苦头</u>,可是<u>我一点不后悔</u>。
(25) 有时候<u>对方爱理不理的</u>,<u>很怠慢我</u>,<u>我有点生气</u>。
(26) <u>梁家倒台</u>,<u>老百姓不用提有多高兴了</u>。
(27) <u>她很难过</u>,因为<u>这次的尝试是不成功的</u>。

在情感句居后的用例中,情感句对事因句可以说也表现为陈述关系。事因句指客观事件,情绪句指主体处于该现实环境中所形成的具体感受,而这种情绪也就是事因所包含的意义、价值的属性,同时也就是主体对事因的定位、评述。这样,情感对事因就表现为操作、规定的关系。

复句内语义关联的紧密表现在情绪对事因的明确指向性上。如(27)"她很难过"独立述谓性很差,其功能就在于表示主体对"这次的尝试不成功"所持的态度。而在语篇层面上,情绪自身就作为一个具有独立性的事件发挥作用,相对撇开了与事因的关联,如,在前面的(23),"努尔哈赤万分高兴"的作用更多地表现为促成其他事件,如"吩咐杀猪宰牛"等。

(三)话题链、紧缩句

事因与情绪处于一个单句的框架之内,之间是话题链、紧缩句、连动等结构关系。这时,事因与情绪间的语义关系非常紧密,都失去各自独立的事件身份,合并构成一个单一的宏事件,处于一个时空域之内;整个句子也处于一个语力范畴控制之下,事因和情感自身都无独立表述地位。一般事因居前,情绪居后,之间是因果致使关系。另外值得指出的是,在这种小句中,事因常常不在小句内直接编码,而是通过认知动词"看、听"之类引出,强调情绪的认知环节:由于了解到某种情况,而即刻形成特定的情绪。

(28) 前不久他与女朋友发生了争执,心里挺烦恼。

(29) 由于资金短缺,铁十五局劳务七队一连三天喝稀饭,年近60岁的工区主任谷俊臣见状,难过得老泪纵横……

(30) 何梦蝶一听极为生气。

(31) 加班哎,苦命死了～～～想想就伤心。

例(28)前一VP陈述事因,后一VP描述情感,各自在形式上都比较完备。(29)则不然,事因只用一个抽象名词"状"回指,并用认知动词"见"引入。(30)、(31)的事因是零形回指:"听、想"后省略了指事因的语言形式。

(四)分词状语、介词短语

这两种形式对事因编码的内嵌性最强,句式化程度非常高。分词状语是一种位于句首的VP,一般属于体貌短语,而缺乏时制、语力范畴,不具备主句身份。典型形式标记是零主语,而向后与主句主语同指。分词状语的殊指性很强,体貌上一般采取完成体和进行体,即现实态的典型形式。事因编码为分词状语,表示背景信息,情绪编码为主句,表示前景信息。这种句式使用频率很高。如:

(32) 没能抢救成李市长,作为医生,我感到难过。

(33) 自己忍饥挨冻积的钱被贪了,村民们愤怒不已。

(34) 能为您效劳,我很高兴。

(35) 今天在这里会面,我很高兴。

例(32)、(34)动力情态"能"指现实态,即实际没/做到了,并非潜能,这是动力情态在叙实句中的典型行为特征。(35)"今天在这里会面"自身并无体貌标记,但在句中却都指现实事件,实际暗示"了"的要素,这是情感谓词"高兴"的叙实性带来的,即主句所带时空[当下性]的特征为分词状语所共享。

事因也可采取介词短语的形式。语法功能上,介词短语与分词状语具有很大的相通之处。由于述谓功能削弱,分词状语中的动词容易虚化为介词,如(36)、(37)"等到、面对"已经虚化,接近介词。

(36) 等到后来证实"金牛"窃取了"现代"的秘密配方,他感到了一种愤怒。

(37) 面对突如其来的变化,小陈变得心情郁闷。

(38) 他们一言不发地骑着马离开阿尔汉的营地时,姬热拉更加愤怒了。

(39) 蒋介石听到顾祝同的汇报后,非常愤怒。

通过置于"等到、时、后"的附属语位置,事因就内嵌化,述谓功能严重损失,所以这种句法形式更加显著地指明了事因相对于情绪事件的从属性。"时、后"是后置词,即广义的介词(刘丹青 2003)。

与分词状语相比,介词短语的述谓功能更差,内嵌性更强。形式上,出现在介词之后的事因事件,较多采取 NP 的形式,如(40)、(41),较少用 VP 的形式,如(42)、(43):

(40) 我不怪李芳输球,而是为她的场上修养难过。

(41) 对于原振侠由衷的赞扬,两人都很高兴。

(42) 贾格纳特对有机会在北京与李瑞环主席重逢感到十分高兴。

(43) 我常常为发生这种事而感到心里难过。

为了避免介词引出的事因形式上太复杂,事因常单独表述,而在情绪小句中用介词"为/对+此"的形式予以回指。如:

(44) 我把它忘在北京了,为此我还郁闷过。

(45) 今天,我正式成为奥林匹克运动的全球形象代言人。对此,我感到非常荣幸。

"对此"同时有焦点和话题的语法内涵：焦点性表现为强调，话题性则表现为与后面的小句构成陈述关系。

（五）致使结构

由致使动词（典型是"使、使得"）构成的致使结构是一种强叙实性的句式，表示通过具体事因而造成某种结果，事因事件与结果事件都是现实性的。由于事因与结果都指一个事件，所以致使结构从深层看其实是个复句。致使结构往往也被视为兼语句，其实二者有质的差异。兼语句的兼语动词指实义动作，主语指的是事物，后一动词是非现实性的。这三点都不同于致使结构。如"连长命令士兵报数"，其中的"命令"可以换为"让"，但不能换为"使、使得"，表明"让"的实义性要比后二者强。

情感形容词常常组成致使结构，事因可以采取两种形式。一是编码为完善的 VP 或小句。事因小句既可通过停顿，与由致使动词引出的情绪小句分开，之间的联系就很松散，如（46）—（49）；也可不分开，联系就很紧密，如（50）、（51）。

（46）逛了半天没买到东西，令我很郁闷。
（47）每星期至少发作一次癫痫，搞得她很痛苦。
（48）一些人还是执意要送礼，弄得教师们也很烦恼。
（49）你不早叫一声，害得我空伤心一场！
（50）蛋鸡抱窝使人烦恼。
（51）我试图拒绝春儿塞给我的一小罐蜂蜜，结果却惹得她十分生气。

采取致使结构的形式，也就是把事因置于主语的位置，但这与西方学者讨论的"Stim-Verb-Exp"句式，存在较大分别。后者是综合式、词汇式，前者是分析式、句法式。现代汉语也有词汇式的手段，即动结式，如"这件事激/惹怒了他"，但这种形式比较受限，一个明显的限制就是，作为补语的情感形容词要求是单音节，如"搞得她很痛苦"就无法表述为"搞苦了她"。

二是事因事件编码为名词短语。也就是，事因采取了论元的形式，情感形容词则占据主要述谓的地位，这是一种把事因和情感纳入一个小句框架的编码策略。有两种形式：A."N 的 V"。模态上，"N 的 V"是一种典型指现实事态的句法形式（张伯江 1993）。不过汉语的"N 的 V"并不是英语那样典型的名词化，其中的 V 很大程度上失去了动词的特征，而接近抽象名词。如：

(52) 孩子的失学使我们心里很难过。

(53) 他的嘲笑令她更加愤怒。

(54) 政治上的压抑加上创作上的无所适从,使我的心情非常郁闷。

在这种形式里,中心语 V 仍然具有一定的动态性。不过相比英语动名词形式,汉语"N 的 V"对动词动态性的允准幅度要小得多。

对语篇前文用小句陈述的事实,后文用一个名词短语代替,这是一个一般性的规律,英语也是如此。Davidse(1994:271)指出了这一点,如 Tom regrets that they're getting divorced.(约翰遗憾他们离婚了。)Tom regrets their divorce.(约翰遗憾他们的离婚。)但:Sue thinks that they're getting divorced.(苏认为他们离婚了。)*Sue thinks their divorce.(*苏认为他们的离婚。)regrets 引出的宾句指现实态,后面允许用 their divorce 回指,thinks 的宾句是非现实态,就不允许这样回指。

B. "这/那+动量词+V"。这种形式的名词化程度更高:

(55) 预算中的这一微妙变化,使得医疗保险等利益集团十分郁闷。

(56) 王导这一番吹捧,使晋元帝十分高兴。

(57) 这场偷袭让美国愤怒了。

(58) 那种残酷和不公正,激起了她的愤怒。

(59) 这种骚扰使他愤怒。

动作的基本语法机制是内部性、当下展开性,事物则是整体性、一般概括性,因此,对动作的名词化,语法意义上就是把当下进行的动作,概括为一种抽象的整体。汉语学者在"指称化、名物化、名词化"的问题上曾有激烈的讨论,国外则一般都称为"名词化",很少争议,这里采取该称谓。名词化的典型形式是"动作名词构式",这里只关注这种形式——西方学者一般也把提取参与者的形式统一处理为名词化,如英语-er,古汉语"者、所",此不讨论。从最初始的意义看,名词化的基础形式是个完整的小句(Lees 1960),但经过名词化的转换,完备小句的一些语法要素总是会被抛弃。

跨语言看,不同语言的名词化形式在两个维度上形成分化。一是所允许保留的原初完备小句语法要素的程度,在这个维度,总体上看,名词化的基本语法意义是指纯客观事态,而不大编码语力层面的语法要素。规律是由低到高,即从体貌、时制、到语力,越来越难以在名词化形式中保留。学者对这个维度的语法问题关注较多。Koptjevskaja-Tamm(1993)、Comrie &

Thompson(2007)等指出,语气成分很难在名词化形式中出现。Dik(1997)、McGregor(1997)认为,限定小句不能名词化,只有非限定小句可以。二是可以允许名词化的谓词的动态性:动态性强的谓词容易名词化,静态性的难以名词化,如"老公的到来/*是警察"。Gerner(2012)指出,英语典型的事件名词化标记是后缀-ing,要求所名词化的谓词是动态性的,不用于静态谓词,如*being dead。

现代汉语的名词化在上述两个维度都是表现较差的语言类型。动量词"番、场"指事件整体,但具有较强的内部视角,因此还保留较高的动态性。抽象量词"种"对所组合事件的名词化功能更加剧烈,可以把动态进行着的动作,强烈改变为一种通指性的行为方式。事因用动词还是名词的形式,对其在客观性、情态性的表现有很大影响:名词是强客观性的,不允许编码情态语力要素,动词短语则允许复杂的情态语力要素。同时,事因采取名词化形式时,在体貌上又总是完成性的,完成则是现实性的一种典型形式。因此,在情感形容词构成的致使结构中,事因编码为名词短语时,其叙实性还要比用动词短语表现得更为典型。

情感形容词用为致使结构时,常采取"让/使+人+情感形容词"的形式,"人"是泛指性的,一定程度上虚化。这反映了情感事件中所包含的致使关系的高度构式化、形态化,即,情感形容词之上内在带有一个轻动词性质的"使、让"。这时,情感的实际感事就不能出现,所以其中的情感形容词及整个构式也有所虚化,而这就造成该构式的句法功能更为强大。如,允许不同的话题化操作:

(60) a. 学校部门组织学生翘课追星,<u>让人愤怒</u>。
　　 b. 就说学校部门吧,<u>让人愤怒</u>他们组织学生翘课追星。
(61) a. 就说前些年建房时室内插座的设置吧,总是<u>让人后悔</u>设置得太少了。
　　 b. 就说插座吧,总是<u>让人后悔</u>建新房时设置得太少了。

例(60)a 事因编码为一个单独的小句,后面的"让/使+人+情感形容词"相当于普通谓语;b 以名词"学校部门"作话题,"让人愤怒"后引入事因,构成普通话题说明结构,句式化的程度很高。(61)a 的话题"插座的设置"采取"N 的 V"的形式,b 则为普通名词,"插座";后者的句式化程度更高。把事因和情绪挤压到一个常规主谓小句的框架内,是一种高度语法化的编码策略,显示了情绪范畴的句法显赫性("显赫"的概念用刘丹青 2011 等)。

总体上看,在事因编码为单句、分词状语、介词短语、致使结构时,情感形容词自身的独立述谓功能都较为完备,未发生虚化。

三、情感形容词+的是

这种情感短语的语法意义有两方面:一是指所引现实事件的价值属性,二是指语篇关联。情感形容词直接带宾句是较为受限的,却可用"的是"很方便地引出事因。这两种形式在语义上具有很大的等同性,以"后悔"为例:

(62) 小梅后悔自己醒悟得太迟。= 小梅后悔的是,自己醒悟得太迟。

情感形容词的宾句常用冒号或破折号引出,表示解释,语义上也就是"的是":

(63) 他已开始后悔:着实是太快把"旋风"和"浑沌"遣走了。
(64) 农民后悔——种水稻没改种樱桃,每亩少收 1 万;乡长后悔——种樱桃没改卖地,每亩少收 10 万。

在情感形容词句,除事因外,"的"还可提取感事、时间、事因的主体,如:

(65) 第二天一早,便是新年了,首先高兴的是儿童。
(66) 在我一生中,最高兴的是解放战争的三年。
(67) 我这里唯一能使您高兴的是柜里的一瓶白兰地,亚美尼亚产的。

在实际语料中,上述三种用法出现的频率依次提高,使用频率最高的还是提取事因。因为事因对情绪的语义关系最密切、最突显。值得注意的是,在情感形容词句,原因状语在语义上就等于内容宾语,这种情况在其他动词是很少见到的。这可从下面两个等式上得到证明:

(68) 为什么 A = A 什么 = A 是什么 = A 在于什么
(69) 不 A = 没什么(好)A 的 = 有什么好 A 的?

例如:

(70) A. 今天你为什么高兴/伤心/愤怒/郁闷/生气/感动/后悔/骄傲/得意?
    B. 因为我找到了其中共同的蛋白酶细胞的构成式。
(71) A. 今天你高兴/伤心/愤怒/郁闷/生气/感动/后悔/骄傲什么?

B. 我高兴找到了其中共同的蛋白酶细胞的构成式。

(72) A. 你今天最大的高兴/伤心/愤怒/郁闷/生气/感动/后悔/骄傲是什么？

B. 今天最大的高兴，就是我找到了其中共同的蛋白酶细胞的构成式。

C. 今天最大的高兴，在于我找到了其中共同的蛋白酶细胞的构成式。

(73) 我不伤心/苦恼。＝ 我没什么好伤心/苦恼的。＝ 我有什么好伤心/苦恼的？

跟情感形容词近邻的情感动词就不允许用这两个等式：

(74) 你为什么喜欢跳舞？≠你喜欢什么？

(75) 我不喜欢跳舞。*我没什么好喜欢跳舞的。

认知动词也不允许：

(76) 你为什么猜测她总是找你？≠你猜测什么？

(77) 我不(随便)猜测。≠我没什么猜测的。

物理动词更不允许：

(78) 你为什么买电视呢？≠你买什么？

(79) 我不买电视。≠ 我没什么买的。

事因与情绪内容的等同性，根据在于情绪对外界物理刺激的直接[反应]性，而这种情绪反应，就直接表现为主体意识中关于外部事态的[反映、理解、认知]。对情感形容词而言，"没什么(好)A 的"指事因之价值内涵的量度、阈值，即"是否值得 A"。即，只有当一个外部刺激达到相当的量度时，才能引发主体形成一个情绪。显然，对不同的人，引发形成某种情绪感受的外部刺激的阈值是不同的。因此，主体之所以对一件事感到"不 A"，就是由于该事件没有达到情绪的阈值，即主体认为该事件"不值得 A"、"没什么(好)A 的"，其中的"好"指的就是"值得"。劝一个人不要有某种情绪时，往往会说："别 A，有什么好 A 的？"如：

(80) 别难过/生气，有什么好难过/生气的？

"没什么 A 的、有什么好 A 的"中的"的"，所提取的就是情绪的事因要素。

"心静、平静、无聊、寂寞、孤独、茫然"等情绪不允许进入"不值得A、没什么A的、有什么好A的"格式,这恰恰就在于它们自身就是指由于缺乏外在明确的事因而形成的情绪。比较而言,类似的情绪"踏实、失落"就可以进入这些格式,因为二者都有事因,"踏实"指由于生活稳妥而形成的内心安定,"失落"指由于期望的落空而形成的伤感。

"情绪"事件内在包含着[事因]的语义要素,但在语篇、复句等表述方式上,事因与情感形容词的联系很松散,宾语从句对事因的编码是紧密的,但功能受限,结构助词"的"则由于自身语法功能的强大性,就很容易明确指出情绪的事因要素:情感形容词一般可通过"的是"引出事因。可以说,这是对情感形容词难以直接带宾语从句的一种句法补偿。

"情感形容词+的是"句式有一定程度的虚化。形式上,"的是"后往往停顿,停顿的功能类似句中语气词,用于划分信息结构。这对"情感形容词+的是+事因"中定语的影响是很大的,因为若无停顿,则"情感形容词+的"与"是+事因"构成主谓短语,而在有停顿时,"情感形容词+的是"部分就容易具备独立的断言功能,这种断言功能的虚化、固化,就成为话语层面的语用标记。如:

(81) a. 令他气愤的是幼龙再一次出现了,在他身后的岩架上飞奔着。
b. 令他气愤的是,幼龙再一次出现了,在他身后的岩架上飞奔着。

a"的是"后没有停顿,这样"情感形容词+的"就充当常规主语,自身全无表述功能,与其后谓语整体构成一个表述单位。b句"的是"后停顿,之间的联系就很松散,各自构成一个表述单位。

信息结构上,当"情感形容词+的"做主语/话题时,情绪本身被处理为语篇前景信息,而当"的是"后停顿时,其后小句构成语篇的主要述谓内容,"情感形容词+的是"部分则被处理为高阶评述,表示对其后事态的价值评判、主观态度,即语用标记化。从语篇结构看,这种情绪短语常用于语篇话题的转换。因为通过指出一种态度,一方面就使话主从语篇所陈客观事件流中超脱出来,形成一种外位立场,另一方面也同时造成明显的转换语气,这两个因素都方便另启一个话题。下面(82)是在同一段落之内的用例,(83)是另起一段:

(82) 然而市政府则抱怨没有足够的人力和机械来彻底清除垃圾和洪水积水,特别是因一部分公务员罢工,增加了政府的困难。更令人烦恼的是,在车辆紧张的情况下,还不时发生垃圾车被半路打劫的事件,他们不得不派警察护送。

(83) 在绝大多数反映航天的外国科幻中,登天者都是西方人。然而,中国人的登天梦却已做了几千年。……

让中国人伤心的是,仅仅立国两百多年的美国率先把人发射到了月球。但如今,中国人正把文学想象转化为科技进步。

例(82)的"更"显性表示递进关系。(83)"伤心"短语另起段,起显著的语篇话题切换作用。可以对比,上述两句如果去掉情绪短语,语篇关联就很不自然。

有时,情绪短语与后面的事因小句之间并无停顿:

(84) 消费者权益日,电话局才派人来修好,但不到两周又坏了,只好再找人修。苦恼的是上午修好了,下午又坏了,有时修好后,刚过一个小时就又不能用了……

这种用法实际体现了情绪短语的虚化程度更加提高,就是说,情绪短语的语篇评注功能已很完备,即便无须停顿也不会造成误读。

在各种情感形容词中,"高兴、遗憾、可惜、庆幸"四个的虚化程度较高,出现频率也高,因为相比"开心、快乐、惬意、舒服、欣慰","高兴"语义明显更为中性,体验性不强;同样,与"愤怒、气愤"相比,"遗憾、可惜"也中性化。语义上,"高兴"指对外部事态的一般性肯定,价值上可取,"可惜、遗憾"则相反。

"情感形容词+的是"作为话语标记的虚化程度提高,书面语体是一个重要的证据,因为这种语境一般不允许表达强烈的情绪体验。只有"高兴、遗憾"多用于这种语境。"高兴"指所引事态意义重大,很值得肯定。且"高兴"前常带助动词"值得",刻画价值的量度,这就进一步削弱了"高兴"的感受性,而加强了其理性认识的内涵。

(85) 可以看出职工读书活动现在比过去在数量上有了更大的发展,质量上也有了很大的提高。特别值得高兴的是,许多努力自学的工人已经成长为真正的掌握专门知识的知识分子,……

(86) 他说,"中国发明了火箭,用自己的火箭把人送上天是中国人许久的希望,现在能够成功是件好事情。"……

> 尤其值得高兴的是，载人航天反映了中国的整体实力。……

句中"高兴"所表情绪高度程式化，这自然就大为削弱其实在体验义。可比较，句中"高兴"不允许换为"快乐、开心"，因为后者更侧重指实实在在的情绪体验。

在"的是"短语中，与"高兴"语义相反的是"遗憾"，而不是"难过"，"令人难过的是"的形式本身很少出现。"遗憾"短语指现实事态价值上不可取，是应该被批评的。逻辑上，"遗憾"短语总是指转折关系，形式上也常跟表转折的连词共现。

(87) 综合地考察这两个比率，我们就可以对不同行业中搜集起来的资料是否恰当作出一个相对准确的估计。遗憾的是，各个行业及领先厂商的专业化率和覆盖率并不都是公布出来的。

(88) 生产力的发展，企业规模的扩大，也要求资本家雇佣更多的人。然而遗憾的是，他们大部分没有技术，只会干力气活……

(89) 茶馆是个微观世界，折射出大千世界的丰富多彩。但遗憾的是，到目前为止，无论是在中国还是在英语世界，还没有任何关于中国茶馆的史学专著出版……

"遗憾"短语表示，当前的现实恰恰不符合前述小句所述情况的正常预期。"遗憾"短语差不多可直接换为"但是"，但语法内涵更为丰富，可以在表转折的同时，还指出话主的立场。

四、本节结论

事因在情感形容词的概念结构中具有核心地位，对事因的不同编码策略，是理解情感形容词各种句法行为的重要线索。情感形容词的基本语法意义是指情绪，带有很强的宣泄性，这种情绪宣泄在语力维度就直接体现为述谓性，所以情感形容词常直接构成感叹句，而事因则另外独立成句。但从深层看，事因小句与情绪感叹句仍然控制在统一感叹语力之下。事因和情感形容词也常各自编码为一个小句，并关联为复句；在这种句子，情感形容词的事因指向性，是两个小句形成逻辑关联的语义载体。话题链、紧缩句则是把事因和情绪纳入一个单句的框架之内，之间的语义关系更为紧密。

致使结构是对事因与情绪之间因果关系的显性编码，也表明情感形容词所关涉的事因要素确实具有显著的现实性。分词状语与介词短语在句法功能上具有相通之处：前者的核心动词可视为后者的实义形式；事因采取这两种形式,情感形容词自身则构成主句,整个句子在形式上就表现为普通主谓小句的形式格局,这是一种高度句式化的手段。分词状语在现代汉语是很发达的,可以扩大单句的语法能量,情感形容词由于内在关涉一个事因,句法上就有表达为谓词短语的需求,用分词状语引出,是一种高效的编码策略。

"情感形容词＋的是"构式可以方便地引出事因,这显示了[原因]与[内容]两种要素在情绪范畴上的相通性,即"为什么 A ＝ A 在于什么",这种现象对其他谓词是不存在的。并且,该构式很容易虚化,情感形容词失去独立表述地位,而弱化为语用标记,表示语力、语篇关联。

第二节　情感形容词带小句宾语

动宾组合是一种高度语法化的句式框架。除非虚化,一般情况下,宾句是强内嵌性的,与动词的结合十分紧密。语义角色上,宾句对主动词的关系是指内容,这样,情感形容词就由体验性转变为认知性,即表示情态、态度。

上一章提到,Chang et al(2000)把情感谓词分为"高兴"、"快乐"两类,为了查看方便,这里把其所举词项重引如下。前者有"难过、后悔、痛快、担忧、生气、吃惊、担心、伤心、开心、忧心、痛心、害怕",后者有"喜悦、欢乐、烦恼、恐惧、痛苦、愤怒、沉重、悲伤、苦恼、遗憾、沮丧、快活、欢喜、愉快"。作者认为前者可带指原因的小句宾语,后者不能。本文通过语料考察发现,该观点不符合事实:两种形容词都可带宾句。作者还认为后者不能带宾句的原因是构词上是"V-V"联合组合,名词性强。这个解释也值得商榷,其实联合组合并不意味着整个词语名词性强。如"愤怒、气愤、烦躁、沉重、羞愧、懊悔、懊恼"都是联合组合,但整个词语的名词特征并不明显。物理动词身上也是如此,"奔跑、跳跃、打闹、喊叫、抛弃"都没有什么名词性。

本文发现,相比情感动词,情感形容词带宾句的能力要弱得多,但这并不是因为它是名词性的,而在于[强体验性]这一语义特征。情感形容词的体验性越强,带小句宾语的能力就越弱,反之则越强。与体验性减弱相伴随的是认知性的增强。

一、不能带宾句的情感形容词：特殊体验性

[体验性]是情感形容词的核心,也是其突显的语义特征,[认知性]则是

次要的特征。对情感形容词而言,强体验性就意味着强实义性,也就意味着强述谓性、语境依赖性。带小句宾语体现了情感形容词不指直接的情绪体验,而指对宾句事态的评价,这就导致其偏离自身的典型特征,而向认知动词靠近。下面以"高兴"类形容词为例做一考察。

"高兴"类形容词很多,这主要是由于不同历史来源词语的叠加,但在同一时期就会形成功能的分化、专门化。其他类别情感形容词的情况也大致如此。"快活"与"快乐"语义很接近,但"快乐"重在指发自内心的真正的情绪体验,"快活"所指情绪则比较表面化,且侧重于指通过具体的物理行动而实现快乐,有时还带贬义。如:

(1) a. 那时我能看见她,便已那么快乐了。　　b. 新春快乐!
(2) a. 你们丢下我跑出去风流快活。　　b. 他就是图个嘴巴快活。

例(1)a 指发自内心的深深喜悦,重在精神层面,b 指春节时精神的彻底放松,二者都不能换为"快活"。(2)a 指出去进行娱乐活动而形成的喜悦,b 指随意言谈的痛快,都伴随物理活动,二者都不能换为"快乐"。

"喜悦"带有很强的书面色彩,口语不多用。语法功能上,"喜悦"多名词用法,很少直接做谓语、状语,不能单独构成感叹句。如:

(3) 他的脸上洋溢着喜悦的笑容。
(4) 她眼中满溢着初为人母的喜悦。
(5) 我今天满怀喜悦过生日。
(6) 王莽得到传国御玺,万分喜悦。

例(6)"喜悦"做谓语,但口语性很差。这种特点决定它不大会有带小句宾语的机会。

"欢乐"也是书面性的,且侧重指集体性、场景性的喜悦情绪,直接做谓语很受限制,不能单独构成感叹句。如:

(7) 记者挤进了欢乐的人流。
(8) 民兵们欢乐地散开了。
(9) 在这举国祥和、万家欢乐的日子里,本报编辑部与全国人民一道同贺新春。

"欢乐"的上述特点也决定它失去形成带宾句功能的机会。

"欢喜"的口语性更差,主要是一些固定说法,如"皆大欢喜、满心欢喜、

空欢喜、几家欢喜几家愁"。"欢喜"直接做谓语是很别扭的,甚至有方言的色彩:

(10) 天下越乱,他就越发欢喜。

(11) 李君见连片满地的旧书,欢喜得忘了还价。

"愉快"用法很专门。语义上,"愉快"与"快乐、喜悦"相似,都指发自内心的真实的情绪,不同在于:"愉快"的情绪强度很低,指一种理性的快意,因此多用于正式语体。如:

(12) 会见中,李鹏还愉快地回忆起八十年代初他对匈牙利的访问。

(13) 新春愉快!旅途愉快!合作愉快!

这导致了"愉快"也很难带宾句。

二、情感形容词带宾句的语义机制:认知性

下面三种句法环境都突显情感形容词的[认知性],而抑制其[体验性],这是情感形容词可以带小句宾语的根据。

(一) 对"情感形容词+(些)什么"问句的回答

疑问范畴的天性就是希望弄清事物的本来面目,所以是强认知性的。作为答语,情感形容词句自然也只能从认知维度着眼。如:

(14) 她在痛苦些什么?痛苦丁维岩对墨咏的残忍吗?还是痛苦她即将会发现令她无法接受的真相?

(15) "至少会有点难过吧?""难过什么?""难过……""难过失去了那些掌声、歌迷的崇拜等等。"

(16) "你不难过吗?""我不难过他们离婚的事,我只是难过我竟然是最后一个知道这件事的人。"

"痛苦"是 Chang et al(2000)认为不能带宾句的词项,上述实例不支持该观点。情绪体验本身是强直接体验性的,但在意识中反思为认知内容时,就失去了直接性,而获得间接性、对象性。"她在痛苦些什么?"指仔细分析痛苦情绪的内容,这样,在随后的答句,"痛苦"就顺势带小句宾语。这种宾句语义上是高度内容性的,句法上是高度内嵌性的,无自身语力要素。(15)"难过……"的形式指明了思考行为。可以看到,在上述用例,如果没有语篇前文,单独的"痛苦丁维岩对墨咏的残忍"句不容易站得住。

情感形容词一般都可带"(些)什么"构成真性问句,以强化其认知性。在这样的语境中,各种情感形容词都可临时带宾句。情感形容词一般都能进入下面的语境:

(17) 今天(心情)很＿＿,但又不知道＿＿(些)什么,是＿＿吗?
今天心情很沉重/烦躁/不安/愉快,但又不知道沉重/烦躁/不安/愉快些什么,是沉重/烦躁/不安/愉快她买了新车吗?

"些什么"是名词性的,指内容,作为它的答语,宾句指的也是内容。

可比较作为情感形容词近邻的躯体感觉谓词,后者在事件结构上也包含事因,但它就不能这样构成真性问句,而只能构成反问句,且不允许用小句宾语回答。如:

(18) 刚才打针疼吧?疼什么?一点不疼。/*疼刚才打针。
(19) 讲了半天一口水没喝,渴了吧?渴什么?一点不渴。/*渴讲了半天没喝水。

"刚才打针、讲了半天没喝水"就是"疼、渴"的事因,却不能作为后面问句的答语。

从情感形容词都可带"(些)什么"构成真性问句这一点,可以说,逻辑上,各种情感形容词都有带宾句的潜能,区别只是成熟程度不同,使用频率有高低。这也表明,该功能还是一种处于发展过程中的语法现象。

(二) 不典型的重动形式

重动句的构式化程度很高,前一动词短语具有很强的指称性、话题性,后一动词短语做具体陈述,如"喝酒喝醉了"。类似的,情感形容词常用为下面的形式,但并未构式化,而是编码为两个单句,本文称为不典型重动式,刻画为:

(20) A. 主语 ＋ 情感形容词/名词,B.(主语)情感形容词 ＋ 宾句

小句A以不带宾语的形式充当谓语,功能是对情绪本身进行陈述,强调其体验性,而抑制认知性,这体现了情感形容词的常规功能;小句B重复使用该形容词,并引出宾句,并往往带多个动宾短语,功能是指出情绪的具体内容,这时情绪的体验性减弱,认知性增强。这种语境是:主体突然形成情绪的冲动,编码为句A;后来则理性分析该情绪的内容,编码为句B。一般情感形容词都可如此使用,如:

(21) 他很生气,气她在这个家所受的待遇,气她居然什么都不说、什么也不在乎。

(22) 他觉察心中有把怒火正烧得狂炽——他是生气她的不自爱,还是气愤她想献身的对象不是他?

(23) 沮丧,非常沮丧,沮丧自己不知道在庸庸碌碌些什么,沮丧不知道该为什么而奋斗,沮丧我莫名其妙的发脾气,沮丧挫败,沮丧被拒绝……

(24) 这位乡长告诉记者,一到春天,便有三大烦恼:一恼春天的会议多。……二恼春天的应酬多。……三恼春天人心涣散。……

"沮丧"是 Chang et al (2000) 认为不能带宾句的联合式情感形容词,(23) 也不支持这个观点。

(三) 内嵌语境

主句、根句的典型语法特征是语力,相反,内嵌环境是非断言性的,缺乏语力范畴。对情感形容词来说,其语力内涵具体是通过[当下体验]这一语义特征而实现的,因此,抑制了情绪范畴的断言属性,也就相应抑制了其体验的实义内涵。内嵌语境会让很多在主句层面不能说的句式成立,相对于"主句效应",前者也可以说是"内嵌效应"。

(25) 这人脸上表情高深莫测,没有开心再度重逢的表情。

(26) 他的表情极为难以描述:说不上来是伤心美国学者的知名度之低,还是蔑视我的专业知识之贫乏。

(27) 刚还在愤怒自己不懂中文的我看了这图,马上又斗志昂扬了!

(28) 当你苦恼什么神药能治你的难看的痘痘的时候,我们的小店为你解忧。

(29) 虽然也很懊恼晚了十几年才认识你,可是幸运的是还有之后的几十年。

(30) 请在你沮丧不知所措胡思乱想的时候,思考一下为什么会这样?

例(25)、(27) "开心再度重逢、刚还在愤怒自己不懂中文"充当定语,内嵌程度非常深,述谓性极差。述谓功能被抑制,情感形容词的体验性也就无法表达,反之,其所包含的认知性就容易突显出来。(26) "伤心美国学者的知名度之低"充当系词"是"的宾语,主语是"他的表情",句子表示等同关系,指对表情内容的解释,抑制了"伤心"的体验性。情感形容词"伤心"与后面的态度动词"蔑视"对举,认知性是很突出的。述谓功能是主句层面的语法现象,句法层级为 CP,内嵌环境则是非语力性、纯事件性,句法层级为 VP、AspP 或 TP。"情感形容词+宾句"的组合容易在内嵌的句法环境实现,这显示情绪和事因之间的语义关系确实非常密切。"愤怒、苦恼"都是 Chang et al(2000)认为不能带宾句的形容词,上面的众多实例足以证明,这种观点不能成立。

最后值得指出的是,形容词所表情绪的强度,与其[体验]的语义特征被抑制及相应认知功能的发展,这两种语言现象之间并无内在关联:强烈情绪的形容词同样可发展出带宾句的功能,而强度不高的形容词也不一定发展该功能。如,"愤怒"的体验强度很高,但也常带宾句,而"忧郁"并不常带。这里的原因应该是形容词的常用程度,即在母语者语言心理上的熟知程度:人们对一个情感形容词的熟悉程度越高,其偶然带宾句的用例,也就越容易被模仿,而其情绪的真切体验性也很容易被磨损。如,"郁闷"一词有流行的趋势,因此也逐渐形成带宾句的功能。具体看,它在正式语料中出现不多,而在北京语言大学 BCC 语料库微博中却很常见:

(31)《城市猎人》我一集没看,我就郁闷这么多中国娃这么追韩国男人。
(32) 我只是郁闷这男的不错,怎么偏偏就看上那个女人。
(33) 正在郁闷这个月没中 50 元购物卡,哇哈哈,突然发现爸爸手机又一条中奖信息。
(34) 其实朋友间付钱都是小事!最郁闷你和我抢着付钱!或者你说下次我来!

在当下语境,一种情绪对体验者本人的表现是极为真切的,但情绪范畴其实是一种非常微妙的体验:一方面很容易游移,所以容易发生历时引申、演化;另一方面也很容易淡化,如"郁闷"说多了,就成为玩笑,体验性消解。其他情绪也都是如此。

语义机制上,比之感叹句、复句等,情感形容词带主谓小句宾语时,更加强调情绪体验与事因在内容上的合一性。这种句式的语法意义可以刻画为:

在 x 中,y,或感受着/到 y。(x 指事因,y 指情绪)

如,"郁闷你和我抢着付钱"指:在你和我抢着付钱中,郁闷;"气她什么都不说"指：在她什么都不说中，感受着/到气。

［直接感受］是情绪的基本存在方式，感受的具体机制则是主体与客体在物质内涵上直接连在一起，也就是，把事物的存在方式（即事因）直接映现在主体自身的意识、感受之中。语义关系的密切性平行于句法形式之间的距离。情感形容词单独构成感叹句，或独立充当谓语，都是一定程度上撇开事因，而强调在主体意识中当下进行着的情绪体验状态本身。把事因控制为宾语，其目的就在于强调主体的情绪感受与外部事态在物质内容上的移情性、契合性，也就是，由主体的内心体验而进入到事因之中。在这种对事因本身契合的过程中，由侧重于关注主体的体验本身，到侧重关注客观事物的存在情形，就造成认知的语义特征更加居于前台地位。情感形容词的体验性是很容易发生偏移的，这一点在汉语史上情感形容词的演变上，可以清晰看到，具体参看下一章。

宾动词的语法意义是由主动词决定、授予的，这对情感形容词也不例外。与直接感知类叙实动词相比，情感形容词对其宾句事态所允准的范畴空间要大得多，这就表明其叙实特征并不典型。具体看，情感形容词宾句的语法意义包括三方面：［事实］、［对错］、［根据］，后两者可概括为"价值"范畴。"根据"指主句主语事先持有的某种普遍性价值标准，日常所谓世界观、人生观之类；"事实"指事因所述客观事态，"对错"指事态对价值标准的符合关系。这是评价行为的一般逻辑式。如"郁闷这么多中国娃这么追韩国男人"，［根据］是："中国娃不应该追韩国男人"，［事实］是：现在他们实际这么做了，所以主句主语认为该事实具备［错误］的语义属性。这种事件结构是情感形容词所带宾句各种句法行为的根据。

强感知动词自身的词汇概念结构就是指对外部事态的直接触及、捕捉，因此强感知动词内在衍推宾句事态的强现实性。情感形容词则不然，它自身并不编码感知这个语义环节，其对事因是预设性的，即在情绪之前已事先获知事因，这种获取方式既可以是直接感知，也可以是间接听说。从这一点看，情感形容词的叙实性也必然比感知动词差。如：

(35) A：说实在话我不生气一个男人拖着你，并四处采花，嘴里还对你甜言蜜语。

　　　B：哪有这事？谁告诉你的？

(36) A：我看着一个男人拖着你，并四处采花，嘴里还对你甜言蜜语。

B:＊哪有这事？谁告诉你的？

"生气"的宾句所述事态不一定为真，所以受话可以用"哪有这事？谁告诉你的？"予以反驳。对"看着"句就不能这么反驳，最多能说"你看错了"，这种反驳是对人的感知能力的根本否定，所以是无力的。当然，根据会话的合作原则(Grice 1967/1975)，说话双方一般还是会默认情感形容词对宾句事态的预设成立。

三、本节结论

情感形容词带小句宾语的语义动因是[体验性]削弱，[认知性]增强。问答、不典型重动结构、内嵌语境等，都有强化情绪所含认知义的作用。逻辑上，只要置于上述语境，各种情感形容词都能带小句宾语。语法意义上，小句宾语是直接从形式上把事因刚性处理为主动词的[内容]，因此突显情感形容词的认知义。

总体来看，在现代汉语中，情感形容词带宾句还是一种处于发展之中的句法现象。其中最成熟的有三个，依次是："后悔、高兴、生气"，其他如"遗憾、伤心、苦恼、烦恼、懊恼、悔恨、懊悔、恼恨"等，也都不难发现带小句宾语的用例，但出现频率要比前三个低一些。语义上，"遗憾、懊恼、悔恨、懊悔、恼恨"都属"后悔"类，这表明，"后悔"是一种日常突显情绪，其成熟的带宾句功能，也与其所含[认知]特征更加突显相一致。心理学的研究表明，"后悔"情绪是人形成反事实推理的最重要的触发器，反事实推理即典型的认知行为。

第三节 "后悔"的半叙实性

学界对"后悔"的叙实性、带宾句功能已有所关注。吕叔湘主编(1991)对"后悔"解释为"事后懊悔"，可带动词或小句作宾语。"事后"的表述，提示了"后悔"的叙实性。但该书认为"后悔"是动词，是着眼于它"可带'了、过'，可带数量补语"，如"后悔了半天"。这些特点并不能证明"后悔"是动词，很多形容词都是如此。

毛修敬(1985)讨论了汉语中一些"对立格式"，即"表面看来形式相反，而表达的却是同一意义的格式"，主要是一般所谓羡余否定的现象。如"好

(不)热闹","差一点＋(没)＋VP","难免＋(不)＋VP"。作者把"后悔、怪"宾句出现"不该"也视为同类现象："后悔＋(不该)＋VP 和"怪＋N/NP＋(不该)＋VP"。如：

(1) 老黎暗暗叫苦,后悔(不该)发信。
(2) 他怪我(不该)把孩子惯坏了。

袁毓林(2012、2014)把上述现象分析为"动词内隐性否定的溢出",这类动词包括"防止、避免、差、欠、拒绝、否认、小心、后悔、责怪、怀疑"。该文认为"后悔、责怪"类动词包含着"不该"这样的隐性否定意义,"因为'不该如此'这种否定性的主观评价意义是这些动词的词汇预设,是造成这种动词的主语所指的人怨恨或责怪的前提条件"。"这种动词意义内部的否定性评价语义,对于动词外部的否定是不敏感的,即使对这些动词进行否定,这种否定性评价意义仍然可以保留"。(2012:106)

本文基本认同学者对"后悔"所做"羡余否定、隐性否定溢出"的解释,但认为这只是问题的一个局部。"后悔"句本身还涉及很多其他方面的复杂句法行为。

语言学之外,对"后悔"情绪的最早研究并非心理学,而是经济学界。经济学家 Bell(1982)和 Loomes & Sugden(1982)把后悔定义为：人们由于发现决策后实际获得的结果,与其他更好的可能结果在价值上的差异,而诱发的负性情绪反应。心理学界对后悔的研究更多是在"反事实思维"的框架下展开的,即主体在意识上对已发生的事件进行否认,并建构一种可能性的假设(Roese 1997)。反事实推理越强,后悔的程度越高。

体现在语法现象上,"决策后实际获得的结果"即"后悔"的事因,具有[＋已然、＋可控]的语义特征,及[＋错]的价值特征。另外,"后悔"总是诱发一种基于现实不利结果的上行反事实推理,其典型编码形式为"要不是"、"要是……就好了"等。

一、宾句的现实性与非现实性

"后悔"的宾句既可指强殊指性、动态性的事件,这显示了其叙实性的功能；但也可指强个体性的事件,且带有显著的主观内涵,这是其非叙实性的体现。"后悔"的最终事因是个强殊指性、动态性的原初事件,即具体的所作所为。"后悔"的宾句也可陈述这种事件,如：

（3）我后悔把书藏在汽车里。　　（4）我后悔当初用手指着他。

（5）她后悔自己给丈夫写了那封信。

（6）万良后悔自己买尖皮鞋。

"藏、指"是位移动词、姿态动词,指典型的殊指化动作,"写、买"是复合动词,也具有清晰的可还原性。这种宾动词所述行为都具有明确的物理执行性,发生于特定的时空域,是"后悔"叙实性的最终根据。另外,这些宾句都指纯粹的客观事态自身,不带语力要素,因此句法层面上属体貌短语或时制短语,即 AspP、TP。汉语时制成分的语法化程度不高,所以时制短语与体貌短语的分界往往不明确,而表现为过渡性、连续统。如"了、在"都兼具体貌和时制的特征。

但语料考察发现,上述宾动词在"后悔"句使用频率并不高,"后悔"的宾句更多是两种：1. 类指性,2. 评价性,又以后者为主；这表明"后悔"的叙实性并不典型。如：

（7）后悔花太多时间用手机。

（8）我现在真是后悔走体育这条路。

（9）后悔自己在政治上不成熟,为了自己的虚荣心而放纵了自己。

"花太多时间用手机"是对动态动作的量化操作,"走体育这条路"、"不成熟"是典型的个体谓词,所表都是类指事件。从原初意义看,这种事件必然体现为一个强殊指、动态的动作,用"后悔"引出时,是一种事后反思的视角,因此采取高度概括的形式进行表述。

"后悔"的宾语可采取名词形式,但语义上仍明确指向一个主谓小句。包括：1. "N 的 V",具有较强的动态性,如（10）；2. 具体事物名词,如（11）；3. 抽象名词,如（12—13）：

（10）他后悔自己今天的举报。

（11）我有点后悔我花掉的那八毛钱。

（12）他从没有后悔自己的英雄壮举。

（13）我也后悔这件事。

与主谓小句、动词短语相比,名词化形式的客观性更强,不过这种客观性并不等于殊指性,实际上,恰恰相反,该形式内在是回顾性、概括性的。以（11）为例,后悔的并非"八毛钱"本身,而是"花钱"的动作,用定语从句的形式,就去除了动作当下具体进行的特征,而后者才是[现实]范畴的基本形式。

"后悔"指由于人意识到自己过去的行为失策而造成不利后果,所以感到痛苦,这是一种[责任]的意识。因此,这种句子要求事因小句的谓语动词具有可控性,因为不能要求对不可控的行为负责。下面的句子是在实际语料中发现的,但语感上并不自然:

(14) 拿着病理报告单,小艾懊恼万分,?? 他后悔<u>自己不懂医学知识</u>。

(15) a. ?? 管秀芬后悔<u>上了陶阿毛的当还不知道</u>。

b. 我真后悔<u>没能早知道这点</u>。

(16) 我好后悔啊,?? 后悔<u>在您身边时太幼小,竟来不及细细致致地同您说话</u>。

对行为无可控性,无法负责,就无所谓后悔。如,把(14)"不懂"改为"没学",句子就很自然了。(15)b"没能"强调"知道"能力的获得,这就具有可控性,所以句子成立。相较而言,"遗憾、懊恼"对事因行为都无[可控]的要求,所以上述主动词换为此二者,句子都很自然。

"后悔"表示一种设身处地的视角,即对现在已成事实并造成不利影响的事件重新思考:假如自己回到以前,那么对该事件应该如何操作。"后悔"的这种事件结构有两个句法效应。一是"后悔"排斥宾动词用经验体标记"过",原因是:"过"强调过去的事件与现在是分离的,有种置身事外的意味,与"后悔"设身处地的反思视角相冲突。这里也显示了"了$_1$"与"过"的差异:"了$_1$"指动作完成后的影响,这与"后悔"的责任反思意识完全契合,所以允许使用。如:

(17) a. 读后感觉耳目一新,?? 很后悔<u>以前没有读过这本编得非常好的美术刊物</u>。

b. 我后悔没下*过/了关东。他后悔以前没去*过/了美国。

c. 真后悔上周去旧金山没去参观一下!

"读"本身具有可控性,但在(17)a 不自然,因为人在读一个刊物之前,首先要发现、获得它,对此个人是不可控的,所以无从后悔。"下过关东、去过美国"都不成立,因为"过"指该事件已与现在完全分离,这样,对其中的行为就无从重做决定。"了"指当时的行为本身,这样施事就可在其中对该行为进行自主决定。(17)c"参观"前加"去",后加"一下",指意愿性、尝试性,"后悔"即指由于当时未作此尝试而现在痛苦。

微妙的是,"他后悔以前没有好好对待过父亲"却成立,这是焦点化带来的。焦点化总是会对小句的信息结构做重新划分。该宾句特别强调"好好"这一点,因此就把该行为从整个事件结构中提升上来,而以"对待过"本身为预设,现在强调的只是"好好"这个方式,后者是强可控性的,因此与"后悔"实现对接。

二是"后悔"宾句允许用动力情态动词。第三章看到,"能、可以、会"等可用于"看着、看见"的宾句,指现实态,它们在"后悔"宾句也有此能力,但解读机制完全不同。在"看着、看见"句,"能、会"是通过[例示]关系指现实事件。在"后悔"句,情态动词指现实态的根据就是对能力本身的直接否定,然后通过否定能力而间接否定情态词所引出的物理行为。能力构成行为的条件,对行为表现为控制关系,"后悔"指由于自己当时没有充分努力而实现某种行为,所以自责。如:

(18) 她后悔当年没有能够阻止丈夫的西行。
(19) 其他人也并不后悔自己竟/怎么能装出一副表示欢迎的神气。

"会、要"也常用于"后悔"的宾句,但不允许采取否定形式,而总是用为反问或感叹。宾句表示,自己当时[主动决定]做某种行为,并实际做了该行为,而现在看来,这种决定是非常错误的。如:

(20) 我后悔当初竟/怎么/*没有会相信你说的话。
(21) 我真后悔为什么/*没有要一个人出来。
(22) 心里无比后悔干嘛/*没有要带那么多东西。

"会、要"所引出的行为"相信你说的话、一个人出来、带那么多东西"都指现实态。像(21)那样的宾句,即便去掉"要",也仍然不接受否定,这个阻力显然来自表示感叹的"那么"。下面的数据可以证明这一点:

(23) a. *心里无比后悔没有带那么多东西。
　　　b. 心里无比后悔没有带够东西。

a句不成立的原因就是用了"那么多"这样的强语力性成分,b用语义接近的"带够",表示客观陈述,句子就成立。这足以表明,在"后悔"的宾句,感叹语力才是控制性的因素。

从上面"后悔"对宾句体貌、情态成分的各种细微选择关系,可以看到,简单说叙实谓词的语义机制是"预设",或"羡余否定、隐性否定溢出",并不能充分解释"后悔"的语法机制。

语料显示,"后悔"带强动态宾动词的频率并不高,其宾句更多是两种:1. 指个体事件,如(24)、(25);2. 完全撇开客观事因,而直接把事因概括为一种主观评价,如(26)。这都是弱叙实性的表现。

(24) 后悔花太多时间用手机。
(25) 我现在真是后悔走体育这条路。
(26) 后悔自己在政治上不成熟,为了自己的虚荣心而放纵了自己。

"花太多时间用手机"是对动态动作的量化操作,"走体育这条路"是典型的个体谓词,表示类指事件。"不成熟、放纵"都是带有强主观评价义的谓词,从原初意义看,它们也体现为一个强殊指、动态的动作,即,"不成熟、放纵"的实际形式是做出某种具体的行为,或发表某种言论。但"后悔"指一种事后反思的视角,因此往往对事因采取强概括的形式,并添加主观评价的要素。

相比个体事件,宾句指主观评价,显示"后悔"的叙实性进一步减弱,以至完全丧失。评价即指出客观事因的不当之处,而这种宾句在"后悔"句是占主流的。下面再略做展示:

(27) 我后悔提了一个极失礼的问题。
(28) 心里也后悔此行是多此一举。
(29) 主席后悔错骂了人。
(30) 真后悔今天为什么要上谢嵩的当!

例(27)在直接做出"提问"行为的当下,话主显然并不认为该行为就是"失礼"的,"失礼"是事后对原初行为的概括、评价。(28)客观事因自身是名词"此行"所指的事件,谓语"是多此一举"直接对之进行评价。(30)更显著,当时只是具体做了某件事,该事因显然并不就表现为"上当"。特别是,宾句还加"为什么"这个疑问副词,即,整个宾句是个语力短语,CP,就更加去除了现实事件的客观现实性。这些都表明,"后悔"的直接作用对象是评价范畴,并非事因的客观形式。

原初事件是外部世界客观存在的基本方式,引入指原初事件的宾句,这是断定一个谓词具备叙实功能的最终根据。"后悔"有此功能,但出现频率不高。个体事件是对原初事件的概括、抽象,但仍然是客观性的,引出这种宾句,表明"后悔"的叙实特征开始减弱。评价是基于事先确立的外部标准,而对客观事因进行主观的判断,这就在宾句中添加了[价值]的语义要素。这体现了"后悔"叙实功能的进一步减弱,使用频率上,"后悔"的这种用例最多。更有甚者,"后悔"的宾句还可以完全撇开事因,而直接另外设想一种相关的事态,这样,"后悔"的叙实性就更微乎其微了。语义上,这种"后悔"句也完全不含[不该]的要素,而可以直接表达"要是、就好了"这样的虚拟义。如:

(31) 又不免后悔<u>是否</u>妆化得过于浓艳了。
(32) 高峰后悔<u>还是应该</u>加盟远洋渔业。
(33) 每天都在后悔早一个月入坑<u>就好了</u>。
(34) 后悔当时<u>还不如</u>当护理员<u>好</u>。
(35) 许多人后悔当初<u>如果</u>能够花较少的钱安装上这个全自动防火监控仪器,兴许这场灾难就会避免。

例(31)宾句"是否妆化得过于浓艳"完全没有指出一种事实,即"妆化得过于浓艳"本身就是不确定的,所以该句也就不能改写为"妆不该化得过于浓艳"。其他几句情况类似。(35)宾句直接用"如果"引入,指典型的假设,也就是,根本没考虑具体的事因是什么,而是直接从正面设想一种积极的存在情形,所以该句的"后悔"也就完全不具叙实功能。

由上可见,否定羡余、溢出的刻画,确实指出了"后悔"之语法内涵的主要部分,但还不能充分描写和解释"后悔"句的语法行为。首先,从语言事实看,"后悔"宾句采取"不该"形式的,非常少见。当然,如果对宾句进行改写,它们大多确实可采取"不该"的形式,如上面的(30)可表述为"真后悔今天不该上谢嵩的当"。但这也只能指出宾句语法内涵的一部分,而掩盖了语力、感叹等要素。从根本上看,把"后悔"的宾句概括为[不该],实际只是一种单纯的理性意义的理解,而并非语法范畴的分析。因为从语法范畴看,"不该"指的是道义情态,属 IP,把"后悔"的宾句统一归结为 IP,自然不符合语法事实。

二、宾句的语力性

这里对"语力"广义理解为根句层面的各种语法现象。带小句宾语的句子存在如下规律:宾句的语力要素越少、句法层面越低,则相对主动词的内嵌性越强;反之则独立性强,而主句部分则会发生虚化。总体上看,"后悔"对宾句在语力要素上有很大的允准空间,但也仍然存在一定的限制,因此其所引宾句在根句特征上也就表现为中间性的状态。宾句的语力要素包括很多方面，这里只讨论三种比较显著的现象：话题化、感叹性、焦点性，它们都是典型的左缘成分，句法层面很高。

话题化总是同时带有强调的特征（Prince 1981 等），因此也属于强语力现象。"后悔"的宾句常做话题化的操作：

(36) 心中后悔<u>这事</u>不该让钱大钓插手。

(37) 他懊悔自己居然<u>对她连一通电话</u>都没有。

(38) 不会后悔<u>这头</u>是向一个平庸无奇的人白白磕了。

学界对"连"所引成分是话题还是焦点存在很大争议，我们采取话题的观点，而这种话题也内在携带焦点的特征。同样，(38)的"这头"明显也兼具话题和焦点的特征。

但"后悔"不大接受宾句的话题提升到主句层面，这与"看见"形成差异（参看第三章第二节），表明"后悔"的宾句仍表现为内嵌性，也表明"后悔"不易发生虚化。具体而言，抽象名词比实体名词更难话题化。比较：

(39) *<u>这事</u>，老王心中很后悔不该让钱大钓插手。

(40) <u>很多民族</u>你看见它挺纯朴，可是对它来说，确实有这么一个问题。

汉语的语力成分非常丰富，它们在强度上形成差异。"后悔"宾句在根句特征上是受限的，还表现为排斥一些强语力成分，包括是非问句、语气词"吗"、强感叹语力的"啊"等。这些成分的独立主句地位极为显著，难以内嵌为宾句，它们构成"后悔"宾句根句特征的边界。比较：

(41) a. *他又后悔少坦白一点不是一样<u>吗</u>？
　　　b. 他又后悔为什么不少坦白一点<u>呢</u>？

(42) a. 她后悔，哪怕兑些水进去也好<u>啊</u>。
　　　b. *她后悔哪怕兑些水进去也好<u>啊</u>。

(43) a. 话一出口，便非常后悔：<u>天啊</u>！这样下去，我还会有朋友吗？
　　　b. *非常后悔<u>天啊</u>！这样下去，我还会有朋友吗？

虽然都是反问句，但"吗"构造的小句不能用为"后悔"的宾语，而"呢"可以。这显示，是非问句的语力层面比特指问句要高。是非问句是外部视角，作用域是小句所述事态整体，指该事态的真值、极性；特指问句是内部视角，作用对象是事态中的特定要素。(42)、(43)的 a 句都成立，但"后悔"后的小句是独立的主句，并不构成"后悔"的宾语；两个 b 句是强行构造的动宾结构，都不成立。"吗、啊"与"呢"的层次关系刻画为：

$$
\begin{array}{c}
\text{CP} \\
\diagup \diagdown \\
\text{CP}' \quad \text{吗/啊} \\
\diagup \diagdown \\
\text{CP}' \quad \text{呢}
\end{array}
$$

二者共现时的相互次序可以证明这一点：

(44) a. 原来真正的迷茫期还没有到呢啊！

　　 b. *原来真正的迷茫期还没有到啊呢！

(45) a. 你们仲裁员是瞎了吗啊。

　　 b. *大多数人真的会去关心真相啊吗。

总之，虽然"后悔"允许宾句具有很大幅度的根句层面语法要素，但该宾语仍然不是完全自由的，即根句层面语法现象是个程度的问题，具有很大空间。

"后悔"的宾句往往带有感叹语力。这是由主动词"后悔"自身的情绪内涵投射形成的：由于"后悔"指一种强烈的懊恼情绪，也就赋予宾句事态强烈自责的感叹语力；即，主句谓语所指情绪自身是一种语义内容，而这种语义内容直接实现为宾句之语用层面的语力要素。一般采取反问句、语气词、语气副词的形式。前面讨论情态动词时(18)—(22)已谈及这一点，又如：

(46) 我后悔呀！后悔自己怎么就没有任性一次呢？

(47) 高强……不断后悔着当初自己怎么鬼迷了心窍竟然选了历史系。

(48) 真后悔当初为什么头脑发热报了名！！！

有意思的是，"后悔"的宾句与"会"具有强烈的伴随关系。即便形式上不出现，语义上也蕴涵，且可显性添加；特别是，添加之后，宾句就会带有感叹性。以前面的(7)、(8)为例：

(7)' 后悔会花太多时间用手机！

(8)' 我现在真是后悔会走体育这条路！

可以比较，这两句如果不用感叹语气，整个句子是不自然的。这个"会"不指物质层面的能力，而指一般的可能性，即，与典型的动力情态有所差异，但也并非认知情态。

一般而言，"后悔"的宾句总是带有焦点的属性，且必然是窄焦点，不可能是整句焦点。因为"后悔"的指向总是有明确的信息点，而宾主语总是指主句主语本人,不作为焦点。具体而言,"后悔"宾句的焦点现象从大到小分为三种类型。

　　A. 整个谓语部分,表示对自己过去行为的整体否定,如:

　　(49) 后悔自己沉不住气了。

　　(50) 后悔过去不该犯了不可饶恕的错误。

例(49)宾主语"自己"是预设性的,不可能构成焦点,(50)表面上整个宾语部分都是焦点,其实省略了主语"自己"。

　　B. 关系焦点。以前学界多认为一个小句只能有一个焦点,这种观点现在已经逐渐被修正。特别是,在有些小句,只有两个成分之间在语义上存在关联,相互呼应,各自才成为焦点;我们把这种焦点称为"关系焦点"。Rooth (1992)提到类似的现象,如 An [American]_F farmer was talking to a [Canadian]_F farmer."一个[美国]_F农民正在和一个[加拿大]_F农民谈话。""美国"与"加拿大"构成呼应关系。关系焦点现象在"后悔"宾句是很常见的:

　　(51) 我很后悔当时没有能够把那些珍贵的历史事实都详细记录下来。

　　(52) 我很后悔午间没有走到他的床前。

　　(53) 后悔了起这么早就是去买那件衣服!

　　(54) 后悔当初没有珍惜自己所拥有的一切。

在(51)的宾句,"把"所引宾语的定语"珍贵的"和状语"详细"构成关系焦点:正因为那些历史事实是"珍贵的",才需要"详细"记录。(52)的语境是:由于错过时机,"他"后来去世了,所以没见到最后一面,在该语境,"午间"与"走到床前"构成关系焦点。(53)宾句使用焦点标记"就",其直接作用对象是"去买那件衣服",但该焦点只有在和"起这么早"的对比关系中,才突显焦点的特征。(54)动词和宾语构成关系焦点的,"一切"指全量,内在带有焦点性,"珍惜"是针对这个全量而言的。可以比较,并非各种动宾短语都构成关系焦点,如:

　　(55) a. 她后悔卖掉了鸡和母马。

　　　　 b. 她后悔卖掉了奶奶临终前送给自己的项链。

在 a 的宾句,整个动宾短语构成一个单一的焦点;而在 b,宾语事物具有特别的价值,这样,动词和宾语就构成关系焦点。正是由于宾语事物非常重要,所以"卖掉"的行为才显得非常不当,因此特别引起后悔。

　　C. 单焦点。这种用法最多,焦点可以是补语、状语、宾语。补语焦点最

多,最自然,因为在补语位置可以直接表示对动作的事后评价:

(56) 有人后悔换汇换早了。我后悔我们过去谈得太少。有人后悔当初入错了行。

状语焦点也很多,但并没有补语发达,因为状语常被处理为与动词构成一个整体信息单位,甚至是同义解释关系。下面的状语构成焦点:

(57) 这时候,他才后悔没多准备几双鞋。
(58) 真后悔当年初装费800元时没装。
(59) 他后悔自己没有早把牛棚的粪推出来。
(60) 管明想起自己刚才的唐突,后悔不该那样说话。

以(60)为例,"说话"的行为并不引起后悔,所后悔的只是说话的方式"那样";"那样"明确提示交替项,构成对比关系。他句同之。

下面的状语部分并不构成焦点:

(61) 他并不后悔没有在2016年奥运会退役。
(62) 确实是后悔当初没能及时采取措施。
(63) 喜禄这时又后悔自己不该让大三轻易走了。
(64) 也颇后悔不该这么匆匆离开山头。

例(61)并不强调"在2016年奥运会",也不把它跟别的时间进行对比,而是"在2016年奥运会退役"整体构成一个信息单位;(62)的情况相似。(63)、(64)状语"轻易、这么匆匆"与动词中心语是同义解释关系,并不构成焦点,即"走了、离开山头"的行为本身就是"轻易、这么匆匆"的;因此,(63)并不指"轻易走了"和"慎重走了"之间的对比关系,(64)也是如此。

三、宾句宾语的话题性/焦点性——倒话题结构

在"后悔"的宾句中,宾语焦点是一种显著的语法现象。有两种情况,一是只作为常规焦点,二是焦点性同时意味着话题性,且以[话题性]为主。前一种现象学界已有广泛的关注,上一小节也是从这个角度讨论的。后一种现象在汉语界就鲜见论及,本小节专门探讨一下。在这种用法,宾语事物在指称上有明确的要求,即定指、类指,而不能是无定。如:

(65) 她有些后悔掐那些香菜了。

(66) 我们很后悔没有去看这一影片。

(67) 宋君岌岌可危之际,才后悔杀了檀道济等军队将领。

信息结构上,上述宾语事物(画线部分)都是在主动词"后悔"所指情绪发生之前存在的,并被主句主语特别关注,并且,也正是对之采取宾动词的行为,才造成"后悔"的情绪。先对事物加以明确关注,再用某种行为做陈述,这即"话题-说明"结构的基本语义关系。韵律上,上述句子的画线部分都不重读。从语义关联看,上述宾语都不暗示对比,且不指向相关的交替项,而这两点则是构成焦点信息的关键要素(Jackendoff 1972、Rooth 1985 等)。如,"后悔杀了檀道济等军队将领"强调的是对"檀道济等军队将领"所指事物本身的"杀",而并不暗示杀的是他们,而不是别人。典型焦点则明确提示对比、交替项的语义关联,如"檀道济等军队将领是宋君杀了",强调是"宋君"而不是别人;句子可转换为分裂句:"杀了檀道济等军队将领的是宋君"。

只有同时加以焦点化,才允许话题化,甚至允许提升到主句层面;而这时,评述部分也总是带有很强的语力性,即话题与评述之间形成一致关系。比较:

(68) a. 这么好的影片,我们真后悔没有去看看。

　　 b. *这一影片,我们后悔没有去看看。

(69) a. 那些珍贵的历史事实,我很后悔当时怎么没详细记录下来。

　　 b. *那些历史事实,我很后悔当时没能详细记录下来。

话题事物"这么好、珍贵的"与评述部分"真后悔、怎么没"形成一致关系。

一个 NP 之所以被确立为话题,是以话主对其所指事物已有明确、专门的关注为前提。在这一点上,话题与焦点两种语法范畴形成交叉。因此,在句子中,话题和焦点都是重读的(Jackendoff 1972、Büring 2003 等)。在"后悔"的宾句环境中,主语总是主句主语本人,所以总是不会被特别关注,那么,在其宾语事物语篇突显度高的时候,该宾语就具有高话题性(Givón 1985 等),且被焦点化。相比而言,在这种句子里,在话题性和焦点性两种语法特征之间,话题性是主要的,焦点性是辅助性的。下面句子的省略现象可以证明这一点:

(70) 我的心一惊,后悔 φ1 不该这时候来叨扰 φ2。

在宾句中,主语"我"(φ1)和宾语"他"(φ2)都被省略,这种省略的动因显然是语篇话题延续。在一个小句,焦点成分是信息传达的主要目的之所在,所以是绝对不允许省略的。

泛指的宾语不能构成话题:

(71) 尽管妻子数落我多管闲事,但我并不后悔扶起<u>老太太</u>。

(72) 这时候他才真正后悔赶(这趟)<u>集</u>了。

(71)"老太太"属于融合宾语(Mithun 1984),不具有话题性,这样"扶起老太太"就整体指一种行为的类型。指称特征上,由于"后悔"必然基于一个现实态的事因,所以其宾语"老太太"自然也是特指性的,并非一般融合宾语那样的类指或无指;但整个句子对"老太太"具体为谁,并不关注,所以这里名之为"泛指"。(72)"这趟集"是引起"后悔"的事件,话题化;相比较来说,若宾语采取无指形式,"赶集",则所后悔的是"赶集"这件事,"集"是融合宾语,并不构成话题。

在"后悔"宾句的宾语位置,宾语事物允许话题性的定指、融合性的泛指,但不允许居于中间位置的弱限定性的特指。在特指中,"某"很有代表性,且有多种形式,如"刘某某、刘某华","某量 N"。前者的限定性很强,基本接近专名,而后者的限定性就弱得多。"后悔"宾句的宾语允许前者,而不接受后者,因为弱限定内在是一种表示忽略的指称形式。如:

(73) 我并不后悔扶起<u>刘某某</u>/*<u>某个老太太</u>。

关于话题的句法特征,汉语界的一个代表性的观点是:后面一定要有陈述(徐烈炯、刘丹青 1995)。实际上,国外语言学界对后无陈述的句末宾语话题,已有大量论述,差不多已经成为共识,如 Gundel(1985)、Lambrecht(2000)、Iemmolo(2010)等。我们认为,在一个小句之内,如果主语所指事物的语篇突显度很低,相反,宾语事物的限定性、突显度却很高,那么,这种宾语就取代主语而被安排为小句的话题。"后悔"的宾句是非常容易造成这种句法效应的,这是因为:其宾句主语总是与主句主语同指,且往往被省略,信息度是很低的,这样,当宾句宾语所指事物的语篇突显度很高时,其作为话题的特征就明显超过宾句主语。在第二章我们看到,无定主语句也常常出现这种现象,如:"一个地主婆走到<u>他们</u>跟前。""小王,刚才有人找<u>你</u>。"

宾语只作为焦点而无话题的特征,这是常规信息结构现象。语义上,这种宾语往往带有明显的内涵性,对限定性并无要求,就是,这种小句目的不在于指出事物,而在于指出该事物的某种显著特征。这种特征即宾句的焦点,也即"后悔"的关注点:

(74) 后悔自己不该扯这样高的帆篷。

(75) 卢丽娟有时后悔自己嫁给了一个干事不要命、顾人不顾家的丈夫。

例(74)"这样"带有感叹义,重读,表示对该属性的聚焦。(75)的宾语内在是强焦点性、非话题性的:"丈夫"本来是限定性的,在句中却编码为无定形式,即,不强调指称性,而强调内涵性。

在下面的句子里,宾语既可指话题,也可指焦点,就形成歧义:

(76) 初来时情绪不稳定,后悔不该来肃南。

读为话题时,"肃南"指语篇前文正在讨论的事物,不重读,动词"来"与宾语"肃南"是分开的,各自作为一个信息单位,"不该来"对"肃南"构成陈述,重读。句子表示"来"这个行为本身是错误的,不提示对比关系,可转换为"后悔,肃南不该来"。"肃南"读为焦点时,重读,动词"来"与宾语"肃南"是个统一的整体——宾语的焦点特征投射为整个动宾短语,"不该来"本身不重读。句子不表示"来"这个行为本身的不当性,而是强调来"肃南"不如去别处,"肃南"是当前引入的事物,提示对比关系,即"后悔不该来肃南,去别处就好了"。

学界对宾语话题现象已有丰富的讨论。徐烈炯、刘丹青(1998)提出"次话题"的概念,指"位于句子的主要动词之后的话题",主要"出现在兼语式"、"某些双宾语句"及"名词宾语后带有计数的数量短语"。类似地,Givón(1979)指出,在双及物句,间接宾语是"次级小句话题"。这个观点也得到Dryer(1986)的认同,该文并进一步指出,作为次话题,间接宾语的话题性要比直接宾语更强;因为间接宾语一般指人,并且是限定性的,而直接宾语则一般是非人名词,并且是非限定性的。

不过,上述学者对话题的主次之分,其根据完全是它们在小句中的前后顺序:前面出现的就是主话题,后面出现的就是次话题,而都没有把不同话题成分自身的指称特征作为一个语义参数。当然,句首位置确实天然具有强关注的特征,但显然也不应该完全无视名词自身限定强度所起的作用。因为指称的功能核心就是对所指事物的关注,那么,在主语和宾语都是话题的情况下,甚至主语完全不是话题的情况下,如果宾语的限定程度远大于主语,那么,宾语在话题性上自然也就大于主语。

比较起来,句首位置对话题的权重是要大于名词自身的限定强度,所以这里特别强调倒话题结构的条件是宾语的限定性要显著超过主语。典型的情况是,主语是真正的无定主语,完全不具有话题性,而宾语则是强限定的专名或人称代词,如:"ϕ₁走着走着,突然,一颗大松球落在我₁面前。"简单把所有的无定主语句都视为设置句,并不妥当。因为设置句指整句新信息、整句焦点,而上述句子的"我面前"显然指旧信息,并无焦点的特征,并且"我"明显构成语篇话题连续;"一颗大松球落"才指焦点,相对于"我面前"而出现。这种句子是以句末名词为话题的存现句,可转换为常规存现句:"我面前落下一颗大松球。"

四、本节结论

"后悔"是典型的半叙实动词。其强叙实性的一面表现为:可引入指强殊指、强动态的宾句,该宾句指纯粹的客观事态,属 AspP、TP;但这种用例占比不高。其弱叙实性的一面表现为:宾句允许强个体性的事态,并允许采取众多主句层面的语法范畴,如话题化、焦点化、语气等。"后悔"还有非叙实性的一面,表现为:宾句允许高度主观性的评价成分,极端形式则是指典型的虚拟态。"评价"是以一个外部价值标准为根据,而对客观事件加以定位。"后悔"的宾句贯穿了从强客观到强主观,以至虚拟态的全部领域,因此是一种句法容量强大的主句动词。所以"后悔"也就不是强叙实动词。

主动词"后悔"往往对其宾句授予焦点的特征,包括单一焦点和关系焦点。关系焦点是两个成分在语义关联中形成的焦点现象,这在"后悔"句是很突出的。另外,"后悔"的宾句还常表现为倒话题的结构,即宾语作为话题的语篇突显度要远大于主语。也就是,"话题"这个范畴并非一种绝对的概念,而具有程度的差异,更应该理解为一种"话题性"。在一个小句之内,多个名词都可以作为话题,但话题性的程度有别,根据是名词限定程度、语篇突显度的差异。"话题"是超越常规主语、宾语之上的信息传达现象,主语可以被处理为话题,宾语也可以被处理为话题,当然,主语话题是无标记情形。

第四节 "高兴"的半叙实性

一、伊藤(2007)

该文专题研究"高兴"的叙实功能,基本观点是,它已虚化为"类似于评注性的插入成分","表示说话人对原因事件的评价"(p.91)。文章的证据可概括为 5 点:一是"高兴 s"(s 指宾句)的主语倾向于第一人称。二是不能采取疑问形式,作者认为下面的句子都不成立:

(1) 你高兴听到这个消息吗？　　(2) 你高兴不高兴听到这个消息？
(3) 他高兴不高兴有这么一个机会看一看妻儿？

三是 s 可提前，"高兴"后置。四是 s 小句的独立性增强，因而"高兴"作为必有成分的地位降低。五是"高兴 s"作为一种叙实谓词，这个地位本身就具备虚化的基本条件。

本文认为，这些论证还有待商榷。主语第一人称的倾向确实存在，这对"高兴"虚化可以起到辅助作用，但并非决定性的。另外，这个倾向对"高兴"也并不构成一种功能性的限制，毕竟第三人称主语也很多。该文之所以得出第二点结论，可能是考察的语料范围不够大，我们在北大 CCL 中确实未检索到"高兴 s"的疑问句用法，但发现在北语 BCC 中并不少见。具体看，"高不高兴"、句末语气词"吗、吧"等都很常见：

(4) 老婆，高不高兴看到我啊？
(5) 姐姐不高兴看到我立下功勋，飞黄腾达吗？
(6) 很高兴圆圆不如你心中想象吧？
(7) 你好像很高兴我两个姐姐都推销出去喔？

第三点，宾句提前，这在一般情况下确实是主动词虚化的重要表现，但对情感形容词来说却有所不同。原因是，我们无法保证这种后现的"主语＋情感形容词"是由原来的主句位置后移而来，还是该组合本身是一个不及物小句，其前部分则是另一个独立小句，即双方之间是复句层面的关系。因为这种情况在情感形容词是很常见的，如：

(8) 你的毕业成绩这么好，<u>他很高兴</u>。

两个小句更像是因果复句。

第四点，宾句独立性的增强。首先，这只是个程度的问题，语法范畴上，宾句的独立性来自其语力表达的完备性，而这一点上，在带小句宾语的句子，主动词可以对宾句的语力有很大的允准空间，但主句部分并不虚化，上一节讨论的"后悔"就是如此。其次，与宾句提前一样，这种独立更可能是表现为双方之间并未形成动宾的组合，而是复句关系。如：

(9) 徐校长最后指出：<u>我们很高兴</u>，这次会议获得了国家主席江泽民先生的题词。

"我们很高兴"应视为一个独立的小句,其后小句指原因。可以比较:如果去掉"高兴"后的停顿,则构成小句宾语。也就是,在现代汉语层面上,对"高兴"而言,讨论事因小句如何紧密关联为宾语,要比讨论主句是否虚化,是更为现实的问题;因为情感形容词带小句宾语,这本身就还是一种有待发展的功能,远没有常规化。

第五点,叙实谓词一般具有虚化的潜能,这个观点是成立的,实际上还可以更概括说,不仅叙实谓词,在"主句+宾句"的组合中,主句部分大多有虚化的可能。但潜能自然不等于所有的主句都实际发生了虚化。

考察发现,"高兴"基本没有虚化。另外,该文对其语法意义仅概括为"评价",也过于笼统,不能精准指出它的语法特征,因为各种情感谓词都可以说是评价性的。

二、对话性、私人性

首先可以发现,"高兴"一个很显著的功能是用为启动对话的寒暄语,口语、书面语都常使用。主句主语一般是第一人称"我",多省略。宾主语也多是说话双方,即"我"或"你"。这些特征造成了"高兴"句强烈的对话性。宾主语指话主本人,常省略:

(10) 大家上午好。ϕ 十分高兴 ϕ_i 到这里和大家见面。

(11) 国家主席:在这个充满希望的美好时刻,我$_i$ 很高兴 ϕ_i 通过中国国际广播电台、中央人民广播电台和中央电视台,向全国各族人民,向……,致以新年的祝福!

以上宾句主语都省略,补出很不自然。

宾主语指受话,不可省略:

(12) 真高兴你来了。

(13) 我很高兴你今天来见我。

主句主语是第三人称时,句子明显是转述形式,且宾主语与主句主语同指,多省略:

(14) 卡里莫夫$_i$ 说,他$_i$ 很高兴 ϕ_i 到中国来访问。

(15) 小泽先生$_i$ 特别高兴 ϕ_i 能在饭店里遇到知音。

这是话主当时听到"他、小泽"自己说出:"(我)很高兴到中国来访问、(我)特别高兴能在饭店里遇到知音",然后转述为上述句子。也就是,这种句子从深层看仍是第一人称主语,并非真正的第三人称。这意味着,"高兴"所指情绪只能由感受者本人来体验,而难以从外部观察而获知,即[私人性]。

虽然主语常省略,但这并不意味着"高兴"就会虚化,上面句子的"高兴"仍是显著的实义性。同样,"非常感谢!""多谢!""谢谢!"这种寒暄语的主语也是第一人称,且一定省略,但它们也都未虚化。

主句主语是第一人称,宾主语是第三人称时,"高兴"的感事论元有点复杂:可以不指主句主语,而更主要是宾主语,即"替他高兴"。语义上,这种句子的事因是对宾主语有利,而并非主句主语。如:

(16) 这样也好,我很高兴庭琛找到了属于他的幸福。

"属于他的幸福"指向宾主语"庭琛"。

"高兴"句也可用于非对话语境,并以第三人称为主语。这种句子属于直述句(张新华2007),这是文学所谓"意识流"的句式,体现了话主对所言对象的高度移情,即对象和自己合二为一。这种用法仍然表现为私人性,一般用于文学语体,日常口语很少出现。如:

(17) 他很高兴自己的儿子彭壮壮也能在这样的国家长大成人。

(18) 她很高兴他终于肯走,而她也终于可以回家休息了。

这种句子描写主句主语"他、她"本人的心理活动。

三、宾句的倒话题结构

"高兴"的宾句常采取倒话题结构的形式,宾语的话题突显度远高于主语。下面(19)、(20)是常规话题结构,(21)、(22)是倒话题结构。这种话题结构方式与"高兴"所指情感的意向性是一致的。从认知的角度看,情感的意向对象即整个事件的视角之所在,也就是,小句是以该事物为立足点、支点(参看张新华2004)观照整个事件。

(19) 我很高兴这次会议能够召开。

(20) 高兴自己喜欢的东西也得到别人的喜欢。

(21) 很高兴明天广播台要播你的歌。

(22) 我很高兴那个明星认得我。

在(19)、(20)的宾句,主语"这次会议、自己喜欢的东西"就是当前语篇所关注的事物,(19)宾句的谓语部分没有引出其他事物,所以也不可能发生话题性的竞争。(20)谓语另外引出了"别人",但后者是泛指性的,语篇突显度很低,也不会成为主要关注对象。情感意向上,主句主语所高兴的事物,就是"这次会议、自己喜欢的东西"本身。

例(21)、(22)宾主语"广播台、那个明星"的语篇突显度,都远低于宾语"你的歌、我",后者才是小句主要关注的对象,即话题。情感意向上,主句主语所高兴的事物,并非"广播台、那个明星",而是"你的歌、我",是因为前者的行为(即宾主语+动词)对后者有利,所以引起主句主语形成高兴的情绪。也就是,在这种宾句,"宾主语+动词"构成一个信息单位,其功能是对宾语"你的歌、我"有所陈述。如,"那个明星认得我"的表达目的不是"认得我"对"那个明星"有什么意义,即,该句的受益对象不是"那个明星",而是"我",也就是,"那个明星+认得"对"我"很有意义,"我"能沾光。

Dixon(1979)在讨论作格现象的著名论文中,系统引入"支点"(pivot)的概念。Dixon 对支点主要是从形态上考虑的,略及语义。他认为,支点是小句内各种句法操作(如一致关系)的控制者,也是整个事件的控制性的参与者。宾格语言的小句是 S/A 支点,如英语;作格语言则是 S/O 支点,如 Dyirbal 语。Foley(2007)赞同 Dixon 关于支点的论述,并从信息结构、语篇突显度上做了发挥,认为支点是论元结构中最突显的那个。Foley 把支点和话题都处理为句法成分,如 Fred, I just saw him in the computer room(弗雷德,我刚在电脑室看到他),Fred 是话题,I 是支点。话题和支点的共同特征是在限定等级上的高突显度。

我们赞同 Foley 关于支点之语篇突显度内涵的阐述,但认为无须把支点和话题分为两个不同的句法成分,因为话题的内涵同样是语篇突显度。在 Foley 分析的上述 Fred 句,支点和话题之间无非突显度高低的差异。支点、话题在视角、移情维度上的内涵,与语篇突显度是一致的:高突显度就意味着移情。词序上,支点、话题不一定居于动词之前、句首,而也可以位于动词之后、句末。

另一方面,在小句中,话题是通过高位主句所指的具体言语行为、事件内容而授予的。任何小句之上都可认为存在一个高位的主句,如一般小句之上默认有一个"我说、我告诉你"的主句,该小句的话题即由"说"这样的言语行为来授予。由于言说行为是高度一般性的,所以其对下位小句的话题授予特征就不大显著。情感句则不然,情感行为具有很强的[意向性]的实义内涵,因此,情感的意向对象,就成为小句的关注对象、移情对象。特别是,"高兴"这个情感形容词内在表示对[受益对象]的强烈关注,这种强关注也就从表达结构上给予后者话题的属性。情绪主要指体验性,但同时带有[意向关注]这个认知维度的语义内涵。

Li & Thompson(1976)指出,话题是"注意的中心",小句的其他部分陈述关于该事物的情况。Ward(1985)则把话题称为"回视中心"(Backward Looking Centers),着眼于话题的语篇连续性,后者的根据也是高突显度。移情对象与名词在指称上的限定程度,二者之间是存在内在一致关系的:限定程度低就意味着忽略,限定程度高就意味着重视。

比较,在前面的(22),如果把"那个明星"换为"妈妈",则宾句的话题结构就完全改变。话题落在主语身上,即"我很高兴妈妈还认得我"的表达目的是,"还认得我"对"妈妈"很有意义,该句的受益对象是"妈妈"。这句话只能是在"妈妈"患有老年痴呆之类语境说的,在这种语境,"妈妈"能够发出"还认得我"的行为,意义显然是非常之大的,表明"妈妈"的意识状态还不是很差。上述话题结构的扭转,原因就是"妈妈"的移情度绝对高于"那个明星"。单纯从限定程度看,第三人称"妈妈"的限定性低于第一人称"我",但主动词"高兴"的情感内涵,及关于疾病的百科知识,促使"妈妈"成为宾句中的关注对象,即支点、视点、话题。

"倒话题结构"是很常见的,"后悔"的宾句、无定主语句都存在这种现象。这里我们看到,"高兴"的宾句也很容易出现这种句式。进一步看,这种小句后部的话题还可以出现在两个位置,一是动词宾语:

(23) 我倒高兴人家不告诉我,不要我插手他的事。
(24) 今天很高兴这么多人来看我。
(25) 彭女士是金华人,她很高兴现在社会已经关注心理疾病。

在(23)宾句,主语"人家"是泛指性的,即一般性的别人,其话题重要度显然低于宾语"我"。[泛指]的表达功能是忽略、抑制所指事物的突显度,泛指名词相对所组合的动词是融合性的,因此常在小句的话题构造中发挥作用。情感结构上,"高兴"的对象不是"人家",而是"我"。宾句的信息结构是:"人家+不告诉"所述行为对"我"是有利的,所以高兴,即,"人家+不告诉"对"我"构成述谓关系,"我"是话题;而不是"不告诉+我"对"人家"有利,所以高兴。

例(24)宾语位置的"我"是话题,受益对象、高兴的对象、意向关注的对象;主语"这么多人"指焦点信息,带有强烈的感叹语力,这种感叹语力也表现为述谓内涵,"这么多人+来看"的功能是对"我"有所陈述。例(25)的语境是:主句主语"她"有一个有心理疾病的丈夫,因此该句的宾语"心理疾病"是主句主语长期高度关注的事物,宾主语"社会"则是泛指性的,相对"心理疾病"而被引出;信息结构上,"心理疾病"指已知信息、话题,"社会"指焦点信息、述谓,"现在社会+已经关注"对"心理疾病"构成陈述。

小句后部话题的另一个常见位置是介词宾语:

(26) 我很高兴音乐界这么快就对我刚刚译出的《黑格尔音乐美学思想》作出了反应。

(27) 我们很高兴政府对民间资本放开限制。

(28) 智利十分高兴江主席把智利作为此次出访拉美的第一站。

在(26)宾句,关注对象(即话题)是"对"所引"我刚刚译出的《黑格尔音乐美学思想》","宾主语"音乐界"是次要话题,限定性、语篇突显度要比前者低很多;"音乐界这么快……作出了反应"的功能是对"我刚刚译出的《黑格尔音乐美学思想》"加以陈述。(27)"对"的宾语"民间资本"才是主句主语"我们"关注的对象——该句主语"我们"是民营业主,"政府……放开限制"对"民间资本"构成述谓。(28)是对话句,"智利"相当于第一人称"我","江主席"相当于第二人称"你";高兴的对象是"智利","江主席"相对于"智利"是焦点信息,后者指话题。

话题移至句首位置,就改变了小句事件结构的常规次序,所以是一种剧烈的句法操作,对话题所指事物的关注度也非常高。维持事件结构的常规次序,而通过指称形式提示话题的身份,则是一种代价较小的句法编码策略,所以更方便使用。相比英语,汉语其实更倾向于采用句首话题的策略,而英语更容易采取句末话题的方式。下面的对立可以显示这一点:

(29) A computer computes the daily weather forecast. (Krifka *et al*. 1995)

　　a. *一台电脑计算每日天气预报。

　　b. 每日天气预报由一台电脑来计算。

(30) A computer usually routes a modem plane. (Chierchia 1995)

　　a. *计算机通常为现代飞机定航线。

　　b. 现代飞机通常由计算机定航线。

在百科知识中,"每日天气预报、现代飞机"认知突显度高,天然倾向于被读为话题;"计算机"则表现为焦点性,指新信息。汉语强烈要求采取话题前置的形式,而英语就无此要求,其主宾语都可读为话题,所以句子有歧义。

倒话题结构与谓语动词的动态性有关:

(31) a. ?? 一台电脑管理我的日常事务。
　　　b. 我的日常事务由一台电脑管理。
　　　c. 一台电脑给我带来了很大的便利。一台电脑帮我完成了数据分析。

个体谓词的主语天然就强烈要求是话题性的(Diesing 1992、Carlson 1995等),而无定名词则内在缺乏充当话题的能力,所以难以成句。阶段谓词的主语并无此倾向,可保持主语的身份,而并不读为话题,所以就容易在动词后设置话题。与此相关的是,阶段谓词容易进入"高兴"的宾句,而个体谓词就难:

(32) a. 很高兴一台电脑帮我完成了数据分析。
　　　b. ?? 很高兴我的日常事务由一台电脑管理。

"高兴"指短时情绪,自然也对应于事因的当下性。

四、宾句指难事实现

"高兴"所引宾句事态带有超常规性、意外性,整个句子提示,该事态的实现,是难能可贵的。显然,轻而易举的事情是不会引起高兴的情感体验的,如"很高兴吃了一顿美餐/*晚餐",而如果晚餐一般很难吃到,该句又可成立。即,"高兴"的宾句整体在[表达强度]上要比常规小句高一个等级。这自然会在焦点现象上有直接的体现,前述"美餐、晚餐"就显示了这一点。不过焦点问题在上一节"后悔"句已有较多讨论,"高兴"也大同小异,此不详述。本小节只考察另外两种较有特点的现象:一是动力情态动词,二是"有、终于"等。

(一)宾句用动力情态动词

在叙实动词"看着、看见、后悔"等的宾句,都可发现动力情态动词指现实态的用法,但语法意义并不相同。同样地,动力情态动词在"高兴"的宾句也指现实态,但与前两者仍然有别:在"看着、看见"句指例示关系,在"后悔"句指对能力本身的强调,在"高兴"句则强调难事实现。就是,主句主语认为,施事实际具备了行为的能力、条件、机会等,而该能力也确实在物理行为上实现了。这体现了强叙实语境对情态动词的语法意义发生了强迫性的挤压、改造。特别显著的是,在"高兴"句使用的各种语境,即便小句表层不出现,宾动词也往往强烈暗示着一个"能"字,而"看着"和"后悔"句一般并不提示动力情态的要素。

从大的范畴领域看,动力情态动词属于控制动词(Landau 2000 等),控制动词指的是:在物理行为发出之前,于事物内部,还存在一个更深的缓冲性的控制环节(张新华 2015)。"高兴"指难事实现,所以比"看见、后悔"对宾动词更加关注物理行为的控制环节。在"高兴"句,动力情态动词引出的动词短语具有显著的体貌特征,即属于 AspP。具体有三种。

1. 当下完成:

包括完结体、达成体,这种类型最多。这是一种复合性的体貌结构,包含两个时间节点:动作自身结束及之后的状态持续,对之后的状态自身而言,就表现为起始体。分为两种形式,一是光杆动词,如(33)、(34);二是动补结构,如(35):

(33) a. 真高兴你们<u>能来</u>。　　b. ?? 真高兴你们<u>来</u>。
　　　c. 真高兴你们<u>来了</u>。
(34) a. 非常高兴<u>能认识</u>你和楼兰谨姐姐。
　　　b. 非常高兴<u>认识</u>你和楼兰谨姐姐。
(35) 我好高兴区区一本拙作,(可以)<u>招来</u>各种不同的想法交流。

例(33)a"能"后用光杆动词"来"指已经来到,且持续存在于当下言谈的时空域;b 直接用光杆形式"来",句子就不自然,后加"了"就好了。(34)a"认识"指由不认识到认识的实现;b 用光杆形式"认识",但仍指当下实现,而非静止状态本身的持续。(35)指"招"的实现,并指当前实际存在着很多"不同的想法交流"。

2. 动态进行:

这种体貌结构与前一种有相似之处:前面包括一个控制实现的阶段,后面才是动作的正式进行,不同在于,这里的动词是强殊指性、动态性的。

(36) 我很高兴你<u>愿意跟我谈</u>自己。
(37) 很高兴您(能)<u>接受</u>我们的采访。
(38) 您好,我是中国人民大学的研究生,非常高兴今天<u>能</u>在这里跟你提问题。

(39) 邹小姐,真高兴你肯赏光,让我陪你吃这顿饭。

宾动词"谈自己、提问题、吃这顿饭"是强殊指性的,指动作当下就在进行的过程中。(37)动词"接受"是达成体,宾语"采访"是名词形式,但句子并不只是指"接受"本身的完成,而是指"采访"的行为当下已在进行中。"你愿意跟我谈自己"指"谈"的动作正在实际进行着,"肯赏光"指"已经赏了光";通过所引动作的实际执行,证明"愿意、肯"的意志现实存在——这即叙实功能的体现。比较"希望你肯赏光","肯"就指潜在性。

有意思的是,"高兴"一般并不允许宾动词表层直接采取进行体、延续体的形式:

(40) a. *真高兴正陪你吃饭。　　b. *真高兴在陪你吃饭。

　　　c. *真高兴陪你吃着饭。　　d. 真高兴(能)陪你吃饭。

因为进行体、延续体都强调动作自身的直接存在,这就抑制了对"难事实现"这个语义要素的突显,与"高兴"对宾句的语义要求不一致。

但下面的句子都成立:

(41) 真高兴你还在听。　　(42) 真高兴你还在呼吸。

这并不构成反例,因为时间副词"还"在起作用,即强调宾动词从过去到现在一直持续,表现为特别的难能可贵。

3. 静态持续中的一个当下瞬间:

(43) 很高兴我们可以这么熟。

(44) 我真的很高兴能够把握现在的每一刻。

(45) 我很高兴我能够继续在这家伟大的俱乐部效力。

(46) 我很高兴现在一有急事还可以马上打电话给你。

这种句子都基于个别事件对类事件的[例示]关系。(43)指通过一次具体的亲密事件,而可得到"我们这么熟"的概括。(44)动词"把握"自身是泛时性的,但用在"高兴"的宾句,显然并不指泛时状态,而指[例示]关系,即自己做好了某件具体的事情,因而显示了"能够把握住"的能力。(45)的"继续"本身指将来时,但实际体现为"续签合同"之类的物理行为,因此"继续"成为现实。(46)"一……"指惯常体,但实际是基于当前现实执行的"打电话"行为的验证。共同的是,"把握、继续、打电话"的行为都是一般不容易实现的,现在却实现了,所以难能可贵。现实性的具体体现是物理行为,而不是情态自身。

如果缺乏"高兴"的允准,则强静态谓词是排斥"能、可以"的:

(46) *我能够继续在这家伟大的俱乐部效力。｜ *我们可以这么熟。

在"高兴"的宾句,也可以把"能"所指能力、机会等本身,作为一种客观事态,陈述其现实性。"愿意、敢"的情况也是如此。如:

(47) 很高兴你终于愿意处理我们之间的事情了。

(48) 很高兴能和你共进晚餐。

例(47)表示:1. 原来不愿意,现在愿意了——这是通过言语行为的答应获知的,即把"愿意"本身作为一种事件加以陈述,但"处理"所指物理行为并未实际执行;2. "愿意"和"处理"都已实际发生。(48)表示:1. "和你共进晚餐"这个动作当下就在进行中,这种宾句也可用为过去时,如"很高兴昨天能和你共进晚餐";2. 指"能"本身作为一种机会,具有现实性,即对方已经答应了,但"与你共进晚餐"这件事本身还没有做,这时宾句可用为将来时,如"很高兴明天能和你共进晚餐"。前面的(36)、(37)也可以有这样两种解读。

"高兴"的宾句常采取"有机会＋VP"的连动结构,这个"有机会"的语法意义与"能、可以"相同,且可同时出现,互为先后:

(49) 我很高兴有机会访问美丽富饶的拉美大陆。

(50) 他表示很高兴能有机会与各位委员参与到这项历史性的工作中去。

(51) 苏联遭到谴责,陷入狼狈的境地。现在它很高兴有机会能转移视线。

单独说"我有机会访问拉美","访问"的行为并未实现,但在"高兴"的宾句,"访问"的行为已经实现。

在下面的句子,"机会"充当中心语,VP充当定语从句,但在现实态的表现与上面的句子相同:

(52) 在回去的路上,他咀嚼着相遇的欢乐,也很高兴能有单独和她在一起的机会。

此句并不仅指对"机会"本身已实际获得,而同时表示,定语从句"单独和她在一起"所指物理行为已经实际完成。

(二)"一到"、"终于"、"有"

吕叔湘(1999:151)把"到"的功能分为两种:普通动词、趋向动词,后者的第一种用法是"表示动作达到目的或有了结果",如"今天我收到了一封信"。"达到目的"暗示事先的希望,与"高兴"在语义上是非常契合的,特别是,用于"高兴"的宾句,"到"总是提示目的的达到经历了一番周折,是不容易实现的,并可与"能、可以"同现。如:

(53)很高兴邀请到您接受我们访问。

(54)最近我们很高兴读到余教授的新著。

(55)秦文君女士,您好!很高兴能够采访(到)您。

在(55),"到"是否出现,"采访您"所指行为都在当下进行中,加"到"是为了强调,对您的采访能够实现,是很难得的。

"终于"指"经过较长过程最后出现某种结果,较多用于希望达到的结果"(吕叔湘1999:687),这就很容易提示"难事实现"的含义。"终于"常出现在"高兴"的宾句,带有明显的强调义,并可同时带"能"。如:

(56)他夸张地叹口气,很高兴终于将话题带开。

(57)伽碧高兴她终于能够活着回去,而富有干劲和活力。

在中性语境,"有"作为兼语结构的前一动词,兼语名词要求不定指,而排斥限定:

(58)有一/*那名要参加高考的女学生还被困在一幢楼上。

这符合存现句的"限定效应";Ward & Birner(1995)并指出,存现句动词后名词要求指"受话-新"的实体。但在"高兴"的宾句,"有"后兼语是定指名词,"有"的作用并非引入新事物,指出其存在性,而是把该事物的存在作为预设信息,现在则强调该事物的存在实属不易,兼语被焦点化,重读,即,"有"用为焦点标记。单从理性义看,这些句中的"有"不出现,句子也完全成立。如:

(59)很高兴(有)大家支持我。

(60)我真高兴(有)你陪我四年一路走来!

"大家、你"表示强限定,但前都可加"有"。"有"的宾语之所以可以突破限定效应,动因是,"高兴"为宾句授予更强的表述性,造成整个宾句的表达强度比一般小句提高一个数量级,所以也就相应允许其中的成分在信息强度上,比一般小句提高一个层级。这个原理概括为"表达强度的相向提高"。这个原理对存现句的限定效应同样适用。如,单独说"一个大门口挂着这个校牌"很不自然,但在下面的语境却成立:

(61) 我突然发现,一个破败的大门口挂着这公社中学的校牌。我马上想起小芳动员我到这个中学教书的事。

"这个中学"是我早就熟知的事物,现在"突然发现"则为其授予[意外]的要素,这就使小句整体在表达强度上提高一个等级,相应就允准宾语在限定性上提高一个等级——该句是倒话题结构。这与"高兴"授予宾句[意外、难事实现]的内涵,是一回事。

还需指出,"高兴"所指难事实现还要求施事是为了明确的目的而有意执行的,而不能是偶然的运气。如:

(62) 苏菲说:"我很高兴我也邀请了乔安的爸妈。否则我真会有点不好意思!"

(63) a. *真高兴捡到两百块钱!　　b. 捡到两百块钱,真高兴!

(64) a. *真高兴能捡到一部手机!　　b. 真高兴能找到前天丢的手机!
　　c. 真高兴是我找到了你的手机!

例(62)"邀请了"行为本身是可控的,但施事起初并没想到通过该行为而达到当前所希望的结果,这种情况下,主动词更适合用"庆幸",或语气副词"幸亏"。在(63),"捡到两百块钱"指偶然幸运,这时情感体验性很强,所以不适合采取带宾句的形式,a 不成立——带宾句时,"高兴"指向对宾句所述事件内容的关注,就抑制了"高兴"本身的情绪体验性;b"真高兴"单独成句,传达高度兴奋的语力;"捡到两百块钱"也单独成句。

例(64)a"一部手机"是不定指,话主对之事先完全未知,这时宾动词前加"能",以及主动词用"高兴",都不合适,动词"捡"也明显指运气,所以句子不成立。(64)b、c"前天丢的手机、你的手机"都是强限定性的,事先确知,指宾动词所述行为的目的所在,信息结构上充当宾句的话题——即倒话题结构。这种情况下,宾动词前加"能",宾主语前加焦点标记"是",都是对新信息的强调,因此这两句就很好。

五、"不高兴"

学者往往把否定作为测试预设的典型形式标记,且作为鉴定叙实谓词的根据,本文则认为该做法并不可靠。一方面,"盯着、注视着"之类强叙实动词压根儿就不接受否定;另一方面,一些接受否定的叙实谓词,否定形式与肯定形式在语法功能上可比性也很差,如"没看见"、"不高兴"。

首先值得注意的是,单从词义看,"高兴"的反义词是"伤心"之类,如《同义词近义词反义词词典》所列"高兴"的反义词前两个是"难过、忧伤"。但是,"不高兴"这个否定形式在语义上是大致相当于"生气",并不指"难过、忧伤"。另外,"不高兴"也不存在肯定形式主语那样的第一人称倾向。

相比"高兴","不高兴"的叙实功能更难实现,它需要宾动词带有更加明确的形式标记,如"了、过、着"等已然体、进行体标记,才能明确提示宾句是指现实态,如:

(65) 一些文学青年很不高兴<u>我给他们泼了冷水</u>。

(66) 王一有些不高兴<u>贾山突然转了话题</u>。

(67) 女人不禁皱起眉头,一方面是不高兴<u>这美好的时刻被打断</u>,另一方面是……

宾句指当下事态时,主动词"不高兴"也指当下引起的情绪。

缺乏体貌标记时,"不高兴"很容易读为惯常体、将来时等,即"不高兴"并不内在蕴涵宾动词读为现实态。如:

(68) 这小女孩不高兴<u>人家说她小</u>。

(69) 他很不高兴<u>自己闭着眼睛被库图牵着鼻子走</u>。

(70) 她又担心克明的健康,更不高兴<u>沈氏来给他们添麻烦</u>。

上述宾句既可读为当下实现,也可读为惯常存在,而不能保证读为现实态。"不高兴"指为宾语事态感到生气。

形式上,"不高兴"前加极量副词"最、极"时,一般不是叙实用法,而为宾动词授予[类指]的特征,表示主句主语对宾语事态的一般态度,义近"不喜欢"。如:

(71) 筱云姑娘一生<u>最</u>不高兴<u>人家称她丫头</u>。

(72) 宋家明最不高兴我提起这些事。

(73) 他极不高兴见到妹妹和别的男人太过亲近,他将之解释为"保护欲"过盛。

例(72)"提起"是动结式,"起"语义虚化,接近体貌成分,所以该组合本身是容易读为殊指的,但在句中也会优先读为通指;若主动词换为"很高兴",则会优先读为指当下事件。低量的程度副词"很、非常"对核心语有具体化、现实化的作用,而极量的"最"则类指化,这是因为极量往往并不指向特定的个体,而具有很强的内涵性。

"不高兴"很容易接受名词化形式的事件宾语,包括事件名词和动态性较强的"N 的 V"。如:

(74) a. 他还是很不高兴段雁舞的认真态度。
    b. *他很高兴段雁舞的认真态度。

(75) a. 李玄有些不高兴陈奇的咄咄逼人。
    b. *李玄很高兴陈奇的咄咄逼人。

(76) a. 莫谦雅显然非常不高兴章狂刚刚讲的那些话。
    b. *莫谦雅非常高兴章狂刚刚讲的那些话。

"不高兴"的上述功能,与它本身就很容易直接带体词宾语是相关的,而这时也提示一个隐藏的小句,"高兴"不允许这种用法。如:

(77) 俺得罪了五大臣,连四贝勒也不高兴俺!/四贝勒不高兴俺[得罪了五大臣]。

(78) 你知道毛立士为了上次开除那两个学生的事,很有些不高兴你。

(79) 想着这些,她自己有点不高兴自己。/*她很高兴自己。

(80) 这个人冒失得很,不会同情别人,我不高兴他!/*我高兴他!

"不高兴"的这种用法与"生气"更相像。在各种情感形容词中,只有"生气"容易带体词宾语,但要采取"生 N 的气"的形式,而上面句中的"不高兴 N"也都可换为"生 N 的气"。

六、本节结论

"高兴"指难事实现的意外惊喜,侥幸偶然的事态一般不用"高兴"引出。形态上,宾动词很欢迎动力情态动词"能"和语法意义相似的"有机会",及时间副词"终于"。另外,宾主语前常带动词"有",表示强调,相当于焦点标记,并与限定名词兼容。与"后悔"一样,"高兴"的宾句也常常出现倒话题结构的现象。

语法属性上,"高兴"基本未发生虚化。"高兴"的否定形式与肯定形式在语法功能上存在很大的区别,叙实特征更难实现,这表明否定句真值保留(即预设)并非叙实谓词的合适标准。"高兴"句具有对话性,且主语有[私人性]的限制,第三人称充当主语时,句子会读为转述或直述,而"不高兴"无此特征。

本 章 结 论

情感形容词指人对某种客观事态(即事因)的[价值]评判,而这种评判带有强烈的直接体验性;不同的情感形容词指客观事态的不同价值属性。句法上,事因与情感形容词之间可以采取多种编码形式,包括感叹句、复句、"的是"结构等。情感形容词很容易构成独词感叹句,这是感叹句中一个很独特的类别。"情感形容词+的是"往往虚化为准话语标记,具有语篇关联和主观评价作用。总体上,情感形容词带宾语小句的用法并不普遍,但从逻辑上说,各种情感形容词都有此潜能。语法意义上,带宾句时,情感形容词的体验性减弱,认知特征则增强。其在作为问句的答语、准重动式、内嵌语境,都很容易带宾句;这些语境的共同特征即强反思性、认知性。

在各种情感形容词中,"后悔、高兴"最常带宾语小句,但它们都表现为半叙实性,对宾句阶段性的要求很不严格,而又允许带丰富的情态语力要素。"后悔"的宾句带有显著的焦点特征,这是由主动词的情感指向内在带来的:事态中直接造成"后悔"的语义要素,就引起特别关注,因此成为焦点项;其中关系焦点的现象值得关注。"后悔"还允许宾句直接陈述一个虚拟事态,这时就失去叙实的功能特征。"高兴"的否定形式"不高兴"与肯定形式在语法功能、语法意义上没有什么平行性,表明通过预设来认识叙实谓词,并不是合适的路径。

在"后悔、高兴"的宾句内,宾语部分往往可以充当整个小句的话题,而"主语+动词"部分则构成评述、新信息,这样,小句就形成"倒话题结构"。这种句式维持了事件结构的自然次序,而通过主宾语的限定性、语篇突显度来提示话题,是一种句法操作代价小、更为经济的编码策略,出现频率是很高的。

第六章

态度动词的半叙实性
——预指结构与话题标记

在动词连续统上,情感动词与情感形容词相邻,也与评价动词靠近。情感动词和评价动词可概称为态度动词。情感动词指人对外部事物的态度,比之情感形容词,体验性大为削弱,认知性则显著增强;其个体及类别分化的根据就在于对事物评价态度的不同,分为 8 类,第四章已经阐述。为便于本章查看,重引如下:

1. a. 喜欢　爱　爱慕　爱惜　珍惜　　b. 欣赏　赏识
   c. 羡慕　嫉妒
2. a. 厌恶　讨厌　反感　恶心　满意　不满　看不惯
   b. 嫌　嫌弃　烦
3. 同情　怜悯　可怜　心疼　抱不平
4. 感激　感谢
5. a. 抱歉　原谅　担待　包涵　体谅　谅解
   b. 怪　怨　讨厌　嫌　嫌弃　恨　怨恨　憎恨　痛恨　恼恨　记恨
   仇恨
6. a. 担心　担忧　关心　放心
   b. 愁　怕　害怕　惧怕　生怕　畏惧
   c. 思念　想念　挂念　牵挂　惦挂
7. 留恋　怀念　思念　想念　缅怀
8. 尊敬　敬畏　尊重　尊崇　服佩　服　崇拜　钦佩　仰慕　重视
   鄙视　看得/不起　看不上

评价动词指人基于事先确立的标准,对客观事件的合理性进行评价,并向人指出来,且进一步暗示希望给予其参与者相应的奖罚,使之承担行为的后果。[言说]这个语义特征是评价动词区别于情感动词的关键。如"感激"侧重于指内心感受,是情感动词;"谢谢"则总是指公开言说,是评价动词;"感谢"则是过渡性的。与[言说]义相伴随的是,评价动词的理性认知特征更加显著,情绪体验性大为削弱。分四个次类:

1. 正面态度,指出事实及其结果的合理性,并希望进行嘉奖:

称赞 表扬 赞扬 赞美 赞叹 夸耀 祝贺 庆贺 庆祝 谢谢

2. 负面态度,指出事实特别是其后果的不合理性,并希望给以惩罚:

指责 批评 责怪 怪 责备 怨 抱怨 埋怨 告(状) 告发 控告 指控 揭露 揭发 挖苦 讽刺 嘲笑 笑(话) 欺负 抗议

3. 希望对某种不合理行为本应承担的惩罚予以免除:原谅、饶恕

4. 反叙实评价动词,指主体明知所述事实并不存在,但希望通过指出这种伪事实而使对方遭受损失:

诽谤 诬陷 诬告 污蔑 攻击 隐瞒 谎称 吹嘘

总体看,态度动词的叙实性不是很典型,应视为半叙实动词。表现在:一是对宾句事态的殊指性、动态性要求不高,二是主观特征显著。这种谓词所引小句,与原初事件的距离更远,主观要素更为显著,更居前台地位,原初事件自身则更为疏远、模糊。在态度动词句,有特点的句法行为主要是:主动词方面的预指结构、话题标记化、语气副词化,后两者具有内在相关性;宾句方面的话题化、指称化、焦点性。

第一节 现代汉语的预指结构

一、学界关于"我喜欢他老实"类句式的争论

"喜欢"是情感动词中一个典型而常见的成员,学界对其所构造的小句的句法关系,颇多争议。代表性的观点有三种:兼语句(吕叔湘 1999)、双宾句(马庆株 1983)、主谓小句作宾句(杨因 1981)。还有学者采取模糊句式概念的策略。如吕冀平(1958)称之为"复杂谓语",不作句式的归类。史有为(1988)更甚,只从语义上称"双谓因果句",以"避免纠缠于具体结构非此即彼的认定";类似地,苏丹洁(2012)称为"好恶原因构式"。

语法的根本问题就是意义与形式的统一,这可视为语法研究的一个公

理。句式绝非离开意义的纯空的框架,意义也不可能不负载于形式而凭空神会。句式无非是对特定语义关系——根本上即事物存在方式的模式化,不谈句式其实是对问题的回避,并非合适的研究策略。在兼语、双宾、小句宾三种处理方式中,"我喜欢他老实"都是一个搅局者:不管归为何者,都会成为其中的"另类"。兼语式的一般语法意义是:控制者通过V1的动作而操纵兼语事物执行V2的动作,"我喜欢他老实"的语法意义与之没有什么相似之处。双宾句的一般语法意义是给予或拿取,"我喜欢他老实"也与之相去甚远。

相比之下,"我喜欢他老实"与小句宾句式比较靠近。但与一般小句宾语,如"我认为他老实、老李说他老实"相比,"喜欢"与"他"的关系,要比"认为、说"与"他"的关系,紧密得多。无论是语义还是信息结构,在小句宾语句式中,作为宾语的主谓小句都是作为一个整体与主动词发生关系,宾主语与主动词之间不发生语义关联。"他老实"是整体充当"认为、说"的内容宾语,"认为、说"不与"他"发生关系。形式上,这种主动词之后总是可以有明显的停顿,在主句主语是第一、二人称时,主句部分还常演化为情态成分、话语标记之类,如"我认为、我想、你想、你说、你看"等。

在"我喜欢他老实"中,虽然也可勉强说"他老实"整体指"喜欢"的内容,但这种分析就掩盖了"他"是"喜欢"的直接关涉对象的语法事实。形式上,与前述"认为、说"等动词相反,"我喜欢他老实"的主动词后很难停顿,倒是"喜欢+他"连在一起,后面停顿,且随后可引出多个VP。停顿的直接内涵是信息单元的划分,但其深层根据还是语义关系的松散。因此,把"我喜欢他老实"类句子归结为带小句宾语的句式,仍然无法充分指出该句式所传达的语义内容,这就说明,这种分析不是合适的技术框架。

"我喜欢他老实"与兼语、双宾、小句宾三种句式都扞格不入,这个事实已经在提示我们,它是有自己个性的另外一种专门的句式。一个朴素的开放思路是:何必非要把它归到兼语、双宾、小句宾之一当中?本文建议,可借鉴其他语言的一些做法,把"我喜欢他老实"一类的句子分析为预指结构。

二、一些语言的预指结构

"预指"(Prolepsis)是一种广泛存在于众多语言中的句法现象(Davies & Dubinsky 2004),如希腊语(Ingria 1981,Kotzoglou 2002)、俄语(Zemskaja

1973、Kručinina 1974、Fortuin & Davids 2013）、韩语（Song 1994）、日语（Saito 1985，Oka 1988，Takano 2003，Hoji 2005）、马达加斯加语（Flegg & Paul 2002）等。"预指"即"预先指出"，它来源于古希腊语的 anticipate，指主句中的一个成分与内嵌的限定从句在论元上相关。信息结构上，在主句中出现的预指成分一般充当宾语，并在从句中具有强烈的话题性。

Fraser（2001）系统研究了古希腊语的预指现象，认为该现象体现了古希腊语小句补足语的形成过程——补足语是一种概括的提法，包括主语从句、宾语从句。具体看，古希腊语的预指结构主要由情感、认知、言说三种动词构成；信息特征上，预指成分总是具有强调性、话题性。下面是荷马史诗中的一个例子（Fraser 2001：8）：

(1) ἤδεε γὰρ κατὰ θυμὸν ἀδελφεὸν ὡς ἐπονεῖτο
　　for he knew in his mind his brother, how he was troubled
　　［他知道他兄弟，遇到了麻烦］

his brother 预先出现在主句中，然后再在从句中加以陈述，这即预指结构的基本特征，英语翻译也体现了这一点。不过从汉语翻译可以看到，汉语"知道"类认知动词并不组成预指结构。从动态、演化的角度看，预指成分所在的两个小句本来是语篇层面的并列关系，后来，随着后一小句的依附性、内嵌性越来越强，就成为前一小句的补足语，即，原初语篇层面的语言现象，被挤压到一个单一小句之内，句式化。

下面是日语预指结构的实例（Takano 2003：781）：

(2) John-wa　Mary-o　　tensai　da　to　sinziteiru/omotteiru/itteiru/syutyoositeiru.
　　John-Top Mary-Acc genius is that believe/think/say/claim
　　John believes/thinks/says/claims of Mary that she is a genius.
　　［约翰相信/认为/说/宣布玛丽是个天才。］

信息结构上，Oka（1988）、Homma（1998）、Hoji（2005）都指出，在日语，预指成分属于话题短语，随后的 VP 则对之构成评述。Horn（2008）未采取预指结构的分析，但也指出，该成分要求是定指性的。

Fortuin & Davids（2013）强调了俄语预指现象的信息结构动因，认为预指成分是补足语中由于话题化或焦点化而被提取并前置的成分。预指成分具有双重功能,首先出现在主句中,作为普通论元成分,句法上一般是宾语,然后又出现在补足语中,作为陈述的对象,句法上是主语或话题。Fortuin & Davids 把俄语的预指结构分为四种:话题预指、焦点预指、平行结构、准预指。

不同语言可以构成预指结构的动词差别很大,日语可能是最自由的,Kobayashi & Maki(2001)认为,凡是可以带小句宾语的动词,都可以组成预指结构。当然,不少日语学者并不认同这个观点,不过日语预指结构的发达,是毋庸置疑的。古希腊语可组成预指结构的动词也很多。从上面的翻译可以看到,汉语"相信、认为、说、宣布"等判断、言说动词都不能组成预指结构。这意味着,汉语的预指结构在语义上更为具体,对主动词的选择范围很窄,句式容量没有上述语言强。根本上说,这与汉语语法成分整体上形态化的程度较低,是一致的,也就是说,各种句式、语法成分都负责编码较为具体的语法范畴;换言之,汉语句式的基本特征是语义式,而非形态式。这意味着,方法论上,对汉语句式的梳理,更需要着眼于低一级的类型分化,如果只从很高的概括层面上观察,就会掩盖具体语法事实的个性差异。如英语允许预指成分用傀儡主语 there:

(3) Bill believes <u>there to be</u> a mistake in the derivation.

believes 对 there 的组合是纯形式的,完全不需要语义的支撑。这种句式在汉语中是不存在的。汉语中组成预指结构的动词主要是态度动词,需要通过主动词的具体语义内涵,而对宾主语加以实实在在的关注、提取。

在预指成分的句法性质上,以日语、韩语为例,学者有截然相反的两种观点。Hoji(2005)称为"大宾语",认为它是在主句内部"基础生成"的,并不是从内嵌小句中推导产生。Yoon(2007)则处理为"内嵌的大主语",认为这是一种"多主格结构",句式中存在一个"'额外的'像主语的名词"。Tada(1992)、Takano(2003)及 Niinuma & Taguchi(2006)等则兼取二者,称之为"主格性的宾语"。在本文看来,这些争议的深层根据是,预指成分具有显著的话题性,区别于普通宾语的新信息性。

对于上述语法现象,除预指结构的分析外,还有很多其他处理策略:"例外格"(Chomsky 1981,Kaneko1988,Hiraiwa 2001),"宾句主语向主句宾语的提升"(Postal 1974,Kuno 1976,Steever 1977,Chomsky 1993),"宾格-称引结构"(Horn 2008),"左置悬挂话题"(Chen & Fukuda 2016),"宾语加不

定式"(Runner 2006),"宾格主语结构"(Wasow 1977,Goto 2014)。

宾句主语向主句宾语提升的分析影响很大,Postal(1974)对这类动词提出的形式标志是:

(4) a. NP——(that) + S   b. NP——NP infinitive

如:

(5) a. I remember (that) he has said very little. ［我记得他说的很少。］

b. I remember him to have said very little. (宾句主语向主句宾语提升)

英语这种动词很多,下面都来自 Postal(1974):believe、declare、recognize、figure、remember、hold、report、imagine、rule、judge、specify、presume、stipulate、proclaim、suppose、reckon、take。Postal 对这些动词未做分类,也未指出它们是否可以构成一个自然类。不过大致看来,这些动词可分为三类:认知(如"记得、想象")、判断(如"认为、推断")、言说(如"宣称")。但在汉语中,这些动词都只有上面(5)a 的形式,不存在 b 的说法。

宾主语提升的说法,只是从形式上描述了该句式的动态推导过程,既未指出这种提升的语义或语用动因是什么,也未深入指出提升之后所形成的静态语法事实本身到底是一种什么样的句式,语法功能是什么。例外格与主语向宾语提升的做法之间存有渊源,如 Chomsky 早期采取前者,后来则用后者。在本文看来,这种不同更多是体系内部的技术性问题,对实质语法现象、语法机制的认识并无太大帮助。

在有格标记的语言,技术上,例外格、主语至宾语提升等做法的一个基本出发点是解释宾句主语的格形式。这是因为,句法及语义关系上,该 NP 明显是宾动词的主语,但形态上却采取宾格的形式。例外格的思路是,主格要由时制成分授予,而在该类句式,宾动词是不定式,不能为其主语赋格,所以这个主语就要由高位的主动词跨越小句的界限,来给该主语赋格。这种做法只是指出了该宾语的外部形态,但对其语法内涵则缺乏深入探讨。特别在汉语中,时制范畴的形态化程度很低,预指结构的宾动词在形式上缺乏不定式的标志,而语义上也可自由陈述各种时间特征的事态。因此,例外格或提升的做法,无论从理论还是事实看,对解释汉语预指结构的原理都没有

254

很大的实际意义。

格的实质,是事物在特定动作中的功能角色。深入探讨动作与事物的关系,是认识预指结构现象的最终目的,形式本身只是载体。汉语缺乏严格意义的形态变化(吕叔湘 1979),所以解释预指成分的格形式并非汉语预指结构问题的关键。如,在上面的例(5),英语 b 句中的 him 和 to 是例外格问题的关键,而它们在汉语中却都不存在。从理论背景看,预指结构是独立提出的,是对语法事实朴素的经验描述,最少理论框架的色彩,时间上也早得多。其他策略则多是理论内部的做法。提升,就意味着要有一个先设的作为起点的基础式,这样,采取的理论框架不同,所设置的基础式也就不同,提示的规则也就不同。在全部理论解释进行之前,就事先存在一个形式确定的基础,这显然是一种不自洽的模式:基础式本身为什么是如此形式,是不做论证的,因为如果对之加以论证,就又回到全部现实的语法系统了。本书坚持直接面对语言事实本身的句法理念,因此采取"预指结构"的称谓。

各种语言预指结构的共同点是,预指成分具有显著的话题性,其后 VP 则与之构成评述关系。据此,"我喜欢他老实"类句式可归入预指结构。相对于主谓小句宾语而言,宾句的主语明显是被提取出来,而落在主句宾语的位置,这是预指结构与常规小句宾语结构的关键分别,构成把它归入小句宾语句式的无可逾越的障碍。单从形式上看,在预指结构,预指成分既是主句动词的宾语,又是宾动词的陈述对象,这一点与兼语式完全相同。其实这纯是表面现象,二者的语法意义没有多少共同点。兼语式属于宾语控制结构(参看张新华 2020),V2 指在 V1 影响下发出的动作,而预指结构的主动词与宾动词完全没有这种关系,其宾动词指形成主动词所指评价的事因。

不同语言的区别在于,允许进入预指结构的主句动词(即预指动词),范围上有较大差异。日语、俄语、希腊语等所允许的预指动词很多,高度形态化,即句式容量很大;汉语则很少,需要语义支持,句式容量较小。也就是说,汉语预指动词是以自身词义内涵为根据,而把其后的 NP(即预指成分)确立为话题,然后引出后面的评述,这正是情感、评价动词所含[意向性关注]特征的自然功能。进一步地,当预指动词虚化后,就成为话题标记,其所引宾句则成为语篇基本述谓。这一点在现代汉语不大明显,而古汉语相关现象却非常丰富,并且,情感形容词就是由此而发展为情感动词的。

三、预指结构的语法机制

（一）事件结构和信息结构的动因

预指成分的话题性来自态度动词对事因责任者的认定行为。态度动词指一种[回溯、概括]的认知过程，包括两个步骤：a. 根据对事物的特定属性、行为的了解，b. 对其做相应的责任认定，并形成[±接受]的价值立场。如："腿上全起了包，深深厌恶海南蚊子！"个别事因是"腿上起包"，情感指向却是"蚊子"这个事物整体。又如"爱她的秀发"，纯从直接组合关系看，"爱"的对象只是"秀发"本身，但实际指对"她"这个人的情感。这是情感范畴所含[意向性]特征的一般逻辑关系，是预指结构的基本语义动因。预指结构刻画为：

(6) S V1 O/T_i, pro_i V2

或用树形图刻画为：

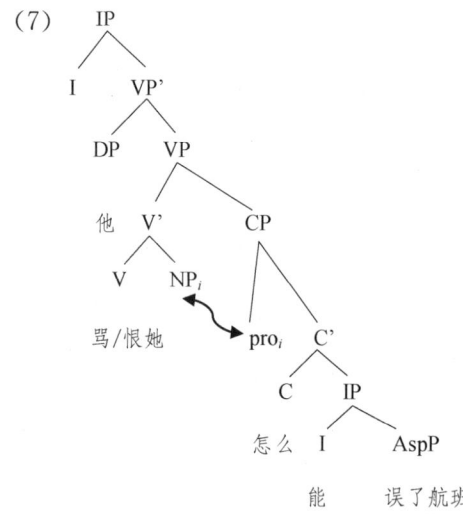

在预指结构中，预指成分在语义上总是同时表现为下向、上向两个维度的关联。从下向关系看，首先是通过态度动词对一个事物形成关注，然后用一个 VP 具体解释这种评价的内容、根据。如，先直接指出"我喜欢他"的态度，然后解释之所以喜欢的原因，即"老实"。从上向关系看，先是一个内嵌小句中的主语发生话题化的操作，然后主句动词把该话题吸收为自己的宾语。不论从哪个方向看，对"他老实"这个小句而言，"他"作为话题构成一个独立的表述单位，在信息结构上与"喜欢"分开，这一点是相同的。出位性是话题的本质特征。态度动词这种认知特征在词典释义上有明确的体现：

(8) 感激：因对方的好意或帮助而感动并产生谢意。(《现汉》(第七版)(后同)：p.424)

(9) 诬告：无中生有地控告别人有犯罪行为。(p.1380)

(10) 原谅：对人的疏忽、过失或错误宽恕谅解，不加责备或惩罚。(p.1610)

(11) 称赞：用言语表达对人或事物的优点的喜爱。(p.164)

(12) 埋怨：因为事情不如意而对自己认为原因所在人或事物表示不满。(p.873)

上述释义清晰地展示了预指结构的特征。首先对事物对象，即"对方、别人、人、事物"加以关注，然后指出具体事因，即"好意、帮助、错误、优点、事情"等，最后得出相应的评价、态度，即"谢意、喜爱"等。上述"埋怨"的释义"原因所在人或事物"，尤其指明了[对责任者的认定]这一语义关系。其实从广义看，各种态度谓词的释义都可采取该模式。如"爱"指：因为性状如意，而对性状所在的人或事物产生很强的好感。

进一步看，上述释义中的"对方、别人"都是限定性的，它们是事因的施事或当事，对事件的正负价值负责。模态上，"好意、帮助、错误、优点"所指事件则是现实性，潜在性的行为无所谓"错误、帮助"。显然，这些动词就是以自身词义内涵而引出一个指现实态事件的补足语，即叙实动词。

把一个事态的施事或当事与其行为明确分离开来，视为两个相对独立的信息单元而分别处理，这是预指结构主动词对宾句的基本认知及句法操作策略，构成其区别于一般主谓小句宾语句的关键。如，言说动词"说"对宾语小句的主语并不做特别的关注、提取。《现汉》对"说"的解释是"用话来表达意思"，"意思"编码为一个主谓小句，"说"对之是作为一个整体而引出的，并不单独关注、提取宾句中的主语。逻辑上说，预指结构是两个小句整合的结果，下面的实例提示了这一点：

(13) 妻子狂怒地骂丈夫："这把年纪还去追人家年轻女孩子！"
　　→ 妻子骂丈夫老大年纪还去追年轻女孩子。

(14) 网友指责三星电子。＋ 三星电子犯低级错误。
　　→ 网友指责三星电子犯低级错误。

一个句式就是一个把众多复杂的语义环节框定为有机联系的整体的容器。

257

整合之后，主句和内嵌句所述两个事件之间的语义联系，要比它们作为两个独立小句时，紧密得多。作为独立小句，二者各自表示一个在时空、因果上独立存在的事件，并具备自己的语力要素；整合之后，主句对内嵌句就形成强烈的控制作用，内嵌句的语力被抑制。

杨因(1981)反对把"我喜欢他老实"处理为兼语式，而认为应归入主谓作宾句，文章用问答方式进行验证：

兼语句因为"兼语"的关系，要通过两问两答才能得到完整的语意，如"我们选他当人民代表"，第一次问答是："选谁？""选他。"第二次问答是："选他干什么？""选他当人民代表。"

主谓作宾句因为宾语是一个完整的主谓短语，就跟一个词一样，只需一问一答。如："事实证明了社会主义制度无比优越。"问："事实证明了什么？"答："事实证明了社会主义制度无比优越。""喜欢"类动词句式，问答方式也可以是一问一答，用"动词(1)＋什么？"提问，用"名词＋动词(2)"回答"什么"。如："喂，老徐，笑什么？""我笑我是胜利了。"

问答是信息结构的体现，确实是有效的形式验证，但该文的所举实例并不合适。区别于主谓作宾句，预指结构只能两问两答，即，它们的宾句部分包含两个信息单元、两个认知行为。请注意，该文本来是把"喜欢"作为代表性的动词的，但用一问一答的标准进行验证时，所用的动词却是"笑"，而回避了"喜欢"。很明显，对"我喜欢他能干"，并不能问"你喜欢什么"，而要问：

(15) A："你喜欢谁？" B："我喜欢他。"
(16) A："你喜欢他什么？" B："喜欢他能干。"

该文还明确设置了"笑什么"这样的语境，这样，作为答语，"我笑我是胜利了"确实是主谓作宾句："我是胜利了"是作为一个整体，指"笑"的内容、原因。在这种语境，"笑"的内涵类似情感形容词"高兴"，"笑什么"等于"为什么笑"，即"为什么这么高兴"。"笑"用为评价功能的语义是"嘲笑"，这时，"笑"就必然构成预指结构，如"鲍小姐笑他是傻瓜"。对这个小句，就不能问"笑什么？"而要问："鲍小姐笑谁？""笑他。""笑他什么？""笑他是傻瓜。"

在现代汉语，"可怜"有两种常见的功能，一是组成预指结构，二是副词化，修饰整个小句。这两种功能形成分别的关键就在于：在前者，"可怜"首先是把小句的主语提取出来，加以话题化，然后再引出后面的陈述部分；在

后者,"可怜"作用于小句整体,而不单独关注其中的主语。如:

(17) 一个太监<u>可怜</u>皇上寒冷,用纸糊了一下儿破旧的窗子,以御寒风。

(18) <u>可怜</u>子荣同志刚刚壮志豪情地打完虎,就被倒下来的这座雪山咚地一砸。

(19) 叔叔兄弟们,<u>可怜</u>老贵死了,他欠你们的债……

例(17)是预指结构,"可怜"首先与"皇上"组成动宾关系,其后的"寒冷"是解释"可怜"的原因。在预指结构,形式上,宾动词往往可以省略,而语义上则仍是一个隐藏的小句,但"可怜"后绝不允许停顿。(18)"可怜"用为评注副词,修饰后面的整个话题句,该话题还引出两个评述部分,"可怜"后可以停顿。(19)"可怜"有两种读法:一是组成预指结构,"可怜"是动词,先引出对象"老贵",然后指出原因"死了";二是"可怜"用为副词,指对"老贵死了"这件事的整体态度。

"抱怨"和"埋怨"语义上非常接近,但句法上有很大的区别,关键就在于:后者指对事因之责任者的明确聚焦、追究,因此提取为话题,即预指成分,所以整个小句是预指结构;前者则指对事因的整体态度,并不聚焦责任者,所以整个小句是带主谓小句宾语的结构。一个明显的形态区别是,"抱怨"后允许停顿,如(21),或后加言说动词"说",如(22);"埋怨"则不允许,如(24)、(25)。"抱怨"的[言说]义更为突显,义近"唠叨",句法行为与言说动词平行;"埋怨"则是[态度]义更突显,并不强调言说行为。

(20) 这天晚上,他第一次<u>抱怨</u>嗓子痛。

(21) 曾有人<u>抱怨</u>,去新疆比出国还困难。

(22) 接着他<u>抱怨</u>说一个文职的公务人员竟然可以不经他亲自允许,擅自渡河。

(23) 他<u>埋怨</u>上苍没有在他降生时赐予他文学禀赋。

(24) 他先发制人,*<u>埋怨</u>,兵团党委不支持他们。

(25) *他<u>埋怨</u>说九姑娘为什么早几天不和他商量商量。

以(20)为例,"抱怨"指主句主语对"嗓子痛"整体不满意,而并不指主语"嗓子"要对其行为"痛"负责。"埋怨"则强调责任关系,其关注对象首先指向"上苍",然后认为它要为"没有在他降生时赐予他文学禀赋"负责。

语义密切度与形式距离大小是平行的,所以如果停顿,则"埋怨"要连带

预指成分一起停顿,"抱怨"就不允许这种停顿。如:

(26) 他<u>埋怨九姑娘</u>,为什么早几天不和他商量商量。

(27) *曾有人<u>抱怨去新疆</u>,比出国还困难。

考察发现,"抱怨"也逐渐发展出预指功能,而这就在功能上接近"埋怨"。这首先是从它可以直接带名词宾语开始的,只有这样,它才能实现对事物的明确聚焦。如:

(28) 她时常跑到姐姐那里<u>抱怨丈夫</u>,哭哭啼啼。

"抱怨"在强调事物对其行为负责时,就与"埋怨"一样,可连带其后名词一起停顿。可以比较,虽然上面的(27)不成立,但下面的句子却成立:

(28) 小女儿<u>抱怨他</u>,为什么还不回家。

(29) 一路上叔叔都在<u>抱怨婶婶</u>,说就是她害得他一个人跑来这种地方。

"抱怨"指主句主语要基于"还不回家"这个行为,而追究"他"的责任,这就自然对"他"本身做了单独的关注,即话题化的提取——话题化是通过具体语义内容而实现的,这是预指结构的基本特征。上述两句中的"抱怨"都可换为"埋怨"。

(二) 隐藏的小句

在情感、评价动词的事件结构中,只有存在某种事因,才会形成相应的情感、评价,所以事因是关键,被编码为一个动词短语。有时虽然形式上只是一个名词充当宾语,但从深层看,该名词仍是一个"隐藏的小句"。这是受"隐藏的疑问句"的启发提出的,后者指一个充当补足语(主要是宾语)的名词短语,实际上要解读、改写为间接疑问句的现象。如(Aloni & Roelofsen 2011:444):

(30) John knows the capital of Italy.
    约翰知道意大利的首都。
    ≈ John knows what the capital of Italy is.
    约翰知道意大利的首都是什么。

(31) They revealed the winner of the contest.
    他们揭晓了竞赛的获胜者。
    ≈ They revealed who the winner of the contest was.

他们揭晓了竞赛的获胜者是谁。

决定名词短语要解读为"隐藏的疑问句"的关键在于动词:"知道、揭晓"是认知动词,内在要求宾语是述谓性的,即"知道"一个事物,也就是体现为了解该事物的具体存在方式。同样地,情感动词的宾语内在也是述谓性的,所以一些情感动词也可采取隐藏问句的形式:

(32) a. 她时常挂念儿子。　　≈b. 她时常挂念儿子是否平安顺利。
(33) a. 第一天早上回来,她硬是坐立不安,担心两个小家伙。
　　 ≈b. 她担心两个小家伙正身处险境。
　　 ≈c. 她担心两个小家伙是否正身处险境。

可以说,在某种较深的语义层级,一切认知动词都带有一个隐藏小句。这是因为,与物理动词刻画事物的物理存在方式不同,在[意识]的维度,人对外界事物只能以[反映]的方式进行把握,而不可能以物理作用的方式发生关联,并且,这种反映的内容只能是事物的存在方式,而不可能是绝对的物自体。所谓物自体不可知,并非实际事物不可知,而是"物自体"这个概念本身只是一种绝对的抽象;实际事物则只能展开为某种具体的[存在方式],才能为人所获知。事物的存在方式即编码为动词短语。当认知动词只聚焦外界事物本身而忽略其具体存在方式时,就会发生隐藏小句的现象。

不同认知动词所带隐藏小句有不同的清晰度。这种分别的根据在于所关涉事态的殊指性:殊指性越高,则隐藏小句的清晰度就越高,越容易在小句表层显性编码;反之,语义笼统的宾动词就不容易明确编码。如"我看见他了",明确提示"我看见他来了/坐在那里"之类;"我理解他",隐藏"我理解他为什么这样做"之类。在认知动词中,"认识"一词对隐藏小句的关联程度最为曲折,最不容易显性编码。"我认识他"指我通过实际的时空接触而对他形成了解,[时空接触]、[了解]这两个环节即构成"认识"的隐藏小句,但它们很难直接在句法上编码为"认识"的宾动词。也存在完整表示"我认识他"的全部内涵的方式,即把其所带隐藏小句具体指出来,但没法采取宾句的形式,而要表述为复句。如:

(34) a. 我认识他,<u>他很有才气</u>。　b. 我认识他,<u>他教我写过诗</u>。

a句画线部分指"认识"所蕴含的[了解]环节,b句指[时空接触]环节。如果不符合"认识"的隐藏小句结构,就会导致使用不当。如,要是一个人只是通过媒体而缺乏时空直接接触,则不能说"我认识特朗普"。

态度动词指基于事物的某种属性、行为而对其做出相应的评价,因此其隐藏小句的清晰度是很高的。但相比其他认知动词,态度动词更侧重于指由具体行为而反过来聚焦事物本身,即加以责任追究,这在信息结构上就表现为对宾语关注,即话题性,所以很容易形成隐藏小句的现象。这里的隐藏规律与前述一般认知动词相同:事因的阶段性越强,则其在小句表层编码的趋势也就越强烈,而不编码时,就会更强烈地被读为句法省略;在这种句子中,主动词只表示事物处于该特定状态时的体验。相反,个体性强的事因一般不做显性编码,而读为语义蕴涵;在这种句子中,主动词指主句主语对该事物的一般态度。

(35) a. 祝贺你! ＝ b. 祝贺你<u>获得一等奖</u>!
(36) a. 她决不能原谅他。 ＝ b. 她决不能原谅他<u>这样欺骗她</u>。
(37) a. 我们喜欢她。 ≈ b. 我们喜欢她<u>各方面都很优秀</u>。
(38) a. 我们都很尊敬他。 ≈ b. 我们都很尊敬他<u>为人正派</u>。

"祝贺、原谅"必然关涉具体的事因,即内在携带强阶段性的宾动词,所以单独说"祝贺你、原谅他"时,一定是由于语境支持而对宾动词做了句法上的省略。"喜欢、尊敬"则带强个体性的事因,所以不容易补出明确的宾动词,但语义上也一定是蕴涵的:不可能无原因地凭空尊敬、喜欢一个人。很明显,"尊敬"比"喜欢"的事因个体性更强,所以更难补出。

前述杨因(1981)注意到,情感动词后宾动词常可省略,也就是这里所说的"隐藏小句"现象。该文把这种省略在语法意义的差异描述为"感情色彩"的强弱:

> "喜欢"类动词后带"名词＋动词(2)"时,词义的感情色彩比只带名词时好像要弱一些,如"喜欢他"、"爱他"表示喜爱的意思,而"喜欢他能干"、"爱他诚实"是对"他能干"、"他诚实"有好感,"不要嫌他"是嫌弃、讨厌的意思,而"我们都嫌他没来"却是对"他没来"产生不满意的情绪。

表层出现或不出现宾动词,哪个形式所指感情的强度更高?这种分别其实很难判断:从一个角度看,表层不用宾动词时,"喜欢"指对宾语事物作为整体的感情。而带宾动词时,就只指由该特定属性而形成"喜欢",对事物全体就不一定持有的感情。在"喜欢"的宾语指人时,后一点很容易被掩盖——因为对人很容易形成晕轮效应,即由一点上升为全体;换为事物宾语就很明显:"我喜欢这篇文章写得简练、生动"(引自《现代汉语八百词》),喜欢的只是"写得简练、生动",对"这篇文章"整体就不一定喜欢。这样看,应该是不带宾动词所指感情强度更高一些,因为指喜欢事物全体。即符合杨文所述不带[名词+动词(2)]时感情更强"。但从另一个角度看,不带宾动词,由于指对事物整体的一般态度,具体性差,所以情感的直接感受性就要模糊一些;而带宾动词时,由于情感体验性明确,所以感受的强度应该更高一些。即又不符合杨文所述带[名词+动词(2)]时感情色彩弱一些。这表明,感情色彩的强、弱,不是该句式语法意义的关键所在。

四、预指成分的话题性

话题成分包含三方面的语义信息:指称上表现为限定或类指,不接受无定;言谈行为上表现为关注,具有信息表达的自立性;语篇上具有强延续性,是形成语篇关联的重要手段(Reinhart 1981、Givón 1984、Ward 1985 等)。

(一)预指成分的话题性在单个小句的表现

预指成分最常用的编码形式是代词和专名,二者是典型的强限定形式。这是由评价行为所指事件及语篇结构内在带来的,因为评价总是针对一个预设事件。即,一个人之所以发出一个评价行为,是因为事先已经了解到某种情况,并把它视为已做传达、无须质疑,可直接接受。预指句的这种信息结构特征造成该句内在具有强烈的回指性,所以其中的预指成分自然也就表示旧信息,采取强限定形式。一个证据是,预指句一般是不会作为语篇首发句的。态度动词的数量很大,不同动词对预指成分之限定性的要求也有差异,如:

(39) a. 汉斌要了一份鸳鸯火锅,菱子嫌他太浪费。

b. 菱子嫌柳某/*某个人太浪费。

(40) a. 热烈祝贺三宝博物馆开馆!

b. *热烈祝贺大连某/某个博物馆开馆!

(41) 徐义德心里正烦,讨厌朱瑞芳突然闯进来。

(42) 他更佩服红娘子这次来攻杞县真正可以称得是胆大心细。

(43) 他讽刺汪的结局连这两个汉奸也不如。

(44) 她在嘲笑他其实什么也没得到。

（45）妻子埋怨他一点活儿也不干。

在(39)，"某"是典型表示特指的代词，特指在大类上与定指更靠近，且内部成员在限定性上有程度的分化（参看第二章）。"柳某"中用了姓氏名词"柳"，"柳"是专名的一部分，所以"柳某"的限定性自然要高于"某个人"。"嫌"是情感动词，不接受定指性弱的"某个人"进入其预指成分的位置，但接受限定性强的"柳某"。这种限定效应的根据显然就来自话题。

例(40)"祝贺"是评价动词，它对预指成分限定性的要求更高：不但不接受"大连某"——"大连"是专名，也不接受"某个"。原因很明显，"祝贺"具有强对话性，这就要求有非常明确的祝贺的对象。对话行为的典型形式是[话主-受话]结构，如："祝贺你取得金牌！"转述句则是弱形式，如："祝贺他取得金牌。"从语篇结构看，"热烈祝贺三宝博物馆开馆！"貌似首发句，实则不然：必然是事先了解到"三宝博物馆已经开馆"的信息，才会对其进行祝贺。当然，如果是在三宝博物馆开馆的现场，是可以直接作此祝贺的，而这种情况就属于典型的语境直指了，仍然是回指性的：回指人们都看到、预设接受的情况。

例(42)有启发性：如果不置于"佩服"的主句之下，让"红娘子……心细"单独成句，则该句的默认读法是："红娘子这次来攻杞县"这个主谓小句整体作为主语，"真……心细"是评述。但用情感动词"佩服"引出时，则"红娘子"这个施事就会被特别提取出来，作为关注的对象，"这次来攻杞县"这个 VP 则读为次话题，后面的 VP 充当其谓语。这来自情感动词对事件中的施事有特别聚焦、话题化的功能："佩服"的对象总是人，而不是一件事。

这样说并不是把评价动词的叙实动因归结为预设，无须质疑的接受并不等于现实存在。预设的根据是语力层面 CP 上的断言，断言的对象既可以是现实事件，也可以是可能性。如，"既然"所引小句具有预设性，但并不就具有叙实性，如："既然宏观经济有可能面临调整，股市又怎么牛得起来呢？""宏观经济有可能面临调整"是事先经过断言的，在"既然"句就表现为预设，但其中用"有可能"，显然并不指现实事件。

态度指基于特定行为、属性而对其施事、当事的价值加以评定，连对象本身都不能定位，自然也就无从谈起持何种态度了，因此，态度动词所引出的预指成分必然是限定性的。相比之下，评价动词比情感动词对宾语限定性的要求更高，这是因为，评价动词包含[言说]的语义参数，更加指向明确的事物对象。前述(39)、(40)"嫌"和"祝贺"对"某"类特指形式的接受上,已体现这一点。另外,二者对类指名词的接受也形成分化。除限定名词之外,情感动词也接受类指名词充当预指成分,评价动词则不接受。比较:

(46) a. 戴高乐讨厌<u>女人</u>干预政事。 b. *戴高乐称赞<u>女人</u>干预政事。

"女人"表示类指,"讨厌"是情感动词,句子指"戴高乐"对该类事物的一般态度。"称赞"是评价动词,内在要求指对特定事物特定行为的态度,所以不接受类指形式"女人"做其预指成分。

代词"人家、别人"自身缺乏稳定的量化力,即具有变元的特征,具体指称随所处的事件结构而变,也就是,在特定的存在闭包中,获得特定的解读。情感动词的预指成分是"人家、别人"时,一般表示类指;而评价动词的预指成分采取这种形式时,表示特指。即,评价动词的叙实性要比情感动词强。如:

(47) a. 他讨厌<u>别人</u>抄袭。

b. 他常常挖苦<u>别人</u>抄袭。

(48) a. 他烦<u>人家</u>送弱智的东东。

b. 他一直数落<u>人家</u>怎么送这么弱智的东东。

"讨厌、烦"是情感动词,其预指成分"别人、人家"都指自身之外的任何他人;"挖苦、数落"是评价动词,其预指成分"别人、人家"都指某个确定的他人。

情感动词"喜欢、讨厌"都接受任指词"任何"构成的名词短语做宾语,表示类指;评价动词不接受"任何"充当预指成分。如:

(49) 他喜欢<u>任何</u>东西都井然有序。

(50) 她讨厌<u>任何</u>人这样看她。

(51) *他称赞/指责/嘲笑/检举<u>任何</u>人这样做事。

与英语"a(n) NP"不同,汉语"一量名"短语表示类指是受限的(刘丹青2002等),这在预指结构也有体现:小句采取现实态时,则情感动词和评价动词都不允许预指成分采取"一量名"的形式,而在虚拟语境则接受。如:

(52) a. 他同情她被安上莫须有的罪名。

b. *他同情<u>一个人</u>被安上莫须有的罪名。

c. 你要同情<u>一个人</u>被安上莫须有的罪名。

(53) a. 他责怪何先生只顾买彩票。
　　 b. *他责怪一个人只顾买彩票。
　　 c. 我们不应该责怪一个人只顾买彩票。

虚拟句陈述不确定的事件,这种事件中的参与者也是不确定的,是变元,因此允许"一量名"。

学者往往用问答对兼语句、小句宾语句做某种测试,实际上,预指结构一般不允许基于预指成分构成特指问句。下面的问句都是有条件的,即用于追问的语境;追问是预设的体现,即,前面已经做了断言,只是没有完全听清楚,所以现在提问。预指结构的疑问句限制,是预设(即语篇结构)和叙实性共同作用的结果。如:

(54) 你喜欢谁老实?　　　(55) 你们热烈祝贺哪个博物馆开馆?
(56) 菱子嫌谁太浪费?　　(57) 你佩服谁胆大心细?
(58) 他责怪谁只顾买彩票?
(59) 你讽刺谁的结局连这两个汉奸也不如?

以(56)为例,不能直接问:"菱子,在我们公司,你嫌谁太浪费?"而只能是一个人听到刚才菱子说嫌小王太浪费,但没听清,才会追问"菱子嫌谁太浪费",该小句之上其实包含一个"菱子说"这样的言说动词构成的主句。他句同此。

同样,在预指结构,对主句主语也很难提问,而需要追问的语境:

(60) 谁嫌菱子太浪费?　　(61) 谁佩服你胆大心细?
(62) 谁喜欢你老实?　　　(63) 谁热烈祝贺我们博物馆开馆?
(64) 谁责怪我只顾买彩票?
(65) 谁讽刺他的结局连这两个汉奸也不如?

如,可以说:"刚才是谁在那里责怪我只顾买彩票?"另外,上述问句如果采取虚拟态形式,则也容易成立,如:"谁会喜欢你老实?"

针对预指结构的宾动词做特指问也是受限的,只有"喜欢、爱、佩服"等少数几个动词允许:

(66) 你喜欢/爱/佩服他什么?

下面的句子都不合适:

(67) *你嫌菱子什么? (68) *你祝贺我什么?
(69) *他讽刺她的结局什么? (70) *他责怪我什么?

预指结构难以构成特指问句的原因在于叙实性的事件结构。预指结构指人对客观事件的价值认定关系,在[事实]与[价值]这两个范畴之间,后者只能以前者为前提。既然一个人发起"佩服、责怪、祝贺"等的行为,他就必然对所指对象及其行为都已经非常了解,不可能连对象是谁都不知道,就去"佩服、责怪、祝贺"。一定条件下,对评价动词可以用方式状语"怎么"提问,但也会读为追问。如,"他刚才是怎么祝贺你的?"读为:刚才听到他祝贺你了,但没有听清楚祝贺的具体言辞,所以提问。去掉"刚才、是",单独说"他怎么祝贺你?"就不自然——这里的"怎么"限于指方式,指原因即"为什么"除外。情感动词则缺乏方式义,所以不能这样提问:"*你怎么嫌菱子?"

"喜欢、爱"等允许对宾动词做特指问,根据是共享知识背景。"喜欢、爱"日常出现频率很高,这就造成共享知识。在问"你喜欢/爱他什么?"的时候,实际是有预设的,句子仍然是追问、逼问的语篇结构,即:A 发现 B 已经爱上一个人,A 希望追根问底地确定这种情感的事因是否真的成立。

(二) 预指成分话题性在语篇层面的表现

话题的功能一方面体现在单个小句之内,另一方面也体现在语篇,即形成语篇延续(Givón 1997 等)。话题的一般语篇延续情况无须多谈,这里观察一些比较有特点的情形。首先,在预指结构,主句主语和预指成分可以都具有强话题性,这样,这种句子就表现为双话题的平行推进结构。如:

(71) 耿荻 i 最讨厌她们 j 把好好的一场格斗弄成娘儿们打架,一点品格也没有,一点看头也没有。她 i 更讨厌她们 j 扯头发扯不出胜负就嚎。

主句主语"耿荻"和预指成分"她们"都是语篇话题,二者在语篇中也平行推进。

另外,在预指结构,预指成分的话题性也可以高于主句主语。这表现在二者之间限定性的强弱上。如果主语的限定性明显弱于预指成分,则前者的语篇突显度低于后者,作为话题的关注度也相应低于后者;这就形成"倒话题结构"的句式。如:

(72) 祖冲之 j 长在这样的家庭里,从小就读了不少书,人家都称赞他 j

267

是个博学的青年。

(73) 会上,一些代表批评现在虚假医药广告太多太滥。

(74) ……也有人称赞它是抽象科学中最和谐的理论之一。

在上述句子,主句主语"人家、一些代表、有人"都是特指成分,限定性显著低于预指成分的"他"等,这样,语篇最关注的话题是预指成分引入的事物,主句主语相对于该事物倒表示新信息,就是,主句主语+谓语动词(不包括宾语部分)构成一个整体信息单元,对预指成分构成陈述关系。特指成分天然具有忽略的修辞功能,因此,上述句子的言语表达策略就是,话主认为,受话只要了解确实有人对预指成分"祖冲之"等,发出了"称赞、批评"的行为,就可以了,至于该发出者到底是谁,则无须关注。无须关注也就是特意抑制其作为话题的语篇突显度。

相比情感动词,评价动词句预指成分的语篇指向性更强,体现在,后者允许预指成分提升为主句、语篇层面的话题,原位用零形式,而情感动词则缺乏这种用法。原因是,情感动词的情绪[体验性]较强,而评价动词的[言说]义更为突显,这导致情感动词的预指成分与宾动词的语义关系更为紧密,而评价动词较为松散;语义关系松散的成分,自然更容易被提取出来。如:

(75) 对张铁林频频出演的皇阿玛$_i$,有观众批评Ø$_i$为吹胡子瞪眼睛的卡通皇帝。

(76) a. 梅格喜欢他性格沉静。　　b. *对他$_i$,梅格喜欢Ø$_i$性格沉静。

评价动词句预指成分语篇指向性更强的另一个体现是,评价动词常引出多个VP,即构成话题链结构,从各方面具体指出主动词所指态度的实际内容。在这种句子,为了强调预指成分作为话题的突显度,及对后续多个VP的统领作用,形式上,主动词往往连带预指成分一起停顿,如(77)、(78)。另外,即便预指成分后只引出一个VP,如果该VP形式上很重、很复杂,则预指成分后也往往停顿,如(79)。这个形式特征的深层表达动因是,评述部分的强述谓性,自然导致主语部分的强话题性。

(77) 孔子还称赞他,1 理解力强,2 能"告诸往而知来者"。

(78) 群众来信检举该部门有关领导,以高额集资为名,私分公款20余万元。

第六章 态度动词的半叙实性

(79) 土总检察官还指控乌驻土大使,利用大使官邸隐藏土企图组织政变的嫌疑犯前副总理鲍里斯·希赫穆拉多夫。

在(77),如果预指成分"他"后面不停顿,句子就容易读为:"能'告诸往而知来者'"是对"他理解力强"的解释;添加停顿,一方面突显了"他"的话题身份,同时也就突显了该话题对后面两个 VP 的平行控制关系。(79)"利用……多夫"这个动词短语非常复杂,相应地,述谓功能也就自然显著,这就内在要求其前"大使"这个话题之后加以停顿。

情感动词所带预指成分也可构成话题链形式,但出现频率明显很低。特别是,与评价动词不同的是,形式上,这种句子很难在预指成分后直接停顿,而总是要连带宾动词中的一些成分,然后再引出多个 VP。这也显示,情感动词所引宾动词的主句特征要比评价动词弱些,即,与其后 VP 的连接更紧密。和预指成分连带出现的多是一个 VP:

(80) 我<u>嫉妒</u>他 1 可以坦荡面对意你的注视,2 可以正大光明地接受意你的微笑而不必逃。

(81) 她<u>讨厌</u>他 1 过了河就拆桥,2 不用她,就把她撂在一边。

(82) 女孩子<u>爱</u>他们 1 皮肤白嫩、2 胡髭黑亮,3 身子笔挺,4 又会跳舞,5 又会比式。

语义上,只带一个 VP 时,整个句子对预指成分本身的关注度更高,主动词所指情感强度也就高些;带多个 VP 时,整个句子的关注点就更落在这些 VP 所述事态上,主动词的情感强度就会削弱。可以比较:如要强调主动词所表情感,会采取把每个 VP 分别构成一个预指结构的小句形式,如"<u>爱</u>他皮肤白嫩,<u>爱</u>他身子笔挺"。

与预指成分连带出现的也可以只是宾句中的某些状语成分,这显示,主动词对宾句中成分的吸引作用非常强烈。显然,这正是预指结构区别于普通带主谓小句宾语的一个重要方面。在后者,整个主谓小句与主动词的关系非常松散,如"说、认为"等构成的主句。

(83) 无论如何,十分<u>感激</u>你们<u>在这段日子内</u>,使我没有那样寂寞。

(84) <u>感谢</u>部队作家陈道阔<u>将这光彩夺目的历史一页</u>,还原为生动鲜活而又气势恢宏的艺术形象。

以(83)为例,不连带"在这段日子内"而直接在"你们"后停顿,是不自然的。

另外,这种句子也强烈排斥直接在主动词"感激、感谢"自身之后加以停顿,而在"说、认为"句,就很容易这样停顿。

与普通谓宾动词句一样,在预指结构,主句部分也常常发生虚化。动因也与普通谓宾动词句相同:主句部分的信息突显度被大大弱化,相反,预指成分及其后宾动词的语篇突显度则被显著提高,形式上,这种句子往往带多个宾动词。但与普通主动词不同的是,态度动词自身后面不能停顿,而总是连带后面的预指成分一起停顿——普通主动词是自身后面停顿,与宾句整体分开。

(85) 还有人甚至责怪普京总统,在俄罗斯战胜突尼斯国家队后,竟然没有发一封贺信给国家队的小伙子们,太说不过去了。

(86) 马先生语调一转:"在灾难深重的旧中国,我们国家深受帝国主义欺压,内战连绵不绝。感谢伟大的中国共产党和毛主席,带领老一辈革命家,领导全国人民,使新中国巍然屹立在世界民族之林,人民生活有了很大改善。近些年,在邓小平建设有中国特色的社会主义理论指引下,我们国家各方面变化更大。"

例(85)"责怪"所指态度的实在性较强,没怎么虚化。而(86)的"感谢"就更加虚化,词汇内涵有较大的弱化,整个句子的表达目的更在于具体描述预指成分所发出的各种活动,这就导致这些众多宾动词被处理为语篇主要述谓。从整个语篇看,"感谢"句的上下句都是在讨论中国的发展情况,话主本人并不构成其中事件的参与者,即,话主只起到语篇组织作用,这自然就进一步造成"感谢"的更强虚化。可以说,该句"感谢"的功能主要表现为以表明话主立场的方式引出语篇话题。

由于所组合的直接成分不同,演化方向上,普通主动词一般是自身连带主句主语,一起虚化为语用或话语标记,其所引作为宾语的主谓小句,则整体提升为语篇前景信息。态度动词则并不连带主句主语一起演化,而是省略主句主语,却连带其后的预指成分一起演化,然后,随着该预指成分成为普通语篇话题,态度动词自身就虚化为话题标记。上面(86)的"感谢"就提示了这一点,不过,这种虚化现象在现代汉语并不常见,而在古代汉语就非常发达,本章第三节将专题讨论。

从句式连续统看,预指结构与主谓小句做宾语的结构最为接近,但一个重要不同是,在预指结构中,主动词对宾主语做了话题化的提取。预指结构的各种句法行为，都是由预指成分的话题性带来的。

五、预指成分的表述性

自身即具有明显的表述内涵，这是话题作为一个独立认知、表达单位的自然结果。言语行为给话题带语用维度的内涵，认知行为则是语义性的。学界对前者已有广泛关注，即话题的定指特征及各种话题标记，而关于后者还缺乏重视。何薇、朱景松（2014）有所探索，该文称"主语的陈述功能"，不过实指话题。如"一个小姑娘可有什么主意呢"，主语部分突显"小姑娘"的语义内涵，以与谓语部分形成对比。

在预指结构中，作为话题的预指成分身上不易出现语用维度的话题标记，但常显示出很强的语义陈述的特质。前者的原因是，预指成分是一种内嵌的话题，所以语力要素自然会受到抑制。后者的原因则是，在评价一个事物的具体作为时，总要考虑该事物自身的能力特征，这就构成话题与评述部分之间在语义维度的一致关系。即，价值认定也就是对事物与其行为之间在能力、责任上对当关系的比较。

"一＋量＋名"是指属性的典型形式，预指成分中常常出现，具体又有三种形式：与预指成分构成同位语，如（87）；前加"身为"构成分词状语，如（88）；作为后置的非限制关系小句，如（89）。语用上，"一量名"也有焦点化的功能，即，强调该事物是基于某种属性而参与到宾动词所指行为中的。

(87) 可怜他一个富贵子弟，只因父亲有了偏心，弄得他有家难奔，有国难投。

(88) 我喜欢她身为一名高干子弟却有着难能可贵的平民气息。

(89) 为此，我们感谢亦舒，这么一个害怕出门旅游的人，却那么煞费苦心地谈邀读者到她书中道游一番。

这种指属性的"一量名"也可直接占据预指成分的位置，而省略指实体的名词：

(90) 请原谅一个父亲为了他儿子的事情来打搅您。

(91) 你批评一个戴脚镣的人不会跳芭蕾？

(92) 他不能容忍一个无名丫头在他手下逃生。

这种"一量名"指属性，不能读为类指，更不能混同为一般的无定主语。形式上,这种句子显然是省略了真正作为预指成分的"我、她"之类的定指成分。

对预指成分添加修饰语,进行具体属性的说明,这也是为了强调话题的内涵性,与宾动词的行为形成对照,即,主句主语是以该属性为根据而对预指成分做价值认定。这里还有一个重要的连带句法效应:本来不允许停顿的预指成分,带这种强表述性成分后,就容易停顿了。

(93) 那乡老埋怨他们这么大的馆子,居然连一样像样的菜都拿不来。

(94) a. 真佩服她那娇小纤瘦的身躯下,竟有一股这么坚定强悍的力量支撑着。

　　b. ♯真佩服她,有一股坚定强悍的力量支撑着。

　　c. 真佩服她有一股坚定强悍的力量支撑着。

(95) 我真的很替她惋惜年轻鲜活的生命就因为平时的不注意而枯萎了。

(96) 原谅远在千里之外的小弟不能前去看望。

(97) 他心疼她纯白的感情任他胡乱涂鸦。

例(93)的逻辑关系是:常规"大馆子"应该菜品丰富,现在的事实则是没有像样的菜,因此应该埋怨。其他句子可类推。例(94)b 打"♯",指该句自身是成立的,但后面的"有一股坚定强悍的力量支撑着"要读为另一个独立的小句,也就是,"佩服"无法把它控制为自己的宾语;而在(94)a,"竟有一股这么坚定强悍的力量支撑着"就一定读为"佩服"的宾动词。

态度动词指情感、评价,这都是基于某种事先确定的利害标准,而进行价值的认定,即,[价值]直接构成态度动词自身的语义内涵。形容词"好、坏"的核心内涵即表示价值,各种态度动词都可归结为"S 认为 y±好",如"喜欢"指认为某人/物好,因而产生愉悦之情,"嫌"指认为不好。对一个事物的某种行为做价值的认定,要考虑该事物自身的固有属性,这就造成预指成分的表述性。

在预指结构,价值分解为三个语义要素:[应该]、[值得]、[常规]。即,主句主语认为,基于常规,事物以其自身属性,[应该]做到一定量度的价值行为,所以就[值得]某种评价。常规是道义情态的根据,具体行为[应该]符合常规,不符合常规就是"不该"。在预指结构,[常规]有直接的句法体现:主动词往往可分别与宾句的主语和谓语进行组合。如"我喜欢他老实",一方面是指"我喜欢他",另一方面也指"一般性地,我喜欢老实",后者构成前者的语义根据:因为"我一般性地喜欢老实",而当前所关注的事物"他"具备了"老实"的特征,才造成"我喜欢他"。又如,是因为先有"一般性地,他最恨粗枝大叶",然后是当前事物具备该特征,才会说"他最恨这些工人粗枝大叶"。

情状特征上,[常规]意味着类指性,因此,宾动词用个体谓词时,就往往会直接与常规等同。在预指结构,宾动词也可指强阶段性的事件,这时常规就不在小句表层直接编码,但仍在深层起作用。如:

(98) 首长表扬<u>这个新战士打中了6环</u>。

是因为主句主语事先认为:"一般的,新战士难以打中6环",而当前所关注的"这个新战士"居然做到了,因此才认为他值得表扬。可比较,若换为一个狙击手,就不是表扬而是批评了。

六、宾动词的个体性、主观性

在预指结构中,不同主动词对宾动词[±殊指性、±动态性]的允准范围有很大差异。这里把强殊指、强动态谓词概称为强阶段谓词,本文对"阶段、个体"不限于在词汇层面上理解,而更多视为短语层面的情状及体貌特征。总体上看,态度动词都难接受强阶段谓词,所以叙实性都不典型,应视为半叙实动词。

先看情感动词,只允准强个体谓词做其宾动词的是:爱、喜欢、看不起、尊重、赏识等;同时允准阶段谓词、个体谓词的是:嫌、讨厌、烦、原谅、怀念、不满、同情、恨、看不惯、佩服、欣赏等。一些情感动词在允准阶段、个体谓词上还形成明确的对应关系,如"欣赏"与"赏识"。这意味着,事因的类指化是造成情感动词词项分化的一个重要语义参数。

(一) 同时允准阶段谓词和个体谓词的情感动词

讨论之前先了解一下这一组词的词典释义。《现汉》,嫌:"厌恶,不满意";厌恶:"(对人或事物)产生很大的反感";反感:"反对或不满的情绪";不满:"形容词,不满意,不高兴"。恨:"仇视,怨恨",仇恨:"因利害冲突而强烈地憎恨",怨恨:"对人或事物强烈地不满或仇恨"。总的来看,这些释义比较侧重对情绪体验本身的描述,对事因的关注尚较薄弱。

"嫌"主要是指"不满意","满意"的根据是主体自身的生存状态,即躯体及精神上完足、舒适,因此,不满意也就是表示,主句主语认为某物(即预指成分)的某种行为(即宾动词)对自己造成不利影响,使自己不能处于舒适的存在状态。宾动词所指行为既可以是阶段性的,如(99)、(100);也可以是个体性的,如(101)、(102):

(99) 郭祥嫌交通壕里过于拥挤。　　(100) 他嫌两个女人的哭声吵他。
(101) 他总嫌这上海的葱太小。
(102) 妈妈不同意,嫌他不是书香门第出身。

事因由阶段谓词充当时,"嫌"也指对预指事物当下临时的态度,个体谓词则指对预指事物的一般态度。"嫌"对宾主语形成话题化提取的语义动因是,由于某物的具体作为、特征不能让自己满意,所以就对该事物本身加以聚焦,以便合适应对。即,事件结构上,"嫌"还往往暗示希望远离该事物。强化这种[远离]义的一个近义词则是"嫌弃",如"嫌弃俺胶东姑娘长得腰粗脸黑"。

具体看,"嫌"的不满意义一般表现为预指事物之行为在量幅上的过或不及。形式上,由于预指成分往往可以提升到主句层面,这样,"嫌"就逐渐虚化为副词。如:

(103) 普宁却觉得住在哪儿$_i$都嫌ϕ_i不够静谧。
(104) 阿灿却恼了:嫌我们管不起一顿酒? 嫌(饭菜)不卫生?

在(103),"嫌"显然是省略了回指前文"哪儿"的预指成分。不难理解,随着这种形式出现频率增多,人们就会逐渐把"嫌+VP"自身视为普通的句法组合,这样"嫌"就副词化,如"哪儿都嫌不够静谧、这房间略嫌拥挤"。(104)显示,"嫌"容易接受预指成分采取零形式,这自然就使其在小句表层直接与动词进行组合,从而副词化。

在情感动词中,"恨"最典型允准强动态动词,也就是,"恨"指针对特定事件而形成的情绪体验。如:

(105) 她心里恨我去看她。　　(106) 他恨文博士这样吃现成饭。
(107) 我恼恨自己的耳朵不该听你说了这么久的话。

"去看她"等指发生于特定时空域的事件。

"恨"对个体谓词的接受是受限的,即,容易接受对阶段谓词的遍指量化,如(108),或例示关系,如(109);但难以接受简单指一般属性的谓词,如

(110)：

  (108) 她恨车上<u>总是挤满了人</u>。 (109) 恨那婆娘<u>心狠手毒</u>。
  (110) ?? 她心里恨我<u>太懒</u>。?? 他甚至恨自己的伟大<u>是个障碍</u>。

例(108)"总是"指对阶段谓词的全称量化，原初事件本身的存在是清晰的，即在某个特定的时空域，"车上挤满了人"。(109)"心狠手毒"本身是个体谓词，但从语义上看，这种句子仍然明确提示一个原初事件，如"打骂侮辱"的具体行为。(110)"太懒、是个障碍"对原初事件的指向很模糊，所以就不容易进入"恨"的宾动词位置。

  《现汉》对"佩服"的释义是"感到可敬而心服"，未提示事因的要素。实际上，"佩服"对事因的指向非常专门：强调"行为的能力、胆略"，而这种能力、胆略是从现实行为上体现出来的，即，"佩服"句总是明确提示[例示]关系。在小句表层，"佩服"的宾动词常直接陈述当下个别行为，这就表现为强殊指性、动态性；而深层则总是提示该行为所代表的能力，这就表现为强个体性。句法上，"佩服"的宾动词可加动力情态动词"敢、能"而指现实态。如：

  (111) 她佩服咱们<u>敢在半夜里独行</u>。
  (112) 姐姐和弟弟妹妹常佩服我<u>能加煤不出声</u>。
  (113) "佩服我<u>打人</u>?"杨建华斜眼看看她。"不，佩服你<u>教训坏人</u>!"
  (114) 他在心里赞叹和佩服张民<u>竟把无缝钢管弄成了一个到处是窟窿眼的草筛子</u>。

前两句宾动词带"敢、能"，指例示关系——通过看到实际的"在半夜里独行、加煤不出声"，而得出一般性的胆略、能力的概括。后两句宾动词虽然未带"敢、能"，实际也强烈暗示，并可加上。

  下面的实例可以表明，"佩服"是通过个例概括类事态：

  (115) <u>这时老裴不佩服别的</u>，就佩服娘家哥<u>记性好</u>。

"记性好"是强个体谓词，内在是类指性的，但"老裴"得出这种认识的根据只是当前看到"娘家哥"实际记住了某件事。例示关系是典型的以偏概全，即基于对少量原初事件的认知，进而归纳为一般性的类指规律，并形成关于事物全体的一般态度。原初事件的存在是最终的真实证据，是所谓[客观现实]的真正表现形式，也是叙实谓词之叙实性的最终体现。

(二) 只允准个体谓词的情感动词

考察发现,学者常用为例子的"我喜欢他老实"这样动词短语做宾语且指现实态的句子,在自然语料中实际难得出现。"喜欢"的常见功能是两种。

1. 带动词短语宾语,但名词化,表示类行为,零形主语,与主句主语同指。这种句子是普通动宾结构,如:

(116) 她喜欢吃蔬菜色拉。

2. 带主谓小句宾语,主句主语与宾主语不同指。这种句子其实是个歧义结构,有控制结构与预指结构两种读法,并且更倾向于前者。分别的根据即宾动词的现实性:在预指结构,宾动词指实际存在的事态,构成"喜欢"的原因;在控制结构,作为补足语的 V2 指虚拟事件,"喜欢"指希望、意愿。"喜欢"构成预指结构时,总是要求带强个体性的宾动词,表示类事态,表现为弱叙实性;并且即便如此也仍然很受限:出现频率很低,且可能读为控制结构,即兼语式。如:

(117) a. 客商除了看中暖水瓶本身的耐用特点,还十分<u>喜欢瓶身上有中国文化特色的图案</u>。
     b. 客商喜欢瓶身上有中国文化特色的图案。

(118) a. 喜欢它,它长得漂亮,<u>最喜欢它有子弹头</u>。
     b. 我喜欢它有子弹头。

(119) 这位女郎喜欢<u>你名字里带个"海"字</u>。

例(117)、(118)a 句的"喜欢"是叙实用法:画线部分所指状态是现实存在的,因此对其当事产生喜欢的情感态度。但如果撇开语境,只用一个单句,如 b,则画线部分并不能保证读为现实态,而很容易读为类指事态,特别是虚拟态,即,"喜欢"会读为"希望",这时整个小句就会读为控制结构。同样,(119)画线部分在现实态和虚拟态上有歧义:前者指对方已经在用一个带"海"字的名字,所以喜欢这个名字;后者指对方当前还未用该名字,而希望他取个带"海"字的名字。

组成预指结构时,"喜欢"不允许宾动词采取强动态、强殊指的形式。下面的句子不成立:

(120) *他在心里喜欢张民把无缝钢管弄成了一个到处是窟窿眼的草筛子。

"弄成了"指当下发生的事件,不能充当"喜欢"的宾动词。

相比预指结构,"喜欢"更容易组成控制结构,包含两个语义环节,一是表示对某种行为的一般态度,二是希望宾语事物采取某种行为。如:

(121) 我喜欢他们母子<u>住我们家</u>。
(122) 从心说她是喜欢儿子<u>买给她东西</u>。
(123) 玉音不喜欢你<u>去做那个鬼工作</u>,免得又惹祸。

例(121)指对"他们母子住我们家"的一般欢迎态度,但住的行为并未实际发生,是希望将来发生。(122)也是如此。(123)"去做那个鬼工作"只能读为将来时,主动词"喜欢"指"愿意、希望",即控制动词。需指出,上述句子的宾句也可以读为过去时,也就是,"喜欢"对宾动词的现实性缺乏强制的指派能力。

"喜欢"的宾语是类指形式时,无论补足语是阶段或个体谓词,整个小句都读为控制结构,不能读为预指结构。如:

(124) 家霆不喜欢<u>人</u>叫他"大少爷"。
(125) 他喜欢<u>人与人之间</u>的亲密交往牢固而大气。
(126) 他喜欢<u>什么东西</u>都称一称,量一量。
(127) 他总喜欢<u>他进入的房间</u>顶灯开得亮堂堂的。

画线部分都表示类指。以(124)为例,该句读为:家霆一般性地对"人叫他'大少爷'"持不欢迎的态度,并希望人们不要这样叫;而不能读为:因为"人叫他大少爷",所以"家霆不喜欢该人"。其他三句也是如此。

《汉语大词典》对"讨厌"解释为:"事情麻烦,令人心烦"(11卷,p.35),侧重殊指性及强现实性的特征,实际上,"讨厌"比"喜欢"更难接受强现实态。语义上,"讨厌"基本相当于"不喜欢",但类指性更强:要求宾动词是个体谓词,并且预指成分最好也表示类指。如:

(128) 他讨厌<u>病人</u>问长问短喋喋不休。
(129) 他最讨厌<u>样样东西</u>都用布罩着。
(130) 我最讨厌<u>一个人</u>在舞池上耍花样显本领。
(131) 她向来讨厌<u>别人</u>干涉他们之间的事。

在(128),宾动词"问长问短喋喋不休"指惯常行为,预指成分"病人"也是类指性的。(129)—(131)的主动词"最讨厌、向来讨厌"都是类指性的。预指成分也可以是定指成分,如"小王讨厌男友不讲卫生/每天游手好闲",但不如类指成分出现频率高。

下面句子的宾动词具有较强的阶段性,句子就不大自然:

(132) 平常时候,罗求知总讨厌这条弄堂既长而且吵闹。

(133) ？我讨厌他长着红润的皮肤。

例(132)要好一些,这是因为"讨厌"前面的量化副词"总"起了作用,主动词的全称量化同时也为宾动词授予全称量化的内涵。(133)就更难成立。

下面的句子来自翻译作品,宾动词是强动态性的,句子难以成立:

(134) ?? 他讨厌鲍尔太太没有给他铺桌布,只给他一小盘菜。

《现汉》对"欣赏"的解释是"认为好、喜欢",其实"欣赏"与"喜欢"在对宾动词阶段性的选择上有很大的分别。用为肯定形式时,"欣赏"一般不直接允准阶段谓词,而往往需要添加动力情态动词"敢、能"等;"能"是可选项,指一般能力,"敢"是必选项,指超常规的胆略。"欣赏"的否定形式却很容易接受阶段谓词,且宾动词不允许用"能、敢"。如:

(135) a. 挺欣赏香港电台的微博(能)这样表态。

　　　b. 不欣赏香港电台的微博(*能)这样表态。

(136) a. *我很欣赏刚才他对工头骂脏话。

　　　b. 我很欣赏他刚才敢对工头骂脏话。

　　　c. 我不欣赏刚才他(*敢)对工头骂脏话。

在宾动词上添加"能、敢",仍指强当下动作,但强调了"能力、胆量"的语法意义,即通过[例示]关系而提示类指性。主动词用为否定形式时,就同时也对宾动词做了全量否定,因此反而并不允许宾动词接受"能、敢"的操作。

"赏识"一般直接带名词宾语,如"董事长很赏识他",但也可以构成预指结构。"赏识"的语法意义很狭窄,功能容量小,专指对人"才能、胆略"的认同;语用上则限于上级对下级。只接受强个体谓词,而绝不接受阶段谓词:

(137) 淀粉厂负责人赏识他干活卖力,想让他去山东的总厂干。

(138) 老板赏识我头脑灵,让我兼做业务沟通代理商。

(139) 老板赏识他刚才*(敢)对工头骂脏话/香港电台的微博这样表态。

在情感动词中,对宾动词个体性要求最高的是"尊重、尊敬"。相比"尊重","尊敬"更强调对事物之个体性本身的认同,所以对宾动词个体性的限制更强,句式上也更少带宾动词。因为事因的个体性越强,就越难以编码为确定的动词短语,名词则指事物的全部存在,如"我尊重他"指对"他"的全部存在的认同。"爱他的一切"还带有很强的殊指性,而"尊重"就并不带这种宾语:"??尊重他的一切"。"尊重"的宾动词采取动词形式时,基本只限于带[意愿]义的行为,因为意愿是人作为主体存在的最典型标志。另外,"尊重"很欢迎宾动词采取指称化的形式,指对该行为本身的认同。"尊敬"则典型带系动词充当的宾句,因为系词指事物的全部本体存在。如:

(140) 中方尊重缅甸人民<u>根据本国国情选择自己的发展道路和内外政策</u>。
(141) 他的朋友们尊重<u>他的遁世行为</u>。
(142) 全世界的人民都尊敬他<u>为一个伟大的和平战士</u>。

例(140)宾动词所指事态已经现实存在,且暗示该行为是预指成分"缅甸人民"自主决定的。(141)宾动词采取指称化形式,天然是现实态。(142)宾动词是系动词"为",指现实存在的客观属性。

语义上,与普通情感动词相比,"尊重"并不指对事物对象的情感体验,而是指对其作为独立个体的身份的充分认同。这种认同也表现为对句法操作上话题化的关注。二者差异较大。

(三) 评价动词的言说性

评价动词与情感动词的区别主要体现在[言说]这个语义参数。如"称赞、批评、骂、祝贺、责怪"等,都指用言辞把评价内容向人公开表达出来,而情感动词如"喜欢、恨"等就不包含言说的要素。

言语行为分为两大类:面对面的直接对话、对象式的背后转述,前者是对言句,后者是转述句(详看张新华 2007c)。在评价动词中,对话性最强的是"谢谢",只允许用于对言句,很难用于转述句;"祝贺"则既可用于直接对话,也可进行背后陈述。如:

(143) a. 我是刘德华,谢谢大家来支持我们这部电影。[对言句]
　　　 b. *刘德华谢谢人们来支持他们那部电影。[转述句]
(144) a. 我是丽丽,祝贺你找到了意中人!　[对言句]
　　　 b. 丽丽祝贺他找到了意中人。　[转述句]

其他如"称赞、责怪"等都只能用为转述句,而不能构成对言句。也就是,这种动词指话主对某人行为方式的描述,其本人则并不如此认为:对本人而言,行为的直接表现形式只是"说";它们都指不能"明示"的言语行为。所谓"明示"即在小句表层直接编码,如"命令、请"是可明示的言语行为:"我命令/请你坐下";最典型不可明示的言语行为是"骗、奉承、拍马屁":*"我骗你买保险、我奉承你真帅"。"祝贺"主要就是用于对言句,甚至高度程序化,是典型的可明示言语行为;"称赞"有点接近"奉承",自然是不可明示的。如:

(145) a. 沈萍责怪他不关心儿女。
　　　 b. *沈萍:"我责怪你不关心儿女。"
(146) a. 总书记称赞曙光公司走出了一条高新科技成果产业化的成功路子。
　　　 b. *总书记:"我称赞你们走出了一条高新科技成果产业化的成功路子。"
(147) a. 她埋怨他怎么变得神经兮兮的。
　　　 b. *小李:"我埋怨你怎么变得神经兮兮的。"

疑问代词"如何、怎么"是转述句的典型标志,可采取重复形式,指对一些原初直接言说的语词——多是定语、状语、谓语,做笼统化的处理。这种功能的"如何、怎么"不能用于对言句,如:

(148) 他常称赞他的女朋友如何漂亮。
(149) 他们动辄就批评老干部如何如何,很少提到他们的优点和长处。
(150) 牧师太太奉承我二十来次,夸奖我的学生进步怎么怎么快。
(151) 王纬宇夸她怎么会别出心裁,琢磨出这样一个最最革命的行动。
(152) *我祝贺你找到了一个如何如何漂亮的意中人!
(153) 牧师太太:我祝贺你的学生进步这么/*怎么怎么快!

转述天然是一种事后的表达,这就造成间接性,间接性就造成概括性、语力性,因此评价动词并非典型叙实动词。这方面的语法现象非常丰富,下面做一专题考察。

(四)评价动词所引宾动词的概括性、主观性

与情感动词一样,不同评价动词对宾动词[±阶段性]的允准情况也有

分化。不同的是,评价动词在概括性、主观性的语义特征上更为显著。前文说过情感动词的主观性最强,这里则说评价动词的主观性更为显著,是指:后者直接被用为表示主观评价,即实现为一种常规性的语法功能;而前者的主观性还只属于一种词汇内涵,句式化程度不高。纯从组合关系看,多数评价动词都可允准强阶段性的宾动词,但这方面的实际用例很少,日常只有"责怪、埋怨、谢谢、祝贺"等少数几个动词较多引出这种宾句。如:

(154) 谢谢你<u>给我倒酒</u>。　　　(155) 他们责怪你<u>举起了镜子</u>。
(156) 她开始埋怨我<u>吃了她的饭</u>。

上述句中的宾动词都是完成体形式、外部视角,并非最典型的强事实;强事实的语义特征是强殊指性、动态性、时空当下性、内部视角,编码为强动态动词构成的进行体、延续体以及方式短语。各种评价动词都难以接受这种形式的宾动词,比较:

(157) a. ?? 谢谢你<u>在给我倒酒</u>。　/? 谢谢你小心翼翼地给我倒酒。
　　　b. 我看见他<u>在给我倒酒</u>。　　/我注视着他小心翼翼地给我倒酒。
(158) a. ?? 她开始埋怨我<u>在吃她的饭</u>。
　　　/?? 她开始埋怨我慢慢地吃着她的饭。
　　　b. 她看见我<u>在吃她的饭</u>。　　/她看着我慢慢地吃着她的饭。

纯从语义上说,"谢谢你小心翼翼地给我倒酒"似乎也可以成立,但在现实语境,这样说是很造作的。原因是,"谢谢"具有强烈的对话性,对话则是指示定位关系,这就造成外部视角,时间上就表现为时制范畴——时制的功能核心即指示,而非体貌范畴,因此不适合对动作本身做强内部视角的描述。"看见、注视、看着"都具有强直接感知的特征,与内部视角是内在一致的,所以欢迎宾动词做强殊指的描述。一般而言,情感动词、评价动词的基本功能都是[事后定性]、外部视角,即在确实能够肯定事情已经完成之后,对其做价值的认定,或形成一种立场、态度。在这一点上,日语与汉语具有相似的句法限制。虽然日语可构成预指结构的动词比汉语多得多,功能容量非常大,但同样排斥宾动词采取强阶段性的形式(Horn 2008)。

上述搭配限制也体现了主语-谓语及话题-评述间的一致关系。谓语动词的动态性、内部性越强,则其与所述主语的语义关系也就越密切,该名词的主语性就越强,话题性则弱,形式上也就越难以提取、出位。预指结构则天然要求宾主语是强话题性的,因此也就不允许宾动词采取强动态性、强殊指性的形式。Borkin(1984:63)有类似的发现:"相比指中性事实的补足语,补足语小句指属性时,该小句更容易被拆散,而其主语也更容易提升。"连起来看,叙实谓词对宾动词在[±阶段性]的选择关系上表现为如下连续统:

  强直接感知动词"注视着、看着",只允许宾动词采取强阶段谓词、强内部视角,排斥个体谓词;即,引出原初事件自身,所以是最典型的叙实动词。

  间接感知动词"看见、发现"等,对宾动词从强阶段性到强个体性上表现为宽广的接受范围;即,既可引出原初事件,也可引出笼统、类指事态,是不典型的叙实谓词。

  态度动词一般欢迎强个体谓词,而排斥强阶段动词;原初事件的存在极为模糊,叙实性最弱。

具体看,在评价动词组成的预指结构句,根据事因在小句表层编码的清晰度,宾动词概括为下面 4 种形式。

1. 对原初行为做价值认定。句法上,事因直接被编码为宾动词,评价关系出现在各种修饰语的位置。这种宾动词与第五章的"后悔"句大致平行。如:

(159) 他责备我洗碗重手重脚。　(160) 我责怪他不该有这样的想法。
(161) 我不能原谅我为什么就相信了小姨的话。
(162) 他好像在讥讽我们这些小人物竟敢闯入这个世界。

"洗碗、有、相信、闯入"指预指成分直接执行的物理行为,"重手重脚、不该、为什么、竟敢"指价值认定。由于保留了动词的形式,所以在上面的句子,原初事件较为清晰,相应地,整个句子的叙实性也就显著。

2. 完全撇开原初事件,而概括为一种抽象的性质:

(163) 保守派人士批评奥巴马想法幼稚。
(164) 过后我又责怪自己怎么那么傻。
(165) 她对胡爷爷说,长大了想当一名科学家。胡锦涛称赞她人小志气高。

例(165)前一小句明确陈述了原初事件,但在"称赞"句的宾动词中,却被抽象为"人小志气高",并且具有主观认定的特征,如(Chao 1968)所言,形容词天然带有断言的语力要素。

3. 原初事件用指称形式,宾动词指对原初行为的价值认定。可细分为两种形式,A. 原初行为用抽象名词的指称形式:

(166)……并称赞说<u>严俊的救人行为</u>是非常有勇气的行为。
(167)领导表扬<u>三组技术革新活动开展得好</u>。
(168)杨秋兴还批评<u>国民党的做法</u>实在很过分。
(169)总书记称赞<u>这个成绩来之不易</u>。

B. 用指示代词,较多用近指的"这":

(170)他称赞<u>这</u>是转变经济发展方式在企业的成功实践。
(171)有些网友称赞<u>这</u>是不拘一格录人才。
(172)当时也有人抱怨<u>这/那</u>是把常州的工厂给卖掉了。

上述句子仍然具有明确的叙实性,因为指称形式是能够确定地指出一个现实事态的,如(169)"这个成绩"明确指一种具体的做法。但由于该事态自身的存在方式未在本小句中加以具体描述,语义关系极为曲折、疏远,所以这种句子的叙实性是很弱的。相比较来说,情感动词就难以接受这种编码方式:

(173)*他讨厌国民党的做法很过分。　　*他佩服这个成绩来之不易。

评价动词指一般断言、判断的功能更为突显,情感动词则强调体验性。

4. 预指成分用普通名词,宾动词用系词短语。句子表示,主句主语基于对具体事因的了解,而对其执行者进行归类。在这种句子,评价动词的语法功能就接近普通判断动词,类似"视之为、认为",叙实性极弱。如:

(174)她还表扬德国队是<u>一支冷静、整体战斗力强的球队</u>。
(175)历史学家们责备柏杨<u>不是行家硬充行家</u>。
(176)他称赞其<u>为模范丈夫典范</u>。
(177)数学老师挖苦班上女生<u>活像拿着一年级课本永远读不完的女苕</u>。

语义上,上述句子的宾动词对原初事件仍然有所提示,如"德国队是一支冷静、整体战斗力强的球队"指向语境中(即当时的球场)的某种具体作为,主句主语正是根据这些实际行为而得出宾动词的认定的。其他句子也是如此。如果直接用判断动词"认为、视之为",如:"她认为德国队是一支冷静、整体战斗力强的球队。"句子就纯粹指主观判断,完全不具备叙实的特征。

从另一个角度看,对话性也是评价动词形成强叙实性的一个动因。原因是,对话天然发生在当下时空域,这就造成,主动词所指的评价行为,是直接基于当时所看到的原初事件而做出的。情感动词就缺乏这层语义关系。如"她赏识德国队是一支冷静的球队"指对"是一支冷静的球队"的直接认定,"表扬"则指基于当时的具体行为而进行评价。

七、本节结论

预指结构是一种广泛存在于希腊语、日语等很多语言中的句式,基本特征是宾主语话题化,且提升至主句宾语的位置。在这些语言中,可构成预指结构的主动词范围很大,不需要主动词以自身词义内涵而对预指成分实现关注。汉语则不然,只有情感动词、评价动词可以组成预指结构,二者在词义上都有对事物对象做意向性关注的能力,这就使之话题化,并且,主动词还蕴涵一个事因的要素,所以自然会引出一个表示评述的宾动词。评价动词与情感动词的一个重要区别是,前者带有[言说]的语义要素,这就使其在主观性、断言性上更为显著,并形成对话性的句法特征。

反过来,通过预指结构,还可以对话题的功能原理有一般性的启发,即,一个名词短语的话题身份并不是天然存在的,而总是需要通过某种具体的语义操作,才能被明确设置为话题。各种话题标记的功能,也就是指确立话题的具体方式;如,最一般的语义操作是言说动词,即通过言说行为而把一个名词提取出来,确立为话题,如"说到、提到"等。另外,直接通过强限定的指称形式,也可使一个事物话题化,因为强限定也就是强关注,从而就使该事物从整个事件中突显出来。话题的功能核心即指话主对事物对象的特别关注,并以该事物为立足点而统领整个事件;事件中除话题事物外的其余成分,对话题就构成述谓关系。如果动词后名词的限定性显著超过主语,就形成倒话题结构。

预指结构在大类上与主谓小句作宾句最接近,重要的区别有两点。一是,前者的宾主语具有显著的话题性,相对于宾动词明显出位,所以宾句部分被分化为两个信息单元;而在小句作宾句,主谓小句整体构成一个信息单位,宾主语未被提取、话题化。二是,在预指结构中,不同主动词对宾动词指原初事件的程度可以有很大的偏离,但该事态作为一个深层的语义核心,总是明确存在。而在主谓小句作宾句,主动词对宾句在模态上没有现实性的限制。

形式上,预指结构与兼语结构也很相近:预指成分既做主动词的宾语,又做宾动词的主语。但这是非常表面性的,实际上,两种句式无论在事件结构还是信息结构都没有多少相同点。语义上,兼语式是一种控制结构,表示兼语成分在V1动作的控制下,发出V2的动作。预指结构则指[事实]与[价值]的关系。兼语成分之所以身兼二职,关键动因是语义,即,论元角色上同时是V1的受事和V2的施事。预指成分之所以身兼二职,动因是语义与语用的叠加,即,语义上是主动词的受事,但语用上则是宾动词的话题,并且前者构成后者的根据,就是,正是通过主动词自身的词汇内涵,才把宾主语提取出来,从而话题化。

预指结构、兼语式、主谓小句作宾句的相关与分别,对认识汉语句式的一般原理,在方法论也有所启发:汉语语法具有语义取向性,句式的实质是对事物特定存在方式(即事件)的编码。如果没有这个出发点,而单纯从形式上分析,那么,对 V1-N-V2 这样的语符列,是很难得出确切的句式概括的。

第二节　情感形容词向情感动词的演化

无论从范畴性质还是从历史角度来看,情感形容词都是先发、初始性的,情感动词则是后起、派生性的。二者之间的关系与直接感知动词和抽象认知动词颇为相似,如情感形容词"感伤"指由于对外部环境的直接感受,而当下形成一种情绪状态,情感动词"欣赏"则兼有认知动词的功能。连起来看,躯体感受形容词、情感形容词、情感动词、认知动词,四者构成一个连续统。情感形容词的基本特征是综合性、连续性,指一种整体性的直接体验、感受状态,不容易对外物形成及物关系。情感动词的基本特征是分析性、离散性,侧重于指认知、评价,体验性大为减弱,指情感的典型性也就减弱,容易明确指向事物对象,形成及物关系。

语法成分的分析性越强,在共时层面的句式中的地位就越高,在历时演化上也就越是后起的。逻辑的即历史的,共时维度(即逻辑的、本质的)是历时维度的静态浓缩,历时维度是共时维度的动态展开。本节和下一节的着眼点都是历时维度。逻辑上看,情感形容词的演化分为下面4个阶段:

1. 事因采取主谓小句形式,整体充当宾语。这时情感形容词表现为典型的形容词性。

2. 事因采取"NP 之 VP"的形式。这时情感形容词就开始获得动词的功能,因为"NP 之 VP"中的 NP 是高度话题化的,就容易控制为情感形容词的宾语。

3. 情感形容词带 NP 对象宾语(不包括使动、意动用法),单独构成动宾短语;并进而引出事因小句,即组成预指结构。这时情感形容词就演化为成熟的情感动词。

4. 主句主语省略,主动词虚化为话题标记,宾句上升为语篇前景信息。

以上次序是从原理上说的,但在汉语史中,上述第一种形式广泛使用的时间还要晚于第二种形式。原因应该是上古汉语"NP 之 VP"句式高度发达,所以很容易直接进入情感形容词的宾语位置。

一、带主谓小句宾语

相比"NP 之 VP",带主谓小句宾语应视为情感形容词谓宾功能的基础形式。这是从逻辑上说的,因为主谓小句作宾语是综合性的,即整体作为一个信息单位,充当内容宾语,而"NP 之 VP"宾语是分析性的,NP 被提取。来源上,"NP 之 VP"恰恰就是基于常规主谓小句做话题化的提升而形成的。情感形容词带完整主谓小句宾语时,体验性很强,认知特征不显著。在我们检索的范围内,上古汉语文献未发现这种用例。较早是出现在战国晚期,如(下面对括注中的文献不逐一加书名号):

(1) 晏子曰:"吾叹也,哀吾君不免于难;吾笑也,喜吾自得也,吾亦无死矣。"(晏子春秋)

(2) 楚、秦构难,三晋怒齐不与己也,必东攻齐。(战国策·齐一)

(3) 痛父母倾殁,心摧骨惊;恨兄嫂先亡,气殚伤断。(唐代墓志汇编续集)

总体看,情感形容词带主谓小句宾语的用法在上古汉语时期很不发达,实际用例一直不多。到唐代才较为常见。下面是"喜"的用例:

(4) 已喜皇威清海岱,常思仙仗过崆峒。(杜甫·洗兵马)

(5) 喜马参军相遇醉歌。(陈子昂诗题)

(6) 祗役骆口驿,喜萧侍御书至,兼睹新诗。(白居易诗题)

"悲":

(7) 时二月,子鹃鸟鸣,故蜀人悲子鹃鸟鸣也。(常璩·华阳国志)

(8) 弹剑徒激昂,出门悲路穷。(李白·赠从兄襄阳少府皓)

(9) 已悲素质随时染,裂下鸣机色相射。(杜甫·白丝行)

模态上,上述宾语小句都指现实事态。如(2)"齐不与己"所指事件已经实际发生;(7)"子鹃鸟鸣"指类指事态,弱现实性。

上述句子不是预指结构,即,宾句的主语没有被话题化并提升到主动词的宾语位置。原因是,宾主语后不停顿,并且不允许停顿。这在诗词中可以证明,诗词的格律是很明确的,像上面的(9),"已悲"后可以有小的停顿,但不会"已悲素质"连在一起,然后停顿。(4)"已喜皇威清海岱",表示"皇威清海岱"这个事件整体,引起"喜"的感受,"皇威"不是被特别提取、关注的事物,即,没有被话题化。

二、带"NP 之 VP"宾语

在上古汉语,情感形容词常带"NP 之 VP"宾语。这是个重要的句法环境,直接导致其演化为话题标记。学界对"NP 之 VP"已有广泛讨论,但仍存争议,由于该句法现象与本文有很大的相关性,这里对其性质略作解释。学界的观点概括为以下四方面:

1. 语力上,"NP 之 VP"不能独立成句。这一点马建忠(1898)已明确指出:"有'之'者,必读也,非句也",后来吕叔湘(1942)、王力(1962)等都予以认同。当然,不少学者(如宋祚胤 1964,刘宋川、刘子瑜 2006,梁银峰 2010等)提出,"NP 之 VP"也有独立成句的用法。但这是有标记的,一方面需特定语境的支持,另一方面比例不大。句法上,"NP 之 VP"多做宾语、主语,其次是状语。

2. 信息特征上,"NP 之 VP"指已知信息。如洪波(2010),沈家煊、完权(2009)。魏培泉(2000)认为"NP 之 VP"与"示证性"有关,一般用于指主句主语非实际经验的事件,对应的"NP-VP"句则指亲自经历的事件。不过如魏文所指出的,该规律只是个大致倾向,普遍性并不高。李强(2017)认为,"NP 之 VP"结构"包含话题性,'之'前主语、'之'后谓语以及整个结构都可以被当作话题"。

3. 关于"之"的性质,学者争议很大,本文认同结构助词的观点。来源上,"之"的前身是指示代词,在"NP 之 VP"中仍然残存指示的意义。这一点宋祚胤(1964)即已指出,Simpson & Wu(2002)、张敏(2003)又做了深入阐述。

4. 时间上,"NP 之 VP"的活跃时期是战国到西汉,东汉以后逐渐消失(王洪君 1987,大西克也 1994,魏培泉 2000,刘宋川、刘子瑜 2006)。

本文认为,"NP 之 VP"的特征可概括为三点:1. 整体的非根句性,2. NP 的话题性,3. VP 的焦点性。上述李强(2017)认为"NP 之 VP"存在三种话题现象,我们认为,三者确实都可出现,但它们并不是同一个层面的问题:"之"前 NP 主语的话题化是关键,后两者都是由此派生而来的。

NP 话题化是 VP 焦点化的副产品。形态上,"之"可视为名词化的标记,跨语言看,名词化形式往往带有焦点功能(Gerner 2012 等)。"之"也是如此,它本是指示代词,功能是对 VP 加以焦点化,"NP 之 VP"类似现代汉语的"房间这乱啊、你这一走"(张敏 2003)。之所以 VP 焦点化会带来 NP 的话题化,是因为谓语部分的语力性与主语的话题性,二者是内在呼应、同步发生的语法现象。即对谓语做强化表达,就使之构成一个相对独立的语力及信息表达的单元,所以这个句法操作的自然副产品,就是主语部分被分离出来,构成另一个相对独立的语力单位。VP 焦点化与 NP 话题化之间伴生关系的一个证据是:NP 的定指限制,定指是话题的基本特征。同样,"房间这乱啊"中的光杆名词"房间"一定表示定指,而排斥无定,如"一个房间这乱啊、一个人这一走"都不成立。

"NP 之 VP"中 VP 的指称化也来自"之"的焦点化操作,因为焦点化与名词化是具有内在相关性的。焦点的功能就是对外界事物加以特别的聚焦、关注,在这里,陈述和指称的分别只在于:前者是次第扫描,关注内部展开过程;后者是整体扫描,视为一个单一的个体。指示代词是天然适合执行这种功能的,因为指示就是指人对外界事物面对面的直接关注。所以不光是"之",其他指示代词也有此功能,如"是"也兼有名词性和形容词性两种用法。可以说,在初期,这两种功能在指示代词身上尚未明确分别。"之"既可读为"这样",做状语,也可读为"这个/种",做定语。如"房间这乱啊","这乱"既可做指称解读,也可做陈述解读。"是"亦如此,如"临冲茀茀,崇墉仡仡。是伐是肆,是绝是忽,四方以无拂。"(诗经·皇矣)"是"同时可读为"这样、这种","伐、肆、绝、忽"同时可读为陈述和指称。

"NP 之 VP"多用于表示指称,这只是它在后来的演化过程中,在指称和陈述之间逐渐做了一种选择。由于"NP之VP"整体指称化,且是限定性的,自然也就容易充当话题了。但"NP之VP"也一直保持独立成句的用法,且具有强烈的感叹性,这应该就是它并未完全放弃陈述功能的一个体现,如:"狂童之狂也且!"

很多学者指出,相比"NP-VP","NP之VP"具有"议论性"。"议论"的内涵较为笼统,具体应该是强调VP所述事件的"意义、重要性"。一般规律是,行为的重要性总是相对于另一个事件而言的。如"房间这乱啊",既然强调"乱"的意义,就自然蕴涵"你是怎么在这住的、真该好好打扫一下"之类的伴随小句。下面"NP之VP"做状语、宾语的例子也显示了这个规律:

(10) a. <u>惠公之在梁也</u>,梁伯妻之。(左传·僖公十七年)

　　b. 初,<u>惠公亡在梁</u>,梁伯以其女妻之。(史记·晋世家)

(11) a. <u>鲜虞人闻晋师之悉起也</u>,而不警边,且不修备。(左传·昭公十三年)

　　b. 对曰:"吉。<u>寡君闻君将治兵于敝邑</u>,卜之以守龟,曰……"(左传·昭公五年)

例(10)a"NP之VP"做状语,强调"惠公之在梁"这件事的重要性,由此引发"梁伯妻之"的行为;b采取"NP-VP"形式,就表现为客观陈述。(11)主动词都是"闻",a句宾语用"NP之VP",意在突出"晋师悉起"这件事的重要性,所以后文接着说"而不警边"之类;b用"NP-VP",是客观陈述,并不突出它有什么特别的意义。情况很可能就是,随着"之"的高度虚化,后来人们对它的强调功能逐渐失去心理现实性,所以导致"NP之VP"失去本来的表达价值,因而衰落。

上古汉语的话题突显性比现代汉语更强,这不但表现在主句的句首位置,也表现在宾语小句的句首位置。而在上古汉语时期,"NP之VP"早已高度发达、常用。这就造成:逻辑上,应该是情感形容词带主谓小句在前,然后对宾句中的主语加以话题化,因而形成预指结构;实际现象却是,上古时期,从句(包括主、宾语位置)的主语话题化本来就有一个常用的现成构式,该构式自然就会直接与情感形容词组成预指结构。这种错位并不奇怪,因为自然语言的历史是漫长的,在特定的时代,不同领域的语法现象会独立发生,而又与另一个领域的现象形成交叉,因此就特定的语法现象而言,其语法化的实际历史顺序,并不一定与本质功能演化的逻辑次序相一致。

情感形容词带"NP 之 VP"的用法,在《诗经》即已大量出现:

(12) 夭之沃沃,乐子之无知/家/室。(诗经·桧风·隰有苌楚)

学者多把句中"乐"直接译为"羡慕",即情感动词。我们认为这是意译,"乐"仍指"在×中体验到快乐"或"由于×而快乐、高兴",即画线部分表示一种移情体验,读为:"之无知/家/室,多快乐"。后来,随着由指对快乐的体验,改变为对快乐主体的聚焦,并希望自己也如此,"乐"才形成"羡慕"的读法。实际上,在"羡慕"义之前,是先形成"喜欢"的用法,"喜欢"比"羡慕"体验性更强,由于与之在一起感到快乐,所以自然就愿意与之在一起,如"所乐而玩者,爻之辞也"(易·系辞上)。《诗经》中"乐"一般是指快乐,如"于胥乐兮""今我不乐,日月其除""乐土、乐国";未发现其他读为"羡慕"的用例。

情感形容词带"NP 之 VP"宾语的用法在《楚辞》中十分发达。屈原本人的作品是模板,显示了当时的用法;后来,出现大量模仿骚体的用例(远游、九辩、惜誓、七谏),则显示该句式逐渐被普遍认同。具体词项非常丰富,如"悲、哀、伤、惜、恨、悼、乐、痛、苦"等,下面略举四例:

(13) 悲霜雪之俱下兮,听潮水之相击。(九章·悲回风)
(14) 何独乐斯之謇謇兮?愿荪美之可完。(九章·抽思)
(15) 余既不难夫离别兮,伤灵修之数化。(离骚)
(16) 痛忠言之逆耳兮,恨申子之沈江。(七谏)

在(13)、(14)相对的句子中,"听、愿"是认知动词,它们更容易带话题性的"NP 之 VP","悲、乐"句与之处于对偶格局中,自然也就容易通过类推而组成平行的构式。模态上,VP 指现实事件,情状上则既可是强殊指性的,如"霜雪之俱下、申子之沈江";也可以是类指性的,如"忠言之逆耳",且表现为例示关系。

通过"之"对主谓小句的切分,"NP 之 VP"中 NP 的话题性、VP 的焦点性都得到强化。以(13)为例,句子既表示对"霜雪"这个事物本身的特别关注,同时也强调"俱下"这个状态具有高度的情感价值。VP 指引起情绪反应的刺激因素,NP 则指该刺激因素的物质载体,由行为而追溯施事、当事,这是情绪引发感知关注的基本事件结构,也就构成情感形容词的事因补足语话题化的具体语义机制。可以对照,若不加入"之",则主语的话题性就难以突显,如"悲霜雪俱下"只表示对"霜雪俱下"事态的整体感受,并不特别关注其中的"霜雪"。

情感形容词带"NP 之 VP"的用法后世沿用很久，主要出现在诗歌及公文等文体，偶尔也在口语中使用。如：

(17) 光武皇帝愠数世之失权,忿疆臣之窃命。(后汉书・仲长统传)

(18) 武成本愆其儒缓,由是弥嫌之。(北齐书・卷三十一)

(19) 欢柏梁之有赋,恨相如之异时。(艺文类聚・全梁文・静思堂秋竹应诏)

(20) 阿里虎怒三娘之泄其隐也,榜杀之。(醒世恒言・第二十三卷)

《醒世恒言》是明代的作品,与"NP 之 VP"格式消失的时间甚远,但仍在使用,可见一个句式生命力之强大。

在古汉语,情感形容词还常组成"自＋情感形容词＋VP"的句式,可视为预指结构的变体。在"自 VP"组合中,"自"有自主和反身两种用法。前者是副词,如"君子以自强不息";后者是代词,如:"君曰:'斩郑,无使自杀!'"(国语・晋语三)在反身用法中,"自"形式上是 VP 的状语,语义上却是其宾语。"自＋情感形容词＋VP"中的"自"是反身用法,语义上等于"情感形容词＋自己＋ VP"。"自＋情感形容词"同时有焦点化和话题化的作用,即,焦点性的话题。也就是,情感形容词自由接受"自"的修饰,且后带另一个 VP,这个用法也是其预指功能很强大的体现。如：

(21) 临菑侯植自伤失先帝意,亦怨激而哭。(三国志・卷十六 魏书十六)

(22) 景骏谓之曰:"吾少孤,每见人养亲,自痛终天无分。"(大唐新语)

(23) 我想黑虎死后,老夫自苦膝下无儿。(说呼全传・第十三回)

(24) 沈将仕自喜身入仙宫,志得意满,采色随手得胜。(二刻拍案惊奇・卷八)

"自伤失先帝意"读为"伤心自己失先帝意","自"是"伤"的宾语,后面的"失先帝意"又是"自"的谓语。他句同此。"自＋情感形容词＋VP"句式在现代汉语已失去生命力,这与预指结构在现代汉语整体退化是一致的。

三、带 NP 宾语

情感形容词指一种强烈激动性的内心真切体验,带 NP 宾语时,语义上就会逐渐发生由[感受性]、[短时性],到[认知性]、[长时性]的改变,这就形成情感动词的用法。情绪对事因的反应是直观、当前的,表现为直接的感性冲动;情感对事因的认识是间接、事后的,表现为一般性的评价、态度,理性特征显著。如"他心里很欢喜"指他的当下感受,内心激动性是很强烈的;事因就在当前,直观即知,体验与事因是同步存在的。"他很欢喜她"指对她的一般态度,当下并没有强烈的内心感受;事因不在当前,通过多方面的概括了解才能获知。在动宾结构中,情绪的语法意义概括为两种:移情共鸣、责任追究。

(一) 移情共鸣

指主体设想对方在某种情景下会具有某种情绪体验,并自己也同样感受着。这类情感形容词有"哀、悲、痛、欢、乐、喜"等。下面是"哀"的形容词用法,还没开始带宾语,代表了其原初功能:

(25) 允蠢鳏寡,<u>哀</u>哉!(尚书·大诰)

(26) <u>哀哀</u>父母!生我劬劳。(诗经·小雅·蓼莪)

例(25)"哀"的对象是"鳏寡",而不是话主本人。"哀哉!"是情感形容词构成感叹句,是其强烈直接感受性的体现,这与现代汉语的句法完全相同(参看第五章第一节)。下面句中的"哀"就开始用为动词,构成动宾短语:

(27) 呜呼!天亦<u>哀</u>于四方民,其眷命用懋,王其疾敬德。(尚书·召诰)

(28) 君若惠顾诸侯,<u>矜哀</u>寡人,而赐之盟,则寡人之愿也。(左传·成公十三年)

(29) 身行死伤家,临户而<u>悲哀</u>之。(墨子·号令)

(30) 寡人夜者闻西方有男子哭者,声甚<u>哀</u>,……寡人<u>哀</u>之。(晏子春秋·外篇上十一)

例(27)"哀"指对"四方民"的移情感受,不过后面用介词"于"引出,所以还不是典型的动宾关系。(28)、(29)"矜哀、悲哀"是松散的组合,并非复合词,但可连用而带宾语,表明这种功能在当时已经非常普遍。(30)前一"哀"用为谓语,是形容词,后一"哀"带宾语"之",就用为动词,表示与之同哀。

"悲":

(31) a. 未几亦卒,闻者<u>悲</u>之。(冷庐杂识)

b. 景公游于寿宫,睹长年负薪者,而有饥色。公<u>悲</u>之,喟然叹

曰……（晏子春秋）

（32）嗟乎！我悲人之自丧者，吾又悲夫悲人者。（庄子·杂篇·徐无鬼）

（33）皇天平分四时兮，窃独悲此廪秋。（九辩）

例(31)a"卒"指当下发生的事件，这样，"悲"也就指随该事件而即刻发生的情感体验，"悲"指"为他伤心"，同情义不典型；b事因"长年负薪者，而有饥色"时间性很弱，这样，"悲"指同情也就显著。"伤心"是强感受性的，"同情"则指一种理性的态度。情感的当下体验性越强，则认知性越差。(32)、(33)"悲"的宾语带代词"夫、此"，限定性很强，也就意味着对宾语事物的理性关注度很高，认知特征显著。

"喜欢"是现代汉语常用的一个情感动词，而它本来也是典型的形容词，后来才演化为动词。起初只用一个"喜"字，下面是形容词用法：

（34）乃歌曰："股肱喜哉，元首起哉，百工熙哉。"（尚书·益稷）

（35）既见君子，我心则喜。（诗经·小雅·菁菁者莪）

（36）王使周公召郑伯，曰："吾抚女以从楚，辅之以晋，可以少安。"郑伯喜于王命，而惧其不朝于齐也，故逃归不盟。（左传·僖公五年）

例(36)"王命"回指前文画线部分，"喜"指由于当前的特定有利事件而形成快乐体验。

汉语史上，单个"喜"字用为动词，指喜欢、喜爱，出现频率很高，持续时间很长：

（37）渠少年亦不喜释老$_i$，晚年大喜ϕ_i。（朱子语类）

（38）以此妇人喜他，常叫他入房，赏酒与他吃。（金瓶梅·第十二回）

（39）玄宗虽极爱李白，却因宫中不喜他，遂不召他内宴。（贵妃艳史演义·第十二章）

到明清时期，"喜"指喜欢、喜爱的功能大受限制。表现在：1. 当时指喜爱义的情感动词主要用"喜欢"；2. "喜"指喜爱时越来越限于用在否定句，这个功能特点在笔者方言(邢台)仍然存在。

汉语史上，指[高兴]义的情感形容词非常多，如"欢、乐、悦、欢喜、喜欢"，它们也都由形容词而发展出动词的用法。下面是"欢、乐"的例子：

（40）工乎取，鄙乎予；欢乎新，慢乎故；吝乎财，薄乎施。（晏子春秋）

(41) 曲水中妓朱福有时名,……托云礼白岳,为所欢之妇率群婢痛殴逃归。(万历野获编·第二十六卷)

(42) a. 王定国素为冯当世所知,而荆公绝不乐之。(老学庵笔记·卷四)
    b. 余答以:"得与太后俱,甚乐之。"(中华野史全集·清宫禁二年记)

例(42)a"乐"是动词,指对"王定国"的喜欢、好感;b"乐"是形容词,所谓意动用法,指由于"得与太后俱"这件事而感到高兴、快乐。"快乐"与"喜欢"在瞬时性上的分别很明显:前者是长时性的,后者是瞬时性的。

下面是"悦",(43)是形容词用法,(44)、(45)是动词用法:

(43) 士蒍以告,公悦,乃伐翟柤。(国语·晋语一)

(44) 陈良,楚产也;悦周公、仲尼之道,北学于中国。(孟子·滕文公上)

(45) 既而至一山,峰崿耸秀,林树繁密,意甚悦之。(宋书·列传·卷四十二)

与"喜"的演变过程相同,"喜欢"早期也是形容词,指高兴、快乐,后来通过带宾语而演化为动词。"喜欢"一词在东汉才出现,长期以来是形容词,指高兴,如:

(46) 知其安危问养,视其复闻小善言,心为之喜欢,是孝之所致也。(太平经·一百一十四)

(47) (刘邠)与辂相见,意甚喜欢。(三国志·裴松之注)

元明开始用为动词,指喜爱:

(48) 若在人前面,不肯出力,便到处不得人意,还想谁喜欢他呢。(老乞大新释)

(49) 你恼那个人也不知,喜欢那个人也不知,显不出来。(金瓶梅·第四十六回)

同时,"喜欢"也一直保持形容词的功能,指"高兴":

(50) 况且我父亲身子也很好,母亲也见着儿子了,这正该喜欢才是。(儿女英雄传·第十二回)

(51) 赵堂官听了,心里喜欢,说:……(红楼梦·第一百零五回)

复合词"喜欢"、"欢喜"都是由于双音化而出现的,二者在早期使用频率不相上下,演化路径也大致相似。下面(52)"欢喜"是形容词,指高兴;(53)、

(55)是动词,指喜爱：

(52) 三者有急时,于人前愁苦,背后欢喜。(尸迦罗越六方礼经)

(53) 住了半月之间,满营里没一个不欢喜他。(水浒全传·第三十七回)

(54) 又半痴不癫的惯与丫环们打诨,所以上下都欢喜他。(喻世明言·第一卷)

(55) 那女房东便说:"你欢喜他,何不收他做个干儿子呢?"那老婆子不胜欢喜,便看了黄道吉日。(二十年目睹之怪现状)

例(55)前一"欢喜"指喜爱,后一"欢喜"指高兴,两种功能同时存在。可见,现代汉语普通话选择"喜欢"用为情感动词,而没有选"欢喜",这纯粹是一种偶然。

(二) 责任追究

指由某种不当行为而追溯其执行者,并对其形成敌意。与移情相比,责任追究所包含的意向行为具有更强的实体聚焦性,因此更容易直接带名词宾语。这类情感形容词主要是"怒、恨、怨、憾"等,语义上侧重于向外发泄。这里以"怒"类为例略作考察。该类词项很多,如"恚、恚、恼、气"等。

(56) 孔某乃恚,怒于景公与晏子。(墨子·非儒)

(57) 忿怒其臣妾,犹用刑罚于万民也。(荀子·大略)

(58) 今有不才之子,父母怒之弗为改。(韩非子·五蠹)

(59) 上尝怒一宫嫔久之,既而复召。(太平广记·卷第一百七十四)

(60) 岂有获鹿之后,怨同猎之徒,问争肉之罪也。(大唐新语·卷二)

(61) 太子惭,由是心恚通。(前汉纪·孝文皇帝纪·上卷)

(62) "周兄,我可是用计,千万可别恼我呀!"(续小五义·第三十二回)

(63) "你说可气不可气?"红玉道:"也不犯着气他们。"(红楼梦·第二十六回)

例(62)、(63)口语性很强,且"恼、气"都带代词宾语,与名词相比,代词的限定性、话题性更强。语义上,"恼我"无须曲折地读为"因为我而恼",而直接读为普通动宾即可。一些工具书对"怒"带宾语时释为"谴责",其实这种解读有点过度引申。(58)"怒"可读为"谴责",但直接读为"气愤"似乎更合适。总体看,"怒"在汉语史上未形成稳定的"谴责"义。与"喜"类不同,"怒"类形

295

容词带宾语而形成情感动词用法时,词义一般并不发生明显的改变。如(61)"恚通"持续时间较长,但仍指持续性的愤怒,而不指一般性的态度。

语义上,情感谓词带名词宾语时,深层仍是一个隐藏的小句,即,"情感谓词+NP"的结构形式与预指结构在深层是相通的,如(58)指"怒之不才"。

下面讨论一个动词"叹"。它本身即动词,并非由形容词演化而来。"叹"的基本功能是不及物动词,但常组成预指结构,对提示情感形容词演变为动词并构成预指结构的功能原理,是有范例意义的。"叹"的情绪根据既可是悲伤的,如"有女仳离,嘅其叹矣"(诗经·王风·中谷有蓷);也可以是高兴的,如"每有良朋,况也永叹"(诗经·小雅·常棣);还可以是中性的深思,如"我思肥泉,兹之永叹"(诗经·邶风·泉水)。《诗经》中"叹"出现 11 次,都直接充当谓语,没有带宾语的用法,表明它是典型的不及物动词。

"叹"组成预指结构的认知过程是:由指因情绪冲动而呼气,到明确聚焦引起该情绪的事物,进而指出该事物之所以引起自己情绪冲动的具体行为。《礼记·礼运》出现"叹"带名词宾语的用法,体现了"叹"对事物对象的明确关注。如:

(64) 昔者仲尼……喟然而叹。仲尼之叹,盖叹鲁也。

前两个"叹"是普通不及物动词,指因忧痛而呼气;后一"叹"用为及物动词,明确聚焦引起忧痛情绪的事物对象。这种语境即第五章所述不典型重动句:前面的情感谓词表示直接体验性,后面的谓词带宾语,指出具体原因。带宾语时,"叹"指情绪体验及物理呼气的语义内涵大为减弱,指对事物之行为有所了解的内涵则大为增强:"叹鲁"强调由于认识到"鲁"的某种作为,而引起负面评价,即,在"叹鲁"的表层动宾结构中,宾语实际是个隐藏的小句。

"叹"常组成预指结构,即在小句表层,把引起主句主语慨叹的事因明确指出来;宾语名词(即预指成分)后一般停顿,特别是当事因小句形式上较重时。如:

(65) 相如作文迟,弥时而后成,上每叹其工妙。(汉武故事)

(66) 昔有众坐于屋中,叹一外人德行殊好,唯有二过……(百喻经)

(67) 离垢施女问邠耨曰:"佛叹贤者,讲法最尊。"(佛说离垢施女经)

(68) 我叹妇人女子,任凭怎么聪明才干,总离不了"信鬼神"三个字。

(二十年目睹之怪现状·第二十五回)

例(66)"叹"的宾句是话题链结构,预指成分"一外人"并非不定指,而是特指。(68)"妇人女子"后加以停顿,其后的说明部分则是个复句,形式上很重,指语篇前景信息,这样,"我叹"这个主句部分的表达功能就被削弱,很容易发生虚化。

(三)情感事件的语法——情感动词的论元关系与信息结构

语义关系上,较之普通动宾结构中的受事、客事、处所等论元,上述句子的宾语有些独特之处。一般讨论的论元角色基本是以物理行为动词为根据而提出的,学界关于心理动词论元的概括主要是"验事"和"刺激因素",后者并不能准确刻画本小节讨论的情感谓词的宾语。如(30)"寡人哀之"指与他一样哀伤,这是首先移情式地理解他的情绪状态,并推及该情绪状态的事因,然后跟他形成共鸣。无论小句表层是否编码,情感谓词总是另外携带一个专门的事因成分,后者才典型指刺激因素。但也不能由此就说情感谓词是三元谓词,因为指事物对象的刺激因素和事因,并非两个各自独立的事物,而是后者对前者构成陈述关系。一般说的论元是名词性的,事因则是典型的常规述谓成分,没有发生任何指称化——这也是不能把情感谓词句分析为双宾结构的一个原因。

论元的实质在于事件结构,即,谓词所指事件往往涵盖多个语义环节,每个环节分别刻画事物的特定存在方式,后者就表现为功能角色。学界关于论元研究的一个重要理论是把事件分解为更为初始的语义环节,如[做]act/do、[致使]cause、[变得]become、[处于]be/stay、[使让]let等。这种分析的特点是高度概括性,功能上是轻动词性质的。概括的优势是可以涵盖各种不同的语言现象,不足则是难以顾及具体语法事实中的独特内涵。情感动词的核心特征是指情绪体验和心理认知,内在包含众多语义环节,但难以归入常规物理动词的论元模式。

情感谓词所指事件包含情绪和认知两个维度。从情绪的维度看,情感的主体是情感状态的直接体验者,称为验事;情感的对象是引起情感体验并对之形成强烈关注的事物,称为感事;由某种行为而对感事形成情感体验,即事因。对指物理行为的及物动词而言,受事对动作主要表现为被动性、承受性,基本上没有什么主动性。情感动词句则不然,表面上,似乎验事是主动性的,实际上,感事倒具有更多的决定性,验事反而是承受性的,即,是感事的属性、行为造成验事形成了某种情绪体验,所以在情感事件中往往会说不能自拔。如"悦周公之道",是"周公之道"的内在品质,使人不得不"悦"。

情感动词一般可采取"让/使人"这样的致使形式,如"我太喜欢他了",实际是"他太让人/我喜欢了";还可以采取被动式的编码,如(46)"心为之喜欢"。

情绪体验是内容性、算域性的,认知行为则是功能性、形式性、算子性的。从认知的维度看,情感事件内在指向表达结构。原因是,在情感事件中,认知的主体最终只能是话主,情感是最私人性的,对他人情感事件的描述,最终要由话主通过移情式体验,才能获知。情感所指认知行为的话主指向性,就为情感动词的参与者带来限定性的语义要素。借鉴现象学的一个称谓,情感动词对事物携带情绪体验的关涉,可称"意向性关注",这种关注内在是强话题性的。情感行为一方面是把某事物视为引起主体情感体验的触媒,另一方面也同时把该事物设置为认知的对象,而关注其所具备的物理属性、所发起的动作行为,即加以追根溯源的责任追究,这就表现为话题-评述关系。因此,指称特征上,一般物理动词的宾语是无定多于限定,而情感动词的宾语却恰恰只允许定指成分,而排斥无定成分,因为不可能对一个不知道的事物形成情绪体验;情感事件预设一个认识事件,先有认识,后有情感。可以看到,该宾语典型就是人称代词、指示代词、专名等,或由它们做定语构成的名词短语。

情感属于人这种动物的一种高级存在方式,自然具有复杂的事件结构,包含多个语义环节。希望直接用指物理动作动词的论元、句式思路,来认识情感事件,也就是,希望把情感行为归结为物理行为,显然不是合适的研究策略。概而言之,特定句式编码事物的特定存在方式,情感事件的语法即编码为预指结构。

四、本节结论

从范畴地位看,情感形容词是初始性的,情感动词由其发展而来。情感形容词在功能内涵上与叹词都可直接表示强烈的情绪发泄,所以组成独词感叹句。带主谓小句宾语体现了情感形容词[体验性]减弱,[认知性]增强。进一步,情感形容词常带"NP 之 VP"宾语。在"NP 之 VP"的构式中,NP 本来就是话题化的,VP 则带有显著的焦点性,"NP 之 VP"在上古汉语非常发达,所以很容易由类推而进入情感形容词的宾语位置,这就为情感形容词带名词宾语、组成预指结构,提供了很大的便利。

情感谓词包含情绪体验和理性认知这样两个维度的语义内涵。直接带名词宾语,显示情感形容词已经演化为典型的动词,这时,情感动词的直接体验义大为退化,相反,理性认知义则明显增强。这种宾语的功能属性并非一般动宾结构中的受事或结果之类,也不是简单的刺激因素,而是具有显著的话题性,指意向性关注。情感动词所指认知行为投射为小句中的信息结构,表现为情感动词对宾语事物的组合,也就是指一种话题化的意向性关注,目的是进一步引出造成主句主语形成某种情感体验的具体事因。能够单独带名词宾语,这是情感动词形成预指结构功能的物质根据,就是说,主动词以自身的词义内涵,而天然会把作为宾语的主谓小句中的主语提取出来,控制为自己的宾语,即所谓宾句主语向主句宾语的提升。

与其他带主谓小句宾语的句子一样,预指结构的主句部分也往往会发生语法化。不同的是,在前者,是"主句主语+主动词"一起演化,与后面的主谓小句整体分开;演化的结果是:"主句主语+主动词"成为一种话语标记。而在后者,主句主语往往省略,是"情感谓词+宾语"一起演化,与后面的动词短语分开;演化的结果是,情感谓词自己成为话题标记,宾语成为语篇话题。这种语法化现象在现代汉语很少见到,但在近代汉语却很丰富,其中一个常见的现象就是"可-情感谓词"。

第三节 "可-情感谓词"的话题标记功能

一、"情感谓词+NP,VP"的话题结构

这种句子的形式特征是:主句主语常常省略,并且,主句动词本身也缺乏修饰语,形式很轻,这就导致主句部分的述谓重要性降低,构成引发情感谓词虚化的一个语用动因。另外,NP后有时还添加句中语气词,这样,NP与其前情感谓词的结合就显得更加紧密,而明确与后面的VP分开。上述因素造成整个句子的主要述谓价值落在宾动词身上,"情感谓词+NP"这个短语则直接被解读为句子的话题,而不再是引出一个预指结构的主句部分。随着这个格式的大量类推,其中的情感谓词就会虚化为话题标记。

在《诗经》中,情感形容词"乐、哀"、叹词"嗟"都有大量单独前附于话题,而第一人称主句主语省略的用例,且广泛出现于风、雅、颂,说明在当时是一种常见的程式化的用法。这种程式化仍属完整预指结构的省略形式,即还没有句式化,但显然会成为句式演化的一个重要的助推器。随着使用频率的提高,人们会逐渐把该说法视为应该独立存在的句式,而不再解读为主句主语的省略,这样它就获得独立的句式地位,所谓用法导致句法。下面是

"乐"的用例：

(1) 乐只君子,福履绥之。(诗经·周南·樛木)

(2) 乐只君子,天子命之。(诗经·小雅·采菽)

(3) 思乐泮水,薄采其芹。(诗经·鲁颂·泮水)

(4) 乐彼之园,爰有树檀,其下维榖。(诗经·小雅·鹤鸣)

"乐只君子"在《诗经》中重复出现19次之多,其他两种形式也都有重复,表明该说法是高度程序化的,这是句式化的前奏。

学者对"乐只君子"有不同的分析:定中结构、谓语前置、动宾结构等。本文认同动宾结构的处理,但认为这种动宾结构并非一个独立的小句,而是预指结构的主句主语省略。语义上,这种句子的功能并不在于强调"君子"本人怎么快乐,而是表示话主对"君子"的喜爱态度,其后的VP则指出这种态度的原因。后两句更加明显:"泮水、园"指无生命物体,不存在快乐的心理,是话主对该事物持有喜爱的态度。

"哀":

(5) 周公东征,四国是皇。哀我人斯,亦孔之将。(诗经·豳风·破斧)

(6) 念我独兮,忧心京京。哀我小心,癙忧以痒。(诗经·小雅·正月)

(7) 何草不玄? 何人不矜? 哀我征夫,独为匪民。(诗经·小雅·何草不黄)

(8) 哀今之人,胡憯莫惩? (诗经·小雅·十月之交)

(9) 哀我填寡,宜岸宜狱。(诗经·小雅·小宛)

(10) 哀我惮人,亦可息也。(诗经·小雅·大东)

学者对句中"哀我人斯"之类也往往视为定中结构,本文则认为同样应分析为动宾结构。在(6)有所提示:前句"念我独兮"的"念"是典型及物动词,该短语显然是动宾结构,则后面的平行短语"哀我小心"也应该是动宾。实际上,"念"后来也演化为话题标记,如:"念彼农夫,虽复布野,官渠乏水,不得广殖。"(魏书·列传第二十六)对此我们将另文讨论。

"嗟"本身是叹词,如:"父曰:'嗟! 予子行役,夙夜无已。'"(诗经·魏风·陟岵),后来常带宾语,如"景公睹晏子之食菲薄而嗟其贫"(晏子春秋)。"嗟"构成预指结构的用法,与上一节讨论的"叹"非常相似。"嗟-NP,VP"的形式在《诗经》也多次出现:

(11) <u>嗟我妇子</u>,日为改岁,入此室处。(诗经·豳风·七月)
(12) <u>嗟我兄弟</u>,邦人诸友。(诗经·小雅·沔水)
(13) <u>嗟尔君子</u>,无恒安息。(诗经·小雅·小明)
(14) <u>嗟尔朋友</u>,予岂不知而作?(诗经·大雅·桑柔)
(15) <u>嗟行之人</u>,胡不比焉?(诗经·唐风·杕杜)

画线部分作为动宾结构的特征更为显著,其实与上面的"哀、乐"都是平行的用法。"嗟我妇子"这种动宾短语是叹词重新解释的结果:"嗟"本来独立成句,后面引入一个主谓小句;后来,随着"嗟"的感叹语气削弱,其后的停顿也消失,就与其后NP组合为动宾关系。叹词和情感谓词具有很大的共同性:核心语义要素都是对事因的评价。

在《楚辞》中,"悲、哀、伤、嗟"等组成"情感谓词-NP,VP"的话题结构,极为常见。并且,在后世模仿骚体的作品中,还有不少NP后加语气词"兮"的用例,而屈原本人的作品却并无这种用法,这表明,后来人们对NP话题身份的意识,更加明确。

(16) <u>嗟尔幼志</u>,有以异兮。(九章·橘颂)
(17) <u>横垂涕兮泫流</u>,<u>悲余后兮失灵</u>。(九怀·昭世)
(18) <u>时混混兮浇饡</u>,<u>哀当世兮莫知</u>。(九思·伤时)
(19) <u>伤俗兮泥浊</u>,蒙蔽兮不章。(九思·哀岁)
(20) <u>悲楚人之和氏兮</u>,献宝玉以为石,遇厉武之不察兮,羌两足以毕斩。(七谏·沉江)

"NP之VP"中的"之"同时有对NP话题化、VP焦点化的功能,但由于带"之",NP这个话题在形式上就一定要与后面的VP连在一起,而无法被前面的情感谓词提走,这样,"情感谓词-NP"部分就无法发生演化。"兮"则不然,它的功能只表现为话题化,且还是明确要把其前NP跟后面的VP分开,这就自然把NP向前推给情感谓词,所以促使二者一起发生演化。

情感谓词引出话题的用法之所以多在诗歌中出现,自然与诗歌语言的韵律结构有关。但一种语法现象无论在诗歌中怎么特殊,最终都以其基本功能原理为支撑,不可能绝对偏离。另一方面,在汉语,诗歌语境本身也就构成触发语法化的一个重要阵地。纵观汉语史,在后世各代的诗歌语料中,用情感谓词引出话题的用法都很常见,考虑到中国的文学传统,可以断定,它们必然就是受到上述《诗经》、《楚辞》句式的影响。如:

(21) 美猕猴兮着衣裳,悲蚯蚓兮安翅羽。(唐·马异·答卢仝结交诗)
(22) 伤心小儿女,撩乱火堆边。(唐·元稹·除夜)
(23) 伤心秦汉,生民涂炭。(元·张可久·卖花声)

很明显,随着这种格式的长期套用,"情感谓词-NP"部分直接作为一个话题成分——而非主句主语省略的性质,自然会越来越明确。下面是非诗歌语体中的"情感谓词-NP,VP"话题句,且形成话题链形式,表明该句式已经非常发达:

(24) 屈原痛君1不明,2信用群小,3国将危亡。(班固·离骚赞序)
(25) 窃痛友人沛国刘显,1韫椟艺文,2研精覃奥,3聪明特达,4出类拔群,5阖棺郢都,6归魂上国。(梁书·刘显传)

例(24),"痛"引出"君",然后用3个VP加以陈述。(25)"痛"引出"友人沛国刘显",且其后停顿,随后引出6个VP加以陈述。可以看到,在这种句子,"君、友人沛国刘显"的话题身份是非常明确的。

总体看,《诗经》《楚辞》中"情感谓词＋NP,VP"的用例,情感谓词已有一定的虚化,具备一些话题标记的特征。并且,该格式在后世的诗歌中也颇多沿用,其中情感谓词的虚化程度是明显加强的。而在口语文本中,它们的出现频率并不高,因此一直没有形成高度的虚化,如上面的(24),情感动词前带有"屈原"这个主语,主句部分完全没有虚化。一种语法现象有发生语法化的潜能,并不意味着它就即刻实际大规模地启动这种语法化。但这个格式为后世的演化提供了现成的模板。到了近代汉语时期(即宋至元明清),另外一种"可-情感谓词"的组合异军突起,在日常口语广泛使用,就演化为典型的话题标记。

二、"可-情感谓词"演化为话题标记

其中的"可"是动力情态动词,表示"值得、堪"。"可"的情态动词功能形成甚早,西周时期即已出现,如:"女(汝)敏可吏(使)"(师虎簋,《字源》420页),"若火之燎于原,不可向迩,其犹可扑灭"(尚书·盘庚上)。上述"可"所组合的都是物理动词。《尚书·大禹谟》有"可"组合情感谓词的用例:"可爱非君,可畏非民"。在"可-情感谓词"的组合中,"可"的"值得"义最为突显:"可"特别聚焦情感范畴中所包含的[价值]要素。如"可喜"指"值得高兴",即某事态具备足够分量的对人有利的价值要素,"可哀"指具备足够多的对

人不利的要素。比较,"时哉弗可失"(尚书·泰誓上)中的"可"就不能读为"值得",而要读为"应该",刘淇《助字辨略》称为"当辞"(p.91)。

汉语史上,常用于引出话题句的"可-情感谓词"(简称"可 X")有"可怜、可惜、可恨、可笑、可叹、可喜、可恶、可恼、可怪、可悲"等。在这里,古今汉语的一个不同是,在古汉语,它们更多直接与话题成分组合,因此演化为话题标记;而到现代汉语,它们一般与整个小句或谓语动词组合,因此演化为副词。另一个不同是,在古汉语,"可 X"引出话题句是一种活跃的功能,很多情感谓词都有此功能,可随时引入新词项;而到了现代汉语,这一功能失去活性,只有少数几个组合保留下来,不可类推。元、明、清是"可 X"引出话题句的功能高度发达的时期。

与普通情感谓词一样,"可 X"本来的句法功能也有四种:1. 直接构成感叹句,如(26)、(27);2. 充当谓语,如(28)、(29);3. 带主谓小句宾语;4. 组成预指结构。在前两种,"可 X"保持完全的实义内涵,侧重于指直接体验;在后两种,"可 X"的体验性就有较大削弱,转而侧重指认知、评价。

(26) 九世之卿族,一举而灭之,<u>可哀也哉</u>!(左传·襄公二十五年)

(27) 汝欲反汝情性而无由入,<u>可怜哉</u>!(庄子·杂篇·庚桑楚第二十三)

(28) 象曰:损其疾,亦<u>可喜</u>也。(周易·爻辞)

(29) 绿叶素荣,纷其<u>可喜</u>兮。(九章·橘颂)

"可 X"是由下面两条路径演化为话题标记的,并以第二条为主:

1. a."可 X"带主谓小句宾语;b. 宾主语话题化,即构成预指结构;c. 主句主语省略,"可 X"虚化为话题标记。

2. a."可 X"带 NP 宾语,构成普通动宾短语,带感叹语力,独立成句;b. "可X-NP"的语力减弱,其后并引出一个 VP,对前面的 NP 构成陈述关系,NP 话题化;c. "可 X"话题标记化。

早期(元代之前)出现的"可 X"往往采取第一条路径,这即上古汉语"情感谓词- NP,VP"话题结构的演化脉络。后来出现的"可 X"则一般采取第二条路径,也就是,在这个时期,"可 X"开始撇开与前期情感谓词的功能联系,而做独立的演化。先看第一条路径的演化。较早形成带小句宾语用法的是"可怜"(指可爱)和"可惜",出现在诗歌中:

(30) 东家有贤女,自名秦罗敷,<u>可怜体无比</u>,阿母为汝求。(东汉·孔雀

东南飞）

(31) 忽将薄,命委锋镝,<u>可惜红颜随房尘</u>。（乐府诗集·东汉·蔡文姬·胡笳十八拍）

(32) <u>可惜年将泪</u>,俱尽望陵中。（乐府诗集·陈·张正见·铜雀台）

这种组合尚非预指结构,即,(30)是"体无比"这个主谓小句整体作为"可怜"的宾语,其中的"体"并未话题化,也未发生向主动词宾语的提升。(32)"可惜"引出的"年将泪"只是一个韵律单元,而并非一个句法单位。

下面"可怜"组成预指结构,即"可怜[topNP],VP",仍是诗歌语体:

(33) 幡绰讯而进嘲曰:"<u>可怜好文树</u>,髭须共颏颐。"（唐·郑棨·开天传信记）

(34) <u>可怜好丈夫</u>,身体极棱棱。（唐·寒山·诗三百三首）

口语中,"可惜"在唐代出现预指结构的用法:

(35) 殿上人曰:"<u>可惜大唐世民</u>,1 效力甚苦,2 方得天下治,3 到今日复乱也。"（太平广记·潇湘录）

宋代用例有所增加:

(36) <u>可惜极好底秀才</u>,只恁地被它引去了!（朱子语类·卷一百二十六）

(37) 又曰:"<u>可惜如许大师僧</u>,1 千道万里行脚到这里,2 不消个瞌睡寐语,3 便屈却去!"（五灯会元·卷第七）

(38) 监曰:"<u>可惜一颗明珠</u>,被这风颠汉拾得。"（五灯会元·卷第十九）

(39) <u>可惜有名的禁魂张员外</u>,1 只为惜客二字,2 惹出大祸,3 连性命都丧了。（话本选集·快嘴李翠莲）

上述"可惜"与其后 NP 的组合相当紧密,不能补出主句主语,自身不接受各种状语,而 NP 后往往有停顿,且随后引出多个 VP。从这些句法行为看,可认为它基本上已虚化为话题标记。不过在唐宋时期,"可 X"的上述用例数量不大,且进入该句式的情感谓词的具体词项也不多,所以它们可视为话题标记的前奏。可以说,"可惜"的演化,在汉语史上具有承上启下的作用:一方面,它是对上古汉语"情感谓词＋NP,VP"这个话题结构模板演化路径的直接继承;另一方面,又为后来其他类似语词的演化,提供了一个现成的模板。其他多数"可 X"形式,如"可喜、可恨、可恼"等,都是在元明之时演化为话题标记的。在这个时期,各种"可 X"的出现频率非常高,并可随时引入新成员,表明该构式的语法功能极为发达。纵观汉语史,"情感谓词＋NP,VP"格式形成一个成员众多的接力演化现象。

三、"可 X"演化为话题标记的功能动因

这来自情感范畴所携带的语用内涵,有两点：1.〔语力性〕,2.〔关注性〕。在指人的心理状态这一点上,情感谓词与普遍谓词一样,有其自身的客观内涵,这属于语义层面,但与普通谓词不同的是,情感行为还具有宣泄性、感叹性,这就表现为言语行为上的表达语力。因此,情感谓词总是可以构成独词感叹句,"可 X"也是如此。"可 X"的这种用法在早期也有使用,但远不如元明时期发达,表现在程序化程度更高,使用更加自由。位置上,既可用于事因小句之后,也可用于其前,且可重复出现。这种感叹句在元明清时代极为常见,各种"可 X"都有此功能,下面略引数例：

(40) 可惜! 可惜! 陷害了这一员女将。(三宝太监西洋记·第八十六回)

(41) 王员外道："可怜,我道鸡母为何叫唤,原来见此鸭雏入水,认他各等生身之主。"(关汉卿·刘夫人庆赏五侯宴)

(42) 韦晃以面颊顿地曰："可恨! 可恨!"咬牙皆碎而死。(三国演义·第六十九回)

(43) 侯公公道："国师神异,可喜,可喜!"(三宝太监西洋记·第六十一回)

(44) 此时已是更余,师师还未见到,可恼! 可恼! (二刻拍案惊奇·卷四十)

上述用法表明,在指情感的直接感受性上,"可 X"的功能与单个情感形容词是一致的。

"可 X＋NP"构成感叹句。这个"可 X＋NP"是动宾结构,指一种话题化的意向性关注,并同时传达强烈的情感宣泄义,与物理动词构成的动宾短语在语法意义上有很大的区别。指称上,其中的 NP 只接受限定成分,指前文已引入的事物,或直接存在于当前语境的事物,指称形式上多是代词、专名等,不接受无定名词。如：

(45) 梁尚宾不觉失口叫声:"呵呀!可惜好个标致的小姐。"

(46) 明霞看了叫道:"可怜我那红于呀!"

(47) 御史听罢,怒道:"可恼贱人,你一无知女流,休得多言。"

(48) 李道宗凄然泪下,说:"害了女儿,可恨薛礼这厮,我与他不共戴天!"

这种"可 X+NP"貌似可分析为定中结构,这其实是按照现代汉语系统的处理,或者说,后来,"可 X"确实形容词化,以充当定语为常。但在早期,"可 X+NP"是动宾关系,下面的实例可以证明:

(49) 小娘子怎生可怜小生,将此意申与小姐。

(50) 姐姐可怜,与弟争口气,于内库内挪借奇宝,赛他则个。

(51) 倒可怜了天然小姐,一个祥哥儿还是小孩子家,既没近支亲族,更且又是客边。

(52) 浮生倏速,不可不留,可惜心神,以求延寿法。

(53) 枉可惜了饭,一般动脚动手做生活,这般做的不成时,不可惜了工钱?

例(50),"可怜"显然是带宾语"我"的,只是由语境而省略。

当"可 X+NP"的感叹语力减弱时,该组合就失去独立成句的能力。这种情况下,其后的停顿时间会缩短,并且后面总是会引入另外一个 VP,对"可 X"所引出的 NP 加以评述。这就形成一个统一的话题句。各种"可 X"都有此功能,且口语性很强。

(54) 则说道:"可怜见小子,只身独自!"(王实甫·西厢记)

(55) 多嚷道:"可惜好大瓜,是烂的了。"(二刻拍案惊奇·卷二十八)

(56) 元帅道:"可恨这一班邪术,把我三员将官坑陷得在他国中,不知吉凶祸福。"(三宝太监西洋记·第五十三回)

(57) 国丈闻言大怒曰:"可恼焦仁,私放太子反臣。"(后宋慈云走国全传·第二十二回)

(58) 赞道:"可喜二位贤弟,初见头阵,杀死两名番将,挫动番邦的锐气。"(守宫砂·第七十九回)

(59) 童老太太深深的一个万福。可怪那个道士,正眼也不去瞧一下子,坐在那里,纹风不动。(汉代宫廷艳史·第一百四回)

(60) 狄小霞暗道：可笑这个毛贼，他居然也来同我会起手脚来了。（续济公传·第二百二回）

(61) 可悲世人，迷执拘拘，只在我一身上做事。（明·庄子内篇注）

(62) 堪嗟后代儿孙，多作一色边会。（续传灯录·卷第十九）

"可X+NP"后都有停顿，且后面的VP对NP构成评述关系。

话题这个语法范畴一定是"话题化"的，是有标记、"出位"的；否则就可直接分析为普通主语，无须另外处理为话题，如Lambrecht（1994）把主语称为"无标记的话题"。学界关于话题所讨论的形式特征，如左置、右置、爬升（scrambling）、话题标记等，功能核心都是刻画话题的标记性；Davison（1984）系统讨论了英语各种话题句在标记化程度上的差异。从动态、演化的角度看，如果原本外位、有标记的话题内化为小句内成分，那也就意味着它已丧失话语属性，而语法化为本位、无标记的主语，不再是话题。

范畴性质上，话题内在是语篇、语用层面的语法成分，总是要具备相当程度的语力内涵，因此具有很大的句法和表述上的独立性；Raposo & Uriagereka（1996）提出，话题是作为一个独立的短语生成的，然后才合并在某种话语成分中。但另一方面，如果一个名词短语自身具备完全的语力性，那它就自成独立主句，脱离了与评述部分的联系，这即赵元任（1968）所谓"零句、整句"的关系。也就是，话题身上的语力内涵是个程度问题，同时意味着，话题和主语之间也是个程度的问题。因此，说"汉语是话题突显的语言"（Li & Thompson 1976），潜台词也就是"汉语是话语突显的语法"。

用数值表示，设独立主句的语力分值为1，如前述"可X+NP"感叹句；设内嵌成分的语力分值为0，如典型的主语；则话题的语力分值大致应该在0.8至0.2之间。在这一点上，不同"可X"也有个性差异，如"可恼、可恶"所引话题的语力分值一般较高，而"可惜、可怜"一般较低。下面以"可恼"为例，尝试给出其所引话题的语力分值：

(63) 可恼贼臣！朕待汝不薄，如何一旦辜恩诈病，以欺寡人？　　　1

(64) 二人相见，有余鸿大喝："可恼宋将，不知进退。"　　　0.8

(65) 冷笑道："可恼庞洪老贼，弄此奸谋恶计，将此美事又弄歪了。"　　　0.6

(66) 包爷听罢怒道："果有此事，可恼沈御史糊涂，不通情理。"　　　0.4

(67) 二奶奶没奈何，只得上前行礼，可恼这丫头居然兀立不动。　　　0.2

例（63）表示当面指斥，"贼臣"指的就是受话"你"，因此"可恼贼臣"的感叹语力很强,独立成句,其后 VP 是完整的主谓小句,因此分值为 1。(64)也是面对面对话,但语力减弱,其后 VP 缺乏主语,且对"宋将"构成陈述关系,分值为 0.8。(65)"庞洪老贼"是第三人称,斥责强度减弱,但话题后有停顿,语力还是很强的,分值为 0.6。(66)"沈御史"后没有停顿,话题性就大为减弱,但后面控制两个 VP,话题的身份仍然是很明确的。(67)"这丫头"后无停顿,且只带一个 VP,就更接近普通主谓小句。随着话题演化为主语,话题标记也就演化为主语标记。

从 VP 的角度看,话题化的动因就在于语力性:既然把某成分从其所处事件中提取出来,目的也就在于对之做特别的关注,而这种关注总是会伴随具体的主观态度、立场。可见,"可 X"以其自身语义内涵就适合用于引入话题:它们指具体的主观态度,该态度本身也就同时表现为一般性的表述语力。

形态上,话题部分具有独立语力内涵的重要标记有两点:一是话题 NP 后带停顿、提顿词,二是评述部分 VP 前添加回指话题的代词,主要是第三人称"他(们)"。前者的功能直接就是表示语力,后者则是通过把评述部分编码为完整的主谓结构,而相应就使前面的话题获得独立的表述地位。"可 X"话题句也是如此:

(68) 可叹这千刀万剐的奸臣,他手段是利害不过,他便假传圣旨,押令那庙的方丈交家把这个和尚。(续济公传·第五十一回)

(69) 可笑那小呆子褚彪,他生就的不知死活,要论他的本领,就那宋营里敌得过他的却也不多。(续济公传·第一百八十回)

(70) 最可恨这些个穷保镖的,他们是狗拿耗子多管闲事,比官人还厉害呢。(三侠剑·第二回)

(71) 可叹山口两边掩体里的士兵,他们正呼呼大睡着,忽被通红炙人的大火烧醒,忙得一团糟。(努尔哈赤·第二章)

先用"可 X"把话题确立下来,然后用"他(们)"展开陈述,句子结构的安排就很从容,结构联系也更自然。

第二人称代词是难以用为话题回指的。因为这样的话,句子就明显表现为对话关系,相应地,VP 部分就会带有显著的表述性,从而构成一个独立的小句,这种情况下,其前的"可 X+NP"也就构成一个独立的小句,之间难以实现结构关联。如:

(72) 我们是个凡夫,那里打熬得过!却可恨昔日置律法的官员,你们做

官的出乘驷马,入罗红颜,何等受用!(醒世恒言·第三十九卷)

"可恨"所引"昔日置律法的官员"是第三人称,本来是典型的话题,但话主突然情绪激动,转而采取自言自语的对话形式,所以用"你们做官的"进行指称。这样,后者所在的 VP 就具备独立的表述地位,而前面的"可 X+NP"也就无法与之组成话题-评述的结构关系。这意味着,话题句天然是一种背后、对象式的陈述,即转述句(张新华 2007c)。

"可 X"可对系词的宾语加以话题化。这是其话题功能强大的体现,也表明该句式非常成熟,容量很大。如:

(73)可惜这个哥哥,叫他怎么当来着?(三侠剑·第四回)

"哥哥"本来是"当"的宾语,这个"当"是一种系词。话题化之后,"哥哥"前面加定指成分"这个",话题的特征是很显著的。

动量成分话题:

(74)可怜这几下板子,把他打得溃烂了一个多月,方才得好。(二十年目睹之怪现状·第九十九回)

(75)可怜这一阵,把魏兵四十万,杀得烟消火灭,叶落花飞。(大唐秦王词话·第十一回)

名词形式的事件话题:

(76)只是可惜一件,凡该用故典之时,他偏就忘了。(红楼梦·第十九回)

(77)可惜世界上的事,卖金遇不着买金的朋友。(续小五义·第二十九回)

(78)可恨前者赵王庄一战,被什么七子十三生破了余半仙迷魂大阵,余半仙逃走。(七剑十三侠·第一百二十回)

实体论元与动作之间是物质躯体展开的关系,有因果力的实施,因此,实体与动作的语义联系自然很密切,形成主谓结构。反之,抽象名词不指物质实体,其与评述部分之间的关联就更为间接、松散,因此,抽象名词作为话题,标记性是很高的。

四、"可 X"句话题与评述之间的一致关系

(一)关于话题与评述间的一致关系

在话题句,话题成分与评述部分之间基于[语力性]而形成一致关系,简

称话题句的语力规律。话题成分的标记性越强,其自身所包含的语力性也就越强,也就越要求评述部分带有显著的语力内涵;反之亦然,强语力性的评述也必然意味着主语是话题性的。这种一致关系的根据是,在话题句,话主对整个句子所述事态处于显著的外位视角。话题是处于客观事态之外的话主主观设定的,话主之所以强行把某个参与者从客观事件中提取出来,确立为话题,必然是出于明显的主观动因。同时,由于是出自一种外位立场,所以评述部分也必然是基于话主坐标而做定位,这种定位的语义内涵包括[时-空-价值]三个参数,其中"价值"的核心即认知情态、语力。

从谓词的情状特征看,主语与阶段谓词,话题与个体谓词,分别形成无标记的组配。原因是,强动态、强殊指动词聚焦事物自身的具体展开,所以这种动词构成的小句,天然是方式性、非话题性的。一般而言,设置句的谓语只接受强阶段谓词,且排斥情态、语力成分。很多学者(如 Milsark 1977、Carson 1995、Lee 2005 等)指出,个体谓词要求主语是强限定形式,其实就是指个体谓词主语的话题性。个体谓词的实质是概括性、抽象性,这天然携带外位的属性,只有处于个别事态之外,才能对之进行概括;事物自身只是以强殊指的方式直接存在,加以概括就必然添加间接、主观的语义要素。话题句也接受强阶段谓词,但这时就要求评述部分带有语力要素,而排斥纯客观事件,也就是,把 TP 或 VP,操作为 CP。如:

(79) 他啊,一点也不比青年人轻闲。

(80) 他呢,还在一户户检查地头的小水窖建设情况。

(81) a. *他啊,正在不好意思地望着战士笑。

   b. 他正在不好意思地望着战士笑。

   c. 他啊,<u>就知道</u>不好意思地望着战士<u>傻</u>笑。

(82) a. *老李啊/呢,匆忙地飞奔而来。

   b. 大家正在猜疑惊慌之际,<u>老李匆忙地飞奔而来</u>。

(83) 大家正起劲地大嚼,<u>一个服务员忽然飞奔而来</u>。

例(79)评述部分"一点也不比青年人轻闲"是个体谓词,且带有主观评价性,这与强话题成分"他啊,"(逗号表示停顿)在出位性、评价性上相一致;(80)评述部分用语气词"还",主观性很强,"一户户检查"指全称量化,与强话题成也可一致,所以句子都可成立。

例(81)a、(82)a 句不成立的原因是,评述部分的殊指性、动态性很强,这就与强话题性发生冲突。比较，如果对强动态的评述部分加上显著的主观评价成分，则强话题句也可成立，如(81)c 中的"就知道、傻"。(81)b、(82)b 成立的原因是，主语虽是强限定成分"他、老李"，但不带话题标记，且对谓语不出位，这样，句子其实是把主谓小句整体视为一个信息单元加以陈述，表达类型上属于设置句。也就是，它们在表达结构上与(83)的无定主语句属于同类情况。

上述规律在刘丹青(2016)已有深入的讨论，不过该文未把这种匹配关系概括为话题句的[语力性]。该文的研究对象是上古汉语，认为"以施事为原型的主语跟事件性谓语是无标记匹配；而作为已知信息的话题跟属性谓语是更自然的匹配"。其中，主语与事件谓语(即阶段谓词)的匹配与本文一致，我们的不同是，把这种小句进一步与设置句联系起来。该文对话题与属性谓语(即个体谓词)的匹配，则主要着眼于话题的指称特征，即"已知信息"；前述 Milsark(1977)等也都强调了话题的限定性与谓语情状特征之间的制约关系。

在这里我们有较大不同。我们更强调整个话题句的语力性，且话题和评述两部分都可携带语力要素，特别是，双方就是基于这个语力要素而形成一致关系。相对于语力要素，限定性是较深句法层面的语法范畴，属 IP，限定的作用范围是名词短语，指话主对所指事物的识别，这是有所陈述的前提，语力则指话主对话题事物所持的态度、立场，作用范围是全句，属 CP。在整个句子的层面上，是话题身上的语力要素与评述部分的相应成分进行直接的对接。语言事实上，Milsark(1977)等的研究对象是英语，英语句子的话题身上是不存在提顿词的，所以也不容易注意到话题自身的语力性。赵元任(1968)提出汉语话题是一个零句，并举出加于话题的语气词，显然就是指话题的语力特征。这是汉语句子话语取向性的一个重要体现。

刘文还指出："先秦汉语话题标记将话题这一普遍倾向强化为对事件谓语的排斥。"这一点我们也有较大不同。我们认为，话题句并不排斥事件谓语，只要对事件谓语添加显著的语力要素，则同样可以构成话题句，而这时话题身上也完全允许话题标记，如前面的(81)c。实际上，双方之间正是因为都带有强语力要素且形成呼应关系，所以句子才成立。即，话题身上的语气词"啊"指一种评价的态度，该态度与评述中的"就知道、傻"在语义内涵上相互呼应。一般而言，评述部分是对话题的解释，话主在提出句子的话题时，就直接先在话题身上注明自己在本句的基本表达取向、立场，然后在评述部分中做具体的说明。也就是,除了指称上的限定性,话题成分身上都带有某种意向性关注,而预指结构正是实现这种关注的具体方式之一。同样,"啊、吧、嘛、呢"之类提顿词,其功能也就是先在话题身上指出某种态度,然后在评述部分用具体行为进行解释。提顿词的来源是语气词,其与情感谓词在语义内涵上本来就是高度一致的。

　　一致关系在语法结构中具有重要的地位,学界早期的研究主要着眼于形式和语义,后期则更关注语用及信息结构。Steele(1978:610)的定义是:"一致这个术语一般指一个成分与另一个成分在语义或形式特征上的某种系统性的协变性。"Moravcsik(1978:333)认为,"一致指一个语法成分 A,与另一个语法成分 B,基于某种语义特征 C,而形成语音上的协变关系"。Moravcsik 还具体指出,一致的主要语法手段是复制或半复制。Moravcsik 的观点为 Barlow & Ferguson(1988)所接受。Lehmann(1988)把一致现象分为两种:内部一致、外部一致,前者发生于名词短语内部,后者发生于名词与动词之间。Lehmann 认为,一致关系的语义核心是指称,功能是帮助对所指对象进行识别或再次识别。这个观点较早由 Givón(1976)提出,得到广泛的认同,如 Blake(1994)、Wunderlich(1994)、Levin(2001)等。

　　Simpson & Wu(2001)、Miyagawa(2010)对一致主要是从信息结构上讨论的。Simpson & Wu 同意一致成分来自回指代词的观点,但认为,这种回指成分的初始功能动因并非话题化,而是表示焦点,只是随着使用频率的增加,该回指成分的焦点语力被逐渐磨损,才演化为纯粹的形态标记。作者还认为,在汉语的进行体短语,如"他在看书呢","呢"与"在"所表现的也是一致关系,而"呢"的功能也是焦点化,刻画为:

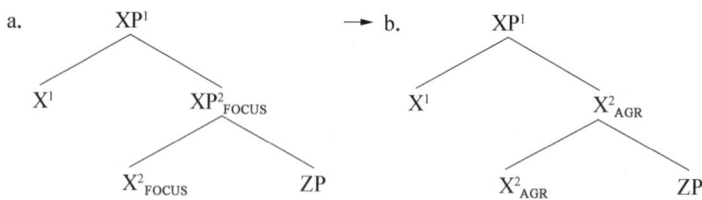

　　Miyagawa(2010)在一致的功能核心在于话语、信息这一基本理念上,与上述 Simpson & Wu 相同,但概括性更强,认为一致的作用不仅是表示焦点,而且在于建立更广义的功能性关系。Miyagawa 指出,这种功能性关系的核心是信息结构,即表达结构,其范域居于动词及其论元构成的词汇性句

法关系之上。Miyagawa 认为,一致与话题、焦点要素都位于 C 的区域,然后被 T 所继承,刻画如下:

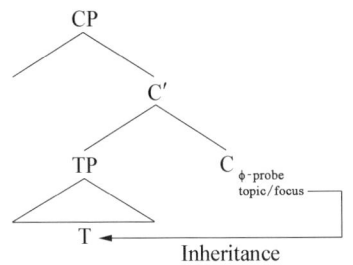

概而言之,一致关系即所组合的一对成分之间在语义上相互协调;不同层面的句法关系,其中成分之间形成一致的语义内涵也就相应不同。如动词与其论元自然要在物质特征上协调,话题与评述之间则基于语力内涵及外位立场而形成协调。一般而言,一致关系是一种高度形态化的句法现象,并具有很高的强制性、系统性。汉语虽缺乏印欧语那样严格的屈折成分,但所组合成分之间语义协调的要求,也仍然要得到强制性、系统性的满足。在主句的层面,汉语话题与评述之间,动词短语内部的情态/语气副词与句末语气词之间,都表现为严格的一致关系,且具有类型学的意义。

(二)"可 X"句话题与评述之间的价值解释关系

"可 X"的基本功能就是在陈述之前,先在话题身上指明话主的基本态度,后面的陈述则以此为出发点而展开。具体来看,在"可 X"句,话题与评述之间表现为价值属性与实际物理行为体现的关系,所以整个句子天然是叙实性的。书面上,"可 X"后可用冒号,直接指明解释关系,如:"可笑他:本来是豪华公子,怎做得香积行童?"先用"可笑"直接表明话主对话题事物的基本态度,评述部分所述行为"豪华公子做香积行童"则是这种态度的实际体现。各种"可 X"都有此功能特征,如:

(84)<u>可恨</u>刘子和同钱宝生二人,用了春药,把自己拖下了水。(杨乃武与小白菜·第四十二回)

(85)德泉道:"<u>可笑</u>我有一回,到棋盘街一家药房去买一瓶安眠药水,跑了进去。"(二十年目睹之怪现状·第五十五回)

(86)<u>可怪</u>那棋子,又照常布着在那里了。(上古秘史·第四十四回)

(87)只<u>可怜</u>山里的那些村婆村姑,还望着姑娘依依不舍。(儿女英雄

传·第二十一回）

（88）行者道："<u>可恼</u>这宝贝儿,缴在宝库。"（续西游记·第38章）

以(85)为例,评述部分"去买、跑了进去"都是阶段谓词,叙实性是很强的,而句首"可笑"的实义内涵则大为削弱。从数量上看,"可X"话题句以带多个VP为常,上面的(86)—(88)只用一个VP,这是句式化程度提高的表现。

除上述强动态谓词外,"可X"句还接受各种静态谓词及语力成分,这是叙实性降低的表现。"可X"句往往带多个VP,其间形成复杂的因果关联,而在更高的价值层面实现统一性。另一方面,这些VP的语义关系极为复杂,也导致"可X"的实义情感内涵发生削弱。如：

（89）<u>可恶那盘瓠</u>今日非常作怪,不要说臣等唤它不动,就是帝女唤它亦不动。（上古秘史·第十五回）

（90）<u>可叹这个老儿</u>,1只喜谋算人的家财,2苦挣一生,3不曾做件好事,4只落得将许多产业,5一旦都分得精光。（雨花香·第十九种）

（91）<u>可笑那林黛玉</u>1骗了邱八二万余金替他还债,2自以为是得计的了,3不料偏偏遇着了这样的一个急赖人物,4非但吓诈不倒,5反吃了一场大亏,6几乎白送了一条性命。（九尾龟·第二十五回）

以(91)为例,"骗了、还债、遇着了、吃亏"等指客观事态,"自以为是、不料、偏偏、几乎、白"等则指主观评价,整个评述部分的语义关系极为繁杂,但通过话题标记"可笑"获得统一性。

（三）"可X"话题的表述性

本章第一节讨论过预指成分的表述性,这存在于主动词未发生虚化的语境。在"可X"话题句,主动词已经虚化为话题标记,所以整个句子也就构成一个独立的话题句,在这种句子,话题成分自身的表述性就更为显著。这是因为,"可X"句的基本句式义是表示评价,即,对话题事物的某种客观行为加以价值属性的认定,而之所以做出这种评价,并不是简单根据言谈对象实际做出的物理行为,而还要联系该事物自身的物质属性,即第一节所述〔应该〕、〔值得〕、〔常规〕的关系。因此,话题成分的功能,不仅在于单纯指出一个事物,而且还明确指出该事物某方面的具体属性,后面的评述部分就是基于这种属性而做出价值认定的。话题成分的属性与评述部分的行为,表现为一致或相反的关系,因此就形成某种价值的内涵。特别是,"可X"内在具有强烈的感叹语力,所以就会更加关注话题事物的价值构造情况。

概括看,话题成分的表述义主要采取下面5种形式。

1. 特征显著的定语:

(92) 可惜堂堂宰府,烈烈三公,既食朝廷之禄,当为朝廷之事,为何无一言谏止天子者。(封神演义·第九回)

(93) 可怜数十万人马,只剩得五万有零。(说唐前传·第六十四回)

(94) 可恶那北番蝼蚁之邦,擅敢如此无礼,前来欺负寡人!(说唐后传·第一回)

(95) 可笑我这个没记忆力的人,一见了姐姐的面,把想问的话又忘记了。(留东外史·第五十一章)

以(92)为例,从指称的角度看,话题所指客观事物只是"宰府、三公",但这里是要特别强调其"堂堂、烈烈"的显赫特征,该特征与其实际行为"食禄而无一言谏止天子"存在巨大的反差,因此就形成"可惜"的价值内涵。从语力角度看,"堂堂、烈烈"这样的重叠形式,直接就会形成焦点化的效应。同样,评述部分的副词"为何"、极量成分"一言",都内在带有焦点的属性,但它们并不是自身直接起作用的,而是指向话题成分的属性,即形成一致关系。就这里的具体焦点现象而言,评述中的"一言"与话题身上的"堂堂、烈烈"是构成关系焦点(参看第五章第三节)。在整个句子,话题标记"可惜"直接就先在话题成分身上标明全句的价值立场,而这就是全句所要表达的最基本的内涵,话题和评述都是对这个内涵的具体解释。

可比较,如果不强调与话题事物自身属性的对比关系,而单独说"你那天为何没劝她别去美国!"即便小句表示感叹语力,"为何"也并不与主语"你"形成一致关系:"为何"是指来自其他方面的原因,如那天她本来是打电话咨询你了。给话题加上表述成分,"作为她的闺蜜,你那天为何没劝她别去美国!""为何"就一定指向"闺蜜"这个属性。

2. "VP的":

(96) 可怜没父母的,到底没个亲人。(红楼梦·第五十七回)

(97) 可怜做小卒的,有苦是小卒吃,有功是别人的;没功也要切头,有功又要切头。(龙图公案·第七十六回)

(98) 可恼不怕王法的,妄生讹心,说你是他的妻子。(施公案·第一八回)

在(96),话题事物的属性"没父母"与评述中的"到底"构成呼应关系。

3. 一量名。该形式本身并无稳定的指称内容,而要根据具体语法环境获得具体所指。在这里是无指用法,指属性,蕴涵一个介词"作为"。这种名词表面上占据话题位置,其实并非话题,实际话题另有所指。这种句子总是表示话题与评述之间存在强烈的对比关系,即,话主认为,话题事物既然具备一量名所述的属性,是[±应该]形成某种存在方式的,但实际情况却恰恰相反。形式上,一量名中名要重读,如果其中量词的实义性很强,也会重读。如:

(99) 可怜一员少年虎将,因何上苍不佑于他,不知何故,住此月余而亡。(五虎征西·第六十回)

(100) 可惜名花一朵,绣幕深闺藏护。(喻世明言·卷二)

(101) 可笑个一郡刺史,如此收场。(初刻拍案惊奇·卷二十二)

例(100),话主认为,"名花一朵"是不应该"深闺藏护"的,但实际情况却是藏了,所以可惜;"名花"要重读。"一员少年虎将"中的"少年、虎将"重读;"一郡刺史"中的"郡、刺史"重读。需指出,上述一量名与无定名词主语句完全不同,后者指实体,如"一只青蛙跳进池塘里"。

专名前可加"一个",强调其属性的一面,而非实体性的一面。在这种句子,"一个"是要强调何种属性,是要根据语境或百科知识的。如:

(102) 可怜一个贾魏氏,不到两天,就真熬不过了。(老残游记·第十六回)

(103) 可怜一个童贯,早上还烜赫朝中,晚间已拘囚狱底了。(荡寇志·第一二三回)

(104) 可叹一座大成庙,闹得不成人境了!(续济公传·第二百二十七回)

例(102)如果不了解"贾魏氏"的一般情况,就无法确定"一个"要强调她的什么属性。(103)就不然,人们对"童贯"是有百科知识的,所以可以明确"一个"是要强调他位极权重的属性。

4. 同位语。a. 话题后带类名,同位语实际上相当于一个非限制性关系从句,表示与评述部分的对比关系。如:

(105) 可惜我三大伯英雄多半世啦,教了这些胆小的徒弟。(三侠剑·第二回)

(106) 可喜你小小年纪,有此忠心赤胆,竟能保主成功。(第一奇女·第六十五回)

(107) 可笑我盖世雄才,一代豪杰,竟会懵懂一时,上了你们的大当。(八仙得道传·第四十九回)

这三句的话题与评述都构成关系焦点:"英雄多半世"对"教胆小徒弟","小小年纪"对"保主成功","盖世雄才一代豪杰"对"上了大当"。显然,关系焦点天然带来话题与评述间的一致关系,而这是由话题标记"可惜"等决定的。

b. 代词/专名+(一)量名:

(108) 可怜你一个宽宏大量的贤人,甘贫守份的善士,在这逆旅穷途,忍饥受饿。(东度记·第五十四回)

(109) 可笑叶志超个混蛋,不明白这种道理,反疑惑日人恇怯,不敢交锋。(西太后艳史演义·第二十四回)

(110) 可怜湛翌王,娇滴滴一个嫩弱书生,被这些如狼如虎的一班人,拳头脚尖,诸般器械,百般拷打。(醒名花·第二回)

c. 代词/专名+这/那(量)名:

(111) 只可惜冷于冰这样一个空前绝后以理兼术的人,无缘会面。(绿野仙踪·第七十五回)

(112) 可惜你这样一个人,竟受了人的欺哄了。(三侠五义·第一百三回)

(113) 可笑他那人,平日最喜和人讲身分。(留东外史续集·第四章)

5. 话题带系动词短语,这是指属性的显性形式。a."身为、生为"等+类名的分词状语形式,其中"身"是融合主语,即降级的实体,不被视为言谈对象。

(114) 可惜你身为长辈,不能教化子侄,反陷汝侄于大逆。(三侠剑·第三回)

(115) 可叹一个王尚书身列九卿,位至宫保,也不能起个天马,只得自雇牲口,寄宿村店。(梼杌闲评·第四十回)

(116) 可惜你生为男子,下贱的品格,给和尚看妇女。(三侠剑·第六回)

b. 系动词"是、为、乃"+类名：

(117) 可怜这钟御史是个书呆子,如何知道?（大明奇侠传·第二十四回）

(118) 可怜姬殿下乃文王第十二子,被此珠打下马来。（封神演义·第三十六回）

(119) 可笑包拯为明察之官,听信妄词,特犯君上。（万花楼·第五十四回）

同是"可怜"引出,(117)"是个书呆子"与"如何知道"之间是顺承关系,(118)"乃文王第十二子"与"被此珠打下马来"是逆转关系。

c. "有"+抽象名词：

(120) 可惜你有大将之才,死非其所。（封神演义·第六十一回）

(121) 可笑狄青有勇无谋,要除狂马,就将金刀抛弃了。（狄青演义·第十四回）

"是、有"短语在形式上与其前 NP 构成主谓小句,但它并不作为话题链中的评述部分,"可 X"后只带这种短语是站不住的,其语法功能与上面的其他形式一样,都是修饰性、内嵌性的。

总之,既然用"可 X"强调了话题事物的某种价值特征,则该特征就必然要在评述部分的客观事实上有所体现,这就在语义维度形成同义解释的一致关系。并且,话题成分身上所指感叹、态度的语义,也会在评述部分的语力成分上形成呼应,因此形成语用维度的一致关系。作为上述一致关系的副产品,"可 X"句往往形成关系焦点的现象。

从成句的角度看,价值要素也是对客观事态加以限定化的手段,可以使句子成立。客观事态自身指一种抽象的语义内容,所谓变元、无定性,通过锚定在特定的坐标系中,就获得具体规定性、确定性。价值是对客观事态在利害关系上的定位,平行于时制对变元事态的时间定位,同样,指示成分是对变元事物的空间定位,三者都是广义的量化、规定的关系。如(105),如果去掉话题身上的价值要素,单独说"我三大伯教了这些胆小的徒弟",句子不大自然,而通过强调"英雄多半世"与"教了这些胆小的徒弟"之间的对比关系,就自然显示出"可惜"的价值属性,句子就可成立。句子有不同的表达目的,陈述发生于特定时间位置上的客观事件,只是句子的表达目的之一。

"可 X"句的表达目的却不在于此,而是高度主观性的,即强调事件的价值属性。即,除了时制短语 TP 之外,汉语还有三种短语可以成句:体貌短语、方式短语、价值短语。

五、"可 X"句的双话题现象

一般认为,在汉语中,话题与评述部分之间的语义关系可以很松散,而在"可 X"句,这种松散表现得要比普通话题句更为显著,表现之一就是,这种句子的评述部分很容易带自己的话题,因此形成双话题现象。但这种双话题现象与一般主谓谓语句也有较大的分别:前者具有显著的语篇特征,评述部分自身常构成一个很大的复句,整个句子的容量非常大;后者属于小句内的句法现象,主话题与次话题之间的语义关系很紧密,整个小句一般不很复杂。

"可 X"句两个话题间的语义关系可概括为下面三种。1. 集合-个体。集合事物自身的实体性很差,在集合中,内部成员与上位整体直接贯通,这就造成双方之间的语义关联反而较为密切。"可 X"强调话题事物的整体价值属性,评述部分的次话题指其内部成员,具体执行评述部分的动作。如:

(122) 可怜他妻子老小,一个个只吓得魂飞魄散,嚎啕恸哭,忙叫老家人带了银子到府前料理。(粉妆楼·第二十七回)

(123) 只可恨咱这里地方官,连一个有胆的也没有,都是些无用怕事的囊包货。(施公案·第一四二回)

(124) 可怜那些忠良,贬的贬,杀的杀,不知害了多少官的性命。(二度梅·第一回)

(125) 可怪近日之梨园,无论在南在北,在西在东,亦无论剧中之人生于何地,长于何方,凡系花面脚色,即作吴音,岂吴人尽属花面乎?(闲情偶寄·演习部·脱套第五)

"可 X"所引话题处于高位,并不直接参与评述部分所述的属性、动作,但对后面的次话题及其动作行为具有很大的统领作用。如(125)评述部分所述语义关系极为复杂,"凡系花面脚色"这个主语之前还带有复杂的句首状语,但这些内容都在"近日之梨园"这个框架之内,整个句子因而获得语义的统一性,这些内容统一置于"可怪"的情感态度之下。

2. 一般领有关系。广义上看,集合对内部成员的关系也属于领有,这里说的"一般领有"指领有者和被领有者都是独立存在的个体。在这种话题句,由于评述部分的主语指一个独立存在的实体,评述部分对该实体进行说明,并不等于对"可 X"话题的说明,所以这种句子的语义关联更为松散。如:

(126) 可笑那徐家父子,借的这两套衣帽倒是怪有趣的。(续济公传·第一百三十五回)

(127) 可笑我那大唐皇帝,难道宫中没有好灯赏玩,却放他们出来,与百姓们饱看。(隋唐演义·第七十六回)

(128) 可恨宝姐姐i,姊妹天天说亲道热,早已说今年中秋要大家一处赏月,必要起社,大家联句,到今日便弃了咱们,自己i赏月去了。(红楼梦·第七十六回)

(129) 可惜这等花团锦簇的一回好书,这一段交代,交代的有些脱岔露空了。(儿女英雄传·第二十六回)

(130) 可惜他这样的本领,只是一件,叫他妻子误了一世的英名。(小五义·第一百十五回)

在(128),评述部分带有众多 VP,语义关系非常复杂,且末小句的反身代词"自己"与主话题"宝姐姐"同指,若非"可 X"对句子的整体关联具有强大的控制能力,该句很难站得住。这种"可 X"话题句实现语义关联的机制是:由于次话题所指事物属于主话题,因此,前者行为的利害特征,也就直接为后者所具有,是谓共损共荣。"可 X"句的表达目的主要在于主话题在价值层面的语义特征,并不关注具体的物理行为,所以这种句子容易允许话题与评述之间的语义关联十分松散。

3. 各自独立的两个实体,无领属关系。

(131) 可恨这些人,我来同他说,他们连我都骗了。(官场现形记·第三十五回)

(132) 但可笑妾妹,妾怎般吩咐他,他偏不依。(隋唐演义·第三十五回)

(133) 可恼强徒,狄钦差性命休矣!(万花楼·第三十回)

(134) 只可怜那作《儿女英雄传》的燕北闲人,这事与他何干?(儿女英雄传·第二十八回)

在(133),事件结构上,"可恼"所引"强徒"与评述部分"狄钦差性命休"间也具有曲折的联系,但这层联系不足以使双方之间关联起来:若去掉"可恼",则整个句子无法成立。语义上,该句与"这场火,幸亏消防队来得早"有异曲同工之妙:"火"与"消防队"内在相关;"强徒"与"性命"内在相关,但中间的联系环节则很是曲折。更重要的相同点是,副词"幸亏"也是价值成分,如果去掉"幸亏",则该句同样不能成立。也就是说,这种句子的句式义都是[价值],后者是居于客观事态之上的高位语义关系,因此,虽然话题与评述间在客观事态维度语义曲折,但这些内容并不是该句的最终目的之所在,所以也就不做特别的关注,因而能容忍它们联系很松散。

六、"可 X"的话题标记和副词功能之间的联系

这种联系来源于两种不同的途径。一是话题前置,这与一般带小句宾语动词的句法行为相同。即,"可 X"本来构成主句,其所引话题句充当宾语,在这种句子,往往会发生宾主语前移为整个句子的话题的现象。当主句主语省略时,居于话题之后、动词之前的主动词,是很容易演化为副词的。"可 X"句也是如此,如(135)。还有一个具体原因是,相比现代汉语,在古汉语中,话题更容易承前省略;"可 X"更多是在这种语境发生副词化,如(136)—(138)。

(135) 那妇人<u>可怜</u>勤勤谨谨做了三四年媳妇,没缘没故的休了他。(初刻拍案惊奇·第二十卷)

(136) 孙燕 i 才得一马冲出阵来,<u>可怜</u> ϕi 在阵中急得汗湿重铠。(锋剑春秋·第十七回)

(137) 把姓朱的 i 上了刑具,提回省里,原来已经揭参出去了。<u>可笑</u> ϕi 一向还说是侄儿子做的事,与他无涉;直到此时,方才悔恨起来。(二十年目睹之怪现状·第五十四回)

(138) 一时间烟尘顿起,烈焰腾空,<u>可怜</u>延烧邻里数十余家。(海公案·第二十九回)

前两句话题"孙燕、我"都是由于语篇延续,所以在后面的"可 X"承前省略,实际是可以补出的。(137)的话题省略现象具有古汉语的特点:该句与前面的句子分开,是另起一句,在这种位置,现代汉语一般不允许承前省略,而要用代词等显性形式,但古汉语却常常出现话题省略。"可 X"后的话题经常省略,则"可 X"就直接连接 VP,逐渐被重新解释为副词。(138)"可怜"直接修

饰动词"延烧",副词的特征更为显著。

在对话语境,"可 X"所引话题指说话双方时,很容易省略:

(139) 媳妇,可怜(我)误你芳年纪。(琵琶记)

(140) 叫刘谦上堂,说:"可叹(我)投亲来到济南,分文无有,谁人见怜。"(于公案·第二十九回)

(141) 天那,可怜(你)害的俺一家死无葬身之地也!(赵氏孤儿)

值得注意的是,这种句子"可 X"的价值指向不限于其后省略的话题事物。如(139)"可怜"的对象并非话题"我",而是前面的"媳妇"。(141)"可怜"的对象并非"天、你",而是补语中的"俺一家"。"可 X"的价值对象并非直接组合的名词,而指向句子其他位置的事物,是"可 X"语法功能扩大的表现,到现代汉语,"可 X"一般无此功能。

"可 X"还有另一种副词化的方式,与一般主句动词有较大差异,就是,"可 X"后的 NP 并不前移为整个句子的话题,而是"可 X"直接修饰其后的整个主谓小句。其动因来自语篇层面:"可 X"所引话题语篇突显度相对较弱,其所处小句整体构成对另一个语篇突显度高的话题的陈述。这样,"可 X"的功能就表现为刻画其后主谓小句的整体价值属性,即副词化。如:

(142) 这般景物,可惜秋谷、修甫等不在这里!(九尾龟·第一百八十八回)

(143) 怎么挣来的有这分家私,可恨恶人不会享福。(施公案·第一四三回)

(144) 那王鼎百计力拒,可恨汉兵强盛难支,且战且骂,中枪而死。(英烈传·第二十九回)

(145) 如霞道:"真男子如此直钱,可惜府中到闲着一个在外舍。"(二刻拍案惊奇·卷三十四)

以(144)为例,如果单独说"可恨汉兵,强盛难支",那么"可恨"的作用表现为引出"汉兵"这个话题。但由于在该语篇中,"汉兵强盛难支"这个主谓小句整体是"王鼎"的陈述,"汉兵"后也不允许停顿,那么,"可恨"的作用就表现为对该主谓小句的修饰,所以副词化。

语篇话题也可并不出现在"可 X"句之前,而"可 X"所引主谓小句在语义上仍然指向该话题,对后者构成陈述关系。这时"可 X"也会副词化。如:

(146) 他死不足恤,只<u>可怜</u>谁与<u>两辽王</u>报仇接代!(薛刚反唐·第二十回)

(147) 孙康氏说:"<u>可恨</u>这里没有刀。要有刀,<u>我</u>开开膛,叫老爷瞧瞧是胎是病。"(济公全传·第一百零四回)

(148) <u>可怜</u>救人一命,胜造七级浮屠,求文相公作主,劝一劝余相公。(野叟曝言·第十一回)

例(146),"可怜"后是疑问代词"谁",一般不作为话题,"可怜"所指向的对象是"两辽王"——这也是一种倒话题结构,可改写为:"只可怜两辽王,谁与他报仇接代!"(147)"可恨"所引话题是指示代词"这里",一般情况下话题性是很显著的,但在该语篇环境,句子并不是要把"这里"作为话题加以专门陈述,而是要刻画"这里没有刀"这个情况整体,相对于"我开开膛"的价值属性,因此"可恨"对"这里没有刀"就表现为修饰关系。(148)"可怜"所引"救人一命"并非语篇话题,话题是其后句"求文相公作主"的零形主语"我",整个"可怜"句是指向后者的。

总之,"可 X"在话题标记和副词间之所以具有相通之处,根据就在于话题的语篇突显度的分别。

到现代汉语,"可 X"的话题标记和副词功能都有较大改变。总体来看,只有"可怜"在两种功能上都有较多使用,但也并不活跃。如:

(149) <u>可怜</u>两位师傅,到最后还蒙在鼓里,一劲地傻等。(话题标记)

(150) 大街上其他家里放着鞭炮都在过年,我<u>可怜</u>还在工地上呆着呢。(副词)

比较而言,"可怜"的话题标记似乎比副词用法更为自然一些。在"可 X"的诸多词项中,"可怜"在汉语史上出现较早,语法内涵及功能也最为多样,且一直贯穿到现代汉语层面。

"可惜"则相反,副词用法很常见,如(151)、(152);话题标记用法基本丧失,如(153)不大自然:

(151) 这部短剧<u>可惜</u>已经被人遗忘了。

(152) 苏州到了!<u>可惜</u>我们不能下去!

(153) ?? <u>可惜</u>那些素菜,偏偏都要取了许多荤菜的俗名。

就话题句而言,在现代汉语,"可 X"更多是用为话题名词的定语。定语

是一种很深的内嵌位置,这样,"可X"的语力内涵很大程度上就被抑制。如:

(154) 可怜的书记官不敢再坚持,只得进餐。

定语指话题事物的固有属性,但由于话题与谓语动作的强烈相关性,所以在上面的句子中,"可怜"仍提示话题事物在谓语动作中所具备的情感特征。

另外值得一提的是"可恨"。虽然它的话题标记功能在现代汉语同样并不发达,但仍表现出有意义的语法区别:静态性、主观性强的评述成分容易接受该话题标记,如(155);殊指性、动态性强的评述成分则难以接受,如(156):

(155) 可恨我家的那个孽障,放着好好的营生不做,到现在还是执迷不悟。

(156) a. 可恨的制造商还是继续把啤酒送来。
b. *可恨制造商,还是继续把啤酒送来。

另外,(155)评述部分包含两个VP,形式上较为复杂,这也是支持该句成立的一个原因。同样,如果在(156)b后再添加一个VP,则句子容易成立:

(157) 可恨制造商,还是继续把啤酒送来,弄得我们店大量积压。

原因就在于话题与评述之间的一致关系:评述部分复杂,则话题的典型性就增强,之间兼容,所以句子就容易成立。

七、本节结论

上古汉语即有"情感谓词+NP,VP"的形式,其中的情感谓词非常接近话题标记的功能,不过这种用法一直没得到大规模推广,所以未得到充分演化。后来,特别是到元明清时期,出现了大量的"可X"词项,功能活跃,使用频率非常高,虚化程度也很高,成为典型的话题标记。"可X"的话题标记功能有两种演化途径。一是直接来源于预指结构,"可X[topNP],VP",这是早期的形式;二是由动宾组合的"可X+NP"感叹句,后面添加一个指事因的VP,这是后期的形式,以后者为主。

一般而言,话题与评述之间基于语力而形成一致关系,双方呈现为相互制约的关系。如果话题身上携带较强的语力要素,则要求评述部分也须如此;反之,如果评述部分表达较强的语力内涵,则话题的典型性也会很强。"可X"指情感态度,所以其所引出的话题句,天然带有很强的语力内涵,体现为,话题成分自身就往往具有很强的表述性,并与评述部分形成一致关系。

"可 X"话题句是一种功能容量很大的句式,往往可以统领多个 VP,之间形成复杂的语义关系,但在更高的价值层面实现统一性。情感态度概括为[价值]范畴,价值短语具有独立成句的功能。除话题标记功能外,"可 X"还形成副词用法,且二者之间具有内在关联。直到现代汉语,个别"可 X"词项,如"可怜",仍保持话题标记的用法。

本 章 结 论

学界对"我喜欢他老实"类句式的归属一直存在争议,本章建议分析为预指结构。该句式的语法意义是,主句主语通过主动词的动作而对事物对象形成意向性关注,以此确立为话题,即预指成分,然后引出一个指事因的宾动词。事因有时在形式上并不编码,但仍表现为一个隐藏的小句。句法结构成立的根据是编码事物的特定存在方式,不同句式因为语法意义相邻而构成一个连续统,和预指结构最相近的是带主谓小句宾语的句式。二者区别的关键是,在后者,主谓小句是作为一个整体与主动词进行关联,而前者则对宾句的主语做了话题化的提升。预指结构在多种语言中广泛存在,具体在汉语中,其对主动词的选择范围较小,一般限于情感动词、评价动词,整个句式具有叙实的特征。

历史上,情感形容词是先有的,情感动词是后起的,前者往往演化为后者。这种演化的语义机制是,由指对外部事态的整体感受,转而指对事因中的施事、当事做特别的关注、提取,即意向性关注,这就形成话题化。带名词宾语是形成这种意向关注功能的重要形式标志,也是其形成预指结构功能的根据。论元关系上,情感谓词的宾语既非物理动词的受事,也不是一般心理动词的刺激因素,而是表示对事物对象的话题式聚焦,且必然蕴涵一个事因的成分。上古汉语中"NP 之 VP"构式非常发达,常常进入情感形容词的宾语位置,这也为情感形容词带宾语的功能起到推动作用。"NP 之 VP"中的 NP 是典型的话题,VP 则带有焦点的属性,这些都与情感谓词的预指结构功能高度契合。

在话题句中,话题与评述之间基于语力而形成一致关系。这是一种双向决定的关系:评述部分的语力性越强,则话题成分的话题性就越强;同样,强话题也要求评述部分带有语力的内涵。情状上,个体谓词内在带有外位视角,因此其主语也天然是强话题性的;强阶段谓词构成的谓语,整个小句就表现为非话题句,即设置句,但可通过添加语力成分而转换为话题句。在预指结构中,预指成分天然是一种强话题,其宾动词欢迎个体谓词、语力成分,而排斥强阶段谓词,因此,情感谓词和评价动词都属于半叙实动词。

  汉语史上,"情感谓词+NP,VP"的格式十分常见,这是预指结构的主句主语省略式,但后来逐渐固化为一种独立的句式,其中的情感谓词就逐渐演化为话题标记。特别是到近代汉语,"可-情感谓词"("可 X")的用法高度发达,词项众多,出现频率很高,成为一种完善的话题标记。"可 X"句的核心语法意义是表示评价,构成一种专门的句法范畴,即价值短语。在"可 X"句,话题和评述之间往往表现为显著的语力一致关系,并常常出现关系焦点的现象。从成句的角度看,在汉语中,时制短语、价值短语、体貌短语、方式短语都可构成独立小句。

  "可 X"也可用为副词,且其话题标记和副词功能之间具有相通之处。如果"可 X"所引小句指语篇前景信息,则其中话题具有独立的语篇突显度,这时"可 X"就用为话题标记;如果"可 X"所引小句语篇重要性降低,而指向另一个语篇突显度高的话题,就对后者构成陈述关系,则"可 X"就表现为修饰其后整个主谓小句,即副词化。

第七章

全书结论

一、关于绪论(第一章)

自 Kiparsky & Kiparsky(1968),学界对叙实谓词的关注已持续半个世纪。语法机制上,早期多是简单概括为预设,后来则深入揭示时制及保真性上的动因。语法现象上,早期多是罗列不同的词项,加以分类,后来则探索主动词的叙实性与补足语孤岛、根句效应等现象间的关联。总体上看,相关文献多是做个案研究,缺乏系统考察。另一个不足是,形式分析多,原理解释薄弱。叙实谓词的功能核心在于[事实],学者对之却缺乏精准的定义及深入的理论探讨。常用的"事实"这个描述,恰恰并不指现实事件,而指"规律、本相"及主观认定,"事件、事情、情况"等才指个例式的客观现实,即特定事物在特定时空域中的特定动作方式。叙实谓词的宾句指后者,而所引宾句在主观性(主要体现为语力、认知情态)、阶段性上的强弱,就构成鉴定主动词叙实性强弱的根据。

在叙实谓词的研究上,学者往往会用到"命题、真值/为真"之类的理论工具。本书考察发现,这些工具都是靠不住的。一般理解的命题,主要指类事件,还有众多学者做各种体系内的定义,实即某种事件。同样,也不存在"为真"的语法现象,为真即动作行为自身的具体展开。"命题、真值、为真"之类的称谓需做语法学的还原,而不是把语法意义归结为它们。根本上,语法意义即语言对全部世界存在方式的编码、范畴化,既不存在一个只处于语言系统内的专门的语法意义,也不存在区别于语法意义的其他领域(如哲学、逻辑学)的专门的意义。

英语动词 know 及汉语"知道"是学界讨论较多的叙实动词。本书调查发现,二者都不具有典型的叙实性。它们都并不必然引出指现实态事件的宾句,而也接受虚拟态,这体现了非叙实性;并且即便宾句指现实态事件,宾动词也接受强个体谓词,且带有丰富的语力要素,这体现了半叙实性。如果只拿直观可想的例句,"知道"容易通过预设标准的各项测试,这种测试其实是片面的,大量实例都不支持这些测试。语义机制上,"知道"的预设特征来自信息源、视角,是容易取消的。

二、关于感知动词(第二、三章)

宾句现实性的最终载体是谓词的情状特征;谓词语法意义的核心是编码事物的存在方式,所以都可概括为[±事实性]。强事实动词的特征是对事物的存在方式做高颗粒度的刻画,有四种:单动词、混沌动词、位移动词、复合动词。其中混沌动词是本书首次论证的,对位移动词的定义也有所拓宽。强事实动词构成的小句指[原初事件],是世界现实存在的最小单元。强殊指性直接指向谓词语法意义的方式性,在汉语中,方式短语无须时制要素的限定即可独立成句。

只有只允准指强事实宾动词的主动词,才是典型的叙实动词,现代汉语只有"盯、注视"两个。这有点意外,但也不难理解。强事实构成全部意义的基石、起点,自然需要有专门的工具引入;而言语表达的任务极为繁复,也并不是需要经常引出强事实。除了对宾动词情状类型的狭窄选择,"盯、注视"作为强叙实动词的特征还体现在:宾动词内在带有延续体、进行体的体貌要素,不允许使用各种根句层面的语力、情态要素;主句本身也排斥否定、虚拟态。"盯、注视"所引宾句是所谓"非主题判断句",即 thetic,本书建议直译为"设置句"。信息结构上,设置句具有平铺直叙性,整句焦点,这种焦点处于语义维度,不同于一般讨论的语用维度的焦点。设置句的主语是典型的主语,而不是话题。"话题"一方面体现为一个特定的句法成分,如句首的主话题,另一方面也体现为一种[±话题性],即句法特征。话题与评述的个体性、语力性,主语与谓语的阶段性、非语力性,这两组语法成分之间形成一致关系。

小句所表语法范畴都不是凭空存在的,而基于人的具体认知方式——强事实基于直接感知,弱事实/主观判断基于间接认知。反过来,指强事实的小句内在携带一个指直接感知主动词;无定主语句就体现了这个规律。该句式对谓语动词有严格的选择,一般只接受存现动词、制作动词。相关文献往往对无定和特指不加区别,这种做法并不妥当。宾语的[话题性]是允许大于主语的,这就形成倒话题结构,这时,"主语+动词(不包括宾语)"构成一个述谓,对宾语话题加以陈述,如"有人找你"。无定主语句常形成倒话题结构,因为无定主语内在不具备话题性,而小句后部允许出现强限定的名词短语,后者就构成小句的话题。倒话题结构在情感、评价动词的宾句也常出现,是一种值得关注的小句信息结构模式。

从"看着"到"看见、看到、发现",显示了所指认知行为由直接性到间接性增强的过程,其所引宾句在个体性、语力性上也随之增强。该规律直接造成动词"看着"在语法内涵上形成分化,即由指直接感知的"看着$_1$",到指一般亲证的"看着$_2$",最终形成指主观判断的"看着$_3$"。"看着"充当主句谓语的功能很不完善,常构成分词状语。"看见、看到、发现"后可带标词句"说","看着"就不接受。在上述动词所引宾动词身上,本指潜能态的动力情态动词,都指现实态,表示[例示]关系。这个现象在情感谓词、评价动词的宾句也普遍存在,是半叙实谓词的一个显著特征;强直接感知动词"盯着、注视着"的宾句,就不允许这种现象,因为后者不包含[例示]关系。

三、关于态度动词(第四、五、六章)

相比指物理行为的谓词,情感谓词的研究相对薄弱。学界所关注的情感谓词并不整齐,往往跟认知动词不加区分。情感谓词的基本语义参数是:[感受、事因、价值、认知],其中[价值]是关键,构成其区别于其他心理动词的重要根据。[感受]的特征是感知直接性、综合性,[认知]的特征是间接性、分析性。[认知]是情感形容词具备带宾句功能的根据,也是其与情感动词形成分化的重要基础。

情感形容词带宾句的并不发达,其所构成的句式也颇为多样,包括独词感叹句、与事因小句组成复句、单句等。"情感形容词+的是"还构成一种较为固化的格式,并虚化为话语标记。把事因小句控制为宾语,这体现了情感形容词语义内涵的虚化,也是其句式化程度提高的表现。这种功能的语义动因是:所指情感直接体验性减弱,间接认知性增强。体现这个语义过渡的句法环境有三种:对"情感形容词+(些)什么"问句的回答、不典型的重动形式、内嵌。

第五章还对"后悔、高兴"做了个案研究。事件结构上,"后悔"一定包含一个强阶段性的事因,但语法现象上,"后悔"引出这种事因宾句的频率并不高。"后悔"的宾句往往带有强个体性、强语力性,如话题化、焦点化等,其中有特点是一种关系焦点的现象。"高兴"带有对话性、私人性,宾句指难事实现,常带动力情态动词"能"。句法上,"高兴"的否定形式具有另外的专门语法意义,而并不只是肯定形式的简单对应。联系"盯、注视"内在不接受否定的特征,可以证明,以否定句真值保持为根据的预设,并非叙实谓词的关键语法内涵。

第六章讨论情感、评价动词,建议把它们构成的小句分析为预指结构。该句式的语法内涵有两点,一是主动词以自身词义内涵而对宾语事物形成意向性关注,这造成宾语事物的话题性;二是一定随后引出一个动词短语,以指出加以关注的原因。历史上,情感形容词从不及物用法,指混沌的情绪体验,到形成及物用法,指对事物做明确的意向性聚焦,就构成前者演化为后者的关键。近代汉语的"可-情感谓词"是预指结构主动词虚化现象的一个典型实例。"可 X"主要用为话题标记,还形成副词功能,二者之间且具有内在的相通性。

研究叙实谓词,该谓词自身的句法行为并不是全部问题的关键,以之为枢纽而贯穿的丰富多彩的句法现象,及所体现的深层语法原理,则颇有启发意义。因为从深层看,各种小句之上都存在一个特定的主动词,主动词是事件模态算子,小句的各项语法特征、语法内涵都是由主动词授予的。因此,考察所关联的特定主动词,是认识小句自身语法规律的一个重要窗口。

参 考 文 献

蔡维天 2009 汉语无定名词组的分布及其在语言类型学上的定位问题,《语言学论丛》第39辑,商务印书馆。

曹秀玲 2005 "一(量)名"主语句的语义和语用分析,《汉语学报》(2)。

陈昌来 2002 《现代汉语动词的句法语义属性研究》,学林出版社。

陈 颖、陈 一 2016 "看见""看到"差别的认知阐释,《语文研究》(1)。

陈宁萍 1987 现代汉语名词类的扩大,《中国语文》(5)。

陈振宇、甄 成 2017 叙实性的本质——词汇语义还是修辞语用,《当代修辞学》(1)。

大西克也 1994 秦汉以前古汉语语法中的"主之谓"结构及其历史演变,《第一届国际先秦语法研讨会论文集》,岳麓书社。

北京大学中文系1955、1957级语言班编 1982 《现代汉语虚词例释》,商务印书馆。

范继淹 1985 无定NP主语句,《中国语文》(5)。

方 梅 1994 北京话句中语气词的功能研究,《中国语文》(2)。

方清明 2018 叙实抽象名词"事实"的句法、语义探析,《语言研究集刊》(第三辑),上海辞书出版社。

费春元 1992 说"着",《语文研究》(2)。

丰 竞 2003 现代汉语心理动词的语义分析,《淮北煤炭师范学院学报(哲学社会科学版)》(1)。

付义琴 2013 论汉语"无定主语句"的句式义,《云南师范大学学报(对外汉语教学与研究版)》(5)。

郭 锐 1997 过程和非过程——汉语谓词性成分的两种外在时间类型,《中国语文》(3)。

何洪峰 2012 《汉语方式状语》,中国社会科学出版社。

何 薇、朱景松 2014 主语的陈述功能,《语言教学与研究》(4)。

何　薇、朱景松　2015　瞬间动作动词的确定和语义语法特征,《苏州大学学报》(6)。

何兆熊主编　2003　《新编语用学概要》,上海外语教育出版社。

黄瓒辉　2016　"了₂"对事件的存在量化及标记事件焦点的功能,《世界汉语教学》(1)。

洪　波　2010　周秦汉语"之s"可及性问题再研究,《语言研究》(1)。

胡建华、石定栩　2005　完句条件与指称特征的允准,《语言科学》(5)。

孔令达　1994　影响汉语句子自足的语言形式,《中国语文》(6)。

李临定　1990　动词分类研究说略,《中国语文》(4)。

李新良、袁毓林　2017　"知道"的叙实性及其置信度变异的语法环境,《中国语文》(1)。

李　强　2017　上古汉语"主之谓"结构的话题性及相关问题,《古汉语研究》(2)。

刘街生　2017　存在句动后什么时候可以是旧信息,《中山大学学报》(6)。

刘丹青　2002　汉语类指成分的语义属性和句法属性,《中国语文》(5)。

刘丹青　2003　《语序类型学与介词理论》,商务印书馆。

刘丹青　2011　语言库藏类型学构想,《当代语言学》(4)。

刘丹青　2016　先秦汉语的话题标记和主语-话题之别,《古汉语研究》(2)。

刘宋川、刘子瑜　2006　"名·之·动/形"结构再探讨,《语言学论丛》第 32 辑,商务印书馆。

刘月华　1993　《实用现代汉语语法》,外语教学与研究出版社。

李艳惠、陆丙甫　2002　数目短语,《中国语文》(4)。

梁银峰　2010　古汉语[主语＋之＋谓语]s 的修辞色彩及其成因,《当代修辞学》(3)。

林传鼎　2006　社会主义心理学中的情绪问题,《社会心理科学》(1)。

陆　烁、潘海华　2009　汉语无定主语的语义允准分析,《中国语文》(6)。

罗竹风主编　1986　《汉语大词典》,汉语大词典出版社。

吕冀平　1958　《复杂谓语》,新知识出版社。

吕叔湘　1942　《中国文法要略》,商务印书馆,1985。

吕叔湘　1979　《汉语语法分析问题》,商务印书馆。

吕叔湘等　1999　《现代汉语八百词》,商务印书馆。

马建忠　1898　《马氏文通》,商务印书馆,1985。

参考文献

马庆株　1983　现代汉语的双宾语构造,《语言学论丛》第10辑,商务印书馆。
毛修敬　1985　汉语里的对立格式,《语言教学与研究》(2)。
内田庆市　1989　汉语的"无定名词主语句",大河内 康宪主编《日本近、现代汉语研究论文选》,北京语言学院出版社,1993。
沈家煊　1995　"有界"与"无界",《中国语文》(5)。
沈家煊、完　权　2009　也谈"之字结构"和"之"字的功能,《语言研究》(2)。
沈　园　2000　逻辑判断基本类型及其在语言中的反映,《当代语言学》(3)。
施关淦　1992　广义谓词性宾语的类型研究,《中国语文》(1)。
史有为　1988　混沌性:"我喜欢他老实",《汉语学习》(2)。
石毓智　2001　《语法的形式和理据》,江西教育出版社。
宋祚胤　1964　论古代汉语主语和谓语之间的"之"字,《中国语文》(4)。
苏丹洁　2012　取消"兼语句"之说,《语言研究》(2)。
魏　红、储泽祥　2007　"有定居后"与现实性的无定NP主语句,《世界汉语教学》(3)。
魏培泉　2000　先秦主谓间的助词"之"的分布与演变,《"中央"研究院历史语言研究所集刊》,第七十一本。
唐翠菊　2005　从及物性角度看汉语无定主语句,《语言教学与研究》(3)。
王灿龙　2003　制约无定主语句使用的若干因素,《语法研究与探索》(十二),商务印书馆。
王　力　1962　《古代汉语》,中华书局,1981。
王洪君　1987　汉语表自指的名词化标记"之"的消失,《语言学论丛》第14辑,商务印书馆。
杨　因　1981　论"我喜欢他老实"的句型归属,《兰州大学学报》(4)。
徐烈炯　1999　名词性成分的指称用法,《共性与个性:汉语语言学中的争议》,北京语言文化大学出版社。
徐烈炯、刘丹青　1998　《话题的结构与功能》,上海教育出版社。
徐　睿、王文斌　2005　心理动词也析,《宁波大学学报(人文科学版)》(3)。
杨素英　2000　数量词"一"在中英文中不同的语义功能,陆俭明主编,《面临新世纪挑战的现代汉语语法研究》,山东教育出版社。
伊藤大辅　2007　叙实谓词"高兴"及其虚化,《世界汉语教学》(3)。
尹岗寿　2013　汉语状态心理动词的鉴别及分类,《汉语学习》(3)。
袁明军　1998　非自主动词的分类补议,《中国语文》(4)。

詹卫东　1998　关于"NP＋的＋VP"偏正结构,《汉语学习》(2)。

张家骅　2009　"知道"与"认为"句法差异的语义、语用解释,《当代语言学》第3期。

张　敏　2003　从类型学看上古汉语定语标记"之"语法化的来源,吴福祥、洪波主编,《语法化与语法研究》(一),商务印书馆。

张新华　2004　时空域、支点和句子,《语言学论丛》第29辑,商务印书馆。

张新华　2007a　与无定名词主语句相关的理论问题,《北京大学学报(哲学社会科学版)》(6)。

张新华　2007b　表达非主题判断的无定名词主语句,《汉语语言学探索》,浙江大学出版社。

张新华　2007c　《汉语语篇句的指示结构研究》,学林出版社。

张新华　2010a　"发"的系词功能研究,《世界汉语教学》(3)。

张新华　2010b　"在"的进行体功能再研究,《复旦学报(社会科学版)》(6)。

张新华　2013　从存现句的形成看其结构原理,《语言教学与研究》(1)。

张新华　2018　汉语分词状语的句法特征及语义机制,《语法研究和探索》(十九),商务印书馆。

张新华　2020　论兼语式系统及其语义机制,《语言研究集刊》(26),上海辞书出版社。

张新华、张和友　2013　否定词的实质与汉语否定词的演变,《中国人民大学学报》(4)。

张伯江　1993　"N的V"结构的构成,《中国语文》(4)。

张伯江　2016　《从施受关系到句式语义》,学林出版社。

张国宪　2006　性质、状态和变化,《语言教学与研究》(3)。

张谊生　2000　《现代汉语副词研究》,学林出版社。

赵春利　2007　情感形容词与名词同现的原则,《中国语文》(2)。

中国社会科学院语言研究所词典编辑室　2012　《现代汉语词典》(第6版),商务印书馆。

中国大百科全书总编辑委员会　1991　《中国大百科全书·心理学》,中国大百科全书出版社。

周有斌、邵敬敏　1993　汉语心理动词及其句型,《语文研究》(3)。

宗守云　2012　话语标记"我是说"的语篇功能及其演变过程,《语言研究集刊》(9),上海辞书出版社。

朱德熙　1981　《语法讲义》,商务印书馆。

朱晓农　1988　句法研究中的假设演绎法,《华东师范大学学报(哲学社会科学版)》(4)。

译著:

《柏拉图全集》,王晓朝译　2002　人民出版社。

伯特兰·罗素《心的分析》,贾可春译　2011　商务印书馆。

伯特兰·罗素《逻辑与知识》,苑莉均译　1996　商务印书馆。

黑格尔《精神现象学》,贺麟、王玖兴译　2013　上海人民出版社。

胡塞尔《现象学的观念》,倪梁康译　1986　上海译文出版社。

杰弗里·利奇　1983　《语义学》,李瑞华等译　1987　上海外语教育出版社。

鲁道夫·卡尔纳普《世界的逻辑构造》,陈启伟译　2008　上海译文出版社。

弗雷格《弗雷格哲学论著选辑》,王路译　1994　商务印书馆。

莱布尼茨《人类理智新论》,陈修斋译　1982　商务印书馆。

维特根斯坦《哲学研究》,汤潮、范光棣译　1992　生活·读书·新知三联书店。

亚里士多德《范畴篇　解释篇》,方书春译　1986　商务印书馆。

《亚里士多德选集·形而上学卷》,苗力田编　2000　中国人民大学出版社。

伊曼努尔·康德《纯粹理性批判》,李秋零译　2004　中国人民大学出版社。

约翰·杜威《经验与自然》,傅统先译　2015　商务印书馆。

M. 大卫 2001　《同一的真与符合的真》,梅祥译　2015　《世界哲学》(4)。

Abbott, Barbara　2006　Where Have Some of the Presuppositions Gone? In Betty Birner & Gregory Ward, eds. *Drawing the Boundaries of Meaning*, Philadelphia: John Benjamins, 1-20.

Abney, S. P.　1987　*The English Noun Phrase in Its Sentential Aspect*. Ph. D. Diss. MIT.

Aboh, Enoch O.　2010　Event Operator Movement in Factives: Some Facts from Gungbe. *Theoretical Linguistics* 2/3, 153-162.

Aboh, Enoch　2004　Topic and Focus within D. *Linguistics in the Netherlands* 21, 1-12.

Abusch, Dorit 2002 Lexical Alternatives as a Source of Pragmatic Presuppositions. In Brendan Jackson, (ed.), *Proceedings of Semantics and Linguistic Theory* (SALT) 12. Ithaca, NY: CLC Publications, 1-19.

Alboiu, Gabriela & Virginia Hill 2016 Evidentiality and Raising to Object as A'-Movement. *Syntax* 19: 3, 256-285.

Armstrong, D. M. 1997 *A World of States of Affairs*. Cambridge University Press.

Austin, J L. 1999 Truth. In Simon Blackburn and Keith Simmons(ed.). *Truth*. Oxford University Press.

Bach, Emmon 1986 The Algebra of Events. *Linguistics and Philosophy* 9, 5-16.

Badan, Linda & Lisa Lai-Shen Cheng 2015 Exclamatives in Mandarin Chinese. *East Asian Linguist* 24, 383-413.

Barwise J. and J. Perry 1983 *Situations and Attitudes*, MIT Press, Cambridge, MA.

Barwise, Jon & John Perry 1981 Situations and Attitudes. *The Journal of Philosophy* 11, 668-691.

Basse, Galen 2008 Factive Complements as Defective Phases. In *Proceedings of the 27th West Coast Conference on Formal Linguistics*, eds. Natasha Abner and Jason Bishop, 54 - 62. Somerville, MA: Cascadilla Proceedings Project.

Baylis, C. A. 1948 Facts, Propositions, Exemplification and Truth, *Mind* LVII, 459-479.

Beaver, D. 2002 Have You Noticed That Your Belly Button Lint Colour is Related to the Colour of Your Clothing? In R. Bauerle, U. Reyle, & T. E. Zimmermann (eds.), *Presuppositions and Discourse*, 65 - 99. Oxford, UK: Elsevier.

Bell D. E. 1982 Regret in Decisions Making under Uncertainty. *Operations Research* 5: 961-981.

Bende-Farkas, Ágnes & Hans Kamp 2001 *Indefinites and Binding*. ESSLLI, Helsinki.

Bennett, M. and B. Partee 1978 *Toward the Logic of Tense and Aspect in English*, Indiana University Linguistics Club.

Bianchi, Valentina & Mara Frascarelli 2010 Is Topic a Root Phenomenon? *Iberia: An International Journal of Theoretical Linguistics* 2.1, 43-88.

Birner, B.J. and Ward, G. 1998 *Information Status and Noncanonical Word Order in English*. John Benjamins.

Borkin, Ann 1973 To Be and Not to Be. Papers from *The Ninth Regional Meeting of The Chicago Linguistic Society*, 44-56.

Borkin, Ann 1984 *Problems in Form and Function*. Norwood, N.J.: Ablex.

Bossong, Georg 1985 *Empirische Universalienforschung*. Tübingen: Gunter Narr.

Bossong, Georg 1991 Differential Object Marking in Romance and beyond. In Wanner, Dieter and Kibbee, Douglas A. (eds.) *New Analyses in Romance Linguistics*, Amsterdam: John Benjamins, 143-167.

Boye, Kasper 2010 Reference and Clausal Perception-Verb Complements. *Linguistics* 48-2, 391-430.

Bühler, Karl 1934 translated by Donald Fraser Goodwin 1990, *Theory of Language*. John Benjamins Publishing Company.

Büring, Daniel 1997 *The Meaning of Topic and Focus: The 59th Street Bridge Accent*, London: Routledge.

Büring, Daniel 2003 On D-trees, Beans and B-accents. *Linguistics & Philosophy* 26.5, 511-545.

Bybee, Joan and Suzanne Fleischman (eds) 1995 *Modality in Grammar and Discourse*. John Benjamins Publishing Co. Amsterdam • The Netherlands.

Campbell, Richard 1996 Specificity Operators in SpecDP. *Studia Linguistica*, 50 (2), 161-188.

Carlson, Gregory N. 1977 *Reference to Kinds in English*. Diss., University of Massachusetts, Amherst.

Carlson, Gregory N. 2002 Weak indefinites. In Martine Coene & Yves D'hulst (ed.) *from NP to DP* vol. 1 John Benjamins Publishing

Company. Amsterdam/Philadelphia.

Carnap R. 1958 *Introduction to Symbolic Logic and Its Applications*. New York: Dover Publications.

Chang, Li-Li, Keh-Jiann Chen, Chu-Ren Huang 2000 A Lexical-Semantic Analysis of Mandarin Chinese Verbs: Representation and Methodology [In Chinese]. *International Journal of Computational Linguistics & Chinese Language Processing*, Volume 5, Number 1: Special Issue on Chinese Verbal Semantics.

Chao, Y.R. 1968 *A Grammar of Spoken Chinese*. University of California Press, Berkeley.

Chen, Victoria and Shin Fukuda 2016 Victoria Chen and Shin Fukuda. *Proceedings of the 33rd West Coast Conference on Formal Linguistics*, (ed). Kyeong-min Kim et al., 88–98. Somerville, MA: Cascadilla Proceedings Project.

Chierchia, Gennaro 1995 Individual Level Predicates as Inherent Generics. In *The Generic Book*, ed. Gregory N. Carlson and Francis Jeffry Pelletier. Chicago: University of Chicago Press.

Chomsky, Noam 1981 *Lectures on Government and Binding*. Dordrecht: Foris.

Chomsky, Noam 1993 A Minimalist Program for Linguistic Theory. In *The View from Building 20: Essays in Linguistics in Honor of Sylvain Bromberger*, ed. Kenneth Hale and Samuel Jay Keyser, 1–52. Cambridge, Mass.: MIT Press.

Cinque, Guglielmo 1999 *Adverbs and Functional Heads: A Cross-Linguistic Perspective*. Oxford University Press.

Comrie, B. 1985 *Tense*. Cambridge: Cambridge University Press.

Comrie, Bernard and Sandra A. Thompson 2007 Lexical Nominalization. In *Language Typology and Syntactic Description* Second Edition, Volume III: *Grammatical Categories and the Lexicon*. Edited by Timothy Shopen, Cambridge University Press.

Croft, W. 1993 Case Marking and the Semantics of Mental Verbs. In J. Pustejovsky (eds.), *Semantics and the Lexicon*. Dordrecht: Kluwer,

55-72.

Croft, William 1991 *Syntactic Categories and Grammatical Relations: The Cognitive Organization of Information*. University of Chicago Press.

Dalrymple, Mary 2014 *Objects and Information Structure*. Cambridge University Press.

Davidse, Kristin 1994 Fact Projection. In *Perspectives on English. Studies in Honour of Professor Emma Vorlat*, K. P. Carlon, K. Davidse, and B. Rudzka-Ostyn (eds.), 259-286. Leuven: Peeters.

Davidse, Kristin 2003 A Corpus Check of the Factive Presupposition. In Aline Remael and Katja Pelsmaekers (eds), *Configurations of Culture: Essays in Honour of Michael Windross*, 115-126. Apeldoorn: Garant.

Davidson, D. 1967 The Logical Form of Action Sentences. In N. Rescher (ed), *The Logic of Decision and Action*, Pittsburgh: The University of Pittsburgh Press, 81-95.

Davison, Alice 1984 Syntactic Markedness and the Definition of Sentence Topic. *Language* 4, 797-846.

De Cuba, Carlos & Barbara Ürögdi 2010 Clearing up the "Facts" on Complementation. U. Penn *Working Papers in Linguistics*, Volume 16.1.

De Hoop, H. 1992 *Case Configuration and Noun Phrase Interpretation*. Diss., University of Groningen.

De Rijk, L. M. 1979 Facts and Events: The Historian's "Task". *Vivarium* 1, 1-42.

Declerck, Renaat 1981 On the Role of Progressive Aspect in Nonfinite Perception Verb Complements. *Glossa* 15: 1.

Diesing, Molly 1992 *Indefinites*. Cambridge, Mass.: MIT Press.

Dik, Simon C. & K. Hengeveld 1991 The Hierarchical Structure of the Clause and the Typology of Perception-Verb Complements. *Linguistics* 29, 231-259.

Dik, Simon C. 1975 The Semantic Representation of Manner Adverbials. *Linguistics in the Netherlands* 1972-1973. Ed. A. Kraak. Assen: Van

Gorcum, 96-121.

Dik, Simon C. 1997 *The Theory of Functional Grammar*. Part Ⅱ. *Complex and Derived Constructions*. K. Hengeveld (ed.). Berlin/New York: Mouton de Gruyter.

Dixon, R. M. W. 1979 Ergativity. *Language* 1, 59-138.

Dixon, R. M. W. 1984 The Semantic Basis of Syntactic Orientations. *BLS* 10, 583-595.

Dixon, R. M. W. 2006 Complement Clauses and Complementation Strategies in Typological Perspective. In *Complementation: A Cross-Linguistic Typology*, eds. R. M. W. Dixon and Alexandra Y. Aikhenvald. Oxford: Oxford University Press, 1-48.

Dowty, D. R. and P. Jacobson 1988 Agreement as a Semantic Phenomenon. In *Proceedings of the 5th Eastern States Conference on Linguistics*, Ohio State University, Columbus, OH.

Dowty, David 1979 *Word Meaning and Montague Grammar*. Dordrecht, Holland: D. Reidel.

Dryer, Matthew S. 1986 Primary Objects, Secondary Objects, and Antidative. *Language* 4, 808-845.

Duffley, Patrick 1992 *The English Infinitive*. London: Longman.

Eckardt, Regine 1998 *Adverbs, Events, and Other Things: Issues in the Semantics of Manner Adverbs*. Tübingen: Max Niemeyer Verlag.

Eifring, Halvor 1995 *Clause Combination in Chinese*. Leiden; New York: E. J.

Elliott, Jennifer R. 2000 Realis and Irrealis. *Unguistic Typology* 4, 55-90.

Emonds, Joseph E. 2007 *Discovering Syntax*. Mouton de Gruyter.

Enç, M. 1991 The Semantics of Specificity, *Linguistic Inquiry* (22), 1-25.

Ernst, Thomas 2002 *The Syntax of Adjuncts*. Cambridge University Press.

Farkas, D. F. 2003 Assertion, Belief, and Mood Choice. Paper presented at *the Workshop on Conditional and Unconditional Modality*, Vienna, Austria.

Felser, C. 1998 Perception and Control: a Minimalist Analysis of English Direct Perception Complements. *Journal of Linguistics* 34, 351-385.

Felser, C. 1999 *Verbal Complement Clauses*. Amsterdam: John Benjamins Publishing Co.

Fillmore, C. J. 1968 The Case for Case. In E. Bach and R. T. Harms, eds., *Universals in Linguistic Theory*. New York: Holt, Rinehart and Winston.

Foley, William A. 2007 A Typology of Information Packaging in the Clause. In Timothy Shopen (eds.), *Language Typology and Syntactic Description*, 2d. ed. vol. 3, 362-446. Cambridge, New York, Cambridge University Press.

Frajzyngier, Z. & R. Jasperson 1991 That-clauses and Other Complements. *Lingua* 83, 133-153.

Frege, Gottlob 1892 Über Sinn und Bedeutung. *Zeitschrift für Philosophie und Philosophische Kritik*, 25-50.

Gerner, Matthias 2012 The Typology of Nominalization. *Language and Linguistics* 13.4, 803-844.

Giannakidou, Anastasia and Alda Mari 2015 Mixed (Non)veridicality and Mood Choice with Emotive Verbs. *CLS* 51, Chicago, France.

Ginet, Carl 1990 *On Action*, Cambridge University Press.

Givón, Talmy 1973 The Time-Axis Phenomenon, *Language* 4, 890-925.

Givón, Talmy 1979 *On Understanding Grammar*. Academic Press.

Givón, Talmy 1981 Typology and Functional Domains, *Studies in Language* 5-2, 163-193.

Givón, Talmy 1997 *Grammatical Relations: a Functionalist Perspective*. J. Benjamins.

Goldman, Alvin I. 1971 The Individuation of Action, *Journal of Philosophy* 68, 761-74.

Greenberg, J. A. 1978 How Does a Language Acquire Gender Markers? in J. A. Greenberg et al. (eds) *Universals of Human Language* 3. Word

Structure, Stanford University Press, Stanford, CA.

Grice, H. P. 1975 Logic and Conversation, in P. Cole & J. Morgan (eds.), *Syntax and Semantics*, 3, 41-58.

Grice, H. P. 1967 The Causal Theory of Perception, in G. W. Warnock (ed.), *the Philosophy of Perception*, Oxford.

Grimshaw, Jane 1990 *Argument Structure*, MIT Press, Boston, Massachusetts.

Guasti, M. T. 1993 *Causative and Perception Verbs: A Comparative Study*. Torino: Rosenberg & Sellier.

Gundel, Jeanette K. & N. Hedberg, R. Zacharski 1993 Cognitive Status and Form of Referring Expressions in Discourse. *Language* 69, 275-307.

Gundel, Jeanette K. 1985 "Shared Knowledge" and Topicality. *Journal of Pragmatics* 9, 83-107.

Gundel, Jeanette K. 1988 Universals of Topic-comment Structure M. Hammond et al (eds.) *Studies in Syntactic Typology*. Amsterdam / Philadelphia John Benjamins Publishing Company.

Gusic, D. 1981 *Verbal Plurality and Aspect*. Ph. D. Diss.. Stanford University, Stanford.

Haboud, Marleen 1997 Grammaticalization, Clause Union and Grammatical Relations in Ecuadorian Highland Spanish. In Givón (eds.), *Grammatical Relations*. Amsterdam; Philadelphia: J. Benjamins.

Haegeman, Liliane and Barbara Ürögdi 2010 Referential CPs and DPs: An Operator Movement Account. *Theoretical Linguistics* 36. 2 /3, 111-152.

Haegeman, Liliane 2006 Conditionals, Factives and the Left Periphery. *Lingua* 116, 1651-1669.

Haiman, John 1974 Concessives, Conditionals, and Verbs of Volition. *Foundations of Language* 3, 341-359.

Hazlett, A. 2010 The Myth of Factive Verbs. *Philosophy and Phenomenological Research*, LXXX, 497-522.

Heim, Irene 1982 *The Semantics of Definite and Indefinite Noun Phrases*. Diss., Amherst Universify of Massachusetts.

Heinz, M. 1990 *The Semantics of the Inchoative and Cessative Aspect in Mandarin and Classical Chinese*. Ph. D. Diss., University of Wisconsin.

Hengeveld, Kees 1989 Layers and Operators in Functional Grammar. *Journal of Linguistics*, 1, 127–157.

Higginbotham, James 1983 The Logic of Perceptual Reports. *Journal of Philosophy*, 2, 100–127.

Hoji, H. 2005 Major Object Analysis of the So-called Raising-to-Object Construction in Japanese, Paper Presented at *New Horizons in the Grammar of Raising and Control*, Harvard University.

Homma, Shinsuke 1998 Remarks on the ECM NP in Japanese. In *Proceedings of the TACL Summer Institute of Linguistics*, 25–36. (Tokyo Area Circle of Linguistics).

Hooper, J. B. 1975 On Assertive Predicates. In J. Kimball (ed.), *Syntax and Semantics*, IV 91–124. New York, USA: Academic Press.

Hooper, John & Sandra Thompson 1973 On the Applicability of Root Transformations. *Linguistic Inquiry* 4, 465–497.

Horn, Stephen Wright 2008 *Syntax, Semantics, and Pragmatics of Accusative-Quotative Constructions in Japanese*. Ph.D. Diss.. The Ohio State University.

Iatridou, S. 2000 The Grammatical Ingredients of Counterfactuality. *Linguistic Inquiry* 31, 231–270.

Iemmolo, Giorgio 2010 Topicality and Differential Object Marking Evidence from Romance and Beyond. *Studies in Language* 2, 239–272.

Iwasaki, Shoichi 1993 *Subjectivity in Grammar and Discourse*. John Benjamins Publishing Company, Amsterdam.

Jackendoff, Ray 1972 *Semantic Interpretation in Generative Grammar*. Cambridge, Massachusetts: MIT Press.

Jackendoff, Ray 2002 *Foundations of Language*. Oxford: Oxford University Press.

Jäger, G. 1996 *Topics in Dynamic Semantics*. Ph.D. Diss., Humboldt-Universität zu Berlin.

Jacobs, Joachim 2001 The dimensions of topic-comment, *Linguistics* 39, 641–681.

Jespersen, Otto 1924 *The Philosophy of Grammar*. George Allen & Unwin, Ltd.

Kallulli, Dalina 2006 Triggering Factivity. In *Proceedings of 25th West Coast Conference on Formal Linguistics*, eds. D. Baumer, D. Montero & M. Scanlon, 211 – 219. Sommerville, MA: Cascadilla Proceedings Project.

Kallulli, Dalina 2009 On the Relation Between Givenness and Deaccentuation: a "Best Case" Model. In *Explorations of Phase Theory: Interpretation at the Interfaces*, ed. K. Grohmann. [Interface Explorations] Berlin: Mouton de Gruyter.

Kamio, Akio 1997 *Territory of Information*. John Benjamins Publishing Company, Amsterdam/Philadelphia.

Kamp, Hans, and Uwe Reyle 1993 *From Discourse to Logic*. Dordrecht/Boston/London: Kluwer.

Karttunen, L. 1971 Some Observations on Factivity. *Papers in Linguistics* 5, 55–69.

Karttunen, L. & Zaenen, A. 2005 Veridicity. In G. Katz, J. Pustejovsky & F. Schilder (eds.), *Dagstuhl Seminar Proceedings*. Schloss Dagstuhl, Germany. Internationales Begegnungs- und Forschungszentrum (IBFI).

Kim, J. 1976 Events as Property Exemplifications, in M. Brand & D. Walton (eds), *Action Theory. Proceedings of the Winnipeg Conference on Human Action*, Dordrecht: Reidel, 159–177.

Kiparsky, Paul and Carol Kiparsky 1968 Fact. In M. Bierwisch and K. Heidolph (eds.), *Recent Advances in Linguistics*, 143–173. The Hague: Mouton.

König, E. 1986 Conditional, Concessive Conditionals, and Concessives. In E. C. Traugott et al. (eds), *On Conditionals*. 229–246. Cambridge: Cambridge University Press.

Koptjevskaja-Tamm, Maria 1993 *Nominalizations*. London: Routledge.

Kratzer, Angelika 1995 Stage-level and Individual-level Predicates. In Gregory N. Carlson and Francis J. Pelletier (eds.), *The Generic Book*. University of Chicago Press, 125-175.

Kratzer, Angelika 2002 Facts: Particulars or Information Units? *Linguistics and Philosophy*, No. 5/6, pp.655-670.

Krifka M. 2007 Basic Notions of Information Structure. In Féry C, Fanselow G, Krifka M, editors. *The Notions of Information Structure*. Potsdam: Universitätsverlag Potsdam, 13-55.

Kuno, Susumo 1976 Subject, Theme, and the Speaker's Empathy. A Reexamination of Relativization Phenomena. In Li, Charles N. (ed.), *Subject and Topic*, 417-444. New York: Academic Press.

Kuno, Susumu 1976 Subject Raising. In Syntax and Semantics 5: Japanese Generative Grammar, ed. Masayoshi Shibatani, *Syntax and Semantics* 5, 17-41. New York: Academic Press.

Kuroda, S.-Y. 1992 *Japanese Syntax and Semantics*. Kluwer Academic Publishers.

Ladusaw, W. A. 1983 Logical Form and Conditions on Grammaticality. *Linguistics and Philosophy*, 3, 373-392.

Lakoff, George. and Mark Johnson 1980 *Metaphors We Live by*. Chicago: The University of Chicago Press.

Lamnbrecht, Kund 1994 *Information Structure and Sentence Form*. Cambridge, Cambridge University Press.

Landau, I. 2000 *Elements of Control*. Dordrecht: Kluwer

Landman, Fred 1992 The Progressive. *Natural Language Semantics* 1: 1-32.

Langacker, Ronald W. 2009 *Investigations in Cognitive Grammar*. Walter de Gruyter.

Lapointe, S. G. 1988 Toward a Unified Theory of Agreement. in M. Barlow and C. A. Ferguson (eds.) *Agreement in Natural Language*, Center for the Study of Language and Information, Stanford, CA.

Lees, Robert B. 1960/1968 *The Grammar of English Nominalizations*. Bloomington: Indiana University Research Center in Anthropology,

Folklore and Linguistics, publication 12.

Lehmann, C. 1988 On the Function of Agreement. in M. Barlow and C. A. Ferguson (eds.) *Agreement in Natural Lunguage*, Center for the Study of Language and Information, Stanford, CA.

Levin, Beth 1993 *English Verb Classes and Alternations*. Chicago: University of Chicago Press.

Li, C. N. & Thompson, S. A. 1976 Subject and Topic: A New Typology of Language. In C. N. Li (ed.), *Subject and Topic*. 457-489. New York: Academic Press.

Linden, An van 2012 *Modal Adjectives*. Berlin; Boston: De Gruyter Mouton.

Loames G. & Sugden R. 1982 Regret Theory. *The Economic Journal* 92: 805-824.

Lyons, J 1977 *Semantics*. Cambridge: Cambridge University Press.

Lyons, John 1982 Deixis and Subjectivity: loquor, ergo sum? In Jarvella, R. J., Klein, W. (eds.), *Speech, Place, and Action*. John Wiley & Sons Ltd, New York, 101-124.

Maienborn, Claudia 2001 On the Position and Interpretation of Locative Modifiers. *Natural Language Semantics* 9(2), 191-240.

Maienborn, Claudia 2007 On Davidsonian and Kimian States. In I. Comorovski & K. von Heusinger (eds.). *Existence: Semantics and Syntax*. Dordrecht: Springer, 107-130.

McConnell-Ginet, S. 1982 Adverbs and Logical Form: a Linguistically Realistic Theory. *Language* 58, 144-184.

McCloskey, James 2005 Questions and Questioning in a Local English. In *Cross-linguistic Research in Syntax and Semantics*. Raffaella Zanuttini, Héctor Campos, Elena Herburger and Paul H. Portner, (eds.), Georgetown University Press.

McGregor, William B. 1997 *Semiotic Grammar*. Oxford: Clarendon.

McNally, Louise 1998 Stativity and Theticity. In: S. Rothstein (ed.). *Events and Grammar*. Dordrecht: Kluwer, 293-307.

Melvold, J. 1991 Factivity and Definiteness, in *MIT Working Papers in Linguistics*, vol. 15, 97-117.

Mellor, D. H. 1998 *Real Time II*. USA and Canada: Routledge.

Milsark, Gary 1974 *Existential Sentences in English*, Ph.D. Diss., MIT.

Mithun, M. 1984 The Evolution of Noun Incorporation. *Language* 4: 847-894.

Mithun, Marianne 1995 On the Relativity of Irreality, In Bybee and Fleischman (eds.), *Modality and Grammar in Discourse*. Amsterdam and Philadelphia: John Benjamins.

Miyagawa, Shigeru 2009 *Why Agree? Why Move?* London, England. The MIT Press Cambridge.

Montague, Richard 1968 Pragmatics, in Raymond Klibansky (ed.), *Contemporary Philosophy. La Philosophie Contemporaine*. Florence, 102-22.

Moravcsik, E. A. 1978 Agreement. In J. A. Greenberg et al. (eds) *Universals of Human Lunguage 4. Syntax*, Stanford University Press, Stanford, CA.

Napoli, D. 1988 Subjects and External Arguments Clauses and Nonclauses, *Linguistics and Philosophy* 11, 323-354.

Narasimhan B. & Cablitz G. 2002 Granularity in the Cross-Linguistic Encoding of Motion and Location, *3rd Annual Workshop on Language and Space*, University of Bielefeld.

Neta, Ram 2002 S Knows That P. *Noûs* 4, 663-681.

Niinuma, Fumibazu and Shigeki Taguchi 2006 Two Types of Nominative Objects in Japanese. A paper presented at *136th Linguistic Society of Japanese*.

Noonan, M. 1985 Complementation. In T. Shopen (ed.), *Language Typology and Syntactic Description*, 2, 42 - 140. Cambridge: Cambridge University Press.

Oka, Toshifusa 1988 Abstract Case and Empty Pronouns. *Tukuba English Studies* 7, 187-227.

Oshima, David Y. 2006 On Factive Islands: Pragmatic Anomaly vs. Pragmatic Infelicity. *Annual Conference of the Japanese Society for*

Artificial Intelligence, 147-161.

Parsons, Terence 1985 Underlying Events in the Logical Structure of English. In *Actions and Events: Perspectives on the Philosophy of Donald Davidson*, Ernest LePore and Brian McLaughlin (eds.), 235-267. Oxford: Blackwell.

Parsons, Terence 1990 *Events in the Semantics of English*. Cambridge, MA: MIT Press.

Peterson, Philip L. 1997 *Fact Proposition Event*. Springer Science+Business Media Dordrecht.

Pietrandrea, Paola 2012 The Conceptual Structure of Irreality. *Language Sciences* 34, 184-199.

Postal, Paul 1974 *On Raising*. Cambridge, Mass.: MIT Press.

Price, H. H., *Perception*, 2nd ed. 1950 Methuen, London.

Prince, E.F. 1981 Topicalization, Focus-Movement, and Yiddish-Movement. In Alford, D. et al., (eds.) *Proceedings of the 7 Annual Meeting of the Berkeley Linguistics Society*, 249-264.

Putnam, Hilary 1985 A Comparison of Something with Something Else. *New Literary History* 1, 61-79.

Quinton, A., *The Nature of Things*, Routledge & Kegan, Paul, London, 1973.

Ramsey, F. P. and G. E. Moore 1927 Symposium: Facts and Propositions. *Proceedings of the Aristotelian Society*, Supplementary Volumes, 7, *Mind, Objectivity and Fact*, 153-206. Oxford University Press on behalf of The Aristotelian Society.

Ransom, E. N. (ed.) 1986 *Complementation: Its Meanings and Forms*. Amsterdam: John Benjamins.

Raposo, E., Uriagereka, J. 2005 Clitic Placement in Western Iberian. In Cinque, G., Kayne, R. (eds.), *The Oxford Handbook of Comparative Syntax*. Oxford University Press, Oxford, New York, 639-697.

Rappaport Hovav, M. & B. Levin 2010 Reflections on Manner/Result Complementarity, in E. Doron, M. Rappaport Hovav & I. Sichel (eds.),

Syntax, Lexical Semantics, and Event Structure, 21-38. Oxford University Press, Oxford.

Rappaport Hovav, Malka & Beth Levin. 1998. Building Verb Meaning. In *The Projection of Arguments*. ed. Miriam Butt & Wilhelm Geuder, 97-134. Stanford, Calif.: CSLI Publications.

Reinhart, Tanya 1981 Pragmatics and Linguistics: an Analysis of Sentence Topics, *Philosophica* 27, 53-94.

Rizzi, Luigi 1990 *Relativized Minimality*. Cambridge, Mass.: MIT Press.

Rizzi, Luigi 1997 The Fine Structure of the Left Periphery. *Elements of Grammar*, ed. Liliane Haegeman, 281-337. Dordrecht: Kluwer.

Rochette, Anne 1988 *Semantic and Syntactic Aspects of Romance Sentential Complementation*. MIT Ph.D. Diss..

Rochette, Annette 1990 The Selectional Properties of Adverbs. In *Papers from the 26th Regional Meeting of Chicago Linguistics Society*. Chicago: Chicago Linguistics Society.

Roese, Neal J. 1997 Counterfactual Thinking. *Psychological Bulletin* 1, 133-148.

Rogers, A. 1971 Three Kinds of Physical Perception Verbs. Papers from *The Seventh Regional Meeting*, *Chicago Liguistic Society*, 206-222.

Rooth, Mats 1985 *Association with Focus*. University of Massachusetts at Amherst. Ph. D. Diss..

Rooth, Mats 1992 A theory of focus interpretation. *Natural Language Semantics* 1, 75-116.

Rothstein, S. 2004 *Structuring Events: A study in the Semantics of Lexical Aspect*. Oxford: Blackwell.

Roussou, Anna 1992 Factive Complements and Wh-Movement in Modern Greek, *UCL Working Papers in Linguistics* 4, 123-147.

Rouveret, A. 1980 Sur la notion de proposition finie: Gou- vernement et inversion, *Language* 60, 61-88.

Safir, Ken 1993 Perception, Selection, and Structural Economy, *Natural*

Language Semantics 2, 47-70.

Saurí, R., Verhagen, M., & Pustejovsky, J. 2009 FactBank: a corpus annotated with event factuality. *Lang Resources & Evaluation* 43, 227-268.

Sasse, Hans-Jürgen 1987 The Thetic/Categorical Distinction Revisited. *Linguistics* 25, 511-580.

Schegloff, E. 2000 On Granularity, *Annual Review of Sociology* 26, 715-720.

Schulz, P. 1999 *Getting the Facts: Finite Complements Factive Verbs and Their Acquisition*. Ph.D. Thesis. University of Tübingen.

Schulz, P. 2003 *Factivity: Its Nature and Acquisition*. Tübingen: De Gruyter.

Sheehan, Michelle & Wolfram Hinzen 2011 Moving Towards the Edge: the Grammar of Reference, *Linguistic Analysis* 37(3-4), 405-458.

Simpson, Andrew and Zoe Wu 2001 The Grammaticalization of Formal Nouns and Nominalizers in Chinese, Japanese and Korean, in Nigel Tranter (ed.), *Language Change in East Asia*, Curzon, London.

Simpson, Andrew and Zoe Wu 2002 Agreement, Shells, and Focus, *Language* 2, 287-313.

Slobin, D. I. 1996 Two Ways to Travel: Verbs of Motion in English and Spanish. In M. Shibatani & S. A. Thompson (eds.), *Grammatical Constructions: Their Form and Meaning*, 195-220. Oxford: Clarendon Press.

Slobin, Dan I. 2006 What Makes Manner of Motion Salient? In M. Hickmann & S. Robert (eds.) *Space in Languages*. 59-81. Amsterdam/Philadelphia: John Benjamins.

Soames, Scott 2012 Propositions. *The Routledge Companion to Philosophy of Language*. Edited by Gillian Russell and Delia Graff Fara. New York, Routledge.

Spenader, Jennifer 2003 Factive Presuppositions, Accommodation and Information Structure. *Journal of Logic, Language and Information* 12(3), 351-368.

Stalnaker, R. C. 1974 Pragmatic Presuppositions. *Semantics and Philosophy*, 197-214.

Steele, Susan 1978 Word order variation: a typological study. In Greenberg, J.H., Ferguson C.A. and Moravsik, E.A. (eds.), *Universals of Human Language: IV: Syntax*, Stanford University Press, 585-623.

Stowell, T. 1983 Subjects across categories. *The Linguistic Review* 2, 285-312.

Strawson, P. F. 1950 On Referring. *Mind*, No. 235, 320-344.

Strawson, P. F. 1959 *Individuals*. Reprinted by Routledge, 1987.

Strozer, J. R. 1994 *Language Acquisition after Puberty*. Washington, D. C.: Georgetown University Press.

Takano, Yuji 2003 Nominative Objects in Japanese Complex Predicate Constructions: A Prolepsis Aanalysis. *Natural Language and Linguistic Theory* 21, 779-834.

Talmy, L. 2000 *Toward a Cognitive Semantics*, Vol. II. Cambridge, MA: MIT Press.

Tarski, A. 1944 The semantic conception of truth. *Philosophy and Phenomenological Research* 4, 341-375.

Thompson, Sandra A. 2002 "Object complements" and conversation: Towards a realistic account. *Studies in Language* 26, 125-164.

Traugott, Elizabeth Closs et al. 2009. *On Conditionals*. Cambridge; New York: Cambridge University Press.

Tsohatzidis, S. 2012 How to Forget that "Know" is Factive, *Acta Analytica*, 27, 449-459.

Vallduví, E. 1990 *The Information Component*, Ph.D. Thesis, University of Pennsylvania.

Vallduví, E. and Vilkuna, M. 1998 On Rheme and Kontrast, 79-108 in *Syntax and Semantics*, Vol. 29: *The Limits of Syntax*, P. Culicover and L. McNally, (eds.), San Diego, CA: Academic Press.

Vallduví, Enric and Elisabet Engdahl 1996 The Linguistic Realization of Information Packaging. *Linguistics* 34, 459-519.

van Voorst, Jan 1992 The Aspectual Semantics of Psychological Verbs, *Linguistics and Philosophy* 15, 65-92.

von Stechow, Arnim 1990 Focusing and backgrounding operators, in Werner Abraham (ed.), *Discourse Particles*, John Benjamins, Amsterdam, 37-84.

Vendler, Z. 1967 *Linguistics in Philosophy*. Cornell, Ithaca, New York, Chapter 5.

Vlach, F. 1983 On Situation Semantics for Perception. *Synthese* 54, 129-152.

Walsh, Dorothy 1943 Fact. *The Journal of Philosophy* 24, 645-654.

Ward, Gregory L. 1985 *The Semantics and Pragmatics of Preposing*. Taylor & Francis Ltd, London, United Kingdom.

Ward, Gregory and Birner, Betty 1995 Definiteness and the English existential. *Language* 4, 722-742.

Wasow, Thomas 1977 Transformations and the Lexicon. In *Formal Syntax*, (ed.) N. Chomsky, P. Culicover, T. Wasow, and A. Akmajian, 327-360. New York: Academic Press.

Watanabe, A. 1993 *AGR-based Case Theory and Its Interaction with the A-bar System*. Doctoral Diss., MIT.

Wiegand, Mia 2015 Focus Effects on the Factivity of Know. *PLC* 39.

Wittgenstein, Ludwig 1922 *Tractatus: Logico-Philosophicus*. Kegan Paul, Trench, Trubner & Co., Ltd.

Wyner, Adam 1994 *Boolean Event Lattices and Thematic Roles in the Syntax and Semantics of Adverbial Modification*. Ph.D. Diss., Cornell University, Ithaca, NY.

Wyner, Adam 1998 On adverbial modification and ellipsis. Paper presented at *the 20th Annual Meeting of the Deutsche Gesellschaft für Sprachwissenschaft*, Halle.

Yoon, James H 2007 Raising of Major Arguments in Korean and Japanese. *Natural Language and Linguistic* 25, 615-653.

Zanuttini, Raffaella & Paul Portner 2003 Exclamative Clauses: At the Syntax-Semantics Interface. *Language* 1, 39-81.

Zubizarreta, M. L. 1982 Theoretical Implications of Subject Extraction in Portuguese, *The Linguistic Review* 2, 79-96.

Zubizaretta, M. L. 2001 Preverbal Subjects in Romance Interrogatives. In: Hulk, A., Pollock, J.-Y. (eds.), *Subject Inversion in Romance and the Theory of Universal Grammar*. Oxford University Press, Oxford, New York, 183-204.

Zubizarreta, M. L. & Eunjeong Oh 2007 *On the Syntactic Composition of Manner and Motion*. MIT Press, Cambridge, MA.

Zucchi, Alessandro 1999 Incomplete Events, Intensionality and Imperfective Aspect. *Natural Language Semantics* 7, 179-215.

后 记

首先感谢国家。拙著是国家社会科学规划基金资助项目的结项成果，这个基金对我是个很好的推动，否则不大容易形成写一本书的动力。人们常会说到尊重、认识客观事实之类的话，这个客观事实即叙实谓词引出的东西。直观地想，现实性似乎是个很明显的范畴，但实际上，它在语法研究中并没有得到深入系统的认识，或者说，人们对它有点习焉不察。就谓词系统而言，常见的动态性、静态性、瞬时性、恒久性及有界、无界之类的描述，说的其实都是现实性的问题：谓词的动态性、瞬时性越强，所指事件的现实性也就越强；而有界的核心也就是殊指性、现实性。另一方面，客观事实并不是凭空存在的，而只能通过人的物理感知器官才能加以捕获，后者即叙实谓词。套用一个哲学上现成的帽子，这其实就是唯物主义的认识路线。如果一个谓词引出的小句，允许对典型现实事件有所偏离，那么它自然就不是强叙实谓词。以现实性为线索，或许可以对全部语法范畴有新的理解，这是通过本课题的研究得到的最大启发。

其次感谢国家社科基金项目的匿名审稿专家。虽然不知道他们是谁，但他们给出的审稿意见及修改建议还是非常细致、中肯，对全书大有裨益。这里也要感谢我的研究生魏佳宁同学。除了匿名审稿专家，她是本书的第一个读者。她仔细阅读了全部书稿，并发现了书中存在的不少语句及专业问题，对我的修改很有帮助。而在此之前，即在本项目的完成过程中，还得到了众多师友的热情帮助，包括张谊生、陈昌来、曹秀玲、宗守云、吴春相，以及游汝杰、蒋勇、陈振宇、梁银峰、张豫峰等教授。在此一并表示诚挚的谢意。

然后感谢复旦大学出版社，特别是该社的刘月、胡欣轩等老师。这本书的出版得到了他们的热情鼓励和大力支持。尤其值得一提的是，他们的工作效率很高，在较短时间内就完成了书稿的审阅、校对、排版等大量工作，并帮我修改了书中的不少文字表述问题，为全书增色很大。

也要感谢我的家人。夫人耿军霞女士对我的研究工作提供了大力支持。由于忙于完成本研究项目,我做家务不多,家里大大小小的很多事情,都要落在她的身上,确实辛苦。另外,儿子张霄远在电脑技术上给我提供了很多支持,愿他以后取得更大的进步。

2020年8月5日,于复旦大学光华楼

图书在版编目(CIP)数据

汉语叙实谓词研究/张新华著. —上海:复旦大学出版社,2020.11
ISBN 978-7-309-15393-4

Ⅰ.①汉… Ⅱ.①张… Ⅲ.①现代汉语-谓词-研究 Ⅳ.①H146.1

中国版本图书馆 CIP 数据核字(2020)第 221057 号

汉语叙实谓词研究
张新华 著
责任编辑/胡欣轩

复旦大学出版社有限公司出版发行
上海市国权路 579 号 邮编:200433
网址: fupnet@fudanpress.com http://www.fudanpress.com
门市零售:86-21-65102580 团体订购:86-21-65104505
外埠邮购:86-21-65642846 出版部电话:86-21-65642845
常熟市华顺印刷有限公司

开本 787×960 1/16 印张 22.75 字数 372 千
2020 年 11 月第 1 版第 1 次印刷

ISBN 978-7-309-15393-4/H·3042
定价:90.00 元

如有印装质量问题,请向复旦大学出版社有限公司出版部调换。
版权所有 侵权必究